Jörg Sydow · Arnold Windeler (Hrsg.)
Organisation der Content-Produktion

Jörg Sydow · Arnold Windeler (Hrsg.)

Organisation der Content-Produktion

VS VERLAG FÜR SOZIALWISSENSCHAFTEN

VS Verlag für Sozialwissenschaften
Entstanden mit Beginn des Jahres 2004 aus den beiden Häusern
Leske+Budrich und Westdeutscher Verlag.
Die breite Basis für sozialwissenschaftliches Publizieren

Bibliografische Information Der Deutschen Bibliothek
Die Deutsche Bibliothek verzeichnet diese Publikation in der Deutschen Nationalbibliografie;
detaillierte bibliografische Daten sind im Internet über <http://dnb.ddb.de> abrufbar.

1. Auflage März 2004

Alle Rechte vorbehalten
© VS Verlag für Sozialwissenschaften/GWV Fachverlage GmbH, Wiesbaden 2004

Lektorat: Barbara Emig-Roller / Nadine Kinne

Der VS Verlag für Sozialwissenschaften ist ein Unternehmen von Springer Science+Business Media.
www.vs-verlag.de

Das Werk einschließlich aller seiner Teile ist urheberrechtlich geschützt. Jede Verwertung außerhalb der engen Grenzen des Urheberrechtsgesetzes ist ohne Zustimmung des Verlags unzulässig und strafbar. Das gilt insbesondere für Vervielfältigungen, Übersetzungen, Mikroverfilmungen und die Einspeicherung und Verarbeitung in elektronischen Systemen.

Die Wiedergabe von Gebrauchsnamen, Handelsnamen, Warenbezeichnungen usw. in diesem Werk berechtigt auch ohne besondere Kennzeichnung nicht zu der Annahme, dass solche Namen im Sinne der Warenzeichen- und Markenschutz-Gesetzgebung als frei zu betrachten wären und daher von jedermann benutzt werden dürften.

Umschlaggestaltung: KünkelLopka Medienentwicklung, Heidelberg
Druck und buchbinderische Verarbeitung: Rosch-Buch, Scheßlitz
Gedruckt auf säurefreiem und chlorfrei gebleichtem Papier
Printed in Germany

ISBN 3-531-13784-0

Inhalt

Organisationsformen der Content-Produktion

1 Vernetzte Content-Produktion und die Vielfalt möglicher
   Organisationsformen 1
   Arnold Windeler und Jörg Sydow

2 Organisation der Contentproduktion: Strategische Alternativen aus
   ökonomischer Sicht 18
   Insa Sjurts

Content-Produktion für das Fernsehen

3 Projektnetzwerke: Management von (mehr als) temporären
   Systemen 37
   Jörg Sydow und Arnold Windeler

4 Organisation der TV-Produktion in Projektnetzwerken:
   Zur Bedeutung von Produkt- und Industriespezifika 55
   Arnold Windeler

5 Netzwerksteuerung durch Selektion – Die Produktion von
   Fernsehserien in Projektnetzwerken 77
   Arnold Windeler, Anja Lutz und Carsten Wirth

6 Produktionsformen von Mediendienstleistungen im Wandel –
   Von einer Variante der Netzwerkorganisation zur anderen 103
   Jörg Sydow und Carsten Wirth

7 Hierarchische Heterarchien – heterarchische Hierarchien: Zur Differenz
   von Konzern- und Netzwerksteuerung in der Fernsehproduktion 125
   Carsten Wirth und Jörg Sydow

Content-Produktion für das Internet

8 Content-Produktion für den Internetauftritt von Fernsehsendern: Experimente mit verschiedenen Organisationsformen 148
Anja Lutz

9 Integriertes Content Management in der digitalen Nachrichtenproduktion 161
Sven Pagel

10 Substitution von Intermediären im Syndikationsprozess durch Peer-to-Peer-Systeme 187
Markus Anding, Peggy Lynn Steichler und Thomas Hess

11 Connectivity is King – Organisation der Entwicklung von Regionalportalen 209
Stephan Manning

Verzeichnis der Autorinnen und Autoren 227

Nachweise 228

Vernetzte Content-Produktion und die Vielfalt möglicher Organisationsformen

Arnold Windeler und Jörg Sydow

1 Einleitung: Content, Konvergenz, Konnektivität

In der traditionellen, und vermehrt nun auch in der so genannten neuen Medienindustrie gilt: „Content is king". Trotz der herausragenden Bedeutung der Soft- und Hardware neuer Informations- und Kommunikationstechnologien, gerade auch in der Form des Internet, ist und bleibt die Medienindustrie aller Voraussicht nach strategisch auf die Produktion und Distribution medial zu vermittelnder Inhalte ausgerichtet. Bei diesen Inhalten oder neudeutsch: Content kann es sich um Filme oder Filmbeiträge, um Audio- oder Videoclips, um konventionelle oder elektronische Bücher und Zeitschriften oder im Internet verfügbare Dienste (z.B. Archive, Spiele, Nachrichten) handeln. Content ist insofern deutlich mehr als nur eine notwendige Ergänzung von Hard- und Software: „Inhalte und nicht die Technik sind der Grund, warum Menschen mediale Infrastrukturen nutzen und Unternehmen Wertschöpfungsketten im Mediensektor überhaupt aufbauen können. Content bleibt deshalb Trumpf; nicht nur für die Medien, sondern für den gesamten Medien- und Kommunikationssektor" (Zerdick et al. 1999, S. 36).

Inhalte aber sind nicht einfach gegeben. Sie entstehen auch keineswegs eher zufällig und unkoordiniert, sondern werden in und mit Organisationen generiert und perfektioniert. In das Blickfeld rücken damit notwendig individuelle und korporative Akteure, die mit der Produktion von Content befasst sind, aber auch die verfügbaren Produktionstechnologien sowie die (staatlichen) Regulationen und (konkreten) Praktiken der Produktion (vgl. Leblebici et al. 1991; Peterson 2000) – das heißt, die *Organisation* der Content-Produktion. Diese ist bislang wissenschaftlich aber kaum untersucht worden. Dies liegt nicht zuletzt daran, dass vorwiegend die Kultur-, Medien- und Politikwissenschaften mit dem Gegenstandbereich befasst sind (Cottle 2003) – und damit Wissenschaften, in denen die Untersuchung der Organisation der Content-Produktion nicht im Zentrum des Interesses steht.

Medieninhalte werden auf der einen Seite über die Organisation der Produktion geformt, gleichzeitig prägen (Qualitätsmerkmale der) Inhalte die Form der Produktionsorganisation. Medieninhalte zeichnen sich durch einige technische, kulturelle und insbesondere ökonomische Spezifika aus. Sie besitzen nicht nur im Zusammenhang der Nutzung der so genannten Neuen Medien, sondern auch gerade für die Organisation der Content-Produktion, um die es in diesem Band geht, eine herausragende Bedeutung. Aus *technischer* Perspektive ist vor allem die Tatsache erwähnenswert, dass durch die Digitalisierung des Content eine zunehmend größere Unabhängigkeit vom Distributionsmedium gewährleistet ist. Die entscheidende Konsequenz ist, dass bei der Produktion des Content immer seltener das Medium feststehen muss, für das ein Text, ein Bild, ein Film oder ein Tondokument produziert wird. Eine spätere Verwertung in anderen Medien ist technisch – entscheidende Anbieter und Nachfrager nach Content vorausgesetzt – immer möglich. Allerdings ist zu erwarten, dass eine an das jeweilige Medium angepasste Präsentation und Rahmung der Contents (im Sinne ihrer kontextuellen Einbettung in z.B. bestimmte Sendeformate wie Fernsehnachrichten, oder den „Spielfilm der Woche", oder auch in bestimmte Werbekontexte) notwendig wird, um eine Passung mit den Interessen und Nutzungspraktiken der jeweiligen Nutzergruppen des jeweiligen Mediums zu gewährleisten; diese werden allerdings – umgekehrt – durch die Präsentation der Inhalte und deren Kontextualisierung und wechselseitige Verknüpfung gleichzeitig mit geprägt. Aus *kultureller* Perspektive ist vor allem erwähnenswert, dass es sich bei Content oftmals um Kulturgüter handelt, deren Nutzung in anderen Zielgruppen und anderen kulturellen Kontexten prinzipiell Beschränkungen – etwa in Form eines „cultural discount" (Hoskins/Mirus 1988) – unterliegt. Entsprechend erfordert eine Produktion solcher Güter – etwa im internationalen Rahmen – einen gewissen Grad an kultureller Angepasstheit, der im Wesentlichen durch die Produktionsorganisation sichergestellt werden muss (vgl. dazu Sydow et al. 2002, 2003).

Aus *ökonomischer* Perspektive, die im Folgenden im Vordergrund steht, muss zunächst das für Kulturgüter jedweder Art charakteristische Spannungsverhältnis von Kunst und Kommerz erwähnt werden. Die Verwertung der erstellten Inhalte ist mit sehr hohen Kosten der Content-Generierung bei gleichzeitig sehr niedrigen Kosten der Vervielfältigung der Inhalte konfrontiert sowie mit oftmals extrem hohen Risiken kommerziellen Scheiterns (z.B. die 1:7-Regel, nach der das Gelingen eines Films das Scheitern von sieben anderen ausgleichen muss) und der Schwierigkeit der insbesondere im Erfolgsfall wichtigen Sicherung von Eigentumsrechten. Zudem geht es oftmals um die Produktion von Unikaten, von denen in der Praxis dann allerdings zum Teil vielfache Varianten abgeleitet werden (man denke beispielsweise an einen Featurefilm und die daraus abgeleitete Fernsehserie). Hinzu tritt der extreme Projektcharakter der Produktionen, der sich durch dessen prinzipielle Zeitgebundenheit (aufgrund des zumeist vorgegebenen Sendetermins) sowie der im Prozess sich oft erst noch spezifizierenden Orientierung am Kundenprofil ergibt. In diesen ökonomischen Produktionsbedingungen spiegelt sich nicht nur die enge Bezogenheit der Produktion von Content auf dessen Verwertung im Allgemeinen, sondern – in immer mehr Fällen – auf sowohl die Zielgruppe der unmittelbaren Rezipienten als auch auf den Werbemarkt im Speziellen wider (vgl. z.B. Zerdick et al. 1999; Heinrich 1999; Hesmondhalgh 2002).

Eine technische Konvergenz der Medien, die durch die voranschreitende Digitalisierung der Schlüsseltechnologien und damit auch der Inhalte und ihrer Produktion getrieben wird, erwarten Experten seit vielen Jahren (vgl. z.B. Yoffie 1999). Digitales Fernsehen bzw. Webcasting sind dazu zwei einschlägige Stichworte, die zugleich angeben, aus welcher Technikwelt die Konvergenz vorangetrieben wird. Unfreiwillig annoncieren diese Begriffe gleichzeitig, aus welchen Quellen sich die immer noch vorhandenen Divergenzen speisen, auch wenn für manche Fernsehsender bereits eine durchgängige Digitalisierung der Content-Produktion konstatiert wird (z.B. von Vierling 2003 für den MDR; zu einer eher skeptischen Einschätzung s. Franz 2003). Nicht nur die prognostizierte Konvergenz der Technologie (die sich außer auf die Produktionstechnik auf die Netzinfrastruktur, die Dienste und die Endgeräte bezieht), sondern auch der Inhalte (die vor allem die Kombination von Ton, Bild, Text und Grafik anspricht), vor allem aber ganzer Branchen (die das Verschmelzen der Technologie-, Informations-, Medien- und Entertainmentbranche zur T-I-M-E-Industrie prognostiziert) und auch ausgewählter Institutionen (etwa jene, die die Angleichung staatlicher Regulationen und Politiken im Content-Bereich), stellt sich allerdings, wenn überhaupt, deutlich langsamer ein als von Vielen erwartet. Vor allem aber kommt es mit diesen Konvergenzen noch lange nicht zu einer Konvergenz der Organisationsformen, sei es auf der Ebene der Arbeitsorganisation, beispielsweise in Form durchgehend integrierter Arbeitsplätze, auf der Ebene der Unternehmungsorganisation, zum Beispiel in Form des vertikal integrierten, multimedialen Konzerns, oder aber auf der Ebene der Netzwerkorganisation.

Im Gegenteil dürften sich mit der Digitalisierung nicht nur die Nutzungsmöglichkeiten der Technik, sondern auch die Formen der Produktionsorganisation pluralisieren. Das gilt unseres Erachtens auch für den Fall, dass es gelingt, Content gegen direktes Entgelt (sog. Paid Content) anzubieten und die sich gerade durchsetzende Breitbandtechnologie für ein so genannte Rich Media zu nutzen. Denn diese Entwicklung wird nicht nur den Bedarf an Inhalten steigern, sondern auch die Notwendigkeit der Produktion von Content und damit deren Organisation. In Folge wird es etwa verstärkt zu „contentgetriebenen Online-Kooperationen" (Hess/Anding 2003) kommen und sich im Internet eine Entwicklung wiederholen, die im Fernsehen spätestens seit dem Aufkommen des privaten Fernsehens zu beobachten ist: die kollaborative Produktion von Inhalten. In Publikationen zum Medienmanagement im Allgemeinen und zum Content-Management im Besonderen wird denn auch immer häufiger und mit aus unserer Sicht zunehmender Selbstverständlichkeit auf die schon heute herausragende Existenz von interorganisationalen Netzwerken Bezug genommen (vgl. z.B. Zerdick et al. 1999; Schumann/Hess 2002; Hess/Anding 2003; Büttgen/Lücke 2003; Keuper/Hans 2003 sowie die meisten Beiträge in diesem Band). Netzwerkartige Organisationsformen scheinen den vielfältigen Anforderungen der heute hoch arbeitsteilig arbeitenden und gerade deshalb auf intensive Koordination angewiesenen Fernsehindustrie ebenso wie der Internetökonomie am Besten zu entsprechen. Erforderlich für eine Vernetzung ist selbstredend nicht nur technische, sondern auch und sogar vor allem soziale Konnektivität: Zwischen den Akteuren gilt es Beziehungen, in der „economic sphere" (Giddens 1984) vor allem Geschäftsbeziehungen, zu entwickeln und diese für das ökonomische Handeln, nicht zuletzt auch für die (vernetzte) Produktion von Content, zu nutzen.

Während manche Autoren heute behaupten, Netzwerke seien die „Future.org" (Miles et al. 2000), wollen wir dieser These in diesem Einleitungsbeitrag – und in diesem Band – nicht folgen, sondern der Behauptung der Verbreitung vernetzter Content-Produktion die These der Vielfalt möglicher Organisationsformen gegenüberstellen. Konnektivität lässt sich schließlich sehr unterschiedlich organisieren. Mit dieser These korrespondiert die Tatsache, dass nicht nur (oft parallel) verschiedene Formen genutzt werden, sondern dass die praktizierten Formen der Koordination, auch die des Netzwerks, zunehmend weniger als selbstverständlich hingenommen werden. Die durch Beobachtung und Analyse der Praxis – auch in Netzwerken – gewonnenen Erkenntnisse werden zunehmend reflexiv zur Auslegung der jeweiligen Koordinationspraktiken genutzt. Dies schließt die Möglichkeit der Wahl einer Organisationsform wie des Netzwerks sowie des Wechsels von einer Form zu einer anderen mit ein (vgl. auch Windeler 2001, S. 334 ff.). Bevor wir jedoch einen ersten Überblick über diese Vielfalt im Spektrum von „Markt und Hierarchie" (Willliamson 1985) bzw. jenseits dieses Spektrums geben, um im Anschluss daran einige grundlegende Fragen der Wahl und Ausgestaltung der entsprechenden Organisationsform skizzieren und, diesen Einleitungsbeitrag beschließend, einen knappen Überblick über die Beiträge dieses Bandes bieten, wollen wir den besonderen Stellenwert erläutern, der der Organisation der Content-Produktion zukommt.

2 Zum Stellenwert der Organisation für die Content-Produktion

Die Einführung des Privatfernsehens und der Durchbruch des Internets haben zu einer Vervielfältigung von Orten der Produktion und Präsentation von Medieninhalten geführt. Wie die im Fernsehen oder im Internet medial präsentierten Inhalte produziert werden und wie die Produktion koordiniert wird, bleibt den Rezipienten in der Regel verdeckt. Gleichwohl wissen Rezipienten, zumindest im Prinzip, dass selbst die Unmittelbarkeit einer Live-Übertragung im Fernsehen oder einer Kommunikation im Internet nicht zuletzt Medium und Resultat der Selektion bzw. Produktion von Inhalten und deren Rahmung bzw. Einbettung (etwa in einen bestimmten Programmablauf) ist. Aufgeworfen wird damit die Frage, von wem solche Inhalte unter Bezug auf welche Orientierungen oder Steuerungsgrößen und unter welchen Bedingungen produziert werden. Dass ökonomische Gesichtspunkte bei diesen Organisationsfragen, insbesondere auch bei Arbeitsteilung und Koordination, eine herausragende Rolle spielen, dürfte unstrittig sein.

2.1 Bedingungen der Organisation der Content-Produktion: Anhaltende Unterschiede bei Fernsehen und Internet

Die Bedingungen der Organisation der Content-Produktion sind im Fernsehen und im Internet noch immer recht verschieden. Das verdeutlicht eine Gegenüberstellung grundlegender Strukturmerkmale der beiden Medien (s. Tabelle 1).[1] Das Fernsehen und das Internet arbeiten (zumindest heute noch) mit einem unterschiedlichen Konzept des *Adressaten* – was sich jedoch im Zuge weiterer Digitalisierung des Fernsehens und der Durchsetzung der Breitbandtechnologie im Internet ändern kann. Richtet sich das Fernsehen heute in der Regel auf nicht interaktive Nutzer und deren – wie auch immer eingeschränkte – Einbeziehung in die Produktion von Content, so bietet gerade das Internet bereits heute vielfältige Möglichkeiten interaktiver Produktion. Die ökonomischen Folgen sind offensichtlich, wenn auch noch schwer abzuschätzen.

Unterschiedlich sind im Fernsehen und im Internet auch die *Geschwindigkeiten und Rhythmen der Produktion, Distribution und Rezeption*. Im Internet erfolgt die Generierung und Distribution des Content sowie dessen Rezeption orts- und zeitungebunden. Es gibt dort vielfach keinen strukturell (etwa durch den Wechsel von Produktions- und

---

1 Verschiedene Anregungen zu den im Folgenden diskutierten Aspekten finden sich im Gespräch zwischen Jacques Derrida und Bernard Stiegler (2002).

Sendeort sowie zeitversetzter Ausstrahlung) ausgebildeten Aufschub zwischen Produktion, Distribution und Rezeption. Im Bereich der Fernsehproduktion fallen Produktion und Distribution hingegen zeitlich und örtlich auseinander. Das gilt selbst im Nachrichtenbereich, sieht man einmal von so genannten Live-Schaltungen ab. Ferner unterliegt das Internet nicht per se den Begrenzungen von Sendeminuten, wie wir das aus dem Fernsehen kennen. Dies setzt eine starke Verdichtung von Inhalten und damit einhergehende Selektivität voraus, ohne dass jedoch selbstredend damit Zeit und Raum für die Internetproduktion ohne Bedeutung wären; sie werden nur in anderer Form wichtig. Als Medium und Resultat orts- und zeitungebundener Produktion, Distribution und Rezeption gewährt das Internet im Gegensatz zum Fernsehen zumindest die Möglichkeit einer kontinuierlichen Aktualisierung der Inhalte – und erfordert das nicht selten zugleich.

Strukturmerkmal	*Fernsehen*	*Internet*
Adressaten	passive Rezipienten	interaktive Rezipienten
Geschwindigkeit und Rhythmen	ort- und zeitgebunden, in der Regel zeitlicher Abstand zwischen Produktion und Rezeption	orts- und zeit*un*gebunden, oft kein zeitlicher Abstand zwischen Produktion und Rezeption, Möglichkeit der kontinuierlichen Aktualisierung
Selektivität und Rahmung	hochgradige Vorselektion durch Sender, relativ homogene Qualität; explizites institutionelles „Gatekeeping"	individuelle Selektion durch Nutzer, extrem heterogene Qualität; explizites, aber auch fehlendes institutionelles „Gatekeeping"
Regulation	hochgradige Regulation durch nationalstaatliche Institutionen	kaum staatlich oder suprastaatlich reguliert
Produzenten	Fernsehsender, Produktionsfirmen	Portalbetreiber bzw. entsprechende Dienstleister, aber auch und gerade Privatpersonen

Tab. 1: Unterschiedliche Strukturmerkmale von Fernsehen und Internet

Das Internet gestattet ferner prinzipiell eine wiederholte, vom ‚Sender' unabhängige, autonome Rezeption der Contents, die via der Nutzung verlinkter Querverweise außerdem recht individuell gestaltet werden kann (aber eben auch realisiert werden muss) und gegebenenfalls gar eine eigene Weiterbearbeitung vorsieht. Zumindest eröffnet das Internet den Nutzern die Möglichkeit, das Medium in einem ziemlich eigenen Rezeptionsrhythmus und in einer nicht durch das Medium oder den Produzenten bzw. den Distributeur der Inhalte vorgegebenen Linearität der Abfolge zu nutzen, obgleich selbstredend die Präsentation der Inhalte und der Aufbau der Struktur der Verweise das Rezeptionsverhalten mit prägen und Moment der Produktion der Internetinhalte sind. Im Fernsehen ist eine wiederholte Rezeption bekanntlich zwar auch möglich; sie ist aber an entsprechend wiederholte Ausstrahlungen der Programminhalte durch den Sender gebunden oder hängt von der Nutzung ergänzender Speichermedien ab, die zumindest in Form der heute noch üblichen Videogeräte zum Beispiel keine eigenständige Weiterverarbeitung unterstützen.

Unterschiedlich homogen oder heterogen sind – allein schon infolge der *Selektivität und Rahmung* der Contents – auch die Qualität der Inhalte, der Produzenten und der Konsumenten. Fernsehsender schaffen mit der durch ihre Redaktionen praktizierten Kontrolle des Produktionsprozesses eine gewisse Homogenisierung der Qualität der Produkte und der an der Produktion beteiligten Akteure, trotz der diesbezüglich selbstredend zwischen Sendern – selbst innerhalb der privaten und öffentlich-rechtlichen Welt – bestehenden Differenzen. Sie zielen zudem in einem größeren Umfang auf sehr viele Konsumenten, mit zuweilen unterschiedlichsten Merkmalen, das heißt, auf ein heterogen strukturiertes Massenpublikum. Im Internet fehlt dagegen weitgehend eine entsprechende Kontrolle der Qualität der Inhalte – jenseits der Eigenkontrolle der Produzenten und Anbieter. Die Aktivitäten von Online-Redaktionen von Medienkonzernen, Fernsehsendern und Portalbetreibern dürften diesbezüglich anders ausfallen als die einer großen Zahl anderer Anbieter mit privaten oder kommerziellen Interessen. Entsprechend heterogener ist im Internet insgesamt die Qualität der Inhalte, und entsprechend unterschiedlicher sind zusammengenommen die Akteure, die im Wettbewerb wie in Kooperation miteinander Inhalte für das Internet produzieren und in ihm präsentieren. Die Nutzergruppen können wiederum ebenso unterschiedlich strukturiert sein: homogen (wie etwa spezielle Interessengruppen), aber auch sehr heterogen (wie etwa die Teilnehmer an Ratespielen). Im Bereich der Fernsehproduktion existiert ein institutionelles „Gatekeeping" (Powell 1978). Der Zutritt von Personen und/oder Werken bzw. Inhalten zum Produktions- und Konsumtionsprozess hängt von den Beurteilungen der „Gatekeeper" ab, die damit auch einen nicht unerheblichen Einfluss auf den Entwicklungsweg und die ökonomische Verwertung einer Produktion gewinnen (Ryan/Peterson 1982; Peterson 2000, S. 291). In weiten Bereichen des Internets sucht man vergeblich nach etwas Vergleichbarem.

Das Handlungsfeld des Internets ist insgesamt heterogener, stärker fragmentiert und erfordert entsprechend starke Anstrengungen nicht nur zur Erzielung von Aufmerksamkeit, sondern auch zur Fokussierung und Bindung der Nutzer auf bzw. an bestimmte Inhalte und Angebote. Dass der Wettbewerb im Internet größer ist, resultiert nicht zuletzt aus dem Umstand, dass die Distribution des Content durch Fernsehsender hochgradig durch Gesetze und Verordnungen staatlich recht weitgehend reguliert ist. Die Unterschiedlichkeit *staatlicher Regulation* von Fernsehen und Internet ist schließlich auch dadurch berührt, dass Fernsehsender Institutionen mit öffentlich-rechtlichem Auftrag sind. Internetinhalte werden hingegen außer durch kommerzielle Portale und Werbetreibende auch von einer Vielzahl von Privatpersonen verteilt.

Die Varietäten der beteiligten Produzenten und Adressaten, der Geschwindigkeiten und Rhythmen der Produktion, Distribution und Rezeption, der Qualitätsmerkmale der Inhalte sowie der staatlichen Regulation der Kontexte lassen, blickt man auf das Fernsehen und das Internet, trotz bzw. gerade wegen der ökonomischen Orientierung der Akteure, eher eine Pluralität von Produktionsformen als lediglich (jeweils) eine Grundform von Produktion für beide Bereiche erwarten. Ob und inwieweit mächtige Akteure in der Lage sind, die Vielfalt der genutzten Organisationsformen interessiert zu erweitern oder zu begrenzen, ist vor allem eine empirische Frage (vgl. auch Pagel 2003, S. 24 ff.).

2.2 Organisation der Content-Produktion: Arbeitsteilung und Koordination

Die Produktion von Content erfolgte schon immer *arbeitsteilig* – auch wenn für content-produzierende subkulturelle Gruppen (etwa im Internet) nicht immer eine deutliche Trennung zwischen Produzenten und Konsumenten auszumachen sein dürfte (vgl. für die Musikindustrie Peterson 2000, S. 289 f.). Die arbeitsteilige Herstellung zeigt sich besonders deutlich in der Fernsehproduktion, in der man die Wertschöpfungsstufen der Pre-Production, der Production und der Post-Production unterscheidet. Die Produktion von Content nimmt, legt man dieses gebräuchliche Drei-Phasen-Modell zugrunde, typischer Weise ihren Ausgang von der Planung bzw. Auswahl von Themen und mündet über die Recherche zunächst in eine Konzepterstellung (etwa in Form eines Drehbuchs). An diese Pre-Production schließt sich dann die eigentliche Produktion an, die ein zum Beispiel durch das Drehbuch angeleitetes Aufnehmen von Bildern und/oder das Erstellen von Tondokumenten impliziert und mit der Abnahme des erstellten Produkts endet, die eine institutionalisierte Kontrolle beinhaltet. Abgeschlossen wird die Produktion in der Phase der Post-Production, in welcher Schnitt sowie Nachbearbeitung unter der Aufsicht des Redakteurs erfolgen. Anschließend wird das Material in einem oder in mehreren Medien publiziert und – für zukünftige Recherchen – archiviert, wobei letzteres heute auch parallel zur Post-Production geschieht (vgl. genauer z.B. Picker 2001, S. 37 f.; Pagel 2003, S. 69 ff.).

Eine Vielzahl von Akteuren mit unterschiedlichen professionellen Hintergründen ist an den Produktionsprozessen der jeweiligen Programminhalte beteiligt. Das Zusammenspiel ihrer Praktiken ist alles andere als selbstverständlich und bedarf deshalb der *Koordination*. Netzwerken dürfte hier eine besondere Bedeutung zukommen (s. Abschnitt 3), nicht zuletzt deshalb, weil sie die Koexistenz unterschiedlicher Koordinationsprinzipien (unter der Dominanz der Netzwerkform oder als hybride Ordnungsform) erlauben (vgl. Teubner 2001; Windeler 2001, S. 210 ff.). Das bezieht sich nicht nur darauf, dass beispielsweise die Distribution und Vermarktung von Content durchaus unter straffer Kontrolle erfolgen kann, während im kreativen Bereich eher „lose Kopplungen" (Weick 1976) anzutreffen sind (vgl. auch Hesmondhalgh 2002, S. 22); eingeschlossen ist auch die Nutzung marktlicher und hierarchischer Koordination im Kontext von Netzwerken.

Wer in die Produktion eingeschaltet ist, wie die Arbeitsteilung vorgenommen und die Koordination gestaltet wird, hängt nicht zuletzt davon ab, welche von den Phasen der Produktion von Programminhalten Inhouse vollzogen und welche ausgelagert bzw. von externen Dienstleistern wahrgenommen werden. Die digitale Technik und die Diskussion um moderne Produktionskonzepte erhöhen die Freiheitsgrade auch für diese Art der Organisation der Content-Produktion und erweitern nicht zuletzt das konventionelle Spektrum marktlicher und organisationaler Koordination ökonomischer Aktivitäten um netzwerkförmige Organisationsformen. Empirisch hat sich der Trend zur zwischenbetrieblichen oder interorganisationalen Arbeitsteilung und Koordination in den letzten Jahren deutlich verstärkt. Stichworte hierfür sind unter anderem: Auftrags- statt Eigenproduktion, Outsourcing technischer Dienstleistungen, Auslagerung selbst von Redaktionsaufgaben an selbständige Dienstleister, Umwandlung von festen in freie Mitarbeiter, Allianzen statt Akquisitionen, der Aufbau und die

Nutzung von Content-Brokern bei der Syndizierung von durch Online-Redaktionen von Fernsehsendern hergestellten Inhalten.[2]

Arbeitsteilung und Koordination spiegeln sich in der Gestalt der Wert(schöpfungs)ketten. Herausragende Bedeutung kommt sowohl in der Wertkette der Fernsehindustrie als auch in jener der Internetökonomie, trotz aller Differenzen im Detail, zum einen den Produktionsunternehmungen zu, denen die „Content Creation" im weitesten Sinne obliegt, zum anderen aber auch den Sendern bzw. Content-Providern, die mit der „Content Aggregation" befasst sind. Letztere wirken als Auftraggeber und Financiers der Produktionen in bedeutendem Umfang auf die Herstellungsprozesse ein, indem sie die Entwicklung der Drehbücher bzw. Konzepten, die Besetzung bzw. den Webauftritt und vieles mehr im Produktionsprozess beeinflussen (Windeler et al. 2000 für das Fernsehen). Noch – und unserer Einschätzung nach noch lange – muss sich das Management dabei auf die Spezifika der Wertketten der einzelnen Bereiche einlassen (vgl. den Überblick über die verschiedenen Wertketten allein im Medienbereich bei Zerdick et al. 1999, S. 50 ff.). Die Wertketten mit ihren strukturellen Besonderheiten stehen zudem mit den jeweils praktizierten Formen interorganisationaler Arbeitsteilung und Koordination in einem Verhältnis rekursiver Koevolution: Die jeweilige Entwicklung der Kontexte, zum Beispiel die technologische Konvergenz bei anhaltender Wahrung sozialer Divergenz, beeinflusst die Möglichkeiten und Grenzen der Ausgestaltung der Organisationsformen ebenso wie umgekehrt die praktizierten Formen interorganisationaler Arbeitsteilung und Koordination die Kontexte mitgestalten (vgl. dazu Windeler/Sydow 2001). Der Produktion von Content kommt dabei, als die der Verwertung notwendig vorgelagerten Stufe der Wertkette, ein herausragender, gleichsam königlicher Stellenwert zu.

2.3 Organisation der Content-Produktion oder Content-Management?

Die Organisation der Content-Produktion geht dabei allerdings weder im Begriff des Managements im Allgemeinen noch dem des Content-Managements im Besonderen auf. Der Begriff der *Organisation* akzentuiert wie jener des Managements sowohl den Prozess bzw. die Funktion als auch das Ergebnis: die Institution (vgl. für viele: Staehle 1999). In institutioneller Perspektive gibt die Organisation – genauso im Übrigen wie die in jüngerer Zeit in die Aufmerksamkeit der Organisations- und Managementforschung gerückten interorganisationalen Netzwerke – den Rahmen für das Management ab. In funktionaler Perspektive ist Organisation – neben beispielsweise der Planung und Kontrolle sowie dem Personaleinsatz – hingegen nur eine von mehreren Managementfunktionen. Obwohl die Organisation insoweit aus der Sicht der Organisations- und Managementforschung nur einen Ausschnitt der Managementfunktion bildet, kommt ihr ein herausragender Stellenwert zu; zumindest dann, wenn man den Denkrahmen des plandeterminierten Managementprozesses verlässt (vgl. Schreyögg 1991), der gleichwohl noch den meisten Beiträgen zum Medienmanagement zugrunde liegt (vgl. z.B. Schumann/Hess 2002, S. 213 ff.).

---

[2] Zum auch in journalistischer Hinsicht brisanten Fall der Auslagerung von Lokalredaktionen aus der *Rhein-Zeitung* und noch anderen Beispielen vgl. Engelhardt/Hamann (2003).

In avancierten sozialtheoretischen Ansätzen wird zuweilen (als Fortschreibung der Bestimmungen von Max Weber 1976) ein allgemeinerer Begriff von Organisation verwendet, wenn unter Organisation bzw. Organisieren die hochgradig reflexive Koordination von Aktivitäten und Beziehungen – und unter Organisationen entsprechend organisierte Sozialsysteme – verstanden werden (Giddens 1990; Windeler 2001, S. 227 ff.). Dem Management fällt in Organisationen, legt man dieses Verständnis zugrunde, maßgeblich die Rolle der bewussten strategischen Ausgestaltung allgemeiner Handlungsbedingungen auf der Grundlage ausgefeilter Beobachtungen der internen Prozesse und externen Kontexte der Organisation (wie von Wertschöpfungsketten) zu. Organisation als Organisieren ist in diesem Verständnis keine Teilfunktion des Managements, sondern nicht zuletzt Medium und Resultat der Aktivitäten des Managements. Planung, Kontrolle und Personaleinsatz bilden dann auch keine Managementfunktionen neben der Funktion der Organisation, sondern sind Moment derselben. Sie sind genau wie die Selektion von Akteuren und Handlungsdomänen, die Allokation von Ressourcen, die Evaluation der Praktiken, der Konfiguration der Positionen mit ihren Rechten und Pflichten sowie die Ausgestaltung der Systemgrenzen Gegenstandsbereiche der Organisation (vgl. Sydow/Windeler 1994; Windeler 2001, S. 249 ff.). Die konkrete Ausgestaltung der Gegenstandsbereiche hat zum Beispiel nicht nur Bedeutung für die Karrieren der an der Produktion beteiligten Akteure (Selektion), für die Nutzung von Humanressourcen (Allokation) sowie für die Ausgestaltung der Gatekeeper-Position (Positionierung), wichtig ist sie auch für die Herstellung der Medieninhalte selbst (vgl. zu letzterem Peterson 2000, S. 294). Der Grad und die Form der Organisiertheit werden über die entsprechenden Praktiken bestimmt (s. Abschnitt 4).

Der Begriff des *Content-Management* wird heute in der Literatur im Vergleich nicht nur zu diesem weiteren sozialtheoretischen, sondern selbst auch zu dem begrenzteren managementtheoretischen Begriff der Organisation noch deutlich enger gefasst. Bezeichnet wird mit ihm zunächst der Aufbau sowie die Nutzung zum Beispiel digitaler Archivsysteme bei Fernsehsendern oder internetspezifischer Redaktionssysteme zur Erstellung von Webseiten (vgl. Pagel 2003, S. 59). So werden als Content-Management-Systeme (CMS) entsprechend „eine Gattung von Software bezeichnet, die eine darstellungsunabhängige Erstellung und Verwaltung von Informationen und deren Ausgabe in verschiedenen Kontexten, Kombinationen, Medien und Formaten ermöglicht" (Heinrich 1999, S. 123). In einem erweiterten Blickwinkel umfasst Content-Management die Produktion, das Packaging und die Distribution des Content (Pagel 2003, S. 62) und schließt damit die Vermarktung über Peer-to-Peer-Systeme, in denen Contenterzeuger und Kunde in direkten Kontakt miteinander treten ebenso mit ein wie Praktiken der Content-Syndication, in denen Content-Broker von verschiedenen Produzenten hergestellte Inhalte aggregieren und zum Beispiel über das Internet distribuieren (vgl. z.B. Keuper/Hans 2003, S. 262 ff.; Christ 2003, S. 115 ff.). Integriert man in diese Aufgabenstellung die Koordination der mit der Content-Produktion befassten Akteure, dann entfernt man sich recht weit von der technisch fokussierten Betrachtung von Content-Management und nähert sich dem oben vorgestellten Verständnis von Organisation der Content-Produktion.

3 Organisationsformen der Content-Produktion

Die Praktiken der Arbeitsteilung und Koordination spiegeln sich in der jeweils entstehenden Organisationsform. Umgekehrt bildet – ganz im Sinne des strukturationstheoretischen Theorems der „Dualität von Struktur" (Giddens 1984) – die bestehende Organisationsform den Kontext für die Ausgestaltung dieser Organisationspraktiken (vgl. auch Ortmann et al. 1997). Unterschieden werden typischer Weise marktliche, organisationale und netzwerkförmige Koordinationsformen, wobei der zentrale Koordinationsmechanismus gerade der Netzwerkform umstritten ist. Die Tabelle 2 stellt diese drei Organisationsformen gegenüber und grenzt sie – idealtypisch – voneinander ab.

Merkmal	*Markt*	*Organisation*	*Netzwerk*
Soziale Ordnung	Spontane Ordnung; Resultat dezentraler, wechselseitiger Anpassung individuell handelnder Akteure	Geplante Ordnung (oft durch eine zentrale Leitung); bewusste Koordination und Kontrolle	Hybrid der Ordnungsprinzipien von Markt und Organisation ——— *oder* ——— eigenständige Ordnung auf der Grundlage • der Qualität der Beziehungen oder • des Geflechts von Beziehungen zwischen mehreren Akteuren; keine zentrale Leitung
konstitutiver Koordinationsmechanismus	Preis	Anweisung	Kooperation, Vertrauen, Verlässlichkeit, Verhandlung, Selbstverpflichtung u.v.m. oder Koordination unter Bezug auf den dauerhaften Beziehungszusammenhang zwischen den Beteiligten
Varianten	Polypol, Oligopol	Einheits- und Konzernunternehmung	strategische Netzwerke, Projektnetzwerke

Tab. 2: Organisationsformen im Vergleich – Idealtypik

Die *Markt*form, die zum Beispiel in der Fernsehproduktion vielfach die Geschäftsbeziehungen zwischen Produzenten und technischen Dienstleistern kennzeichnet, setzt bei der Koordination – idealtypisch – auf Wettbewerb, Eigeninteresse, Selbstregulation und den Preismechanismus (vgl. zum Folgenden instruktiv Vanberg 1982, z.B. S. 76 ff.). Die Marktergebnisse resultieren eher aus emergenten Prozessen denn aus bewusster Planung; es entsteht eine „spontane Ordnung" (Polanyi 1951; Hayek 1972) aus voneinander unabhängigen Handlungen individueller Akteure; allein der „Mechanismus der gegenseitigen Anpassung" (Hayek 1971, S. 192) bewirkt „eine wirkungsvolle Koordination der menschlichen Tätigkeiten ohne bewusste Organisation" (ibid.).

Dabei abstrahiert die universelle Vorstellung von Märkten als Arenen, in denen sich Angebots- und Nachfragekräfte treffen, weitgehend (oder gar vollständig) von den institutionellen Charakteristika realer Märkte. Für die institutionelle Ökonomie (in der Folge von Buchanan oder Hayek) trifft das jedoch nur mit Einschränkungen zu. Denn diese versteht Märkte als Arenen sozialer Interaktionen, die durch spezifische Institutionen charakterisiert sind: durch „rules of the game" (North), die zum Beispiel die Verfügungsrechte und den Wettbewerb sichern und damit bestimmte Arten des Markthandelns etablieren und aufrechterhalten (vgl. Vanberg 2001, S. xi ff.). Marktbeziehungen gelten als flüchtig, während reale Märkte selbstverständlich auch durch länger anhaltende Geschäftsbeziehungen (z.B. im Fall des Wiederholungskaufs) gekennzeichnet sind. Diese gewinnen durchaus Einfluss auf die Transaktionen, etwa was die Auswahl der Tauschpartner, die Praktiken des Austauschs und die geforderten Preise betrifft, ohne jedoch die Marktpraktiken insgesamt zu dominieren und damit die Marktform in Frage zu stellen.

Eine *Organisation*, etwa eine die Produktion, einen Sender oder ein Internetportal betreibende Unternehmung, entsteht demgegenüber als Ergebnis bewusst gestalteter Koordination und Kontrolle der Aktivitäten und Beziehungen der Organisationsmitglieder (vgl. Windeler 2001, S. 227 f.; Müller-Jentsch 2003, S. 12). Dabei zeichnen sich Organisationen durch drei Merkmale aus: erstens durch die prinzipiell freie Ein- und Austrittsmöglichkeit der Mitglieder, zweitens durch die prinzipiell freie Gestaltbarkeit der Strukturen und Prozesse innerhalb der Organisation und drittens durch die prinzipiell freie Setzung von Zwecken und Zielen (vgl. Türk 1989, S. 474). Anders als im Markt stehen hier nicht die isolierten, über den Preismechanismus ex post koordinierten Entscheidungen der Marktteilnehmer im Vordergrund, sondern die ex ante Koordination mittels organisatorischer Regeln und Normen, die es Organisationsmitgliedern etwa nicht frei stellt, ihre Leistungen untereinander auszutauschen (Blau 1964). Freilich werden auch in Organisationen nicht alle Tauschverhältnisse unterdrückt, die nicht geregelt worden sind. Zudem produzieren die bewussten Festlegungen immer auch unintendierte Resultate, so dass Organisationsmitglieder in der Praxis vorgegebene Regeln immer wieder verletzen (müssen). Bei der Anwendung selbst verfügen Organisationsmitglieder zudem über mehr oder weniger große Freiheitsgrade (vgl. Ortmann 2003). Auch wenn Handeln in und von Organisationen im Ergebnis notgedrungen in Teilen unkalkulierbar und unberechenbar bleibt, so werden sie durch bewusste Anordnung zu regulieren versucht. Die autoritative Weisung ist in dieser Organisationsform ökonomischer Aktivitäten das Pendant zum Preismechanismus in der Marktform; auf sie kann in letzter Konsequenz die Wirksamkeit aller technokratischen und personalen Koordinationsinstrumente zurückgeführt werden.

Die *Netzwerk*formen werden in der Literatur – selbst in idealtypischer Betrachtung – recht unterschiedlich definiert (vgl. für einen Überblick Krebs/Rock 1994). Als gemeinsame Grundlage der Betrachtung von Netzwerken kann die Bestimmung von Mitchell (1969, S. 1 f.) gelten, der unter Netzwerken ein spezielles Set von Beziehungen zwischen einer definierten Gruppen von Akteuren (oder Einheiten) versteht; verbunden mit der Eigenschaft, dass einzelne soziale Beziehungen und das Geschehen in Netzwerken nur unter Einbezug weiterer Beziehungen und vor allem des Netzwerks der Beziehungen zu verstehen und zu erklären ist (vgl. auch Windeler 2001, S. 33 f.). In der ökonomischen, politikwissenschaftlichen sowie in einem Großteil der soziologischen Literatur wird dieser allgemeinste Begriff von Netzwerk weiter spezifiziert. Hierbei lassen sich zwei grundlegend unterschiedliche Herangehensweisen feststellen. Einige Autoren verbinden mit Netzwerken immer eine Mischung von spontaner und geplanter Ordnung (z.B. Williamson 1985). Andere betonen die Eigenständigkeit dieser Organisationsform jenseits von Markt und Hierarchie und fokussieren auf Koordinationsmechanismen wie Vertrauen, Verlässlichkeit, Verhandlung, Selbstverpflichtung, Loyalität, Reziprozität oder aber sehen die dominante Koordination der Praktiken unter Bezug auf den dauerhaften Beziehungszusammenhang zwischen den Beteiligten als für Netzwerke konstitutiv an (vgl. Windeler 2001, S. 237 ff.). Reale Erscheinungsformen von (interorganisationalen) Netzwerken sind zum Beispiel regionale und strategische Netzwerke, aber auch Projektnetzwerke, Joint Ventures und die bereits erwähnten Online-Kooperationen.

4 Zur Konstitution der Organisationsformen in der Praxis

Welche Form der Organisation die Content-Produktion im Einzelfall charakterisiert, entscheidet sich danach, auf welche Art und Weise die an der Produktion Beteiligten ihre Aktivitäten und Beziehungen dominant koordinieren. Das dürfte einerseits weitgehend unstrittig sein, ohne dass andererseits die recht weitreichenden Implikationen dieser grundlegenden Einsicht gesehen werden. Denn die Anerkenntnis der praktischen Hervorbringung einer Organisationsform beinhaltet, dass es nicht ausreicht, abstrakt Vor- und Nachteile bestimmter Koordinationsformen zu diskutieren und bei Vorliegen einer bestimmten Form, die im Modell gesetzten Vorteile als Ursache für das Praktizieren dieser Form zu diagnostizieren (wie das nicht selten in institutionenökonomischen Studien geschieht). Zu berücksichtigen ist stattdessen die Konstitution der Organisationsformen *in der Praxis*, das heißt, einzubeziehen ist, wie Akteure die jeweilige Koordinationsform als Medium und Resultat ihres Handelns rekursiv hervorbringen. Folgende vier Argumente charakterisieren diese Position genauer:

(1.) Die Wahl der Organisationsform der Content-Produktion ist hochgradig *kontingent*. Weder inhaltliche Qualitäten oder technologische Anforderungen oder besondere Marktstrukturen noch transaktionskostenspezifische Investitionen oder bestimmte Risikolagen bestimmen – und schon gar nicht alleine! – die von Akteuren zu treffenden Entscheidungen über die Ausgestaltung der Produktionsorganisation. So ist es durchaus denkbar, dass die Digitalisierung der Produktionstechnik zwar einen Siegeszug im Bereich des Fernsehens als auch des Internets antritt, die jeweiligen „organisationalen Felder" (DiMaggio/Powell 1983) aber hochgradig divergent bleiben oder sich sogar weiter auseinander entwickeln; möglich ist aber auch, dass nicht nur Technologien, sondern auch beide Industrien konvergieren. Die Entscheidungen darüber sind nämlich zum Beispiel nicht frei von in der jeweiligen Branche und darüber hinaus in der Gesellschaft diskutierten und praktizierten Moden und Mythen des Organisierens (Meyer/Rowan 1977).

(2.) Produktionen sind in den seltensten Fällen nur durch *eine* Organisationsform (und schon gar nicht in Reinform) gekennzeichnet (vgl. Windeler 2001, S. 210 ff.). Was man lediglich bestimmen kann, aber eben auch muss, sind in der Produktion *vorherrschende* Formen praktischer Koordination. Beim Einkauf technischer Dienstleistungen im Rahmen einer Fernsehproduktion dominiert etwa der Preis, das heißt, der Produzent und der Dienstleister koordinieren ihre Aktivitäten im Wesentlichen marktlich. Gleichzeitig greift der Produzent parallel bei der Auswahl von Autoren, Schauspielern, Regisseuren und Kameraleuten, also bei der Selektion des kreativen ‚Personals', auf ihm aus früheren Projekten vertraute Personen zurück und koordiniert deren Aktivitäten und Beziehungen vor allem netzwerkförmig. Zur gleichen Zeit versucht der Produzent, die kaufmännische sowie künstlerische Kontrolle des Projekts mit Hilfe angestellter Produktionsleiter, also durch organisationale Koordination, sicherzustellen. Wenn wir in diesem Zusammenhang etwa von einer Koordination der Content-Produktion in Projektnetzwerken sprechen (Sydow/Windeler 1999; Windeler/Sydow 2001), meinen wir genauer, dass diese Form der Koordination in den Produktionsprozessen insgesamt die dominante ist. Und wenn sie die vorherrschende ist, dann strahlt sie auch auf die anderen in dem Kontext genutzten Organisationsformen aus, überlagert oder ergänzt diese.

(3.) In der Praxis – auch und gerade der Content-Produktion für das Fernsehen und das Internet – verwischen zuweilen die *Grenzen zwischen den Organisationsformen*. Keinesfalls springen Unterschiede der Koordination gleich ins Auge, wenn man etwa Projekte vergleicht, die im Kontext dezentral geführter Konzerne durchgeführt werden, mit jenen, die Produzenten in hierarchisch koordinierten Netzwerken abwickeln. In dezentral geführten Konzernzusammenhängen ist die bewusste Koordination und Kontrolle durch eine zentrale Leitung (im Sinne einer einheitlichen Leitung in wirtschaftlichen Angelegenheiten) keinesfalls immer in den alltäglichen Produktionspraktiken sichtbar. In solchen Konzernzusammenhängen agierende Produzenten betonen denn auch ihre organisationale Autonomie, kompetente Projektbeteiligte wissen aber gleichwohl um die Wirksamkeit des Konzernzusammenhangs und richten sich darauf in ihren Praktiken ein. Konzerngebundene Produzenten wissen etwa, dass ihre Autonomie nur von der Konzernzentrale gewährt und im Prinzip jederzeit rücknehmbar ist. Faktisch koordinieren Akteure Produktionsprozesse damit auch in dezentral geführten Konzernen weiterhin dominant unter Rekurs auf die einheitliche Leitung in wirtschaftlichen Angelegenheiten und damit auf die *in* Unternehmungen vorherrschende Form der Koordination. Strategisch geführte Netzwerke weisen dagegen oftmals eine so hierarchische Form der Netzwerkkoordination auf, dass die Frage entsteht, ob die beteiligten Unternehmungen noch wirklich in der Lage sind, ihre wirtschaftlichen Angelegenheiten eigenverantwortlich zu leiten und ob wir es mit einer „faktischen Konzernierung" (Däubler 1988) zu tun haben.

(4.) Die Organisation der Content-Produktion verlangt von den Akteuren, zumindest in den kritischen Bereichen der Produktion, eine hinreichende *Übereinstimmung des Verständnisses* darüber zu erzeugen, was und wie man produzieren will. Dafür mögen unterschiedliche Organisationsformen in den Augen verschiedener Akteure unterschiedliche Vor- und Nachteile aufweisen. Vorstellungen über ein „passendes" Verständnis über das zu erstellende Produkt und die zu realisierende Produktionsorganisation fließen dabei ebenso in die Prozesse ein wie von den Akteuren geteilte Professionsnormen sowie Einschätzungen über relevante Kontexte und deren Entwicklungen: rekursive Konstitution der Produktionspraktiken. In der Branche (und gegebenenfalls weit darüber hinaus) geteilte Vorstellungen und interpretative Schemata oder andere, gegebenenfalls, gesellschaftsweite Institutionen bewirken, dass viele Akteure sich an diesen orientieren und in der Folge die Organisationsform wählen, die vielleicht nicht effizienter ist, die aber andere bedeutende Produzenten praktizieren und deshalb im Professionsdiskurs als modern eingestuft werden. Mit DiMaggio und Powell (1983) kann man in diesen Fällen von dem Vorliegen von – gegebenenfalls sich wechselseitig verstärkenden – Isomorphiemechanismen sprechen, die im Resultat eine gleichartige Lösung der Organisationsfrage bei prinzipiell vorliegender Kontingenz hervorbringen. Denn insoweit kompetente Akteure die in der Branche und darüber hinaus als gültig angesehenen Orientierungen in ihren Handlungen aktualisieren, reduzieren sie – zuweilen recht grundlegend – die als realisierbar eingestufte Vielfalt möglicher Organisationsformen – vielleicht sogar auf eine einzige Möglichkeit. Und so verschiedene Akteure diese als gültig ansehen, verstärken sie durch ihr Handeln den von ihnen wahrgenommen Trend. Selbst wenn dieser Fall eintritt, kennzeichnet dieser dann aber eben nicht einen „one best way" der Produktionsorganisation, sondern einen Weg, dessen Bevorzugung sich, wie angedeutet, aus dem Zusammenspiel sozialer Prozesse auf unterschiedlichen Ebenen ergibt.

Faktisch lassen sich vor dem Hintergrund dieser sozialtheoretisch informierten Argumentation immer wieder in einer bestimmten Branche dominante Formen der Organisation in dem Sinne antreffen, dass die Mehrzahl der Akteure in der Industrie diese praktizieren. Die Netzwerkform der Koordination dominiert heute zum Beispiel die Content-Produktion in der Fernsehindustrie, während vor der Einführung des Privatfernsehens in Deutschland die „Inhouse"-Lösung und damit eine organisationsinterne Form der Produktionskoordination vorgezogen wurde. Akteure, die in dieser Branche aktiv werden wollen, sind mit diesem Strukturmerkmal konfrontiert. Produzenten, die eine Internationalisierung ihrer Aktivitäten beabsichtigen, stehen zum Beispiel heute in der Fernsehindustrie vor der Aufgabe, ihren Markteintritt als Netzwerkeintritt zu realisieren (Sydow et al. 2003). Ist das jeweilige organisationale Feld noch nicht hinreichend entwickelt, fehlen etwa kompetente Zulieferer und in der Produktion benötigte Dienstleister, dann bedarf es sogar eines *kollektiven* Netzwerkeintritts in dem Sinne, dass Produzenten zusammen mit bekannten und erprobten Dienstleistern den Markteintritt vollziehen (Sydow et al. 2002).

Eine Erklärung der praktizierten Content-Produktion sowie des Vorherrschens einer bestimmten Form der Organisation bedarf unseres Erachtens in der Konsequenz notwendig der rekursiven Aufnahme der Aktivitäten relevanter Akteure und der sozialen Kontexte, in denen diese erfolgen. Dazu sind die Praktiken zu untersuchen, in denen Akteure sich in ihrem Handeln an den Kontexten und Formen der Produktionskoordination orientieren und, indem sie das tun, diese gleichzeitig in ihrer konkreten Ausgestaltung und Form mit hervorbringen. Dieses Plädoyer für eine Berücksichtigung der *praktisch-rekursiven Eingebettetheit* von Produktion stellt sich explizit einem ökonomischen oder ökonomistischen Verständnis entgegen, welches meint, die Prozessualität organisatorischer Praxis und die soziale Eingebettetheit der Produktion gerade ausblenden zu können. Die Analyse der Praktiken der Organisation der Content-Produktion und ihrer rekursiven Konstitution ermöglicht zum einen eine Reflexion der Defizite der praktizierten Koordinationsformen, zum anderen eröffnet sie

Horizonte für eine reflexive Verbesserung eben dieser Praktiken – nicht zuletzt auch im Sinne einer Ökonomisierung.

5 Ein Überblick über die Beiträge dieses Bandes

Der Band enthält neben dieser Einleitung insgesamt zehn Beiträge. Der größte Teil von ihnen befasst sich mit der Organisation der Content-Produktion am Beispiel des Fernsehens. Der Beitrag von *Jörg Sydow* und *Arnold Windeler* stellt die Koordinationsform des Projektnetzwerks in seinen Grundzügen vor, diskutiert aber auch schon Möglichkeiten eines reflexiveren Netzwerkmanagements. *Arnold Windeler* führt diese Überlegungen fort, indem er grundlegende Merkmale der Koordinationsform des Projektnetzwerks bestimmt und die Bedeutung der Spezifika der Produkte und der Industrie für die reflexive Ausgestaltung dieser Koordination diskutiert. Die Steuerung von Projektnetzwerken der TV-Produktion durch Selektion im Spannungsfeld von Budget, Inhalt und Quote als Trias von Orientierungen thematisieren *Arnold Windeler, Anja Lutz* und *Carsten Wirth* in ihrem Beitrag. Elementare Unterschiede der Koordination der Content-Produktion für das Fernsehen im Zusammenhang von Netzwerken und in Konzernen analysieren *Carsten Wirth* und *Jörg Sydow*. Dabei gehen sie von der Unterscheidung von Hierarchie und Heterarchie als Grundformen der Koordination ökonomischer Aktivitäten aus. Ihr Beitrag beschließt den Teil des Buches über die Organisationsformen der Fernsehproduktion.

Den Teil über die Organisation der Content-Produktion für das Internet leitet ein Aufsatz von *Anja Lutz* über die Koordination der Produktion von Contents für die Internetauftritte der Fernsehsender ein. *Sven Pagel* diskutiert anschließend die Formen des integrierten Content Managements in der Nachrichtenproduktion als Antwort auf die vielfältigen neuen Verbreitungsmedien (wie Handys, portable DVB-T-Empfänger) und die bei Medienhäusern eingeführten Informationstechniksysteme. *Markus Anding, Peggy Lynn Steichler* und *Thomas Hess* widmen sich den Möglichkeiten der Substitution von Intermediären im Syndikationsprozess durch Peer-to-Peer-Systeme im Zuge möglicher Mehrfachverwertung von Medieninhalten. *Stephan Manning* präsentiert abschließend am Beispiel der Entwicklung eines Stadtportals Anforderungen an die Organisation der Content-Produktion im Zusammenspiel sich immer wieder verändernder Anforderungen an die Inhalte und deren Präsentation einerseits sowie veränderter technischer Möglichkeiten der Ausgestaltung der Portale andererseits.

Bevor allerdings die Organisationsform des Projektnetzwerks genauer vorgestellt wird, diskutiert *Insa Sjurts* – gleichsam im Kontrast zu dieser Einleitung – das Problem der Organisation der Content-Produktion aus institutionenökonomischer und strategietheoretischer Sicht.

Literaturverzeichnis

Blau, P. (1964): Exchange and power in social life. New York.
Büttgen, M./Lücke, F. (2003)(Hrsg.): Online-Kooperationen: Erfolg im E-Business durch strategische Partnerschaften. Wiesbaden.
Christ, O. (2003): Content-Management in der Praxis. Berlin etc.

Cottle, S. (2003): Media organization and production: Mapping the field. In: Cottle, S. (Hrsg.): Media organization and production. London etc., S. 3-39.

Däubler, W. (1988): Informationstechnische Unternehmensverkettung und Arbeitsrecht. In: Computer und Recht 4 (10), S. 834-841.

Derrida, J./Stiegler, B. (2002): Echographies of television. Cambridge.

DiMaggio, P./Powell, W.W. (1983): The iron cage revisited: Institutional isomorphism and collective rationalities in organizational fields. In: American Sociological Review 48, S. 147-160.

Engelhardt, D./Hamann, G. (2003): Sie sind so frei. In: Die Zeit Nr. 23 vom 28. Mai 2003, S. 24-25.

Franz, G. (2003): Digitales Fernsehen: Herausforderungen für TV-Forschung und TV-Werbung. In: Media Perspektiven (10), S. 463-469.

Giddens, A. (1984): The constitution of society. Cambridge.

Giddens, A. (1990): Structuration theory and sociological analysis. In: Clark, J./Modgil, C./Modgil, S. (Hrsg.): Anthony Giddens. Consensus and controversy. London etc., S. 297-315.

Hayek, F.A. von (1971): Die Verfassung der Freiheit. Tübingen.

Hayek, F.A. von (1972): Die Theorie komplexer Phänomene. Tübingen.

Heinrich, J. (1999): Medienökonomie. Band 2: Hörfunk und Fernsehen. Opladen.

Hesmondhalgh, D. (2002): The cultural industries. London etc.

Hess, T./Anding, M. (2003): Betrieb von Internetportalen auf Basis von Kooperationen – untersucht am Fallbeispiel Sport 1. In: Büttgen, M./Lücke, F. (Hrsg.): Online-Kooperationen: Erfolg im E-Business durch strategische Partnerschaften. Wiesbaden, S. 133-143.

Hoskins, C./Mirus, R. (1988): Reasons for the US dominance of the international trade in television programmes. In: Media, Culture and Society 10, S. 499-515.

Keuper, F./Hans, R. (2003): Multimedia-Management. Strategien und Konzepte für Zeitungs- und Zeitschriftenverlage im digitalen Informationszeitalter. Wiesbaden.

Krebs, M./Rock, R. (1994): Unternehmungsnetzwerke – eine intermediäre oder eigenständige Organisationsform? In: Sydow, J./Windeler, A. (Hrsg.): Management interorganisationaler Beziehungen. Vertrauen, Kontrolle und Informationstechnik. Opladen, S. 322-345.

Leblebici, H./Salancik, G.R./Copay, A./King, T. (1991): Institutional change and the transformation of interorganizational fields. In: Administrative Science Quarterly 36 (3), S. 333-363.

Meyer, J.W./Rowan, B. (1977): Institutionalized organizations: Formal structure as myth and ceremony. In: American Journal of Sociology 83 (2), S. 340-363.

Miles, R.E./Snow, C.C./Miles, G. (2000): The Future.org. In: Long Range Planning 33, S. 300-321.

Mitchell, J.C. (1969): The concept and use of social networks. In: Mitchell, J.C. (Hrsg.): Social networks in urban situations. Manchester, S. 1-50.

Müller-Jentsch, W. (2003): Organisationssoziologie. Frankfurt a.M. und New York.

Ortmann, G. (2003): Regel und Ausnahme. Frankfurt a.M.

Ortmann, G./Sydow, J./Windeler, A. (1997): Organisation als reflexive Strukturation. In: Ortmann, G./Sydow, J./Türk, K. (Hrsg.): Theorien der Organisation. Opladen, S. 315-354.

Pagel, S. (2003): Integriertes Content Management. Wiesbaden.

Peterson, R.A. (2000): Kultursoziologie aus Sicht der Produktionsperspektive: Fortschritte und Ausblick. In: Müller, H.-P./Sigmund, S. (Hrsg.): Zeitgenössische amerikanische Soziologie. Opladen, S. 281-312.

Picker, G. (2001): Kooperatives Verhalten in temporären Systemen. Berlin.

Polanyi, M. (1951): The logic of liberty – Reflections and rejoinders. London.

Powell, W.W. (1978): Publishers' decision making: What criteria do they use in deciding which books to publish. In: Social Research 45, S. 227-252.

Ryan, J./Peterson, A. (1982): The product image: The fate of creativity in Country Music songwriting. In: Annnual Reviews of Communication Research 10, S. 11-32.
Schreyögg, G. (1991): Der Managementprozeß – neu gesehen. In: Staehle, W.H./Sydow, J. (Hrsg.): Managementforschung 1. Berlin und New York, S. 255-289.
Schumann, M./Hess, T. (2002): Grundfragen der Medienwirtschaft. 2. Aufl. Berlin etc.
Staehle, W.H. (1999): Management. 8. Aufl. München.
Sydow, J./Windeler, A. (1994): Über Netzwerke, virtuelle Integration und Interorganisationsbeziehungen. In: Sydow, J./Windeler, A. (Hrsg.): Management interorganisationaler Beziehungen – Vertrauen, Kontrolle und Informationstechnik. Opladen, S. 1-21.
Sydow, J./ Windeler, A. (1999): Projektnetzwerke: Management von (mehr als) temporären Systemen. In: Engelhard, J./Sinz, E.J. (Hrsg.): Kooperation im Wettbewerb. Wiesbaden, S. 211-235. Wieder abgedruckt in diesem Band.
Sydow, J./Windeler, A./Wirth, C. (2002): Markteintritt als kollektiver Netzwerkeintritt – Internationalisierung der Fernsehproduktion in unreife Märkte. In: Die Betriebswirtschaft 63 (5), S. 459-475.
Sydow, J./Windeler, A./Wirth, C. (2003): Markteintritt als Netzwerkeintritt? – Internationalisierung von Unternehmungsaktivitäten aus relationaler Perspektive. In: Die Unternehmung 57 (3), S. 237-261.
Teubner, G. (2001): Das Recht hybrider Netzwerke. In: Zeitschrift für das gesamte Handels- und Wirtschaftsrecht 165, S. 550-575.
Türk, K. (1989): Artikel ‚Organisationssoziologie'. In: Endruweit, G./Trommsdorf, G. (Hrsg.): Wörterbuch der Soziologie. Stuttgart, S. 474-481.
Vanberg, V.J. (1982): Markt und Organisation. Tübingen.
Vanberg, V.J. (2001): The constitution of markets. London und New York.
Vierling, A. (2003): Kernpunkt ist digitale Vernetzung der Produktionsprozesse. In: ProMedia 7 (10), S. 21-22.
Weber, M. (1976): Wirtschaft und Gesellschaft. Grundriß der verstehenden Soziologie. 5. Aufl. Tübingen.
Weick, K.E. (1976): Educational organizations as loosely coupled systems. In: Administrative Science Quarterly 21, S. 1-19.
Williamson, O.E. (1985): The economic institutions of capitalism. New York.
Windeler, A. (2001): Unternehmungsnetzwerke. Wiesbaden.
Windeler, A./Lutz, A./Wirth, C. (2000): Netzwerksteuerung durch Selektion. In: Sydow, J./Windeler, A. (Hrsg.): Steuerung von Netzwerken. Konzepte und Praktiken. Opladen, S. 178-205. Wieder abgedruckt in diesem Band.
Windeler, A./Sydow, J. (2001): Project networks and changing industry practices – Collaborative content production in the German television industry. In: Organization Studies 22 (6), S. 1035-1060.
Yoffie, D.B. (1999)(Hrsg.): Competing in the age of digital convergence. Boston, Mass.
Zerdick, A./Picot, A./Schrape, K./Artopé, A./Goldhammer, K./Lange, U.T./Vierkant, E./ López-Escobar, E./Silverstone, R. (1999): Die Internet-Ökonomie. Berlin etc.

Organisation der Contentproduktion: Strategische Alternativen aus ökonomischer Sicht

Insa Sjurts

1 Problemstellung

Content ist für Medienunternehmen von zentraler unternehmensstrategischer Bedeutung. Information und Unterhaltung sind der elementare Rohstoff, aus dem die Medienunternehmen – gegebenenfalls in Verbindung mit Werbung – Zeitungen, Zeitschriften, Hörfunk, Fernsehen und entsprechende Internetangebote kombinieren (Sjurts 2002, S. 5 f.). Die zentrale Bedeutung des redaktionellen Contents für Medienunternehmen ergibt sich daraus, dass der originäre Produktnutzen von Mediengütern aus Rezipientensicht an die Medieninhalte knüpft. Durch einzigartige Inhalte wie hochaktuelle Nachrichten, exklusive Sportberichte, prominente Moderatoren oder innovative Unterhaltungsshows wird versucht, die Rezipienten für das jeweilige Medienprodukt als Ganzes zu interessieren und diese an den Printtitel oder den Sender zu binden. Wettbewerbsvorteile durch Differenzierung werden so möglich. Das Verbundprodukt Werbung und das Trägermedium sind dagegen von nachgeordneter Bedeutung. Die besondere Relevanz des redaktionellen Contents für die Unternehmen folgt schließlich auch aus dem hohen Kostenanteil, den die Contentproduktion bzw. Contentbeschaffung an den Gesamtkosten der Mediengüterproduktion ausmacht (Ludwig 1998, S. 90 ff.; Heinrich 2001, S. 242 ff.). Dies gilt vor allem für den Rundfunk, wo die Kosten der Contentproduktion deutlich die der Contentkombination, der Multiplikation und der Distribution der Medienprodukte übersteigen. Auf Kostenvorteile bei der Contentproduktion zu setzen, lässt sich nicht nur zu einer Strategie der Kostenführerschaft ausformen, sondern stiftet auch Wettbewerbsvorteile bei einer Differenzierungsstrategie.

Wegen der hohen strategischen Relevanz der redaktionellen Inhalte widmen die Medienunternehmen der Contentproduktion auch besondere Aufmerksamkeit. Im Mittelpunkt steht die zweckmäßige Organisation der Contentproduktion. Dabei geht es etwa darum, ob der Content durch eigene Journalisten- und Redaktionsteams oder in sendereigenen Studios hergestellt werden soll, um Redaktionsgemeinschaften, Auftragsproduktionen oder gegebenenfalls um den Kauf von Film- oder Sportübertragungsrechten. Für welche Variante der Contentproduktion sich welche Medienunternehmen warum entscheiden, soll im Folgenden untersucht werden. Dafür ist es nach einer kurzen Rekapitulation der grundlegenden strategischen Alternativen zunächst erforderlich, die Schwerpunkte der Contentarten bei den klassischen Medienprodukten Zeitung, Zeitschrift, Hörfunk, Fernsehen zu identifizieren und die typischerweise gewählte Variante der Contentproduktion jeweils zu bestimmen. Dieser Befund soll sodann zu erklären versucht werden. Die Angebote im Internet können hier vernachlässigt werden, da das jeweilige Internet-Angebot ganz überwiegend den Contentschwerpunkt des traditionellen Produkts widerspiegelt.

2 Die strategischen Alternativen

Für die Erstellung der redaktionellen Inhalte können Medienunternehmen zwischen den klassischen Optionen Eigenfertigung, Marktbezug und kollektivem strategischen Handeln wählen.

(1) Eigenfertigung

Im Fall der Eigenfertigung wird der Content für die Mediengüterproduktion im Medienunternehmen selbst erstellt. Die Vorteile der Eigenfertigung liegen für Medienunternehmen darin, dass sie die Produktgestaltung und den Produktionsprozess in sachlicher und zeitlicher Hinsicht hierarchisch voll kontrollieren können und zugleich alle Verfügungsrechte an dem selbst erstellten Content besitzen. Voraussetzung ist allerdings, dass Produktionskapazitäten kontinuierlich vorgehalten werden. Dadurch entstehen erhebliche Fixkosten und Zwänge zur Auslastung, was die Flexibilität im Umgang mit marktlichen Veränderungen reduziert. Allerdings entfallen spezielle Koordinationskosten, wie sie beim externen Bezug von Content entstehen (Heinrich 1999, S. 158; Schröder 1999, S. 77 ff.).

(2) Marktbezug

Alternativ können die Medienunternehmen redaktionellen Content am Markt von rechtlich und wirtschaftlich selbständigen Anbietern erwerben, wobei zwischen Standardprodukten und Auftragsproduktion zu unterscheiden ist. Die Abstimmung zwischen Contentproduzent und Medienunternehmen erfolgt im Kern durch den Preis. Beim Kauf eines Standardprodukts erwirbt das Medienunternehmen in der Regel ein (zeitlich befristetes) Nutzungsrecht an dem jeweiligen Content in Form einer Kopie. Die Urkopie verbleibt beim Contentproduzenten als Eigentümer der Verfügungsrechte, der diese – je nach vertraglicher Ausgestaltung – weiter nutzen kann. Handelt es sich dagegen um eine Auftragsproduktion, so gehen üblicherweise die Verfügungsrechte auf das kaufende Medienunternehmen vollständig über.

Durch den Marktbezug werden Spezialisierungsvorteile auf Seiten der Contentproduzenten und die Leistungsanreize des Marktmechanismus genutzt. Weiter vermeidet man Fixkosten und Auslastungszwänge und kann flexibler auf veränderte Präferenzen und Gewohnheiten der Rezipienten reagieren. Problematisch für die Medienunternehmen ist allerdings, neben den begrenzten Eigentumsrechten, dass sie auf die Contentproduktion inhaltlich und zeitlich kurzfristig kaum Einfluss haben, es sei denn, es handelt es sich um Auftragsproduktion. Auch verursacht die Auswahl der Contentproduzenten Kosten (Heinrich 1999, S. 157 f.; Schröder 1999, S. 77 f.).

(3) Kollektives strategisches Handeln

Schließlich steht den Medienunternehmen noch die Option des kollektiven strategischen Handelns offen. Diese Form der Organisation der Contentproduktion liegt vor, wenn zwei oder mehr rechtlich und wirtschaftlich selbständige Unternehmen intentional und typischerweise längerfristig zusammenarbeiten (Sjurts 2000, S. 122 ff.). Bei den Kooperationspartnern kann es sich ausschließlich um Medienunternehmen handeln (horizontale Kooperation) oder um eine Partnerschaft zwischen Contentproduzenten und Medienunternehmen (vertikale Kooperation). Bei kollektivem strategischen Handeln ist Vertrauen – als Ergebnis eines rationalen Kalküls – der zentrale Koordinationsmechanismus, der durch vertrauensbildende Maßnahmen ergänzt werden kann (Sjurts 2000, S. 250 ff. mit ausführlichen Literaturnachweisen; gegen diese Interpretation von Vertrauen vgl. jüngst Ortmann 2003, S. 213 ff.).

Aus Sicht der Medienunternehmen vorteilhaft an solchen Kooperationen ist, dass die spezifischen Fähigkeiten der Partner kombiniert werden können und dabei zugleich ein deutlich höherer Einfluss auf die Contentproduktion in sachlicher und zeitlicher Hinsicht besteht als bei Marktbezug. Bei vertikaler Kooperation werden die speziellen Vorhaltekosten der Eigenfertigung vermieden, bei horizontaler Kooperation dank Arbeitsteilung typischerweise reduziert und so die strategische Flexibilität erhöht. Die Probleme und Kosten kollektiven strategischen Handelns ergeben sich aus dem Kooperationsrisiko, das aus der in der Regel zumindest partiellen Zieldivergenz der Partner und der Interdependenz bei der Zielverfolgung resultiert (Sjurts 2000, S. 118 f.). Das Kooperationsrisiko kann begrenzt werden durch eine Vertrauenskontrolle, die ex ante die Prämissen der Vertrauensentscheidung und das bisherige Verhalten der Partner sowie ex post die Ergebnisse der Vertrauensbeziehung kontrolliert. Dies verursacht ebenso Kosten und damit neue Risiken (Kontrollparadoxon) wie der Abschluss relationaler Verträge zwischen den Kooperationspartnern, die den Koordinationsmechanismus Vertrauen wirksam ergänzen können und das Kooperationsrisiko reduzieren. In diesen Verträgen gilt es insbesondere, die Verfügungsrechte an dem gemeinsam produzierten Content eindeutig festzulegen.

3   Contentarten, Medienprodukte und Organisation der Contentproduktion

Um die in der Praxis jeweils typischen Varianten der Contentproduktion für die Medienprodukte Zeitung, Zeitschrift, Hörfunk und Fernsehen bestimmen zu können, soll zunächst die jeweils dominierende Contentart bei diesen Medienprodukten identifiziert werden. Es besteht die Vermutung, dass zwischen der dominierenden Contentart und der präferierten Organisation der Contentproduktion ein Zusammenhang besteht.

3.1   *Redaktioneller Content und Medienprodukte*

Unter den Begriff des redaktionellen Contents werden gemeinhin die Contentarten Information und Unterhaltung subsumiert. Unstreitig gemeinsam ist ihnen der immaterielle Charakter. Im Gegensatz dazu bereitet die weitere begriffliche Abgrenzung von Information und Unterhaltung Probleme. Eine für unsere Zwecke ausreichende Unterscheidung gewinnt man durch die Frage nach dem Rezipientenbedürfnis, das der jeweilige Content im Grundsatz befriedigen soll.

Ein Medieninhalt soll hier als *Information* qualifiziert werden, wenn er ganz überwiegend darauf gerichtet ist, das Bedürfnis der Rezipienten nach Beseitigung von Ungewissheit zu befriedigen. Informative Inhalte reduzieren ein Wissensgefälle zwischen dem Kommunikator und den Rezipienten und tragen damit – so die vorherrschende Interpretation in Ökonomie und Kommunikationswissenschaften – zur Verringerung von Ungewissheit über die Eintrittswahrscheinlichkeit von Ereignissen bei

(Machlup 1972, S. 15; Csoklich 1990, S. 50 f.; Bentele/Beck 1994, S. 18 f.; Luhmann 1996, S. 51 ff; Heinrich 2001, S. 18). Insoweit müssen sie für den Rezipienten (subjektiv) neu sein und stellen eine Vermehrung seines Wissens dar. Typische Beispiele für Content mit informativem Charakter sind Nachrichten, Reportagen oder auch Übertragungen von Sportereignissen im Rundfunk. Als *Unterhaltung* soll ein Medieninhalt qualifiziert werden, wenn er vor allem das Bedürfnis der Rezipienten nach Ablenkung, Zerstreuung und Entspannung anspricht, nicht aber das Bedürfnis der Wissensmehrung (Heinrich 2001, S. 18). Im Printbereich wären Kreuzworträtsel oder Romanabdrucke, im Rundfunk Spielfilme und TV-Serien oder auch Hörfunk-Comedies dieser Contentart zuzuordnen.

Die Contentarten Information und Unterhaltung haben für die Medienprodukte Zeitung, Zeitschrift, Hörfunk und Fernsehen einen unterschiedlich hohen Stellenwert. Für die klassischen Medienprodukte lassen sich folgende Schwerpunkte feststellen:

- *Printmedien* zeichnen sich durch einen hohen Informationsanteil aus. Dies gilt insbesondere für Tageszeitungen und aktuelle Zeitschriften. Diese Schwerpunktsetzung ergibt sich bei Zeitungen schon aus ihrem Sachziel, nämlich der Berichterstattung über Ereignisse der Zeit (Schaffrath 1998, S. 433). Ganz ähnlich sind aktuelle Magazine, Special-Interest-Titel und Fachzeitschriften primär auf die Vermittlung von Information ausgerichtet (Heinrich 2001, S. 306).
- Im *Hörfunk* dominieren die unterhaltenden Inhalte. So liegt bei den öffentlich-rechtlichen Sendern der Musikanteil bei 64% und die Wortbeiträge bei 35%; bei den privaten Hörfunksendern ist das Verhältnis 70% zu 21%. Der Rest entfällt jeweils auf Werbung (Heinrich 1999, S. 365 f.).
- Im *Fernsehen* verfolgen öffentlich-rechtliche und private Sender unterschiedliche Programmkonzepte. Bei den öffentlich-rechtlichen Sendern machen die informativen Inhalte 61% des Programmangebots aus, Unterhaltung (inklusive Fiction) kommt auf 29%. Die privaten Sender setzen ganz eindeutig auf Unterhaltung wie der Programmanteil von fast 50% (inklusive Fiction) im Gegensatz zu 13% für informative Inhalte belegt (Gerhards/Klingler 2002, S. 551 f.).

3.2 Medienprodukte und Organisation der Contentproduktion

Fragt man nun danach, welche Alternative der Contentproduktion bei den Medienprodukten Zeitung, Zeitschrift, Hörfunk und Fernsehen traditionell in der Praxis bevorzugt wird, so ergibt sich das folgende Bild:

- Bei den informationsdominierten *Printmedien*, und hier insbesondere bei den tagesaktuellen Zeitungen, den aktuellen Magazinen und den Special-Interest-Titeln, dominiert ganz eindeutig die Eigenfertigung. So liegt die redaktionelle Fremderstellung bei Zeitschriften insgesamt bei 34%, bei Publikumszeitschriften bei 22% (Stahmer 1995, S. 179). Bei Tageszeitungen geht man von einem Anteil von weniger als 10% aus (Heinrich 2001, S. 315).
- Im *Hörfunk*, bei dem die Contentart Unterhaltung überwiegt, wird der Content traditionell ganz überwiegend am Markt bezogen. Das Programm sowohl bei den öffentlich-rechtlichen als auch bei den privaten Anbietern besteht mindestens zu

zwei Dritteln aus Musik, also aus zugelieferter Programmware der Musikproduktionsfirmen (Heinrich 1999, S. 366). Dass die Sender für ihre Wortbeiträge hohe Eigenproduktionsanteile – öffentlich-rechtliche Sender ca. 100%, landesweite private Sender ca. 90%, lokale private Sender 63% (DLM 2002, S. 94) – deklarieren, ändert an dem Befund nichts.

- Beim *Fernsehen* ist es erforderlich, zwischen den öffentlich-rechtlichen und den privaten Anbietern zu differenzieren. Die informationsorientierten öffentlich-rechtlichen Fernsehsender präferieren nach wie vor die Eigenfertigung bei der Contentproduktion (Heinrich 2001, S. 166; Pätzold/Röper 2003, S. 27). Bei den privaten Fernsehsendern, die schwerpunktmäßig auf die Contentart Unterhaltung setzen, war traditionell und über lange Zeit der Marktbezug die dominierende Form der Contentproduktion (Hoffmann-Riem 1999, S. 19 ff.). Die Sender der zweiten Generation, etwa Pro Sieben, Vox, RTL II und Kabel 1, kaufen immer noch rund die Hälfte des Contents am Markt zu. Der Anteil der Kaufproduktionen bei den beiden großen Vollprogrammsendern RTL und Sat.1 beträgt allerdings mittlerweile nur noch ca. 20% (ALM 2001, S. 152). Es überwiegt hier inzwischen die Auftragsproduktion, mit Ausnahme im Nachrichtenbereich.

Ganzheitlich betrachtet, ergibt sich ein Muster: Die Medienprodukte bzw. Anbieter mit Informationsschwerpunkt, also Zeitung, Zeitschrift und öffentlich-rechtliches Fernsehen, präferieren traditionell die Contentproduktion durch Eigenfertigung, während die unterhaltungsorientierten Anbieter Hörfunk und Privatfernsehen traditionell überwiegend den zentralen Content am Markt beziehen.

Wie bereits bei den Befunden zu den privaten Fernsehsendern deutlich wurde, hat bei der Organisation der Contentproduktion in der Medienbranche in den letzten Jahren ein Wandel eingesetzt. Es ist ein Trend zu kollektivem strategischen Handeln bei der Contentproduktion zu beobachten. Bei den Printmedien etabliert sich neben der bislang präferierten Eigenfertigung zunehmend der Bezug von redaktionellem Content aus Kooperationen. Typisch sind hier Redaktionsgemeinschaften (Röper 2002, S. 478). Im privaten Hörfunk nimmt die Nutzung und Verbreitung von gemeinsam produzierten und finanzierten Mantelprogrammen deutlich zu (Sjurts 2002, S. 188). Im Fernsehen setzen die öffentlich-rechtlichen Sender statt auf Eigenfertigung bei der Erstellung von unterhaltendem Content verstärkt auf Koproduktionen und die privaten Sender reduzieren den Anteil der Kaufproduktionen sukzessive zugunsten von kooperativer Contentproduktion (Hoffmann-Riem 1999, S. 18 ff.; Windeler et al. 2000, S. 180 ff.; Lutz/Sydow 2002, S. 74 ff.).

Tabelle 1 fasst die empirischen Befunde zum Zusammenhang von Contentarten, Medienprodukten und Organisation der Contentproduktion zusammen. Die dabei deutlich gewordenen Muster bzw. Trends sollen im Folgenden zu erklären versucht werden.

4 Erklärungsansätze zur strategischen Wahl der Organisationsform

Aus ökonomischer Perspektive liegt es nahe, zunächst bei der Erklärung der Wahl der Organisation der Contentproduktion mit einer Analyse der Contentarten als Wirtschaftsgüter zu beginnen. Ferner soll der Transaktionskostenansatz herangezogen werden. Gegenüber der traditionellen kostenrechnerischen Analyse von Eigen- und Fremdfertigung (Männel 1981; Sjurts 2004) zeichnet er sich nicht nur durch ein sehr viel umfassenderes Kostenverständnis aus, sondern diskutiert auch ein breiteres Spektrum organisatorischer Alternativen der Gütererstellung. Die abschließende Diskussion aus Sicht der marktorientierten und der ressourcenbasierten Strategielehre bettet die Wahl der Organisationsform der Contentproduktion in den umfassenderen strategischen Entscheidungskontext theoretisch ein.

	Zeitungen	Zeitschriften	Hörfunk		Fernsehen	
			Öffentlich-rechtlich	Privat	Öffentlich-rechtlich	Privat
Contentart:						
- Information	x	x			x	
- Unterhaltung			x	x		x
Contentproduktion:						
- Traditionell	Eigenfertigung	Eigenfertigung	Marktbezug	Marktbezug	Eigenfertigung	Marktbezug
- Aktueller Trend	KSH	KSH	KSH	KSH	KSH	KSH

x = Contentschwerpunkt; KSH = Kollektives strategisches Handeln

Tab. 1: Medienprodukte, Contentschwerpunkte und Contentproduktion

4.1 Die ökonomischen Merkmale von Contentgütern

Eine erste Möglichkeit, die Wahl der Organisation der Contentproduktion zu erklären, könnte sich ergeben, wenn man die Contentarten Information und Unterhaltung, wie in der ökonomischen Theorie üblich, als Wirtschaftsgüter analysiert. Hierfür sollen – aus der Perspektive der Medienunternehmen – die Kriterien Rivalität im Konsum, Ausschluss vom Konsum, Qualitätsbewertung und Zeitelastizität herangezogen werden (Musgrave 1969; Nelson 1970; Blankart 1998; Sjurts 2002, S. 9 ff.).

(1) Rivalität im Konsum

Für das Contentgut Information scheint auf den ersten Blick keine Konsumrivalität zwischen den Medienunternehmen gegeben, da eine Information auch nach der Nutzung durch ein Medienunternehmen grundsätzlich beliebig vielen anderen zur Verfügung steht (Heinrich 1999, S. 28 ff.). Dies gilt nur dann nicht, wenn an einer Information Eigentumsrechte infolge redaktioneller Bearbeitung geltend gemacht werden können, wie dies bei exklusiven Sportübertragungen oder Reportagen der Fall ist. Hier vergibt der Rechteinhaber, zumeist exklusiv, die Nutzungsrechte an der Information an ausgewählte Medienunternehmen, wobei in der Regel der Meistbietende zum Zuge kommt. Bei genauerer Betrachtung gilt es jedoch zu sehen, dass der Wert einer Information mit zunehmender Konsumentenzahl sukzessive abnimmt, und zwar umso stärker, je breiter und schneller eine Information diffundiert. Rivalität im Konsum von Informationen besteht also zwischen den Medienunternehmen in zeitlicher Hinsicht.

Für das Contentgut Unterhaltung besteht in quantitativer Hinsicht Konsumrivalität. An Spielfilmen, TV-Serien, Romanen oder auch Hörfunk-Comedies bestehen regelmäßig Eigentumsrechte. Die zumeist kontingentierten und zeitlich beschränkten Abdruck- oder Ausstrahlungsrechte können nicht von allen Medienunternehmen zugleich erworben werden. Mit der Limitierung der Kopien- bzw. Lizenzzahl soll der durch Konsum entstehende Wertverfall des Wirtschaftsgutes Unterhaltung hinausgezögert werden.

(2) Ausschluss vom Konsum

Informationen sind grundsätzlich Güter, an denen keine Eigentumsrechte existieren. Dies ändert sich, wenn Contentproduzenten, wie freie Journalisten oder Nachrichtenagenturen, diese Informationen systematisieren, einordnen, analysieren und kommentieren. Durch die Transformation von Informationen in Nachrichten, Dokumentationen oder Reportagen können Eigentumsrechte begründet und damit ein Ausschluss vom Konsum über den Preis durchgesetzt werden. Durch die Rivalität und den Ausschluss vom Konsum nimmt die Contentart Information den Charakter eines privaten Gutes an. Das Gleiche gilt für das Wirtschaftsgut Unterhaltung, da, neben der quantitativen Rivalität im Konsum, die Unterhaltungsproduzenten Medienunternehmen über den Preis vom Konsum ausschließen können.

(3) Qualitätsbewertung

Das Merkmal der Qualitätsbewertung stellt darauf ab, ob und inwieweit ein Konsument die Qualität eines Gutes vor dem Konsum beurteilen kann (Nelson 1970, S. 312). Ist dies möglich, so spricht man von Inspektionsgütern, bei nachträglicher Qualitätsbewertung von Erfahrungsgütern. Bei Vertrauensgütern kann der Konsument die Produktqualität zu keinem Zeitpunkt beurteilen.

Wegen des wissenmehrenden Charakters von Informationen kann deren Qualität ex ante nicht zuverlässig beurteilt werden, so dass es sich hier grundsätzlich um Erfahrungsgüter handelt. Zur Bewertung bedarf es der Rezeption der Information und eines Abgleichs mit anderen Informationen oder der Überprüfung der Informationsquelle. Dies gilt auch für Exklusivreportagen oder Dokumentationen. Zwar kann die Person des Journalisten bzw. das Journalistenteam einen Indikator für die Qualität der Information darstellen (Signaling). Eine Garantie für die Informationsqualität ist dies jedoch nicht, wie Beispiele gefälschter Berichte belegen. Im Einzelfall können Informationen auch Vertrauensgüter sein, wenn ihre Qualität auch ex post nicht abschließend beurteilt werden kann.

Das Contentgut Unterhaltung stellt dagegen aus Sicht der Medienunternehmen immer dann ein Inspektionsgut dar, wenn das jeweilige Unterhaltungsprodukt bereits anderweitig mit Erfolg vermarktet wurde. Dies gilt etwa für national und international erfolgreiche Spielfilme, TV-Serien oder für Bestseller im Printbereich. Zum Erfahrungsgut wird Unterhaltung dann, wenn es sich um neue Konzepte handelt. Zur Reduktion der Unsicherheit produzieren oder kaufen etwa TV-Sender nur eine Pilotsendung, um den Publikumserfolg zu testen (Ladeur 1998).

(4) Zeitelastizität

Wirtschaftsgüter und somit auch redaktioneller Content können nach der Zeitelastizität als Gebrauchs- oder Verbrauchsgüter klassifiziert werden (Schierenbeck 1995, S. 2; Ladeur 1998, S. 11 f.; Karmasin 1998, S. 107 ff.). Information stellt für die Medienunternehmen ein hoch zeitelastisches Verbrauchsgut dar, da der ökonomische Wert einer Information über die Zeit rapide abnimmt. Unterhaltung dagegen lässt sich als begrenzt zeitelastisches Gebrauchsgut qualifizieren. Filme, Serien, Comedies oder auch unterhaltende Kolumnen in Printtiteln können, nach einem gewissen zeitlichen Abstand, grundsätzlich wieder verwendet werden. Zwar verliert auch das Wirtschaftsgut Unterhaltung über die Zeit an Wert. Dieser Verfall ist jedoch deutlich langsamer als bei Informationen, wie das anhaltende Interesse von TV-Sendern an alten Spielfilmen oder Serien belegt.

(5) Konsequenzen für die Wahl der Contentproduktion

Aus den ökonomischen Merkmalen der Contentgüter Information und Unterhaltung, die Tabelle 2 zusammenfasst, lassen sich nun Gründe ableiten, die erklären, warum die informationsgeprägten Medien Zeitung, Zeitschrift und öffentlich-rechtliches Fernsehen traditionell Eigenfertigung bevorzugen und der unterhaltungsdominierte Hörfunk und das private Fernsehen traditionell den Marktbezug.

	Information	**Unterhaltung**
Rivalität im Konsum	Zeitlich	Quantitativ
Ausschluss vom Konsum	Partiell	Systematisch
Qualitätsbewertung	Erfahrungs-/Vertrauensgut	Inspektions-/Erfahrungsgut
Zeitelastizität	Hoch zeitelastisches Verbrauchsgut	Begrenzt zeitelastisches Gebrauchsgut

Tab. 2: Contentarten und ihre ökonomischen Merkmale

Da Information ein hoch zeitelastisches Verbrauchsgut darstellt, rivalisieren die Medienunternehmen darum in zeitlicher Hinsicht. Um in einer solchen Situation Wettbewerbsvorteile zu generieren, ist Eigenfertigung zweckmäßiger als Marktbezug, da dann kein Zeitverlust durch Vorproduzenten oder Marktintermediäre eintritt. Der zeitliche Vorsprung bietet die Möglichkeit, an Informationen – vor anderen Wettbewerbern – durch deren Transformation in Nachrichten etc. Eigentumsrechte zu erwerben. Hierdurch erfolgt ein Ausschluss anderer Medienunternehmen vom Konsum; die Grundlage für die Erzielung einer Rente wird geschaffen. Der Erfahrungs- bzw. Vertrauensgutcharakter von Information erfordert ferner die Entwicklung und Erhaltung einer Marke, was durch Eigenproduktion einfacher nachhaltig sichergestellt werden kann. Die Markenprofilierung wiederum trägt zur Sicherung einer nachhaltigen Rente bei.

Entscheidend für die Contentproduktion von Unterhaltung durch Marktbezug ist, dass es sich dabei um ein begrenzt zeitelastisches Gebrauchsgut und bei Standardunterhaltung ferner um ein Inspektionsgut handelt. Hier sind die Spezialisierung und die kostensenkenden Effekte des Wettbewerbs von Vorteil. Auch wenn es um eine Innovation bei der Unterhaltung geht und diese deshalb als Erfahrungsgut zu qualifizieren ist, begrenzt die Fremdfertigung das Risiko für das Medienunternehmen.

Was nun den aktuellen Trend zum kollektiven strategischen Handeln bei der Contentproduktion sowohl von Information als auch von Unterhaltung anbetrifft, so lässt sich dieser für die Contentart Information aus dessen ökonomischen Merkmalen allein nicht erklären. Kooperation gefährdet den zeitlichen Vorsprung, die Exklusivität und die Marke und führt zu einer Teilung der Rente. Das Gleiche gilt für die Contentproduktion von Unterhaltung. Aus den ökonomischen Merkmalen des Wirtschaftsgutes Unterhaltung alleine lässt sich nicht ableiten, warum die Medienunternehmen ein Kooperationsrisiko eingehen sollen, das bei Marktbezug nicht auftritt.

4.2 Transaktionskostentheorie

Aus transaktionskostentheoretischer Sicht (Williamson 1985; Picot 1991) werden die Medienunternehmen für die Contentproduktion das institutionelle Arrangement mit den geringsten Transaktionskosten wählen. Die Höhe der Transaktionskosten hängt ab von der Spezifität der für diese Transaktion benötigten Ressourcen, der Unsicherheit in Bezug auf qualitative, quantitative, terminliche oder technische Änderungen, der strategischen Bedeutung der Transaktion sowie von der Häufigkeit der Transaktion. Ferner beeinflusst die Transaktionsatmosphäre die Höhe der Transaktionskosten. Die Entscheidung für eine bestimmte Organisationslösung ergibt sich aus der kombinierten Wirkung dieser Einflussgrößen.

Eigenfertigung ist zweckmäßig, wenn der Gegenstand der Transaktion sich durch hohe Spezifität, hohe strategische Bedeutung, große Häufigkeit und hohe Unsicherheit auszeichnet. Dadurch wird die Abhängigkeit vom Zulieferer, die sich aus der hohen Spezifität und strategischen Bedeutung ergeben könnte, ebenso vermieden wie hohe Vereinbarungs-, Abwicklungs-, Anpassungs- und Kontrollkosten bei einer mit hoher Unsicherheit behafteten Transaktion. Größendegressionsvorteile ergeben sich aus der Häufigkeit. Marktbezug empfiehlt sich, wenn die zu erstellende Leistung eine niedrige Spezifität und geringe strategische Bedeutung aufweist, kaum Unsicherheiten birgt und nur sporadisch erstellt wird. Die Risiken des Fremdbezugs von solchen Standardleistungen sind begrenzt. Größendegressionsvorteile lassen sich nur bei darauf spezialisierten Produzenten realisieren. Formen kollektiven strategischen Handelns als hybride Organisationsformen der Leistungserstellung sind effizient, wenn es sich um Leistungen mit „mittlerer" Ausprägung bei Spezifität, strategischer Bedeutung, Unsicherheit und Häufigkeit handelt. Die Bindungswirkung der Partner sei hier von mittlerer Intensität und zwischen dem relationalen Arbeitsvertrag bei Eigenfertigung und dem klassischen Kaufvertrag bei Marktbezug angesiedelt.

Der Transaktionskostenansatz in der klassischen Fassung wurde auf verschiedene Weise theoretisch zu modifizieren bzw. zu erweitern versucht, was zu diskutieren hier aber den Rahmen sprengen würde (zum Überblick Burr 2003). Empirische Befunde deuten darauf hin, dass Kooperationen auch bei hoher Spezifität und hoher Unsicherheit im Lichte ihrer Transaktionskosten effizient sein können, dies allerdings nur unter der Voraussetzung, dass ein hohes Maß an Selbstverpflichtung und Vertrauen zwischen den Kooperationspartnern besteht (Dyer 1997). Inwieweit eine etwa hierauf gründende Erweiterung des Transaktionskostenansatzes noch mit dessen Prämissen, wie insbesondere der Opportunismusannahme, kompatibel ist, sei hier dahin gestellt.

(1) Ressourcenspezifität

Das Kriterium Ressourcenspezifität stellt ab auf die exklusive Widmung der Ressourcen für die jeweilige Transaktion. Je unspezifischer dabei die erforderlichen Ressourcen sind, desto transkostengünstiger ist ceteris paribus der Marktbezug.

Geht es um die Produktion von unterhaltendem Content, so sind die erforderlichen Ressourcen ganz überwiegend zwar industriespezifisch, aber nicht transaktionsspezifisch. Bei einer Filmproduktion etwa könnte das technische Equipment wie Kamera, Mikrophon oder Beleuchtung auch für einen anderen Film verwendet werden. Das Gleiche gilt im Grundsatz auch für den Regisseur und das Kamerapersonal sowie in Grenzen für die Schauspieler (Heinrich 1999, S. 160). Insoweit liegt bei Ressourcenunspezifität hier Marktbezug nahe. Bei der Informationsproduktion stellen die Human Ressourcen das differentium specificum dar. Zwar kann ein guter Journalist vielfältig eingesetzt werden und wäre insoweit transaktionsunspezifisch (Heinrich 1999, S. 160). Es darf jedoch wegen des sehr speziellen Fachwissens bezweifelt werden, dass er sowohl einen fähigen Wirtschaftsredakteur als auch einen guten Feuilletonjournalisten abgeben würde. Insofern erscheint hier doch eine Ressourcenspezifität gegeben.

(2) Unsicherheit der Transaktion

Die Unsicherheit einer Transaktion hängt davon ab, ob der Gegenstand der Transaktion bezüglich Menge, Preis, Lieferzeitpunkt und Qualität ex ante vollständig und zuverlässig geregelt werden kann. Je größer die Unsicherheit, desto transaktionskosteneffizienter ist es ceteris paribus, selbst zu fertigen.

Die Produktion von Information ist schon wegen der Umweltdynamik regelmäßig durch hohe Unsicherheit gekennzeichnet. Aktualitätsbedingte Veränderungen des Contents während des Produktionsprozesses können nicht nur nicht ausgeschlossen werden, sondern stellen geradezu ein Spezifikum der Informationsproduktion dar (Heinrich 2001, S. 165). Dies verursacht Anpassungskosten und bei Marktbezug zusätzlich Verhandlungskosten. Dass Information den Charakter eines Erfahrungsgutes hat, erschwert die Qualitätskontrolle und erhöht die Transaktionskosten weiter, es sei denn, die Information wird selbst erstellt. Bei der Produktion von Standardunterhaltung geht es dagegen um Inspektionsgüter, deren Menge, Preis, Qualität und Lieferzeitpunkt vorab gut regelbar sind. Die geringe Unsicherheit bei solchen Transaktionen lässt dann Marktbezug transaktionskostentheoretisch zweckmäßig erscheinen. Sollen neuartige Unterhaltungskonzepte produziert werden, entsteht das Problem der Qualitätsunsicherheit, die man bei Eigenfertigung am besten beherrschen kann. Aber auch

Fremdbezug kann hier effizient sein, wenn durch entsprechende vertragliche Gestaltungen, wie etwa durch die Beschränkung auf zunächst nur einen Pilotfilm, das Transaktionsrisiko minimiert wird.

(3) Strategische Bedeutung der Transaktion

Eine Transaktion ist dann von hoher strategischer Bedeutung, wenn dadurch die Wettbewerbsposition der Akteure betroffen ist. Wenn es um den redaktionellen Content geht, ist dies immer dann der Fall, wenn das Profil eines Medienproduktes oder auch des ganzen Unternehmens von diesem abhängt. Deshalb setzen Zeitungen, Zeitschriften und das öffentlich-rechtliche Fernsehen, die durch die Qualität ihrer Information die Rezipienten binden wollen, immer schon auf Eigenfertigung. Im Grundsatz müsste dies auch für den unterhaltungsdominierten Hörfunk und das Privatfernsehen gelten, da von den gesendeten Programmen die Wettbewerbsposition und der Markterfolg abhängen. Sofern es sich um Standardware handelt, wäre allerdings die Beschaffung am Markt ebenso möglich. Die Markenbildung erfolgt dann erst durch das Content-Packaging.

(4) Häufigkeit der Transaktion

Transaktionen, die vielfach wiederholt werden, ermöglichen die Ausnutzung von Skaleneffekten, wodurch Eigenfertigung ökonomisch attraktiv wird. Dies gilt zweifellos für die informationsdominierten Medien, und zwar umso mehr, wenn sie den Rezipienten tagesaktuelle Ware verkaufen wollen (Heinrich 2001, S. 166). Hier lassen sich Lerneffekte in der Produktion und zugleich gegebenenfalls auch noch wettbewerbsrelevante Zeitvorsprünge realisieren. Bei der Unterhaltungsproduktion gilt es zwischen Einzel- und Serienfertigung zu unterscheiden. Kino- und Fernsehfilme werden deshalb typischerweise von den Sendern nicht selbst gefertigt, sondern eingekauft. Unterhaltungsformate wie Daily Soaps können wegen der hohen Produktionsfrequenz ökonomisch effizient selbst gefertigt werden.

(5) Transaktionsatmosphäre

Transaktionskostensenkend wirkt eine günstige Atmosphäre, in der gemeinsam geteilte, vertrauensfördernde Werte oder eine stabile Branchenkultur typisch sind. Genau dies ist in der Medienbranche der Fall. Institutionen wie der Deutsche Presserat, der vom Bundesverband Deutscher Zeitungsverleger, dem Verband Deutscher Zeitschriftenverleger, dem Deutschen Journalisten Verband und dem ver.di Fachbereich Medien getragen wird, zielen auf allgemein akzeptierte Qualitäts- und Verhaltensnormen, Selbstverpflichtung und Selbstkontrolle. Diese Umstände fördern den Marktbezug, senken aber auch die Kontrollkosten bei Eigenfertigung.

(6) Konsequenzen für die Wahl der Contentproduktion

Ob Eigenfertigung oder Marktbezug ökonomisch effizienter ist, ergibt sich aus der kombinierten Wirkung der diskutierten Einflussgrößen. Danach ist für die informationsdominierten Medien Zeitung, Zeitschrift und öffentlich-rechtliches Fernsehen, insbesondere wegen der hohen Umweltturbulenz und damit Unsicherheit und Häufigkeit der Produktion sowie wegen der hohen strategischen Bedeutung im Hinblick auf die Profilierung und Markenbildung, Eigenfertigung die effiziente institutionelle Lösung. Die in der Medienbranche postulierte Selbstverpflichtung und Selbstkontrolle wirkt sich auch positiv auf die Produktionskosten in den Unternehmen aus. Für die Produktion von Standardunterhaltung ist der Marktbezug transaktionskostenminimal und dies vor allem wegen der geringen Unsicherheit und der Unspezifität der Ressourcen. Die günstige Transaktionsatmosphäre unterstützt diese Konstellation. Sofern es sich um neue Unterhaltungsformate handelt, erscheint wegen der höheren Unsicherheit und möglichen strategischen Bedeutung und gegebenenfalls Ressourcenspezifität aus transaktionskostentheoretischer Sicht Eigenfertigung ökonomisch sinnvoller. Dies erklärt, warum die privaten Fernsehsender und auch die Hörfunkanbieter innovative Formate wie Reality Shows oder Daily Comedies zunehmend selbst produzieren.

Der Transaktionskostenansatz kann also die traditionellen Präferenzen der Medienunternehmen bei der Contentproduktion stimmig erklären. Kollektives strategisches Handeln wäre aus klassisch transaktionskostentheoretischer Sicht dann der Eigenfertigung und dem Marktbezug überlegen, wenn die Einflussgrößen eine „mittlere" Ausprägung annehmen. Die Unsicherheit, Häufigkeit und strategische Bedeutung haben sich für die informationsdominierten Medien im Zeitablauf jedoch nicht geändert. Ebenso ist die Konstellation der transaktionskostenrelevanten Einflussgrößen für die Produktion von innovativem Unterhaltungscontent unverändert geblieben. Warum dann Zeitungs- und Zeitschriftenverlage oder auch das öffentlich-rechtliche Fernsehen einerseits und Anbieter von Privatfernsehen und Hörfunk andererseits zunehmend Produktionskooperationen eingehen, muss aus der traditionellen transaktionskostentheoretischen Perspektive theorieimmanent offen bleiben. Hier macht sich auch bemerkbar, dass der Transaktionskostenansatz Veränderungen des Wettbewerbs in der Branche – im Unterschied zur marktorientierten Strategielehre – theorieimmanent nicht thematisieren kann.

4.3 Strategietheoretische Ansätze

4.3.1   Marktorientierte Strategielehre

Die marktorientierte Strategielehre erklärt Wettbewerbsvorteile durch die Positionierung eines Unternehmens in der Branche (Porter 1980). Da der Branchenwettbewerb die Gewinne tendenziell auf das Niveau bei vollkommener Konkurrenz herunterkonkurriert und damit den Unternehmenserfolg begrenzt, gilt es, das Unternehmen im Wettbewerb möglichst vorteilhaft zu positionieren. Das Leitthema dabei sind „competitive strategies" und nicht „collaborative strategies". Wenn Porter von „kooperativen Maßnahmen" spricht, so meint er damit nicht Zusammenarbeit. Diese sind vielmehr ein Synonym für nicht-aggressives strategisches Verhalten, durch das die Gewinne des eigenen Unternehmens gesteigert, die der relevanten Konkurrenten aber nicht geschmälert werden (Porter 1980, S. 131 ff.; ebenso Harrigan 1985 für den Fall von Joint Ventures). Der kompetitive Charakter der marktorientierten Strategielehre wird durch eine neuere Variante, das Konzept vom Hyperwettbewerb, noch plastisch zugespitzt. Kollektives strategisches Handeln mache hier nur dann Sinn, wenn es Bestandteil einer aggressiven Strategie ist und damit eigennützige Ziele verfolgt werden (D'Aveni 1994,

S. 338 ff.). Aus der Perspektive der marktorientierten Strategielehre besteht also die Kunst von Unternehmensstrategie darin, die Strategie zu wählen, die das Unternehmen am besten vor den Triebkräften des Wettbewerbs in der Branche schützt.

(1) Printmärkte

Die traditionelle Präferenz der informationsdominierten Printmedien für die Eigenfertigung erklärt sich ganz klar dadurch, dass diese die Lieferantenmacht in Schach halten wollen. Der informative Content bildet den Kern der Medienprodukte Zeitung und Zeitschrift. Diesen Content ganz überwiegend und regelmäßig am Markt zu beziehen, würde nicht nur die Markenbildung gefährden, sondern die Verlage auch in eine Wertschöpfungskonkurrenz zu den Contentproduzenten bringen. Die Lieferanten könnten wegen der strategischen Relevanz der Informationen für diese Medienunternehmen versuchen, höhere Preise durch Angebotsverknappung durchzusetzen oder die Qualität bei gleichen Preisen zu reduzieren. Diese Risiken vermeidet die strategische Entscheidung für die Eigenproduktion.

Der aktuelle Trend zu kollektivem strategischen Handeln bei den Verlagen kann dagegen nicht durch das Ziel, die Lieferantenmacht zu reduzieren, erklärt werden. Durch Kooperation würden sich die Zeitungs- und Zeitschriftenanbieter in Abhängigkeit zu einem oder mehreren Partnern begeben. Erklärt werden kann diese strategische Neuausrichtung der Organisation der Contentproduktion nur durch die im Zeitablauf gestiegene Rivalität in den Printmärkten. Die kontinuierliche Angebotsausweitung, vor allem im Zeitschriftenmarkt, in Verbindung mit der stagnierenden, zum Teil sogar auch rückläufigen Nachfrage auf den Rezipienten- und Werbemärkten hat hier zu einem immer intensiveren Preiswettbewerb geführt, wobei die Kosten durch aufwändige Werbekampagnen auch noch steigen (Sjurts 2002, S. 34 f. und S. 101 f.). Kollektives strategisches Handeln durch Kooperation ist das klassische Mittel, um die Rivalität zwischen den Anbietern zu begrenzen. Deshalb werden Kooperationen mit anderen Verlagen nicht nur im Vertrieb und in der Anzeigenakquisition, sondern, hier entscheidend, auch bei der Informationsproduktion in der Redaktion immer häufiger vertraglich vereinbart (Röper 2002, S. 478). Da der Content Information für die Printmedien die entscheidende strategische Ressource darstellt, ist hier das Kooperationsrisiko besonders hoch. Die hohe Zeitelastizität dieses Wirtschaftsgutes hätte bei Defektion eines Kooperationspartners, z. B. durch die Nicht-Weitergabe einer auflagenrelevanten Nachricht kurz vor Redaktionsschluss bzw. Produktionsbeginn, gravierende, im Einzelfall irreparable ökonomische Folgen. Deshalb sind die Kontrollkosten bei kollektivem strategischen Handeln in den privatwirtschaftlich organisierten Printmärkten tendenziell hoch.

(2) Öffentlich-rechtliches Fernsehen

Auch die informationsorientierten öffentlich-rechtlichen Fernsehsender versuchten von Anfang an, durch Eigenfertigung die Entstehung von Lieferantenmacht zu verhindern. So konnten ARD und ZDF in der Anfangszeit, als es an sendefertigem Programmmaterial mangelte, einer möglichen Abhängigkeit von Lieferanten nur durch eigenständige Contentproduktion begegnen (Hoffmann-Riem 1999, S. 17 f.). Hinzu kommt die Verpflichtung der öffentlich-rechtlichen Sender auf den „Grundversorgungsauftrag", durch den eine umfassende publizistische Versorgung der Bevölkerung mit Information, Bildung, Kultur und Unterhaltung sichergestellt werden soll. Die hierfür erforderliche Qualität kann nur bei Eigenfertigung gewährleistet werden.

Der gegenwärtige Trend zum kollektiven strategischen Handeln im Bereich der Unterhaltungsproduktion bei ARD und ZDF lässt sich durch die gestiegene Rivalität im Fernsehmarkt erklären (Sjurts 2002, S. 252 ff.). Die Öffnung des Fernsehmarktes für private Anbieter führte zu einer Intensivierung des Wettbewerbs durch die Abwanderung von Rezipienten und insbesondere der Werbetreibenden. Hinzu kommt, dass die Einnahmen aus Teilnehmergebühren durch politische Kontrolle nur begrenzt wachsen können. ARD und ZDF kamen so unter einen massiven Rationalisierungsdruck, dem sie durch den Abbau eigenständiger Produktionskapazitäten und durch zunehmendes Engagement in Koproduktionen zu begegnen versuchen. Stammt der Kooperationspartner auch aus dem öffentlich-rechtlichen Sektor, wie etwa ORF oder RAI, dann dürften das Kooperationsrisiko und die entsprechenden Kontrollkosten, auch wegen der fehlenden marktlichen Konkurrenz, vergleichsweise gering sein. Arbeitet der öffentlich-rechtliche Sender, etwa bei der Erstellung eines Unterhaltungsfilms, mit einer privaten Produktionsfirma zusammen, dann befindet er sich wohl in der Regel in der Position des fokalen Unternehmens. Berücksichtigt man ferner die hohe Fragmentierung im Film- bzw. Fernsehproduktionsmarkt (Heinrich 1999, S. 161; Röper 2000, S. 5 ff.) und den davon ausgehenden Wettbewerbsdruck auf die privaten Kooperationspartner, dann dürften Kooperationsrisiko und Kontrollkosten tendenziell niedrig ausfallen.

(3) Hörfunk und Privatfernsehen

Was die traditionelle Präferenz der unterhaltungsdominierten Medien Hörfunk und Privatfernsehen für den Marktbezug angeht, so ist aus Sicht der marktorientierten Strategielehre entscheidend, dass die Unterhaltung, seien es Filme oder Musik, zu großen Teilen aus Standardprodukten besteht. Für solche Produkte finden sich regelmäßig alternative Beschaffungsmöglichkeiten. Da zudem die Transparenz im Markt für unterhaltenden Content hoch ist, können die Lieferanten kaum Marktmacht aufbauen. Die Hörfunk- und Privatfernsehsender können dagegen die Spezialisierungsvorteile und Anreizstrukturen bei Marktproduktion zu ihrem Vorteil nutzen. Zugleich wird die kostenwirksame und deshalb riskante Vorhaltung hoher Produktionskapazitäten vermieden. Gerade dieser Aspekt war für die privaten Sender in den reichweiten- und damit erlösschwachen Anfangszeiten ein wichtiger Grund, den erforderlichen Content am Markt zu beziehen (Hoffmann-Riem 1999, S. 19). Die Lieferantenmacht ist auch im Fall von Auftragsproduktion, der in der Fernsehbranche nicht unüblich ist, gering. Ausschlaggebend dafür ist der hohe Fragmentierungsgrad in der Filmproduktionsbranche.

Der Trend zu kollektivem strategischen Handeln erklärt sich auch hier wieder aus dem Ziel, die Rivalität in diesen Medienteilmärkten zu begrenzen. Kennzeichnend für den Hörfunk- und Fernsehmarkt war nicht nur eine stagnierende Nachfrage bei den Rezipienten und Werbetreibenden, sondern auch eine kontinuierliche Ausdehnung des Angebots durch 24-Stunden-Programme und den Markteintritt neuer Sender. Da das Programmangebot auf den Beschaffungsmärkten nicht im gleichen Umfang wuchs, verschärfte sich sukzessive die brancheninterne Rivalität (Sjurts 2002, S. 194 ff. und S.

249 ff.). Um hier Wettbewerbsvorteile zu generieren, setzen die Sender verstärkt auf Kostenreduktion durch Koproduktion, um so den Zwang, am Markt einkaufen zu müssen, zu substituieren. Durch die Möglichkeit, gezielt profilbildenden Content zu produzieren, lassen sich Differenzierungsvorteile gegenüber der Konkurrenz realisieren, ohne die Kosten und das Risiko der Eigenfertigung alleine tragen zu müssen. Dabei gilt es allerdings, auch das Kooperationsrisiko und die entsprechenden Kontrollkosten zu berücksichtigen. Diese variieren in Abhängigkeit von der Kooperationskonstellation, auf die insbesondere die Relation der Unternehmensgrößen, mögliche Kapitalbeteiligungen, die Stellung in der Wertschöpfungskette und die Wettbewerbsintensität Einfluss haben.

4.3.2 Ressourcenbasierte Strategielehre

Die ressourcenbasierte Strategielehre erklärt Wettbewerbsvorteile durch die Verfügung über einzigartige Ressourcen, mit deren Hilfe sich überdurchschnittliche Renditen erzielen lassen. Wettbewerbsvorteile generieren diejenigen Ressourcen, die Kundennutzen stiften und knapp sind. Nachhaltig sind diese Wettbewerbsvorsprünge nur, wenn diese Ressourcen auch schwer imitier- und substituierbar sind (Wernerfelt 1984; Barney 1991; Grant 1991). Besonders die Nicht-Imitierbarkeit trägt hierzu bei, wenn sich eine spezifische Ressource nur aus der Unternehmensgeschichte, d. h. aus dem komplexen sozialen Zusammenwirken der Organisationsmitglieder erklären lässt. Als typische Beispiele für wettbewerbskritische Ressourcen werden hier unter anderem die Unternehmenskultur, ein bekannter Markenname, die Reputation der Unternehmung oder die Kompetenz des Managements angeführt. Aus der Logik dieses Ansatzes werden grundsätzlich unternehmensinterne Problemlösungen präferiert. Allerdings können sich Wettbewerber durch die Poolung komplementärer Ressourcen besser stellen (Positivsummenspiel) als bei strategischem Alleingang (Kanter 1989; Tsang 1998). Ferner ist kollektives strategisches Handeln aus ressourcentheoretischer Sicht dann zweckmäßig, wenn die eigenen Ressourcen, etwa durch technischen Fortschritt, veralten und wegen des Wettbewerbsdrucks keine Zeit für die Eigenentwicklung besteht (Hamel/Prahalad 1989). Kooperationen bieten für den Erwerb der neuen Fähigkeiten die erforderliche Lernsituation, wobei es allerdings zu einem „race to learn" bzw. Outlearning kommen kann. Kooperation ist dann nur eine andere Form von Wettbewerb, so dass die Verteilung der Kooperationsrente sehr ungleich ausfallen kann.

(1) Informationsdominierte Medien

Für die Verlage aktueller Zeitungen und Zeitschriften und das öffentlich-rechtliche Fernsehen ist aus ressourcentheoretischer Sicht zunächst die Verfügung über hochaktuelle Informationen entscheidend. Aktuelle Information stiftet Kundennutzen durch Wissensmehrung bzw. Unsicherheitsreduktion und ist schon wegen der hohen Zeitelastizität knapp. Die sich daraus ergebenden Wettbewerbsvorteile sind auch nachhaltig, da dieser Content wegen der Einzigartigkeit der Ereignisse auch nicht imitiert und nicht substituiert werden kann. Durch Eigenfertigung die Rechte an diesen informationellen Ressourcen zu sichern, ist – strategisch gedacht – dann zwingend. Jede Zusammenarbeit mit Partnern verwässert die Eigentumsrechte und reduziert prima facie die vorteilsstiftende Wirkung. Aus ressourcenorientierter Perspektive lässt sich der aktuelle Trend bei den informationsdominierten Medien zu kollektivem strategischen Handeln dann nur als second-best-Lösung begründen. Eine solche Konstellation ergibt sich, wenn es nur durch gemeinsame Anstrengung und Ressourcenpooling möglich ist, an die aktuellen wettbewerbskritischen Informationen zu gelangen. Dies scheint wegen der hohen Kosten für eigene Korrespondenten im In- und Ausland zunehmend der Fall. Allerdings dürfen hier – wie bereits bei der Analyse im Lichte der marktorientierten Strategielehre begründet – die Kooperationsrisiken und die entsprechenden Kontrollkosten nicht unterschätzt werden.

(2) Unterhaltungsdominierte Medien

Hörfunk und privates Fernsehen boten den Rezipienten lange Zeit weitgehend standardisierte Unterhaltung in Form von Musik, Filmen oder Serien. Dieser Content ist, bedenkt man 24-Stunden-Programme und die steigende Zahl der Sender, relativ knapp. Kundennutzen stiftet solch standardisierte Unterhaltung durch Ablenkung, Zerstreuung und Entspannung, wobei dieser allerdings durch die gängigen Wiederholungen, schon wegen des knappen Contentangebots und aus Kostengründen, im Zeitablauf abnimmt. Aus der Perspektive des Ressourcenansatzes lässt sich so allenfalls ein zeitlich begrenzter Wettbewerbsvorteil generieren. Bei Marktbezug korrespondieren zeitlich begrenzte Nutzungsrechte mit zeitlich begrenztem Rezipienteninteresse. Insofern ist Fremdfertigung zwar ökonomisch nicht irrational, aber ressourcentheoretisch eine second-best-Lösung, da so keine nachhaltigen Wettbewerbsvorteile entstehen können. Dies wird erst möglich, wenn die produzierte Unterhaltung Exklusivitätscharakter hat und die Eigentumsrechte für die weitere Verwertung auch beim Produzenten verbleiben. Solche Unterhaltung stiftet nicht nur Kundennutzen und ist knapp, sondern ist darüber hinaus auch eine schwer imitierbare und schlecht substituierbare Ressource.

Die unterhaltungsdominierten Anbieter müssten, um solch nachhaltige Wettbewerbsvorteile zu erlangen, also Eigenfertigung betreiben oder Auftragsproduktion, bei der die Eigentumsrechte an die Sender übergehen, oder kollektiv strategisch handeln. Da die Sender wegen des langjährigen Fremdbezugs des Contents keine speziellen Ressourcen und Fähigkeiten zur Produktion exklusiver Unterhaltung entwickelt haben, entfällt die Option der Eigenfertigung. Bei Auftragsproduktion könnten zwar die Eigentumsrechte übergehen, jedoch würden die Sender, wie in der Vergangenheit, dabei nicht die erforderliche eigene Produktionskompetenz aufbauen. Aus ressourcentheoretischer Sicht ist kollektives strategisches Handeln dann rational, wenn durch die Poolung komplementärer Ressourcen exklusive Unterhaltung entsteht oder wenn man durch die Kooperation mit geeigneten Partnern die Fähigkeit zur Produktion exklusiver Unterhaltung erlernen kann. Dies scheint der ökonomische Sinn des aktuellen Trends zu Kooperationen bei den unterhaltungsdominierten Medien zu sein. Dass dabei die Verfügungsrechte geteilt werden müssen, ist unvermeidlich. Aus Sicht der Sender sind Kooperationsrisiko und Kontrollkosten tendenziell gering. Ressourcentheoretisch betrachtet, verfügen sie über das geringere Wissen und sind hier die Lernenden. Gelingt es ihnen, die bislang fehlenden Fähigkeiten zur Produktion exklusiver

Unterhaltung in Kooperationen zu erlernen, so laufen die Kooperationspartner Gefahr, überflüssig und aus dem Markt gedrängt zu werden.

5 Fazit

Die Analyse der Organisation der Contentproduktion in der Medienwirtschaft hat ergeben, dass sich sowohl die traditionellen Gepflogenheiten bei der Contentproduktion als auch der neue Trend zu kollektivem strategischem Handeln aus unterschiedlicher theoretischer Perspektive übereinstimmend erklären lassen. Dies spricht nicht nur für die Tragfähigkeit der theoretischen Begründung, sondern auch für die ökonomische Rationalität in der Medienpraxis. Die informationsdominierten Medien Zeitung, Zeitschrift und öffentlich-rechtliches Fernsehen sollten auf dem Primat der Eigenfertigung beharren. Kollektives strategisches Handeln ist hier, strategietheoretisch betrachtet, im Grundsatz eine second-best-Lösung. Ökonomisch rational und das Optimum ist Kooperation trotz des Kooperationsrisikos und der Kontrollkosten allerdings dann, wenn die wettbewerbskritische Ressource Information nur durch Ressourcenpooling überhaupt zu gewinnen ist. Für die unterhaltungsdominierten Medien Hörfunk und privates Fernsehen ist die strategische Situation anders gelagert. Für sie bietet kollektives strategisches Handeln die Möglichkeit zum Erlernen bislang fehlender Produktionsfähigkeiten und zur Differenzierung in Märkten, die bislang durch Standardprodukte geprägt waren. Dass man diese traditionell hat fremdfertigen lassen, lässt sich schon durch Spezialisierungsvorteile bei den Produzenten erklären. Diese Ergebnisse wurden am Fall der deutschen Medienbranche gewonnen. Sie sind dennoch verallgemeinerungsfähig, wie der internationale Trend zu kollektivem strategischen Handeln in den Medienteilmärkten zeigt (Sjurts 2002, S. 361 ff.).

Literaturverzeichnis

ALM – Arbeitsgemeinschaft der Landesmedienanstalten in der Bundesrepublik Deutschland (2000): Jahrbuch der Landesmedienanstalten 1999/2000: Privater Rundfunk in Deutschland. München.

Barney, J.B. (1991): Firm resources and sustained competitive advantage. In: Journal of Management 17, S. 99-120.

Bentele, G./Beck, K. (1994): Information – Kommunikation – Massenkommunikation: Grundbegriffe und Modelle der Publizistik- und Kommunikationswissenschaft. In: Jarren, O. (Hrsg.): Medien und Journalismus 1. Opladen, S. 16-53.

Blankart, C.B. (1998): Öffentliche Finanzen in der Demokratie. 3. Aufl. München.

Burr, W. (2003): Fundierung der Leistungstiefenentscheidung auf der Basis modifizierter Transaktionskostenansätze. In: Zeitschrift für betriebswirtschaftliche Forschung 55, S. 112-134.

Csoklich, F. (1990): Nachricht in der Zeitung. In: Pürer, H. (Hrsg.): Praktischer Journalismus in Zeitung, Radio und Fernsehen. Salzburg, S. 50-58.

D'Aveni, R.A. (1994): Hypercompetition. Managing the dynamics of strategic maneuvering. New York etc.

DLM (2002): Beschäftigte und wirtschaftliche Lage des Rundfunks in Deutschland 1999/2000. Berlin.

Dyer, J.H. (1997): Effective interfirm collaboration: How firms minimize transaction costs and maximize transaction value. In: Strategic Management Journal 18, S. 535-556.
Gerhards, M./Klingler, W. (2002): Programmangebote und Spartennutzung im Fernsehen 2001. In: Media Perspektiven, S. 544-556.
Grant, R.M. (1991): The resource-based theory of competitive advantage: Implications for strategy formulation. In: California Management Review 33, S. 114-135.
Hamel, G./Prahalad, C.K. (1989): Strategic intent. In: Harvard Business Review 67, S. 63-76.
Harrigan, K.R. (1985): Strategies for joint ventures. Lexington, Mass. und Toronto.
Heinrich, J. (1999): Medienökonomie. Bd. 2: Hörfunk und Fernsehen. Opladen.
Heinrich, J. (2001): Medienökonomie. Bd. 1: Mediensystem, Zeitung, Zeitschrift, Anzeigenblatt. 2. Aufl. Opladen.
Hoffmann-Riem, W. (1999): Der Stellenwert der Programmproduktion für die Rundfunkveranstaltung und Rundfunkregulierung. In: Schröder, H.-D. (Hrsg.): Entwicklung und Perspektiven der Programmindustrie. Baden-Baden und Hamburg, S. 13-41.
Kanter, R. M. (1989): Becoming PALs: Pooling, allying, and linking across companies. In: Academy of Management Executive 3, S. 183-193.
Karmasin, M. (1998): Medienökonomie. Graz und Wien.
Ladeur, K.-H. (1998): Die vertikale Integration von Film-, Fernseh- und Video-Wirtschaft als Herausforderung der Medienregulierung. In: Rundfunk und Fernsehen 46, S. 5-23.
Ludwig, J. (1998): Zur Ökonomie der Medien: Zwischen Marktversagen und Querfinanzierung. Opladen.
Luhmann, N. (1996): Die Realität der Massenmedien. Opladen.
Lutz, A./Sydow, J. (2002): Content-Produktion in der Region. Zur Notwendigkeit und Schwierigkeit der politischen Förderung einer projektbasierten Dienstleistungsindustrie. In: Fischer, J./Gensior, S. (Hrsg.): Sprungbrett Region? Strukturen und Voraussetzungen vernetzter Geschäftsbeziehungen. Berlin, S. 71-104.
Machlup, F. (1972): The production and distribution of knowledge in the United States. Princeton, NJ.
Männel, W. (1981): Eigenfertigung und Fremdbezug. 2. Aufl. Stuttgart.
Musgrave, R. A. (1969): Finanztheorie. 2. Aufl. Tübingen.
Nelson, P. (1970): Information and consumer behavior. In: Journal of Political Economy 78, S. 311-329.
Ortmann, G. (2003): Organisation und Welterschließung. Opladen.
Pätzold, U./Röper, H. (2003): Fernsehproduktionsvolumen 1998 bis 2000. In: Media Perspektiven, S. 24-34.
Picot, A. (1991): Ökonomische Theorien der Organisation - Ein Überblick über neuere Ansätze und deren betriebswirtschaftliches Anwendungspotential. In: Ordelheide, D./Rudolph, B./Büsselmann, F. (Hrsg.): Betriebswirtschaftslehre und ökonomische Theorie. Stuttgart, S. 143-170.
Porter, M. E. (1980): Competitive strategy. New York etc.
Röper, H. (2000): Zur Lage mittelständischer Fernsehproduzenten in Deutschland. Dortmund.
Röper, H. (2002): Zeitungsmarkt 2002: Wirtschaftliche Krise und Konzentration. In: Media Perspektiven, S. 478-490.
Schaffrath, M. (1998): Zeitung. In: Faulstich, W. (Hrsg.): Grundwissen Medien. 3. Aufl. München, S. 433-451.
Schierenbeck, H. (1995): Grundzüge der Betriebswirtschaftslehre. 12. Aufl. München und Wien.
Schröder, H.-D. (1999): Unternehmensnetzwerk statt Großbetrieb - Flexibilisierungsstrategien in der Programmindustrie. In: Schröder, H.-D. (Hrsg.): Entwicklung und Perspektiven der Programmindustrie. Baden-Baden und Hamburg, S. 76-81.
Stahmer, F. (1995): Ökonomie des Presseverlags. München.

Sjurts, I. (2000): Kollektive Unternehmensstrategie. Grundfragen einer Theorie kollektiven strategischen Handelns. Wiesbaden.

Sjurts, I. (2002): Strategien in der Medienbranche. 2. Aufl. Wiesbaden.

Sjurts, I. (2004): Outsourcing und Insourcing. In: Schreyögg, G./Werder, A. v. (Hrsg.): Handwörterbuch Unternehmensführung und Organisation. 4. Aufl. Stuttgart (im Druck).

Tsang, E.W.K. (1998): Motives for strategic alliance: A resource-based perspective. In: Scandinavian Journal of Management 14, S. 207-221.

Wernerfelt, B. (1984): A resource-based view of strategy. In: Strategic Management Journal 5, S. 171-180.

Williamson, O.E. (1985): The economic institutions of capitalism. New York.

Windeler, A./Lutz, A./Wirth, C. (2000): Netzwerksteuerung durch Selektion - Die Produktion von Fernsehserien in Projektnetzwerken. In: Sydow, J./Windeler, A. (Hrsg.): Steuerung von Netzwerken. Opladen, S. 178-205. Wieder abgedruckt in diesem Band.

Projektnetzwerke:
Management von (mehr als) temporären Systemen

Jörg Sydow und Arnold Windeler

1 Einleitung: Management von Projekten statt von Organisationen?

Die zunehmende Entwicklung, Herstellung und auch Vermarktung von Produkten und Dienstleistungen in Projekten ist Ursache wie Ausdruck eines beschleunigten Wandels von Wirtschaft und Gesellschaft. Entsprechend wird auf die Bedeutungszunahme projektorientierter Unternehmungen hingewiesen (z.B. Mintzberg 1991, S. 205 ff.; Gareis 1994; Patzak/Rattay 1998), die Relevanz fluider Organisationsformen reklamiert und sogar die Auflösung von Organisationen in Projekte prognostiziert (vgl. insbes. Peters 1993; Weber 1996). Insgesamt käme es nicht mehr allein, so der Titel eines schon 1990 in Wien veranstalteten Kongresses, auf ein Management von Projekten, sondern auf ein Management durch Projekte an: Projektmanagement als Management des Wandels.

Aufgrund der sich seit Jahren vertiefenden zwischenbetrieblichen Arbeitsteilung (kleinere Einheiten, Konzentration auf das Kerngeschäft, Outsourcing, flexible Spezialisierung) bei gleichzeitig wachsender Kundenorientierung und komplexer werdenden Leistungen (Systemtechnologien, unternehmensbezogene Dienstleistungen) überschreiten derartige Projekte zunehmend die Grenzen einer einzelnen Unternehmung. Wurden Bauleistungen, Luft- und Raumfahrttechnik, Großanlagen, Medien(dienst)leistungen und Softwareprogramme schon immer in derartigen, unternehmungsübergreifenden Projekten erstellt, so hält die „Projectification" (Midler 1995) nun auch in Branchen Einzug, in denen – wie zum Beispiel in der Automobilindustrie – Projekte bislang nicht die dominante Organisationsform waren.

Das Management von Projekten und projektorientierten Organisationen ist mittlerweile in einer nicht mehr überschaubaren Literatur zum sog. Projektmanagement dokumentiert. Wie kaum ein anderer Bereich der Managementlehre zeichnet sich dieser allerdings durch eine technokratische Orientierung und ausgesprochene Theoriearmut aus. Sofern angesichts der instrumentellen Ausrichtung der Lehre vom Projektmanagement überhaupt eine theoretische (und nicht bloß empirische Fundierung) versucht wird, dominieren – zumindest im deutschsprachigen Raum – kontingenztheoretische Konzeptualisierungen (z.B. Korbmacher 1991) sowie die in dieser Tradition ebenfalls zu verortende Erfolgsfaktorenforschung (z.B. Steinle/Daum 1993; Lechler/Gemünden 1998). Theoretisch anspruchsvollere Konzeptionen sind ausgesprochen selten. Sofern sie überhaupt vorliegen, wie zum Beispiel auf der Basis der neueren Systemtheorie St. Gallener Provenienz (Balck 1990, 1996; Boos 1991) oder der Theorie organisationalen Lernens (Ayas 1996), sind sie recht rudimentär. Der soziale Systemcharakter von Projekten beispielsweise wird von diesen Konzeptionen zwar allenthalben behauptet, aber kaum theoretisch ausgearbeitet und auch nicht in seinen Konsequenzen für ein Management von inner- und zwischenbetrieblichen Projekten reflektiert.

Projektartige Formen der Zusammenarbeit werden allerdings auch in der Literatur zum Management zwischenbetrieblicher Beziehungen untersucht. Zwar dominieren dort Begriffe wie strategische Allianz, strategisches Netzwerk oder strategische Familie, die allesamt eine zumeist längerfristig ausgerichtete Unternehmungskooperation implizieren. Schon früh hatten allerdings Miles und Snow (1986) in einem visionären und zu Recht viel zitierten Aufsatz „new concepts for new forms" eingefordert und mit dem dynamischen Netzwerk eine zukunftsträchtige Organisationsform ökonomischer Aktivitäten vorgestellt, die sowohl dem überbetrieblichen Charakter als auch der eher kurzen Frist der Zusammenarbeit Rechnung trägt. Trotz späterer Präzisierungen und Einordnungen in andere Netzwerktypen (Snow et al. 1992) ist diese Organisationsform allerdings bis heute schemenhaft geblieben.[1] Zudem ist ungeklärt, wie diese stark an Bedeutung gewinnende und heute mit dem Begriff der virtuellen Unternehmung in Verbindung zu bringende Organisationsform ökonomischer Aktivitäten genau funktioniert, welche Anforderungen sie an das Management stellt und welche Möglichkeiten sie ihm eröffnet. Im Unterschied zur Projektmanagementliteratur ist die moderne Netzwerkforschung, sieht man einmal von der erst sehr jungen Diskussion um die virtuelle Organisation ab, theoretisch fundierter. Gleichzeitig ist sie viel zu wenig an spezifischen Formen der Netzwerkorganisation ausgerichtet; dies gilt im besonderen Maße für projektorientierte Formen.

Vor diesem Hintergrund – sowie vor dem Hintergrund des empirischen Forschungsprojekts zur Organisation der Produktion von Programminhalten (bzw. Content) für das digitale Fernsehen[2] – soll hier ein Beitrag sowohl zu einer theoretischen Fundierung des überbetrieblichen Projektmanagements als auch zu einer typologischen Präzisierung der Netzwerkforschung geleistet werden. Im einzelnen will dieser Aufsatz (1.) zu einem besseren, weil sozialtheoretisch fundierten Verständnis der Funktionsweise zugleich projektorientierter und netzwerkbasierter – und hier deshalb als Projektnetzwerk bezeichneter – Organisationsformen beitragen. Darüber hinaus will er (2.) am Beispiel der Produktion von Programminhalten für das digitale Fernsehen das Funktionieren von Projektnetzwerken illustrieren und mit Blick auf Managementimplikationen diskutieren. Vor allem aber will der Beitrag (3.) mit der Konzipierung von Projektnetzwerken als ‚mehr als temporären Systemen' der bislang kaum theoretisch fundierten Projektmanagementliteratur eine organisations- bzw. netzwerktheoretische Entwicklungsperspektive eröffnen.

Im Folgenden wird zunächst ein kurzer Überblick über bislang in diesem Kontext verwendete Begrifflichkeiten gegeben (Abschnitt 2). Gleichzeitig werden notwendige begriffliche Vorklärungen vorgenommen, die anschließend dazu dienen, die Organisa-

---

[1] Miles und Snow (1995) haben sich später zwar einer bestimmten Form befristeter Netzwerkkooperation noch einmal angenommen; leider bleibt es allerdings bei einer groben Skizze der utopisch anmutenden „spherically structured firm linked to a multifirm network", deren Basis der Aufbau von Kompetenzen und Vertrauen auf der Ebene von Individuum, Gruppe, Unternehmung und Netzwerk sein soll.

[2] Wir danken Anja Lutz und Carsten Wirth für die Unterstützung bei der Datenerhebung und -auswertung sowie der Deutschen Forschungsgemeinschaft (DFG) für die finanzielle Förderung des Projekts (No. SY32/2-1) – und nicht zuletzt Oskar Grün für wertvolle Anmerkungen zu einer früheren Fassung dieses Beitrags.

tionsform des Projektnetzwerks vorzustellen (Abschnitt 3). Im Anschluss an diese konzeptionellen Überlegungen, die unter Rückgriff auf erste Ergebnisse unserer empirischen Untersuchung in der deutschen Fernsehindustrie illustriert werden, wird diese zugleich projektorientierte und netzwerkbasierte Organisationsform in Hinblick auf ihre Managementimplikationen diskutiert und dabei das Verhältnis von Projekt- und Netzwerkmanagement geklärt (Abschnitt 4).

Der Beitrag basiert auf einer strukturationstheoretischen Netzwerkperspektive, die hier nicht im Einzelnen vorgestellt werden kann (vgl. aber Sydow et al. 1995; Ortmann et al. 1997; Windeler 2001), die aber sehr wohl die Konzeptentwickung und -anwendung informiert. Diese Theorieperspektive, das sei hier vorweggenommen, schenkt zum einen sozialen Beziehungen, hier in Form personaler ebenso wie interorganisationaler Beziehungen, die ihnen gebührende, in der Netzwerkforschung generell zugewiesene Aufmerksamkeit.[3] Zum anderen stellt sie mit dem Begriff der sozialen Praktik, der hier zur Kennzeichnung von Managementpraktiken präzisiert wird, einen Begriff zur Verfügung, der insbesondere der Dualität und Rekursivität des Verhältnisses von Handlung und Struktur in einer Weise Rechnung trägt, hinter die heute keine moderne Organisations- bzw. Netzwerktheorie zurückfallen sollte.

2 Projekt, Organisation, Netzwerk – Begriffliche Vorklärungen

Unter einem *Projekt* wird in funktionaler Hinsicht eine zeitlich befristete, in der Regel eher komplexe und oft innovative Aufgabenstellung verstanden (vgl. für viele: Dülfer 1982; Grün 1992; Madauss 1994, S. 490 ff.; Frese 1998, S. 472). Durch einen wohldefinierten Beginn und ein geplantes Ende, also durch zeitliche Einklammerung, ist das Projekt nicht nur im Strom der Handlungen isolierbar, sondern hat auch schon deshalb die Chance, eine eigene soziale Identität auszubilden. Die Tatsache, dass die Befristung den Akteuren in aller Regel bekannt ist, macht sie für Projektabwicklung und -erfolg sozial ebenso bedeutsam wie die Identifikation mit einer oft außergewöhnlichen Aufgabe. In institutioneller Perspektive, die Rede ist dann von Projektgruppe, -organisation oder eben -netzwerk, gerät neben der Temporalität deutlicher die soziale Verfasstheit von Projekten in den Blick. Im Ergebnis sind Projekte "a highly organized way of dealing with time problems and of acting according to the perception of time as being scarce, linear and valuable" (Ludin/Söderholm 1995, S. 440).

Viel Aufmerksamkeit durch die Organisationstheorie haben *Projekte als soziale Systeme*, die sich bei Projektende im Sinne einer „institutionalized termination" (Lundin/Söderholm 1995, S. 449) – so könnte man auf den ersten Blick vermuten – auflösen, dennoch nicht erfahren. Erst neuerdings werden die üblichen technokratischen Instrumente des Projektmanagements (wie Projektstruktur- und Budgetpläne, Terminvorgaben und Meilensteine) vor dem Hintergrund der Existenz einer „Projektkultur" (Scholz 1991) diskutiert und in einen organisationswissenschaftlichen

---

[3] Vgl. hierzu auch die aktuellen Versuche, den „beziehungslosen" Ansätzen der Industrieökonomik sowie dem Resource-based View des Strategischen Managements einen „relational view" (Dyer/Singh 1998) gegenüber- bzw. an die Seite zu stellen (vgl. dazu auch Duschek/Sydow 2002). Die Netzwerkqualität von Beziehungen spiegelt sich in Merkmalen wie Offenheit, Vertrautheit, Reziprozität, Kooperation und – das dürfte im Zusammenhang mit Projektnetzwerken zunächst überraschen – einer zeitlichen Stabilität.

Zusammenhang gestellt (vgl. z.B. Ortmann et al. 1990; Sahlin-Andersson 1992; Lundin/Söderholm 1995; Lindkvist et al. 1998). Damit geraten neben Zielen, Instrumenten und Verfahren des Projektmanagements Interessen, Normen, Ambiguitäten, Konflikte, Verhandlungen, Rhetorik, Symbolik, Professionalismus, Legitimität und Pfadabhängigkeit in den Blick und lassen eben diese Ziele, Instrumente und Verfahren in einem anderen – realitätsmächtigeren – Bild erscheinen. Sahlin-Andersson (1992) stellt vor diesem Hintergrund dem konventionell-technokratischen Ideal des „project as organization" ein „project as organizing" gegenüber, in dem weder von klaren Projektzielen noch einem vorhersehbaren und deshalb programmierbaren Projektverlauf ausgegangen wird:

„The complexity and ambiguity [...] is in this perspective not seen as problematic. It is not defined away, but is emphasized and used as a way to realize the project at hand" (S. 144).[4]

Schon in der Vergangenheit gab es in der Projektmanagementliteratur einige Versuche, dem *unternehmungsübergreifenden Charakter* einer befristeten Zusammenarbeit begrifflich angemessen Rechnung zu tragen. Erwähnenswert sind in diesem Zusammenhang die Begriffe „Gemeinschaftsprojekt" (Madauss 1994) und „Projektkooperation" (Herten 1988), die allerdings den überbetrieblichen Charakter der Zusammenarbeit nicht wirklich zum Ausdruck bringen; des weiteren der Begriff des „überbetrieblichen Projekts" (Korbmacher 1991), dem von der Autorin nicht ohne Grund die Eigenschaft einer „Quasi-Organisation" zugeschrieben wird, sowie die Begriffe „Projekt(organisations)netzwerk" (Beck 1994) und „interorganisatorisches Projektnetzwerk" (Weber 1996).

Je innovativer und komplexer Projekte sind, desto größer ist die Neigung des Managements, diese nicht nur, wie im Fall der ‚reinen' Projektorganisation oder des Projektnetzwerks, wirtschaftlich, sondern auch rechtlich zu verselbständigen. Diese Form der Primärorganisation kann in sehr verschiedenen Rechtsformen auftreten (vgl. zur Wahl der Rechtsform insbes. Doralt et al. 1978). Eine solche „projektspezifische Einzweckunternehmung" (Frese 1998, S. 483), auch als „project-based enterprise" (DeFillippi/Arthur 1998), „Projektgesellschaft" (Doralt et al. 1978; Grün 1992) oder kurz und zweckmäßig als *Projektunternehmung* bezeichnet, wird typischerweise nach Erreichung des Projektziels liquidiert. Die Projektunternehmung als Ergebnis einer organisatorischen und rechtlichen Verselbständigung der Projektorganisation gegenüber der Basisunternehmung hat den Vorteil, dass nicht nur – bei Wahl der geeigneten Rechtsform – das ökonomische Risiko in Schranken gehalten wird, sondern auch dass ihre Strukturen (Regeln und Ressourcen) stärker an den spezifischen Anforderungen des Projekts ausgerichtet werden können.

Als (Unternehmungs-) *Netzwerk* wird schließlich eine auf die Realisierung von Wettbewerbsvorteilen zielende Organisationsform ökonomischer Aktivitäten bezeichnet,

---

4   Zu einer ähnlichen, wenn auch bloß empirisch begründeten Sicht vgl. Weltz/Ortmann (1992). Bei der aktuellen Diskussion um die Möglichkeiten und Grenzen eines „Projektcontrolling" (z.B. Mösdorf 1998 m.w.N.) wird wiederum an technokratische Konzeptionen angeknüpft, die Perspektive eines „project as organization" verfolgt und damit bestimmte Projektwirklichkeiten ausgeblendet.

„die sich durch komplex-reziproke, eher kooperative denn kompetitive und relativ stabile Beziehungen zwischen rechtliche selbständigen, wirtschaftlich jedoch zumeist abhängigen Unternehmungen auszeichnet" (Sydow 1992, S. 82).

Die Koordination der Aktivitäten kann sich in Netzwerken weder auf rein marktliche noch auf rein hierarchische Mechanismen verlassen.

Die Verbindung des Projektbegriffs mit dem des Netzwerkes ermöglicht, sowohl den zeitlich befristeten als auch den unternehmungsübergreifenden Charakter der das einzelne Projekt überdauernden Zusammenarbeit zu akzentuieren. Im Gegensatz zu manch anderen Konzeptualisierungen wird hier im Übrigen nicht davon ausgegangen, dass sich Unternehmungen in Projekte bzw. solche Projektnetzwerke auflösen, Unternehmungen also nur noch oder auch nur überwiegend als „Aggregation von Projekten" (Weber 1996) erscheinen. Im Gegenteil: Wir sehen in der Einbindung von Unternehmungen in Projektnetzwerke ein Mittel zur Bewältigung zunehmender Dynamik und Komplexität und damit zur Bewahrung dieser Institution, nicht zu ihrer Auflösung;[5] in Projektnetzwerke sind typischerweise Organisationen eingebunden. Dies hat Bedeutung für die in Projektnetzwerken Arbeitenden, die sich im Spannungsfeld der Projektziele und -praktiken einerseits und der Interessen und Verfahren ihrer (Heimat-) Organisation andererseits orientieren (müssen). Diesbezüglich unterscheiden sich interorganisationale Projektnetzwerke signifikant von intraorganisationalen Konfigurationen wie beispielsweise der „adhocracy" (Mintzberg 1991).

3 Projektnetzwerk – Konzept und Praktik

Projektnetzwerke sind folglich eine Organisationsform ökonomischer Aktivitäten zwischen rechtlich selbständigen, wirtschaftlich mehr oder weniger abhängigen Unternehmungen zur Abwicklung zeitlich befristeter Aufgaben, wobei sich die Koordination der Projekte – und das macht das Projektnetzwerk zu einem besonderen Typus von Netzwerk – im rekursiven Zusammenspiel projektbezogener und projektübergreifender Aktivitäten und Beziehungen zwischen den Netzwerkunternehmungen vollzieht. In diesem rekursiven Zusammenspiel liegt die entscheidende Ursache dafür, dass es sich bei Projektnetzwerken um mehr als bloß temporäre Systeme handelt.

3.1 Projekte als temporäre Systeme

In der angelsächsischen Literatur werden Projekte häufig als temporäre Sozialsysteme begriffen (Miles 1964; Goodman/Goodman 1976; Goodman 1981; Bryman et al. 1987; Lundin/Söderholm 1995; Meyerson et al. 1996). So sehr der soziale Systemcharakter von Unternehmungen heute in der Betriebswirtschaftslehre weitgehend unbestritten ist (vgl. schon Ulrich 1970; Staehle 1973), so sehr muss der Systemcharakter von Projekten, Projektgruppen, -organisationen und -netzwerken erst begründet werden. Schließlich scheint die Temporalität dieser Organisationsformen ihrer Möglichkeit entgegenzustehen, einen solchen Charakter auszubilden.

---

[5] Dies gilt selbst dann, wenn innerhalb des Projektnetzwerks eine Projektunternehmung gegründet (und bei Projektende wieder aufgelöst) wird.

Ein „*temporary system*" wird in der einschlägigen Literatur definiert als „a set of diversely skilled people working together on a complex task over a limited period of time" (Goodman/Goodman 1976, S. 494). Zwar stellt diese Definition auf die temporäre Zusammenarbeit von Personen ab, die in der Regel in der Vergangenheit noch nicht zusammengearbeitet haben und auch nicht erwarten dürfen, jemals wieder zusammenzuarbeiten. Der Begriff wird aber auch allgemeiner benutzt und zudem auf interorganisationale Settings bezogen (vgl. schon Goodman 1981, S. 6). Präziser ist dann von „action sets" (Aldrich/Whetten 1981), „temporary multi-organizations" (Cherns/Bryant 1984)[6] oder – neuerdings – von „virtual organizations" (Mertens et al. 1998) und „business webs" (Zerdick et al. 1999, S. 181 ff.) die Rede. Ein sozialtheoretisch informierter Systembegriff bezieht – im Gegensatz zu der Definition von Goodman und Goodman – nur die in Zeit und Raum koordinierten sozialen Interaktionen und Beziehungen (Giddens 1990) ein, die personalen und organisationalen Akteure also nur mit ihren systembezogenen Handlungen.

Im Fall der Produktion von Fernsehinhalten gehören zu einem solchen temporären System neben den projektbezogenen Handlungen der Produzenten bzw. Produktionsfirmen, die gleichsam als Generalunternehmer das Projektnetzwerk koordinieren (vgl. auch Jones 1996; Tempest et al. 1997), diejenigen der Autoren, Regisseure, Kameraleute, Cutter, Komponisten, Script Consultants, Beleuchter, Casting Agenturen, Location Scouts, Masken-, Kostüm- und Bühnenbildner sowie anderer künstlerischer und technischer Mediendienstleister (s. Abbildung 1). Hinzu kommen noch die Handlungen unterstützender Dienstleister (z.B. Catering und Fahrdienste).

Der Produzent bzw. die Produktionsfirma organisiert zusammen mit dem Sender das Projektnetzwerk.[7] Bei der Organisation berücksichtigt er bzw. sie (und hat zu berücksichtigen!), dass manche Akteure nur im Gespann mit anderen in das Projektnetzwerk einzubinden sind. Besonders häufig sind Schauspieler an bestimmte Regisseure gebunden; umgekehrt legen Regisseure oft Wert auf die Zusammenarbeit mit bestimmten Drehbuchautoren, Kameraleuten und Visual Effect-Dienstleistern.[8] Ein Produzent berichtet:

„Wenn ich weiß, der und der Produktionsleiter ist mit von der Partie, dann weiß ich auch, dass er den Aufnahmeleiter gleich mitbringt – und dieser eine Produktionssekretärin. Wenn wir einen bestimmten Regisseur beschäftigen, dann besteht dieser darauf, seinen Assistenten und einen bestimmten Kameramann mit in das Projekt einzubringen. Dies ist manchmal nicht ganz einfach, weil sich in der Produktion entsprechende Gruppen herausbilden. Aber es macht natürlich die Arbeit leichter, wenn der Regisseur mit seinem Assistenten und dem Kameramann gut kann. Dasselbe gilt für die Produktionsleitung, die sich auf Aufnahmeleiter und Sekretärin verlassen kann."

---

6   Zu unterscheiden im Übrigen von der „Multiprojektorganisation" (Grün 1992), in der mehrere Projekte gleichzeitig abgewickelt werden.

7   Die Rolle des „network integrator" (Galbraith 1998) kann, wie das Beispiel Creative Artists Agency (CAA) im Bereich der Filmproduktion zeigt, prinzipiell auch von anderen Akteuren (hier: eines großen Agenten) übernommen werden.

8   Blair (2001) bestätigt diese Beobachtungen in einer Fallstudie über Beschäftigungspraktiken in der britischen Filmindustrie, wo neben der Beschäftigung bestimmter Einzelpersonen die Einbeziehung von „semi-permanent work units" erfolgt.

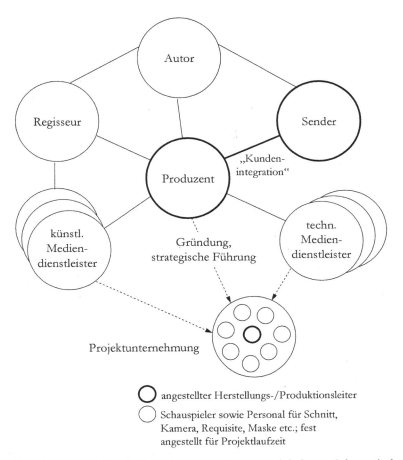

Abb. 1: Projektnetzwerk für die Produktion von Programminhalten – Schematische Darstellung

Sehr selten, und wenn, dann nur aus Kapazitätsgründen, kommt es bislang zur horizontalen Kooperation von Mediendienstleistern. Eingeschränkt ist die Organisation des Projektnetzwerks durch den Produzenten häufig auch durch die Tatsache, dass Sender auf die Selektion von Personen und Unternehmungen Einfluss nehmen; insbesondere gilt dies für die Auswahl von Drehbuchautoren, Regisseuren und Schauspielern, bei der Zusammenarbeit mit wenig bekannten Produzenten auch für Produktionsleiter.

Obwohl Produzenten in der Regel für unterschiedliche Sender produzieren und Sender Programminhalte von verschiedenen Produzenten herstellen lassen, ist die Beziehung zwischen Produzent und Sender typischerweise so eng, dass jeder die internen Abläufe des anderen kennt. Die Konkurrenz um die Ausgestaltung der Produktionsprozesse und vor allem um die Aneignung der Resultate (u.a. Gewinne, Rechte) zwischen Produzent und Sender wird damit keinesfalls stillgestellt; das Moment der

Konkurrenz ist vielmehr in die Kooperation eingewoben, so dass die Praktiken ebenso wie die Beziehungen der Akteure durch ein Spannungsverhältnis von Kooperation und Kompetition charakterisiert sind. Wie bei der Produktion von Dienstleistungen generell üblich (vgl. z.B. Kleinaltenkamp 1997), wird der Kunde – hier der Sender – notwendig als externer Faktor „integriert", sei es bloß mit seinen Erwartungen an Format und Inhalt, sei es mit weitergehenden Leistungen (z.B. Personen oder Rechten).[9] Auch diese „Integration" erfolgt keinesfalls harmonisch, sondern ist durch zumindest teilweise konfliktäre Interessen bestimmt.

Die Wirklichkeit der Fernsehproduktionsorganisation weicht von dem in Abbildung 1 nur schematisch präsentierten Projektnetzwerk in vielfältiger Weise ab. Zum Beispiel fällt bei der Produktion von Wissenschaftsbeiträgen die Autoren- und Produzentenrolle oft zusammen; dafür treten Experten für bestimmte Wissensgebiete hinzu, mit denen – je nach Produktionsauftrag – nur einmal oder wiederkehrend zusammengearbeitet wird (s. dazu wie zum Folgenden auch den Beitrag von *Jörg Sydow* und *Carsten Wirth* in diesem Band). Wissenschaftsredaktionen arbeiten darüber hinaus wiederkehrend mit Programmlieferanten zusammen, die sie mit Bildmaterial versorgen. Bei der Produktion von Soaps entspricht die Organisation weitgehend dem Schema (s. dazu auch den Beitrag von *Arnold Windeler*, *Anja Lutz* und *Carsten Wirth* in diesem Band). Hier kommt es bei Großproduktionen ggf. sogar zu der in der Abbildung 1 angedeuteten Ausgliederung von Projektunternehmungen mit eigenen Mitarbeitern. Während bei der Produktion für das Fernsehen die Finanzierung im Kern von den Sendern übernommen wird,[10] sind bei der Produktion von Kinofilmen selbständige Finanzdienstleister (z.B. Banken, Fonds, Sponsoren) in das Projektnetzwerk eingebunden.

Weil temporäre Systeme weitgehend auf formelle Regelungen sowie auf formelle Planungs- und Kontrollmechanismen verzichten, keine elaborierte Wissensorganisation aufweisen und oft auch organisational-normativer Integrationsmechanismen und institutioneller Sicherungsmechanismen entbehren, fehlen ihnen eine Vielzahl in Organisationen bewährte Koordinationsprinzipien. Überhaupt wird davon ausgegangen, dass sie nur aufgrund ihrer Fähigkeit, gleich zu Projektbeginn „swift trust" (Meyerson et al. 1996) auszubilden und Interaktionen am Laufen zu halten, arbeitsfähig sind. Dies mag zwar auch für Projektnetzwerke gelten; eine vertrauensbezogene Erklärung ihrer Koordinationsfähigkeit allein reicht u.E. allerdings nicht aus. Hinzu kommt beispielsweise die Anschlussfähigkeit der unterschiedlichen Managementpraktiken der Projektbeteiligten, wirtschaftliche Interdependenzen, ein gemeinsames Verständnis von Produktionsqualität – im Ergebnis wie im Prozess – und vieles mehr. Neben Vertrauen sind so immer auch Machtdifferenzen, d.h. unterschiedliche Fähigkeiten der Akteure, die Bedingungen der Zusammenarbeit zu bestimmen, für die Integration der Praktiken in Projektnetzwerken von Bedeutung.

---

9 Bei Serien ist es durchaus üblich, dass der Redakteur des Senders neben Drehbuch und ersten Mustern schon Exposé und Treatment „abnimmt"; auch die häufig zu beobachtende Beteiligung an der Auswahl von Drehbuchautoren, Regisseuren, Protagonisten und insbesondere des Produktionsleiters illustriert die mehr als nur informationelle Kundenintegration.

10 Diesen fallen deshalb auch zumeist die Rechte an dem Content zu.

3.2 Projektnetzwerke – mehr als nur temporäre Systeme

In dem Begriff des (interorganisationalen) Projektnetzwerks kommt zum Ausdruck, dass mehrere Unternehmungen einerseits zur Abwicklung einer zeitlich begrenzten Aktivität kooperieren, andererseits die (entstehenden) Geschäftsbeziehungen in der Regel aber über das einzelne Projekt hinausreichen, also nicht selten bereits vor Projektbeginn existieren und in gewisser Weise nach Projektabschluss insoweit latent vorhanden bleiben, als dass bei einem neuen Projekt an diese wieder angeknüpft wird bzw. werden kann. Als Medium und Resultat dieser Art und Weise der Zusammenarbeit vollzieht sich die Koordination des Projekts im rekursiven Zusammenspiel projektbezogener und projektübergreifender Aktivitäten und Beziehungen. Infolge des sich damit eröffnenden zeitlichen und sozialen Horizonts sind Projektnetzwerke *mehr als nur temporäre Systeme*.

Zunächst einmal konstituiert sich ein soziales System (zumindest aus strukturationstheoretischer Sicht) aus in Zeit und Raum koordinierten sozialen Interaktionen und Beziehungen. Dies gilt auch für temporäre Systeme, für die gelten soll: „Action is the essence of temporary organizations" (Lundin/Söderholm 1995, S. 450). Allerdings setzt Handeln aus strukturationstheoretischer Sicht Strukturen, also Sets von Regeln und Ressourcen, voraus (vgl. Giddens 1984). Handeln lässt sich insofern in seiner Bedeutung für die Existenz von (temporären) Systemen nicht gegen Strukturen ausspielen; diese sind vielmehr auf beides – und insbesondere auf ihr rekursives Zusammenspiel in Managementpraktiken – angewiesen. Akteure beziehen sich in diesen Praktiken immer gleichzeitig auf die im sozialen System üblichen Sicht-, Legitimations- und Handlungsweisen. Die Fähigkeit der Sender etwa, die Einhaltung des Produktionsbudgets zu kontrollieren, prägt die Sichtweise, was als eine effiziente und effektive Ausschöpfung von Budgets anzusehen ist, was als eine legitimer Aufwand zu erachten ist, und wie man handelt bzw. handeln muss, um das Budget einzuhalten. In den Kategorien der Strukturationstheorie formuliert: Signifikation, Legitimation und Herrschaft spielen im Handeln immer (komplex) zusammen.

Das im Ergebnis des rekursiven Zusammenspiels von Handlung und Struktur entstehende (hier: temporäre) Sozialsystem kann selbstverständlich durch einen mehr oder weniger hohen Grad an „systemness" charakterisiert sein (vgl. Giddens 1984, S. 283). Organisationen weisen beispielsweise ein vergleichsweise hohes Maß an Systemhaftigkeit auf. Diese Systemhaftigkeit spiegelt sich nicht nur im zeitlichen Bestand von Organisationen, sondern auch im Ausmaß ihrer reflexiven Koordination. Zwar könnte man meinen, dass interorganisationale Projektnetzwerke aufgrund der zeitlichen Befristung der Zusammenarbeit prinzipiell einen niedrigen Grad an „systemness" aufweisen, dies ist jedoch nicht unbedingt der Fall. Denn die projektbezogene Zusammenarbeit mit (Mitgliedern aus) unterschiedlichen Unternehmungen in Netzwerkstrukturen hat in der Regel die schon benannte Konsequenz, dass nach Beendigung eines Projekts die Beziehungen latent vorhanden bleiben und bei einem neuen Projekt an frühere Geschäftsbeziehungen und Praktiken der Netzwerkkoordination wieder nahtlos angeschlossen wird.[11] Neben die evidenten Beziehungen im Projektnetzwerk

---

11 Theoriesystematisch ist das damit zu begründen, dass kompetente Akteure Erinnerungen und Erwartungen ausbilden und sich in ihrem situativen Handeln immer auf Strukturen sich überlappender Kontexte (z.B. Projekt, Organisation, Netzwerk, Profession) beziehen. Im Falle der gemeinsamen Abwick-

tritt das Geflecht latenter Beziehungen im Pool. Auf diese Weise ist zu erklären, dass Akteure selbst in sehr kurzfristigen Projekten auf recht ausgefeilte Strukturen der Projektabwicklung zurückgreifen (können) und die projekttypische Anforderung bewältigen, in kürzester Zeit ein arbeitsfähiges Sozialsystem zu entwickeln. Gleichwohl kann nicht davon ausgegangen werden, dass entsprechende (positive) Erfahrungen und die (positive) Erwartung zukünftiger Kooperation die Projekt-Governance vollständig ersetzen können (vgl. auch DeFillippi/Arthur 1998, S. 127). Allein das Ausmaß reflexiver Koordination dürfte in Projektnetzwerken (noch) deutlich geringer als in Organisationen sein.

Es gilt allerdings noch einen weiteren Unterschied zwischen betrieblichen und überbetrieblichen Projekten bzw. Projektnetzwerken zu beachten. Im Fall der Abwicklung von Projekten *in* einer Unternehmung bleibt – ebenso wie im Fall einer adhokratischen Ausgestaltung der gesamten Unternehmung – die einheitliche Leitung in wirtschaftlichen Angelegenheiten gewahrt. Nicht so in Projektnetzwerken, in denen verschiedene Unternehmungen im Rahmen eines (überbetrieblichen) Projekts zusammenarbeiten. Diese Unternehmungen bringen in die Kooperation im Projektnetzwerk nicht nur ihre spezifischen, organisationalen Praktiken mit ein. In der Art und Weise der Kooperation spiegelt sich im Zweifel auch die Einheitlichkeit der Leitung in jeder der einzelnen Unternehmungen, ohne die Form der Zusammenarbeit jedoch letztlich qua Anweisung bestimmen zu können.

Zusammengefasst sind Projektnetzwerke also Netzwerke, die von verschiedenen Unternehmungen zur Abwicklung eines oder mehrerer Projekte gebildet werden. Die Vorstellung des für Projektnetzwerke charakteristischen, rekursiven Ineinandergreifens projektbezogener und projektübergreifender Aktivitäten und Beziehungen (s. Abbildung 2) zwischen verschiedenen Unternehmungen bedeutet, dass für die Zusammenarbeit in einem konkreten Projekt an die im Netzwerk latent vorhandenen Beziehungen angeknüpft wird (↑), umgekehrt diese Zusammenarbeit – vor allem im Erfolgsfall – zur Reproduktion genau dieser Netzwerkbeziehungen beiträgt (↓). Diese Rekursion impliziert ein etwas verändertes und vor allem präzisiertes Verständnis des in der Literatur mittlerweile recht prominenten Konzepts des *Pool*s, aus dem die jeweils an einem Projekt mitwirkenden Partner rekrutiert werden.[12]

---

lung eines Projekts bilden sich beispielsweise Praktiken heraus, die es den Akteuren erleichtern, sich auch bei Folgeprojekten auf geeignete Formen des Projektmanagements zu verständigen. Professionelle Normen mögen diesen Verständigungsprozess ebenfalls erleichtern, während beispielsweise organisationsspezifisch differente Handhabungen des Projektmanagementinstrumentariums zusätzliche Abstimmungsprobleme aufwerfen können.

12 Vgl. z.B. Meyerson et al. (1996, S. 169). Die Autoren sehen in der Existenz eines solchen Pools allerdings nur eines von insgesamt neun für die Vertrauensbildung in „temporary systems" relevanten Merkmalen. Zudem konzipieren sie ihren Pool ausschließlich auf personaler Ebene, vermuten allerdings wohl zurecht, dass „the smaller the labor pool or network from which personnel in a temporary system are drawn, the more vulnerable the people who are drawn; the stronger the grounds for not expecting harmful behavior, the more rapidly will trust develop among people" (S. 181). Auf einen ähnlichen Zusammenhang wird neuerdings, wenn auch noch in konzeptionell wenig ausgearbeiteter Form, im Zusammenhang mit der Diskussion um virtuelle Organisationen hingewiesen (vgl. Mertens et al. 1998, S. 11; Sieber 1998, S. 150 ff.). Die Idee eines Pools potentieller Kooperationspartner liegt auch dem „latenten Konsortium" (Herten 1988) zugrunde, wo – wie beispielsweise im Großanlagenbau und der Raumfahrttechnik – eine Abfolge konsortial abgewickelter Projekte dafür verantwortlich gemacht wird, dass Erfahrungen gewonnen werden, die Misstrauen ebenso reduzieren wie andere, auf unterschiedlichen Orientierungen, Arbeitsstilen, Leistungsstandards etc. resultierende Probleme. Der Autor spricht in diesem Zusammenhang – noch etwas tastend – von einem „zur Förderung der Ko-

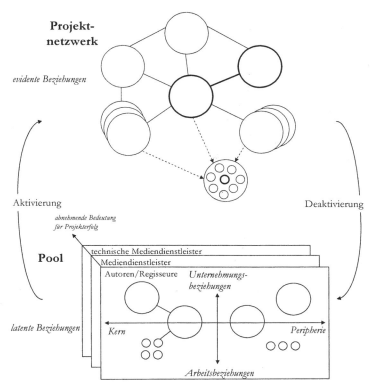

Abb. 2: Zusammenspiel von Projekt und Netzwerk bei der Produktion von Fernsehserien

Erstens kann ein solcher Pool außer aus Personen auch aus Organisationen bestehen. Erstere können entweder als abhängig Beschäftigte an einem Projekt mitwirken (in der Regel eine sehr kleine Zahl[13]), als sog. freie Mitarbeiter für die Laufzeit des Projekts engagiert oder als – mehr oder weniger – selbständige Unternehmer in ein Projekt eingebunden sein. Dabei kann der rechtliche Status dieser Akteure sogar von Projekt zu Projekt variieren; jedenfalls haben wir es in der Film- und Fernsehindustrie mit einer breiten Grauzone zwischen Arbeits- und Unternehmungsbeziehungen zu tun (s. unteren Teil der Abbildung 2 sowie Windeler et al. 2001). Bei den an einem Projekt mitwirkenden Organisationen handelt es sich im Übrigen in dieser Branche zumeist um kleinere und mittlere Unternehmen, wobei die Produktionsfirmen selbst zum Teil Tochterunternehmen entweder großer Medienkonzerne (z.B. Neue Deutsche Filmge-

---

operation und Gewährleistung des Zusammenhalts notwendigen organisatorischen Überbau" (Herten 1988, S. 144); ein anderer von einem „langfristigen soziokulturellen Beziehungsrahmen" (Weber 1996, S. 138), der die Basis für die konkreten Netzwerkinteraktionen bietet.

13 Ihre Zahl kann bei der Produktion von Serien bis zu 60 betragen.

sellschaft, Ufa Film & TV Produktion) oder des öffentlich-rechtlichen Rundfunks (z.B. Bavaria, Studio Hamburg) sind.[14]

Zweitens ist der Pool, wie ebenfalls am Beispiel der Produktion von Fernsehprogrammen gezeigt werden kann, üblicherweise nach Rollen bzw. Professionen ausdifferenziert, die hier nach der vermuteten Bedeutung für den Projekterfolg gegliedert wurden.[15] Die Produzenten bzw. Produktionsfirmen haben so für ein konkretes Projekt durchaus die Wahl zwischen verschiedenen Autoren, Regisseuren etc., mit denen sie schon einmal zusammengearbeitet haben. Allerdings sind diese Akteure aufgrund ihrer professionalen Spezialisierung (z.B. auf Dokumentation, Action) nicht beliebig substituierbar. Dasselbe gilt, wenn auch in etwas geringerem Ausmaß, für künstlerische und technische Mediendienstleister. Dabei ist hervorzuheben, dass mit manchen Akteuren (dem sog. Kern) immer wieder in Projekten zusammengearbeitet wird, während anderen projektübergreifend nur ein peripherer Status zukommt. Hervorzuheben ist des Weiteren, dass sich ein solches latentes Beziehungsgeflecht nicht unabhängig von Rollen, Interessen und Macht konstituiert. Die Sichtweisen von Produzenten und Sendern, wer für ein Projekt wichtig ist, können durchaus auseinander fallen.

Drittens spielt die Branche für das Verständnis der Funktionsweise von Projektnetzwerken eine bedeutende Rolle. Die Akteure greifen bei der Produktion einer Serie oder eines Wissenschaftsbeitrags auf branchenübliche Praktiken der Koordination zurück, etwa auf die übliche Umgangsweise mit Änderungen der Drehpläne oder Budgetanforderungen. Weil immer wieder Sets zum Teil identischer Akteure unterschiedliche Projekte gemeinsam abwickeln, bilden sie darüber hinaus spezielles Wissen über die für das jeweilige Projektnetzwerk charakteristischen Praktiken aus. Dabei können sie auf gemeinsame Erfahrungen zurückgreifen. Hinzu kommt die nicht nur für die Frage der Vertrauensbildung in Projektnetzwerken bedeutsame Erwartung der Projektbeteiligten, trotz der Befristung der aktuellen Zusammenarbeit bei einem späteren Projekt wieder kooperieren zu können. Hier entfaltet der „shadow of the future" (Axelrod 1984) seine sozial konstitutive, letztlich stärker jedoch in Interessen denn Vertrauen ausdrückende Wirkung.

Auf der Grundlage dieser drei Strukturierungen kann sich im Projektnetzwerk ein beachtliches Maß an „systemness" herausbilden, also beispielsweise gemeinsam geteilte Sichtweisen und klare Vorstellungen über den eigentlichen Kern des Projektgeschäfts, die angemessenen Interaktionen und Praktiken im Netzwerk, die effektive Nutzung von Ressourcen sowie über die optimale (Netzwerk-) Grenze. Projektnetzwerke (und die sie kennzeichnenden, spezifisch ausgelegten Spannungsverhältnisse von Kooperation und Kompetition, Vertrauen und Kontrolle, etc.) werden so rekursiv reproduziert (bzw. verändert). Das für die Organisationsform des Projektnetzwerks typische Spannungsverhältnis von Stabilität und Fragilität, von Innovation und Routine, wird auf diese Weise konzeptionell angemessen erfasst.[16] Dabei ist bewusst offen

---

14 Dies trifft vor allem im Fall der Produktion von Serien und Soaps zu, während die Produzenten von Wissenschaftsbeiträgen typischerweise selbständige Klein(st)unternehmungen sind.

15 Diese kann allerdings je nach Art des Projekts variieren.

16 Ebenso wie Projekte, die durch Institutionalisierung zu Organisationen werden können, haben Projektnetzwerke die Chance, zu einem dauerhaften Typus interorganisationaler Netzwerke oder gar zu Organisationen (z.B. als Gemeinschaftsunternehmen) zu werden. Aufgrund der Dynamik des Geschäfts (wechselnde Themen, Formate) und der aktuellen Strategieorientierung der beteiligten Akteure besteht jedoch daran, sieht man einmal von der Produktion von Soaps ab, zurzeit kaum ein Interesse.

gelassen, ob das Netzwerk (1.) bereits vor Durchführung eines Projekts (z.B. aufgrund gemeinsamer Ausbildung) in ersten Ansätzen vorhanden ist, (2.) überwiegend als unintendiertes Nebenprodukt intentionalen, projektgerichteten Handelns emergiert oder aber (3.) zumindest teilweise Ergebnis eines reflexiven Netzwerkmanagements ist.

3.3 Zur Relevanz gesellschaftlicher Institutionen

Für das praktische Gelingen einer solchen, das Management von Projektnetzwerken überhaupt erst ermöglichenden, basalen Koordinationsleistung sind gesellschaftliche Institutionen von entscheidender Bedeutung. *Professionelle Normen* beispielsweise fördern die Zusammenarbeit in Projektnetzwerken ebenso wie *Branchenstandards,* zum Beispiel über Arbeitszeiten, Produktqualitäten und Entgelte, oder auch *rechtliche Regelungen,* beispielsweise Nutzungsrechte am geistigen Eigentum (intellectual property rights).

Mehr noch als für strategische Allianzen und Netzwerke (vgl. dazu Bachmann/Lane 1997) dürfte der institutionelle Kontext gerade für die Kooperation in temporären Systemen von herausragender Bedeutung sein, schließlich sind es allgemeingültige Normen, Standards und Regelungen sowie die in das Handlungsfeld eingeschriebene Machtungleichgewichte, die eine rasche Orientierung, die Entstehung von „swift trust" und die zuverlässige Absicherung der Zusammenarbeit ermöglichen. Darüber hinaus sind Projektnetzwerke mehr als andere Typen von Unternehmungsnetzwerken auf die Verfügbarkeit von Ressourcen angewiesen, die ihrerseits in der Region über entsprechende Institutionen (z.B. Ausbildungsinstitutionen) bereitgestellt werden. Dies zeigen Beispiele in der Schuhindustrie der Emilia Romagna (z.B. Amin/Thrift 1992) und in der Computerindustrie des Silicon Valleys (z.B. Saxenian 1994) ebenso wie die von uns in zwei deutschen Medienregionen (Köln/Düsseldorf, Berlin/Babelsberg) untersuchte Fernsehindustrie (vgl. Lutz/Sydow 2002).

4 Zum Verhältnis von Projektmanagement und Netzwerkmanagement

Betrachtet man Organisieren als „reflexive Strukturation" (Ortmann et al. 1997), dann rücken die von den Akteuren in ihren Managementpraktiken verwendeten und letztlich dem sozialen System ‚Projekt', ‚Organisation' oder ‚Netzwerk' zugerechneten Sicht-, Legitimations- und Handlungsweisen in den Mittelpunkt. Die Strukturen, die sich in diesen Praktiken spiegeln und diese dabei ermöglichen und restringieren, sind in strukturationstheoretischer Lesart als Sets von Regeln der Signifikation und Legitimation sowie von allokativen und autoritativen Ressourcen zu verstehen. Als solche sind sie zuweilen „nur ‚mitlaufendes' Resultat – im Sinne einer nicht intendierten und reflektierten Nebenfolge des Handelns" (Ortmann et al. 1997, S. 315).

Analysiert man aus dieser Perspektive das *Projektmanagement,* rücken die konkreten Praktiken der „Planung, Steuerung und Kontrolle der einzelnen Projektaktivitäten in bezug auf Zeit, Kosten und Ressourcenbereitstellung" (Frese 1998, S. 473) in das Zentrum der Aufmerksamkeit. Der Blick richtet sich auf die Arten und Weisen der Verwendung persönlicher Koordinationsinstrumente (wie Weisung und Selbstabstimmung) und/oder des Einsatzes unpersönlicher Koordinationsinstrumente (wie

Pläne und Programme), wobei die Bedeutung persönlicher Instrumente sowie der sozialen Organisation der Projektabwicklung – trotz verbreiteter IT-Unterstützung des Projektmanagements – mit der Vorstellung eines „project as organizing" zunehmen dürfte. Entsprechend wird zum Beispiel der Schwerpunkt von der Definition möglichst klarer Projektrollen auf eine „fuzzy role strategy" (Goodman 1981) verlagert,[17] die Rolle des Projektmanagers als „Animateur", „Integrator", „Disseminator", „Mentor", „Broker" und „Developer" herausgestellt und auf die Entwicklung einer entsprechenden Projektkultur Wert gelegt (vgl. z.B. Hastings 1995).

Die Funktionen des Projektmanagements, ebenso wie ihre konkrete Ausgestaltung, verlieren auch beim Management von Projektnetzwerken nicht ihre Bedeutung; sie können und sollten aber ergänzt werden. Denn das Management überbetrieblicher Projekte wirft besondere Probleme auf: die Koordination unterschiedlicher Organisationsinteressen, -strukturen und -kulturen; die Entwicklung von Identifikation, Commitment und Vertrauen in einer nur kurzen Zeit; die organisationsübergreifende Verständigung auf Qualitätskriterien und die Einhaltung von Zeitvorgaben bei oft unklarer Definition der Projektziele; u.v.m.[18] Auf der anderen Seite, und dies verdeutlicht die Vorstellung eines „project as organizing" ebenso wie die bekannte, aber noch viel zu zurückhaltend aufgegriffene Kritik am plandeterminierten Managementprozess (vgl. insbes. Schreyögg 1991), kann der Systemcharakter von Projekten für ihr Management genutzt werden, sofern der soziale Mechanismus, auf dem dieser Charakter basiert, vom Management verstanden wird.

Die Ergänzung des Projektmanagements um ein *Netzwerkmanagement* richtet sich auf die Gestaltung vor allem, aber nicht ausschließlich, der Strukturen, also der Sets von Regeln und Ressourcen, des Netzwerks sowie der auf sie Bezug nehmenden Praktiken. Dabei fällt das Netzwerkmanagement nicht mit dem Management einzelner Netzwerkunternehmungen zusammen, denn Unternehmungen reflektieren vorzugsweise auf die für sie relevanten Ausschnitte des Projektgeschehens. Netzwerkmanagement ist auch nicht mit Projektmanagement identisch, denn die zeitliche Begrenzung von Projekten lässt die projektübergreifenden Zusammenhänge allzu schnell in Vergessenheit geraten.

Der projektübergreifende Systemzusammenhang ist insoweit ein eigenständiger Gegenstand. Dabei hat das Management zu berücksichtigen, dass dieser Systemzusammenhang ein netzwerkförmiger ist. Die Netzwerkförmigkeit rührt etwa daraus, dass dieses System durch die Qualität der Beziehungen bestimmt ist, dabei aber einer einheitlichen Leitung in wirtschaftlichen Angelegenheiten entbehrt; die Projektabwicklung und -koordination wird schließlich von unterschiedlichen Unternehmungen getragen.

Netzwerkmanagement hat demzufolge einen *doppelten Handlungsrahmen*: neben die Unternehmung tritt als systematischer Bezugspunkt des Managements das Unternehmungsnetzwerk (vgl. Sydow/Windeler 1998), hier in Form des Projektnetzwerks. Die

---

[17] Diese Strategie zielt auf überlappende und sich im Projektverlauf wandelnde Verantwortlichkeiten und leistet auf diese Weise einen Beitrag zur Funktionsfähigkeit von Projekten, sofern entsprechend qualifiziertes Personal zum Einsatz kommt. Sie ist besonders für frühe und späte Projektphasen geeignet und wenn es auf die Hervorbringung von Innovationen ankommt.

[18] Aus Projektnetzwerken ausgegründete Projektunternehmungen werfen noch einmal gesonderte Managementprobleme auf.

Reflexion auf das sich durch Projektkooperation konstituierende Beziehungsgeflecht eröffnet dem Management zusätzliche Möglichkeiten der Verbesserung der Zusammenarbeit und damit letztlich der durch interorganisationale Kooperation zu erzielenden Resultate.

Besondere Beachtung verdient dabei das rekursive Zusammenspiel projektbezogener und projektübergreifender Aktivitäten und Beziehungen, dessen Ergebnis die Strukturen des Projektnetzwerks sind. Und genau diese Strukturen der Signifikation, Legitimation und Domination, das ist die Botschaft des strukturationstheoretischen Theorems der Dualität von Struktur, werden als Medium des Netzwerkmanagements in Anschlag gebracht werden. Die Beachtung dieses Zusammenspiels von Projekt- und Netzwerkmanagement eröffnet einem *reflexiven* Management zusätzliche Handlungsmöglichkeiten.

Auf die Strukturen des Projektnetzwerks, und auf ihre Reproduktion in den Praktiken, hier vor allem des Projektmanagements, kann und sollte insoweit reflektiert werden. Die Reflexion auf die Strukturation des Netzwerks macht zwar aus diesem keine „organization"; Manager können aber die im Projekt ablaufenden Prozesse des „organizing" in ihrer Strukturation im Allgemeinen und in ihrer Rückbindung an die Strukturationsprozesse des Netzwerks im Besonderen verstehen und dieses Wissen bei der Koordination der Projektaktivitäten nutzen.

Obwohl das Netzwerkmanagement in Projektnetzwerken bisher wenig entwickelt ist, haben wir im Feld der Produktion von Fernsehprogrammen einige Ansatzpunkte für ein reflexives Netzwerkmanagement gefunden. Abbildung 3 enthält einige diesbezügliche Beispiele und Ideen. Diese dürften auch in anderen projektbasierten Branchen wie der Bau- und Softwareindustrie zur Anwendung gelangen bzw. auf diese übertragbar sein. Eine offene Frage ist in diesem Zusammenhang die Bedeutung der konkreten Projektinhalte (z.B. materiell vs. immateriell in der Bau- bzw. Softwareindustrie) für die Verallgemeinerbarkeit der Befunde.

- die systematische, wiederkehrende Einbindung ‚guter' Geschäftspartner in neue Projekte
- die Entwicklung eines Projektportfolios, d.h. eines Projektmix, das einer Stabilisierung von Geschäftsbeziehungen dienlich ist
- die bewusste Zusammenarbeit mit freien Mitarbeitern und Unternehmern, um sich das Spektrum der Möglichkeiten unterschiedlicher Vertragsbeziehungen im Netzwerk offen zu halten
- die Reflexion auf die im Netzwerk vorhandenen Ressourcen, z.B. auf das dort ‚versammelte' Wissen
- die systematische Ergänzung des Netzwerks mit entsprechenden Ressourcen durch Kooperation mit neuen Partnern, wobei diese Kooperation nicht nur durch das aktuelle Projekt motiviert ist
- die redundante Vorhaltung kritischer Ressourcen im Netzwerk, z.B. durch alternierende Zusammenarbeit mit verschiedenen Autoren, Kameraleuten etc.
- die Festlegung grundlegender Regeln der Netzwerkkooperation
- die Entwicklung von ‚Abnahmeprozeduren' über die aktuellen Drehs hinweg zwischen den an der Produktion beteiligten Unternehmungen, inkl. des die Drehs ‚abnehmenden' Senders

Abb. 3: Praktisches Netzwerkmanagement in der Produktion von Fernsehprogrammen

Insgesamt, das dürfte deutlich geworden sein, entfalten die Netzwerkstrukturen, ganz im Sinne des oben entwickelten Verständnisses von Projektnetzwerk und des dadurch akzentuierten rekursiven Zusammenspiels von Projekt und Netzwerk, ihre die Koordination des Projekts erleichternde, ggf. aber auch behindernde Wirkung. Ein reflexives Netzwerkmanagement kann versuchen, die primär die Projektkoordination erleichternden Momente systematisch zu verstärken, insbesondere die Beziehungen über die Dauer eines konkreten Projekts hinaus systematisch zu pflegen. Gelingt dies, steigert das Netzwerk die Erfolgsaussichten des Projekts, und dessen erfolgreiche Abwicklung trägt zur Reproduktion des Netzwerks mit seinen Strukturen bei. Machtvolle Akteure wie Produzenten und insbesondere Sender können zudem Projektnetzwerke dazu verwenden, Risiken zu externalisieren und ein aus ihrer Sicht fruchtbares Maß an Kooperation und Kompetition zwischen den Projektbeteiligten zu etablieren, ohne damit ihre Vorrangstellung und ihre Möglichkeiten der Einflussnahme gänzlich oder nur weitgehend aufzugeben. Letztes Ziel eines Projekt- wie Netzwerkmanagements, m.a.W. eines Managements von Projektnetzwerken, ist es, eine solche Rekursion auf den Erfolgsweg zu bringen und zu stabilisieren.

Literaturverzeichnis

Aldrich, H.E./Whetten, D.A. (1981): Organization-sets, action-sets, and networks: Making the most of simplicity. In: Nystrom, P.C./Starbuck, W.H. (Hrsg.): Handbook of organizational design, Vol. 1. Oxford, S. 385-400.

Amin, A./Thrift, N. (1992): Neo-Marshallian nodes in global networks. In: International Journal of Urban and Regional Research 16, S. 571-587.

Axelrod, R. (1984): The evolution of cooperation. New York.

Ayas, K. (1996): Professional project management: A shift towards learning and a knowledge creating structure. In: International Journal of Project Management 14 (3), S. 131-136.

Bachmann, R./Lane, C. (1997): Vertrauen und Macht in zwischenbetrieblichen Kooperationen – zur Rolle von Wirtschaftsrecht und Wirtschaftsverbänden in Deutschland und Großbritannien. In: Schreyögg, G./Sydow, J. (Hrsg.): Managementforschung 7. Berlin und New York, S. 79-110. Wieder abgedruckt in: Sydow, J. (2003): Management von Netzwerkorganisationen. 3. Aufl. Wiesbaden, S. 75-105.

Balck, H. (Hrsg.)(1990): Neuorientierung im Projektmanagement. Köln.

Balck, H. (Hrsg.)(1996): Networking und Projektorientierung. Berlin etc.

Beck, C. (1994): Interorganisationales Projekt-Management, eine alternative Kooperationsform. Diss. Universität der Bundeswehr. Hamburg.

Blair, H. (2001): ‚You're only as good as your last job': An analysis of the relationship between the labour process and labour market in the British film industry. In: Work, Employment & Society 15 (1), S. 149-169.

Boos, F. (1991): Projektmanagement. In: Königswieser, R./Lutz, C. (Hrsg.): Das systemisch-evlutionäre Management. Wien, S. 69-77.

Bryman, A./Bresnen, M./Beardsworth, A.D./Ford, J./Keil, E.T. (1987): The concept of the temporary system: the case of the construction project. In: Bacharach, S.B. (Hrsg.): Research in the sociology of organizations 5. Greenwich, Conn., S. 253-283.

DeFillippi, R.J./Arthur, M.B. (1998): Paradox in project-based enterprise: The case of film making. In: California Management Review 40 (2), S. 125-139.

Doralt, P./Grün, O./Nowotny, C. (1978): Die Rechtsform-Entscheidung in der Projektorganisation. Wien.

Dülfer, E. (1982): Projekte und Projektmanagement im internationalen Kontext - Eine Einführung. In: Dülfer, E. (Hrsg.): Projektmanagement – International. Stuttgart, S. 1-30.
Duschek, S./Sydow, J. (2002): Ressourcenorientierte Ansätze des strategischen Managements - Zwei Perspektiven auf Unternehmungskooperationen. In: Wirtschaftswissenschaftliches Studium 31 (8), S.426-431.
Dyer, J.H./Singh, H. (1998): The relational view: Cooperative strategy and sources of interorganizational competitive advantage. In: Academy of Management Review 23 (4), S. 660-679.
Frese, E. (1998): Grundlagen der Organisation. 7. Aufl. Wiesbaden.
Galbraith, J.R. (1998): Designing the networked organization. In: Mohrmann, S.A./Galbraith, J.R./Lawler, E.E., III. and Ass. (Hrsg.): Tomorrow's organization. Crafting winning capabilities in a dynamic world. San Francisco, S. 76-102.
Gareis, R. (1994): Das projektorientierte Unternehmen: Die revolutionäre Organisation für eine dynamische Umwelt. In: Gareis, R. (Hrsg.): Erfolgsfaktor Krise. Wien, S. 263-284.
Giddens, A. (1984): The constitution of society. Cambridge.
Giddens, A. (1990): Structuration theory and sociological analysis. In: Clark, J./Modgil, C./Modgil, S. (Hrsg.): Anthony Giddens: Consensus and controversy. New York und Philadelphia, S. 297-315.
Goodman, R.A. (1981): Temporary systems. New York.
Goodman, R.A./Goodman, L.P. (1976): Some management issues in temporary systems: A study of professional development and manpower – The theatre case. In: Administrative Science Quarterly 21, S. 494-500.
Grün, O. (1992): Projektorganisation. In: Frese, E. (Hrsg.): Handwörterbuch der Organisation. 3. Aufl. Stuttgart, Sp. 2102-2116.
Hastings, C. (1995): Building the culture of organizational networking. In: International Journal of Project Management 13 (4), S. 259-263.
Herten, H.-J. (1988): Internationales Projektmanagement – Gestaltung grenzüberschreitender Projektkooperation im Großanlagenbau sowie in der Luft- und Raumfahrtindustrie. Köln.
Jones, C. (1996): Careers in project networks: The case of the film industry. In: Arthur, M.B./Rousseau, D.M. (Hrsg.): The boundaryless career. Oxford, S. 58-75.
Kleinaltenkamp, M. (1997): Kundenintegration. In: Wirtschaftswissenschaftliches Studium 26 (7), 350-354.
Korbmacher, E. (1991): Organisationsstrukturelle Problemfelder im überbetrieblichen Projektmanagement. Hamburg.
Lechler, T./Gemünden, H.G. (1998): Kausalanalyse der Wirkungsstruktur der Erfolgsfaktoren des Projektmanagements. In: Die Betriebswirtschaft 58 (4), S. 435-450.
Lindkvist, L./Söderlund, J./Tell, F. (1998): Managing product development projects – On the significance of fountains and deadlines. In: Organization Studies 19 (6), S. 931-951.
Lundin, R.A./Söderholm, A. (1995): A theory of the temporary organization. In: Scandinavian Journal of Management 11 (4), 437-455.
Lutz, A./Sydow, J. (2002): Content-Produktion in der Region - Zur Notwendigkeit und Schwierigkeit der politischen Förderung einer projektbasierten Dienstleistungsindustrie. In: Fischer, J./Gensior, S. (Hrsg.): Sprungbrett Region? Strukturen und Voraussetzungen vernetzter Geschäftsbeziehungen. Berlin, S.71-104.
Madauss, B.J. (1994): Handbuch Projektmanagement. 5. Aufl. Stuttgart.
Mertens, P./Griese, J./Ehrenberg, D. (1998): Virtuelle Unternehmen und Informationsverarbeitung. Berlin etc.
Meyerson, D./Weick, K.E./Kramer, R.M. (1996): Swift trust and temporary groups. In: Kramer, R.M./Typler, T.R. (Hrsg.): Trust in organizations. Thousand Oaks, S. 166-195.

Midler, C. (1995): "Projectification" of the firm: The Renault case. In: Scandinavian Journal of Management, Vol. 11 (4), S. 363-375.

Miles, M.B. (1964): On temporary systems. In: Miles, M.B. (Hrsg.): Innovation in education. New York, S. 437-490.

Miles, R.E./Snow, C.C. (1986): Organizations: New concepts for new forms. In: California Management Review 28 (2), S. 62-73.

Miles, R.E./Snow, C.C. (1995): The new network firm: A spherical structure built on a human investment philosophy. In: Organizational Dynamics, Vol. 23 (4), S. 5-14.

Mintzberg, H. (1991): Mintzberg über Management. Wiesbaden.

Mörsdorf, M. (1998): Konzeption und Aufgaben des Projektcontrolling. Wiesbaden.

Ortmann, G./Sydow, J./Windeler, A. (1997): Organisation als reflexive Strukturation. In: Ortmann, G./Sydow, J./Türk, K. (Hrsg.): Theorien der Organisation,. Opladen, S. 315-354.

Ortmann, G./Windeler, A./Becker, A./Schulz, H.-J. (1990): Computer und Macht in Organisationen. Opladen.

Patzak, G./Rattay, G. (1998): Projekt Management. 3. Aufl. Wien.

Peters, T. (1993): Jenseits der Hierarchie. Landsberg.

Sahlin-Andersson, K. (1992): The use of ambiguity – The organizing of an extraordinary project. In: Hägg, I./Segelod, E. (Hrsg.): Issues in empirical investment research. Amsterdam, S. 143-158.

Saxenian, A. (1994): Regional advantage. Cambridge, Mass.

Scholz, C. (1991): Projektkultur: Der Beitrag der Organisationskultur zum Projektmanagement. In: Zeitschrift Führung + Organisation 60 (3), S. 143-150.

Schreyögg, G. (1991): Der Managementprozeß – neu gesehen. In: Staehle, W.H./Sydow, J. (Hrsg.): Managementforschung 1. Berlin und New York, S. 255-289.

Sieber, P. (1998): Virtuelle Unternehmen in der IT-Branche. Bern etc.

Snow, C.C./Miles, R.E./Coleman, H.J., Jr. (1992): Managing 21st century network organizations. In: Organizational Dynamics 21 (4), S. 5-20.

Staehle, W.H. (1973): Organisation und Führung soziotechnischer Systeme. Stuttgart.

Staehle, W.H. (1999): Management. 8. Aufl. München.

Steinle, C./Daum, D. (1993): Erfolgs- und Mißerfolgsfaktoren im Büro-Projekttmanagment. In: Zeitschrift Führung + Organisation. 62 (3), S. 168-171.

Sydow, J. (1992): Strategische Netzwerke. Wiesbaden.

Sydow, J./Windeler, A. (1998): Organizing and evaluating interfirm networks – A structurationist perspective on network processes and effectiveness. In: Organization Science 9 (3), S. 265-284.

Sydow, J./Windeler, A./Krebs, M./Loose, A./van Well, B. (1995): Organisation von Netzwerken. Opladen.

Tempest, S./Starkey, K./Barnatt, C. (1997): Diversity or divide? In search of flexible specialization in the UK television industry. In: Industrielle Beziehungen 4 (1), S. 38-57.

Ulrich, H. (1970): Die Unternehmung als produktives, soziales System. Bern.

Weber, B. (1996): Die fluide Organisation. Bern etc.

Weltz, F./Ortmann, R.G. (1992): Das Softwareprojekt. Frankfurt a.M. und New York.

Windeler, A. (2001): Unternehmungsnetzwerke. Konstitution und Strukturation. Wiesbaden.

Windeler, A./Wirth, C./ Sydow, J. (2001), Die Zukunft in der Gegenwart erfahren. Arbeit in Projektnetzwerken der Fernsehproduktion. In: Arbeitsrecht im Betrieb 22 (12), S. 12-18.

Zerdick, A./Picot, A./Schraper, K. et al. (1999): Die Internet-Ökonomie. Berlin etc.

Organisation der TV-Produktion in Projektnetzwerken: Zur Bedeutung von Produkt- und Industriespezifika

Arnold Windeler

1 Einleitung

Organisation der Produktion in Projektnetzwerken: der Titel scheint in sich widersprüchlich. Die Flüchtigkeit der in Projektnetzwerken durchgeführten zeitlich befristeten Projekte und die Vielzahl beteiligter Akteure unterschiedlicher Organisationen lässt die Organisiertheit und Organisierbarkeit der Produktion fraglich werden. Das gilt zumindest, wenn man den Begriff der Organisation nicht nur metaphorisch verwendet, sondern darunter die hochgradig reflexive Regulation sozialer Systeme versteht (Giddens 1990a). Denn dann impliziert der Titel, dass projektbezogene – und damit zeitlich immer befristete – Praktiken in Projektnetzwerken zu einem hohen Grad kontinuierlich ausgewertet und auf dieser Grundlage die Handlungsbedingungen in den Projekten permanent neu ausgestaltet werden (Giddens 1990b). Die Frage ist nun: Wie können Interaktionen und Beziehungen, Sicht-, Legitimations- und Handlungsweisen von Beteiligten unterschiedlicher Unternehmungen in Projekten mit ihrer institutionalisierten Terminiertheit – und zwar von Beginn an – hochgradig reflexiv koordiniert ineinander greifen, wenn man doch in ihnen nur zeitlich befristet zusammenarbeitet und die Beteiligten keine Zeit haben, eine derart präzise wechselseitige Abstimmung im jeweiligen Projekt erst zu erarbeiten?

Projektnetzwerke entpuppen sich als eine Möglichkeit, eine Koordination dieser Qualität zu gewährleisten. Denn in ihnen werden projektübergreifend Handlungszusammenhänge interorganisationaler Projekte koordiniert – und zwar gegebenenfalls sogar hochgradig reflexiv. Das ist aber keinesfalls per se und schon gar nicht immer in Projektnetzwerken gegeben, sondern gerade in diesem sehr flexiblen Sozialsystem besonders voraussetzungsvoll. Das wird vor allem sofort deutlich, wenn man an die heute praktizierte projektförmige Produktion von Programminhalten für das Fernsehen denkt. Denn die Produktion und Verwertung dieser besonderen Dienstleistungen ist ausgesprochen unsicher und risikoreich, müssen in ihr doch widersprüchliche Anforderungen, wie die einer gleichzeitigen Individualisierung und Standardisierung der Produkte, und komplexe Formen der Kundenintegration unter der Bedingung schlecht prognostizierbarer Resultate realisiert werden. Erfahrungsgesättigt ist aber selbst die gewinnbringende Produktion von Produkten dieser Qualität in Projekten praktisch durchaus nicht unwahrscheinlich. Sach- und Dienstleistungen unterschiedlichen Komplexitäts- und Risikograds werden seit langem in Projekten hergestellt, und interorganisationale Projekte haben in einigen Industrien durchaus Tradition. Das gilt etwa für die Bauindustrie, die Luft- und Raumfahrttechnik, für den Großanlagenbau, die Erstellung von Softwareprogrammen und eben auch für die Produktion von Mediendienstleistungen. In all diesen Bereichen wird traditionell arbeitsteilig in Projekten produziert, die in vielen Fällen nicht erst heute über einzelne Projekte hinausgreifend strategisch reflexiv zwischen verschiedenen Unternehmungen koordiniert werden, das heißt in Handlungszusammenhängen, die wir als Projektnetzwerke klassifizieren (Sydow/Windeler 1999; s.a. Picker 2001).

Aktuell gewinnt die Koordination in Projekten nicht nur in seinen traditionellen Anwendungsfeldern an Bedeutung. Midler (1995) berichtet etwa von der ‚Projektification' von Branchen wie der Automobilindustrie, in denen die Projektkoordination bisher nicht dominierte. Generell befördern die Vertiefung der zwischenbetrieblichen Arbeitsteilung (die wiederum mit der Ausbildung kleinerer Einheiten, der Konzentration auf Kerngeschäfte, mit Outsourcing und flexiblen Spezialisierungen einhergeht), die gleichzeitig wachsende Kundenorientierung und die Produktion und Nachfrage komplexer Leistungen (insbes. Systemtechnologien und unternehmensbezogene Dienstleistungen) die Ausbildung zunehmend unternehmungsübergreifender Projekte und deren Abwicklung in Netzwerken. Ein Verständnis der Produktion in Projekten, wie deren möglicher Koordination in Projektnetzwerken, gewinnt darüber seine Bedeutung – und zwar zunächst für die Produktion von Content in den Medienindustrien, dann aber auch weit darüber hinaus, letztlich für die Gesellschaft, die einige bereits als projektifiziert kennzeichnen (z.B. Lundin/Söderholm 1998).

Im Folgenden konzentriere ich meine Überlegungen auf eine traditionell projektifizierte Industrie, die der TV-Produktion. Sie bietet sich zur Untersuchung der hier aufgeworfenen Frage nach der Organisation der Produktion in Projektnetzwerken aus verschiedenen Gründen an. Denn Fernsehinhalte werden schon seit jeher arbeitsteilig unter der Leitung von Produzenten in Projekten hergestellt. Seit einiger Zeit produziert man (auch in Europa und speziell auch in Deutschland) vornehmlich in interorganisationalen Projekten, die angelehnt an das Konzept der „flexiblen Spezialisierung" (Piore/Sabel 1985) koordiniert werden. Die Produktionen sind insbesondere über einzelne Projekte hinaus miteinander abgestimmt, das heißt in Projektnetzwerken, während früher, ähnlich wie im Hollywood Studio System der sechziger Jahre,[1] vor allem „in-house" produziert wurde. Exemplarisch lässt sich so anhand der Herstellung von Programminhalten für das Fernsehen ein Verständnis einerseits über die Komplexität aktueller Produktion und andererseits über den praktischen Umgang mit dieser in Projektnetzwerken gewinnen. Meine Ausführungen greifen empirisch auf ein von der Deutschen Forschungsgemeinschaft (DFG) finanziertes Forschungsprojekt in der Medienindustrie zurück.[2] Im Mittelpunkt stand die Frage: Wie wird die Produktion von Programminhalten (bzw. von Content) für das (digitale) Fernsehen in der Bundesrepublik Deutschland koordiniert und gesteuert? Wir untersuchten diese Frage anhand der Produktion von Fernsehserien und Wissenschaftsmagazinen. Genauer fragten wir: Wie koordinieren und steuern Produzenten von Fernsehserien (respektive Wissenschaftsbeiträgen) zusammen mit Fernsehsendern, Autoren, Regisseuren, Kameraleuten und anderen Mediendienstleistern die Produktion des jeweiligen Content? Geführt

---

1 Siehe zu dem in der Fernsehindustrie lange Zeit bedeutsamen Koordinationsmodell des Hollywood Studio Systems Balio (1976), Gomery (1986), Storper und Christopherson (1987), Powers et al. (1992), Caves (2000, S. 87 ff.) oder auch Gorman und McLean (2003).

2 Die Interviews fanden alle im Rahmen des von der DFG im Rahmen des Schwerpunktprogramms 197 ‚Regulierung und Restrukturierung von Arbeit in den Spannungsfeldern von Globalisierung und Dezentralisierung' finanzierten (Sy 32/2-1, 2-2) und von Jörg Sydow und mir geleiteten Forschungsprojekts zur ‚Vernetzten Content-Produktion für das digitale Fernsehen' statt. Bedanken möchte mich bei Anja Lutz, Jörg Sydow und Carsten Wirth für die Unterstützung bei der Ausarbeitung dieses Aufsatzes.

wurden insgesamt gut achtzig leitfadengestüzte Interviews mit Produzenten, Sendervertretern, Medienpolitikern und Experten. Ein zentrales Ergebnis lautet: Content wird heute vornehmlich in interorganisationalen, netzwerkförmig koordinierten und in Projektnetzwerkzusammenhängen eingebetteten Projekten produziert.

Der Beitrag ist wie folgt aufgebaut. Die Produkte in der Fernsehindustrie, die Programminhalte, werden im Abschnitt 2 als Mediendienstleistung qualifiziert und im Abschnitt 3 ergänzend zu den Spezifika der Produkte die für die Produktion von Programminhalten grundlegenden Veränderungen in der Fernsehindustrie vorgestellt. Der Abschnitt 4 charakterisiert Projektnetzwerke als die Form, in der die Produktion der Programminhalte heute erfolgt. Eine Diskussion der Frage der Organisation und Organisierbarkeit von Projekten in Projektnetzwerken beschließt im Abschnitt 5 diesen Beitrag.

2 Programminhalte als Mediendienstleistungen: Produktspezifika

Content für das Fernsehen ist im Kern als Mediendienstleistung aufzufassen, die sich durch eine Reihe von Spezifika auszeichnet, die einerseits spezielle Anforderungen an deren Produktion stellt, andererseits aber auch auf heute typische Herausforderungen der Produktion komplexer Dienstleistungen verweist.

2.1 Fernsehprogramminhalte als Dienstleistungen

Mit Engelhard, Kleinaltenkamp und Reckenfelderbäumer (1993) sowie mit Meffert und Bruhn (2000) sind *Dienstleistungen* durch die Immaterialität der erstellten Produkte, durch die Bereitstellung des Leistungspotenzials zur Produktion in Form personeller, sachlicher und immaterieller Ressourcen und durch eine Kundenintegration im Prozess der Leistungserstellung charakterisiert (s.a. Kleinaltenkamp 1998). Fernsehprogramminhalte sind in diesem Sinne Dienstleistungen. Auch wenn die Inhalte für die TV-Programme mit Hilfe einer Vielzahl materieller Mittel wie Kameras produziert werden, das materielle Trägermedium (Zelluloid, Magnetband oder digitales Speichermedium) die Inhalte lagerfähig macht und Grundlage ihrer Reproduzier- und Mehrfachverwertbarkeit ist, besteht der Kern der Produkte aus kombinierten immateriellen Elementen. Die Produktion von Content setzt zudem die Bereitstellung sachlicher Produktionsmittel und vor allem des kreativen Arbeitsvermögens voraus. Ferner geschieht die Produktion des Content unter Einbezug der Abnehmer, der Fernsehsender und vermittelt auch der Zuschauer als Endkonsumenten.

TV-Produzenten sind für Fernsehsender Dienstleister. Als solche koordinieren sie in Deutschland heute vornehmlich in eigener Verantwortung für Fernsehsender als deren Auftraggeber unternehmungsübergreifend die Produktion immaterieller Güter und die Bereitstellung der für die Produktion benötigten Ressourcen. Die Integration der Kunden in den interorganisationalen Leistungserstellungsprozess ist, da Fernsehsender die Aufträge in der Regel zu einhundert Prozent finanzieren (Iljine/Keil 1997, S. 123 ff.), im Fall der Fernsehproduktion sogar recht hoch und direkt. Das gilt zumindest, wenn man im Vergleich die Beziehung des Fernsehsenders zu den Fernsehzuschauern als dessen Kunden betrachtet. Die Integration der Zuschauer geschieht primär informationell über Analysen und Interpretationen via Marktforschung erhobener Daten, die Fernsehsender in den Leistungserstellungsprozess einbringen. Fernsehsender analysieren zudem nicht nur das Verhalten ihrer Endkunden und in weitaus geringerem Umfang systematisch das ihrer Zulieferer. Vielmehr beteiligen sie sich in der Regel über Redakteure direkt an der *Projektentwicklung*, entscheiden mit über das in Produktion gehende ‚package' aus einem bereits von Produzenten zusammen mit Autoren recht weit entwickelten Drehbuch,[3] den Regisseur und die Hauptdarsteller (s.a. Pfändner 2000, S. 19). Oft sind Redakteure auch bei der eigentlichen *Herstellung*, den Dreharbeiten, anwesend. Immer erhalten sie aber die täglich gedrehten Sequenzen als Muster übermittelt und greifen ein, wenn etwas in ihrer Sicht falsch läuft. Gleiches gilt für die *Nachbearbeitung*, die Post-Production der Fernsehprogramminhalte. Was hier für das Verhältnis Sender zu Produzent ausgeführt wurde, gilt im Übrigen ähnlich für Produzenten in ihrem Verhältnis zu Autoren, Regisseuren und Mediendienstleistern, so dass im Ergebnis der Produktionsprozess durch eine mehrstufige Kundenintegration charakterisiert ist (Sydow/Windeler 2003).

Fernsehsender und Produzenten integrieren ihre Kunden in den Leistungserstellungsprozess, indem sie direkt oder indirekt (über Analysen des Kundenverhaltens) rekursiv deren Sicht-, Legitimations- und Handlungsweisen in den Produktionsprozess auf mehreren Sozialdimensionen mit einbeziehen. Die Kundenintegration ist im Resultat damit nicht nur mehrstufig, sie ist auch mehrdimensional, denn über die Sicht-, Legitimations- und Handlungsweisen der Beteiligten sind immer gleichzeitig verschiedene Sozialdimensionen angesprochen, die der Signifikation und Legitimation ebenso wie die der Domination (s.a. Sydow/Windeler 2003). Die Kundenintegration und die interorganisationale Bereitstellung von Ressourcen sind also in beiden Fällen sozial koordiniert und erfolgen immer ein Stück weit reflexiv. Der Grad und die Form der kontinuierlichen systematischen Auswertung und Ausgestaltung der Kundenintegration variieren. Sie greifen jedoch weit über eine reine produktionstheoretische Betrachtung hinaus, wie sie in der Betriebswirtschaftslehre vorherrscht (z.B. Kleinaltenkamp 1998; Fließ 2001; zur Kritik Sydow 2000). Alle an der Produktion von Content beteiligten Akteure sind somit in zu einem gewissen Grad reflexiv ausgestaltete, sozial koordinierte, mehrstufige und mehrdimensional ausgelegte Dienstleistungsbeziehungen eingebunden.

2.2 Produktspezifika von Fernsehprogramminhalten

Fernsehprogramme sind besondere Dienstleistungen. Das Wissen um Produktspezifika und um Produktionspraktiken erweist sich als eine zentrale Ressource. Schauen wir daher ein wenig genauer.

Contents sind *Massenkulturgüter*. Fernsehsender müssen mit ihren Programminhalten insbesondere in der Hauptsendezeit eine große Audienz erreichen, Tausende oder Millionen von Individuen. Das führt zu einer *Standardisierung* der Inhalte – die von der Nutzung von Sendeformaten bis hin zu standardisierten Dialogen, Situationen und

---

[3] In der Regel ist es die 3. Fassung des Drehbuch, auf dessen Grundlage die Produktion erfolgt. Einige Regisseure, wie Bernd Eichinger oder Dietl sind in Deutschland dafür bekannt, dass es auch mal die 8. oder gar die 25. Fassung ist.

Kontexten reicht. Das Erzielen einer entsprechenden Nachfrage der ausgestrahlten Produkte, seien es Informations- oder Unterhaltungssendungen, durch große Teile der Bevölkerung oder jeweilige Zielgruppen ist für Fernsehsender heute notwendig. Das Privatfernsehen muss der Werbeindustrie ein entsprechendes Umfeld für deren Werbungen offerieren, und öffentlich-rechtliche Fernsehsender müssen die Gebührenzahlung der Fernsehnutzer legitimieren und entsprechenden Anforderungen des Programmauftrags genügen (s.a. Wirtz 2000, S. 27; Heinrich 1999, S. 539 ff.; Waterman 1982; Blumler 1991, S. 201). Soll der Zuspruch des Massenpublikums oder besonderer Zielgruppen erreicht werden, so erfordert das von Fernsehsendern wie von Produzenten zum Beispiel ein Anknüpfen an die von Kunden genutzten Praktiken der Bezeichnung und Bedeutung, die sie, indem die Kunden die ausgestrahlten Programminhalte konsumieren, gleichzeitig mit prägen (s.a. Luhmann 1996, S. 9; Thompson 1995, S. 10 ff.). Unterschiedliche Sender konkurrieren dabei um die Gunst von Zuschauern und/oder Werbetreibenden. Entsprechend sind Fernsehsender daran interessiert, dass der Content Kunden für *ihr* Programm anzieht und möglichst langfristig, über das jeweilige ausgestrahlte Produkt hinaus an ihren Sender bindet. Das setzt, trotz aller Standardisierung, die *Differenzierung* der Inhalte voraus (s.a. Luhmann 1996, S. 12) – zumindest deren Suggestion. Denn ohne sie ist die notwendige Aufmerksamkeit des Publikums, das oft von einem Programm zum anderen springt und im Programmangebot herumstreift, dann aber wiederum auch routinisiert bei bestimmten Sendern besondere Angebote (Nachrichten, Sport, Serien usw.) nachfragt, nicht zu gewinnen und zu binden. Die Vermittlung von Standardisierung und Differenzierung muss dabei kontinuierlich erfolgen, denn die Programminhalte sind mehr oder weniger einzigartige Produkte. Es sind *Unikate*, keine Standardprodukte, auch wenn Momente des Produktionsprozesses wie der Produkte trotz Einzelfertigung durchaus standardisiert sind – dazu gleich mehr.

Die *ökonomische Verwertung der produzierten Kulturgüter* ruht auf den Möglichkeiten der Kontrolle der profitablen Reproduktion der Produkte (Leblebici et al. 1991; Thompson 1995, S. 21). Die Kontrolle ist jedoch alles andere als einfach. Fernsehprogramminhalte sind *hoch risikoreiche* Produkte, denn ihr Erfolg ist schlecht zu prognostizieren. Selbst wenn erstklassige Schauspieler, erfahrene Regisseure und für ihre Erfolge bekannte Produzenten beteiligt sind, ist der kommerzielle Erfolg einer Produktion nicht garantiert. Die Zuschauer sind stark fragmentiert und der Wettbewerb um die Aufmerksamkeit ist ruhelos (Blumler 1991, S. 198).[4] Gerade auf reifen Fernsehmärkten[5] ist angesichts der Parallelangebote unterschiedlicher Sender und wegen der Existenz

---

4 Das beinhaltet aber keinen fröhlichen Pluralismus und ist keineswegs Garant für eine Chancengleichheit aller. Gerade die Standardisierung der Inhalte und die Orientierung auf ein Massenpublikum implizieren einen hohen Grad von Exklusion, was Themen und speziellere Zielgruppen betrifft. Ob und inwiefern Zuschauer durch Massenmedien im Sinne von Habermas ‚kolonialisiert' werden oder Widerspruchsmöglichkeiten besitzen, ist dagegen eine empirische Frage (s.a. Holzer 1994, S. 128).

5 Reife Fernsehmärkte sind solche, in denen eine Vielzahl von Kunden prinzipiell die Möglichkeit hat, die Dienstleistung von unterschiedlichen Anbietern zu erwerben, was im Fall von Fernsehcontent ebenso Übertragungsmedien und Empfangsgeräten voraussetzt wie das Vorhandensein von Ressourcen (insbesondere auch finanzieller Mittel und entsprechender Zeit) sowie zumindest mit dem Fernsehkonsum viabler Sets von Regeln der Signifikation und Legitimation. Vorausgesetzt ist ferner eine institutionalisierte Produktion und eine für Kunden berechenbare Diffusion der Contents, mitsamt der ihnen zugrunde liegenden institutionellen Rechte und Institutionen (Sendelizenzen usw.) (s.a. Thompson 1995).

anderer Handlungsmöglichkeiten als des Medienkonsums, der notwendige täglich neu zu erzielende Zuspruch des Zielpublikums für die Verwertung entscheidend. Lediglich eines von zehn, von Produzenten ausgearbeiteten und von Sendern als Erfolg versprechend eingestuften Serienprojekten wird so heute von Fernsehsendern in Auftrag gegeben. Stellt sich deren Erfolg nicht gleich ein, fehlt es an Zuschauerakzeptanz, dann kommt es nicht zu mehr als der Produktion einer ersten Staffel aus dreizehn Folgen.[6] Wird jedoch entsprechender Zuspruch erzielt, trägt dieser schnell maßgeblich zum insgesamt erzielten Erfolg sowohl der Fernsehsender als auch der Produzenten bei.

Die ausgestrahlten Produkte weisen in reifen Fernsehmärkten zudem *recht hohe Grade von Kulturspezifität* auf. Sie betreffen die Sehgewohnheiten, die Themen, den Look und das Design des Content, die Art der Moderation, die Qualität der verwendeten Technik und den notwendigen Produktionsaufwand usw. Fernsehcontent ist daher durch „cultural discount" (Hoskins/Mirus 1988, S. 500) gekennzeichnet, das heißt, die Programminhalte sind in einer Kultur verankert und nur mit erheblichen ökonomischen Einbußen in andere Kulturräume zu übertragen. Eine unveränderte Wiedereinbettung aus einem kulturellen Kontext heraus genommener Fernsehprogramminhalte ist in reifen Märkten kaum erfolgreich möglich. In der werberelevanten Hauptsendezeit (zwischen 18.00 und 22.00 Uhr) ist heute im deutschen Fernsehen (bei den Vollprogrammanbietern) denn auch fast ausschließlich im deutschsprachigen Raum produzierter Content zu sehen, auch wenn dieser zuweilen auf international verwertbaren Formaten aufsetzt (z.B. Heinrich 1999, S. 170 ff.; Pfändner 2000). Das kommt einer (über Formate usw. vermittelten) sprach- und kulturraumübergreifenden Standardisierung und zugleich einer (über regionale Anpassungen usw. geprägten) sprach- und kulturraumspezifischen Differenzierung von Content gleich. Dies wiederum erfordert von Fernsehsendern und Produzenten eine stärker reflexive Aufnahme und Ausgestaltung des Spannungsverhältnisses von Globalität und Regionalität – auch in den Produktionsprozessen (s.a. Sreberny-Mohammadi 1991).

Fernsehsender wie Zuschauer können die Qualität der Produkte zudem nicht anhand objektiver Kriterien im voraus prüfen. Programminhalte sind keine Such-, sondern *Erfahrungsgüter*, ihre Qualität zeigt sich erst im Konsum (Wirtz 2000, S. 30). Die Produktion erfolgt ferner im Rahmen eines engen Budgets. Produzenten wissen genau, dass der ihnen zur Verfügung stehende Geldrahmen in der Regel keinerlei Experimente erlaubt und der Zeitrahmen wenig Raum zum Experiementieren bietet.

Das gesamte Wissen darum, welche Praktiken und Kontexte warum Aufmerksamkeit beim Publikum schaffen und aufrechterhalten, ist in der Konsequenz in dieser Industrie eine zentrale Ressource. Das Verhalten des Publikums und der Werbeindustrie (in heimischen sowie internationalen Kontexten) sowie die Entwicklung des gesellschaftlichen Geschehens werden entsprechend beobachtet und, soweit möglich, interessiert beeinflusst. Die Analyse gespeicherter Daten und die (gezielte) Artikulation der über diese Auswertungen produzierten Informationen spielen dabei eine große Rolle. Marktforschungen, Analysen von Einschaltquoten sind Bestandteil dieser Aktivitäten, decken die Aufgabenstellung insgesamt jedoch nur äußerst rudimentär ab. Auf

---

6   Die Misserfolgsquote großer amerikanischer Produktionsgesellschaften im verwandten Filmgeschäft ist ähnlich hoch. Sie liegt insgesamt bei eins zu sieben: ein wirtschaftlich erfolgreicher Film muss den Verlust sieben anderer abdecken (Mast 1999, S. 115).

dieser Grundlage steuern vor allem Fernsehsender und (bezüglich der Steuerung durch Marktanalysen eindeutig nachrangig) Produzenten den Produktions- und den Verwertungsprozess. Die Kontrolle der Prozesse ist und bleibt immer rudimentär – nicht zuletzt angesichts der angesprochenen komplexen Unsicherheiten und Risiken. Kontrollmöglichkeiten, und seien sie noch so klein, sind aber gerade auch deswegen strategisch bedeutsam.

Das Wissen um erfolgreiche Produktionspraktiken ist angesichts sich für unterschiedliche Felder verschieden ausprägender Stile, Normen, Sicht-, Legitimations- und Handlungsweisen ebenfalls eine kritische Ressource. Diese kontrollieren in der Regel Produzenten stärker als Fernsehsender. Das gilt insbesondere dann, wenn letztere zunehmend weniger selbst produzieren oder noch nie produziert haben. Produzenten sind sich, trotz der Wissensvorsprünge gegenüber Fernsehsendern, der Grenzen ihrer Kontrolle der Produktionsprozesse gleichwohl recht bewusst und beklagen riesige Kontrolllücken. Insgesamt sind nicht alle Akteure im gleichen Ausmaß in der Lage, Einfluss auf die Ausgestaltung der Produktions- und Verwertungsprozesse dieser Dienstleistungen zu nehmen. Sowohl die Ressourcenbasen als auch die Möglichkeiten ihrer Kontrolle variieren. Immer aber ist die Kontrolle begrenzt: das gilt insbesondere in dieser Industrie mit ihren speziellen Unsicherheiten und Risiken in Form des Verhaltens sowohl der Fernsehzuschauer als auch der werbetreibenden Industrie. Gleichzeitig ist keiner der an der Produktion und Verwertung der Produkte Beteiligten jemals ohne jegliche Einflussmöglichkeiten: „dialectic of control" (Giddens 1984) – selbst der Endkonsument kann und nimmt durch sein Ab- oder Umschalten des Fernsehprogramms, oder indem er Gezeigtes konsumiert, (indirekt) Einfluss auf die Herstellung von Content.

3 Wandel der TV-Industrie und Content-Produktion: Industriespezifika

Die Koordinationsanforderungen der Produktion variieren neben den Produktspezifika maßgeblich mit dem in der Industrie praktizierten Produktionsmodell. In der Fernsehindustrie verdienen hierbei insbesondere die Modelle des „producer broadcasting" und des „publisher broadcasting" Beachtung. Beim „producer"-Modell erfolgt die Produktion als Eigenproduktion. Beim „publisher broadcasting" hingegen agieren Fernsehsender als Steuerungszentralen für extern an Produzenten vergebene Produktionsaufträge (s.a. Mast 1999, S. 108). Mit dem Wandel des Produktionsmodells vom „producer" zum „publisher broadcasting" geht, wie ich gleich zeige, die Durchsetzung von Projektnetzwerken einher.

Die Einführung des privaten Fernsehens bewirkte in manchen europäischen Ländern (etwa in Großbritannien) „a gale of creative destruction" (Blumler 1991, S. 194), in Deutschland wirkte sie wie ein „disruptive event" (Windeler/Sydow 2001). Alle Dimensionen des „organisationalen Felds" (DiMaggio/Powell 1983) und die grundlegenden „Regeln des Spiels" (North 1990) der bundesdeutschen Fernsehindustrie wurden mit dem angesprochen Wandel des Produktionsmodells verändert. Man kann daher heute von einer ‚neuen' Fernsehindustrie sprechen. Betrachtet man mit Leblebici et al. (1991) Akteurskonstellationen, Technologien, staatliche Regulationen und Praktiken als die relevanten Dimensionen organisationaler Felder, dann lässt sich der radikale Wandel der Medienindustrie wie folgt umreißen:

Die *Akteurskonstellationen* haben sich in den letzten eineinhalb Jahrzehnten grundlegend geändert: Statt des Duopols aus ARD und ZDF finden sich heute mit RTL, SAT.1, Vox und Pro7 und verschiedenen Spartenkanälen mehrere alternative Fernsehsender und damit potentielle Nachfrager nach Content im deutschen Markt.

1997 gibt es in Deutschland insgesamt circa 1.500 TV-Produzenten, die in der Mehrzahl jedoch recht kleine Unternehmen und in vielen Fällen Neugründungen der letzten Jahre sind.[7] Innerhalb von nur drei Jahren wuchs das als Auftragsproduktion[8] von Produzenten realisierte Produktionsvolumen von Programminhalten für das klassische Fernsehen in Deutschland von € 1,3 auf 1,8 Mrd. (1998); mit einem weiteren Wachstum wird – trotz aktueller Stagnation – gerechnet, insbesondere natürlich im Bereich von fernsehprogrammbezogenem Content für das Internet. Hinzu kommt die mit ihren unmittelbaren Implikationen für die Content-Produktion noch offene Ausbreitung des digitalen Fernsehens.[9] Die Produzenten sind zwar zumeist rechtlich selbständig, besitzen aber eine recht klar auf einzelne Sender, Senderfamilien oder ein auf entweder öffentlich-rechtliche oder private Sender zugeschnittenes Haupttätigkeitsgebiet. Im Ergebnis sind die Akteure in dauerhafte Beziehungsgeflechte, in Netzwerke, mit ausgewählten Fernsehsendern eingebunden (Windeler et al. 2000). Dazu gleich genaueres.

Mit dem Eintritt ausländischer Akteure (etwa von Fremantle oder Discovery) oder Fusionen insbesondere größerer Akteure (wie etwa der Bertelsmanntochter UFA mit CLT zu CLT-UFA und jetzt mit Pearson zur RTL-Group) erweitert sich die Anzahl machtvoller Akteure mit internationalem Tätigkeitshorizont im Feld. Für Produzenten vergrößert sich damit nicht nur der Kreis potentieller Nachfrager nach Content. Konfrontiert werden sie (direkt als Anbieter von Programminhalten für diese Sender oder indirekt über Veränderungen von Sichtweisen über adäquate Contents und Produktionsmethoden) auch mit neuen aus dieser Internationalisierung resultierenden Anforderungen (hierzu im einzelnen Sydow et al. 2002, 2003).

Ferner öffnen sich die Branchengrenzen. Neue Akteure werden wegen der realisierten und erwarteten Wachstumsraten in das organisationale Feld hineingezogen oder sehen es als attraktives Feld an – etwa aus der Telekommunikations-, Informationstechnik-, Medien- und Entertainmentbranche, den sogenannten T-I-M-E-Industrien (Collis et al. 1997; Buono/Sydow 1998; Dowling et al. 1998, S. 33 f.). Auch Fusionen, Unternehmensübernahmen und strategische Allianzen in diesen Bereichen bewirken eine weitere Ausweitung der Akteurskonstellationen. Sie verschaff(t)en zudem Zugriffe auf andere organisationale Felder, auf internationale Absatzmärkte (insbes. Sender) und Beschaffungsmärkte (insbes. Rechte) sowie auf das Feld der internationalen Fernsehproduktion und ermöglichen die Kontrolle der gesamten Wertschöpfungskette (Middelhoff 1997).

---

7 Vor 1970 waren von den heute 1.500 Produzenten lediglich 7 Prozent aktiv, 15 Prozent wurden erst in den letzten drei, 30 Prozent erst in den letzten fünf Jahren gegründet (genauer Seufert 1999, S. 72 ff.).

8 Die Begrifflichkeit ist in der Fernsehindustrie nicht einheitlich. ARD und ZDF als öffentliche Sender sprechen eher von Auftragsproduktionen, die Privaten in diesen Fällen eher von Eigenproduktionen (s.a. Pfändner 2000, S. 17).

9 Die Umstellung wird in Deutschland spätestens 2010 (in den USA bereits fünf Jahre zuvor) abgeschlossen sein.

Zudem werden heute Politiker in diesem Feld stärker aktiv. Sie weisen der Medienindustrie größere Bedeutung zu, insbesondere auch im Rahmen regionaler Wirtschafts- und Strukturpolitik. Ferner tragen sie zusammen mit anderen Akteuren zur Schaffung von Institutionen wie Schulen, Förderinstitutionen etc. bei. Die Einrichtung einer Comedyschule in NRW als Reflex auf die aktuelle Comedywelle ist ein Beispiel.

Ein grundlegender Wandel zeigt sich auch bei den in der TV-Branche üblichen *Technologien*: Digitale Technologien in Form digitaler Aufnahme und digitalen Schnitts werden in der Produktion eingesetzt (s.a. Vierling 2003). Digital Video Broadcasting und das Internet eröffnen neue Möglichkeiten der Distribution von Content, erfordern aber auch, grundlegend neue, bisher noch unbekannte Erzählstrukturen für das Medium zu entwickeln.

Neue Sendeformate, wie Serien, Gameshows etc., führen unter Nutzung internationaler Formate zur Ausbildung oder Verbesserung ganzer, speziell auf die Produktion dieser Formate ausgerichteter Produktionssysteme. Bisher gültige Vorstellungen, etwa was ein Wissenschaftsmagazin ist, werden – z.B. durch den Markteintritt von Discovery – in Frage gestellt.

Der Wandel *staatlicher Regulationen* ist nicht nur Begleitumstand, sondern auch Medium und Resultat dieser Prozesse: Nach mehr als zwanzigjährigen Bemühungen von Politik und Medienkonzernen legte das 3. Rundfunkurteil des Bundesverfassungsgerichts aus dem Jahre 1981 die wichtigsten Bedingungen für die Zulassung des privaten Rundfunks fest. Landesrundfunkgesetze folgten, ebenso wie Rundfunkstaatsverträge (1987, 1991, 1992 usw.). Sie schaffen gemeinsame Vorgaben für Rundfunkanbieter und für das Miteinander öffentlich-rechtlicher und privater Fernsehveranstalter (s.a. Mast 1999, S. 214), thematisier(t)en Fragen der Konzentration, des Rechtsschutzes (in Form von Copyrights) oder des Konsumentenschutzes (etwa im Bereich des Jugendschutzes).

Im Zuge der genannten Wandlungsprozesse ändern sich eine Vielzahl von *Praktiken*, die den Wandel aber auch mit hervorbringen: Die Veränderung des Produktionsmodells von einer Konzentration auf „In-house"-Produktion und Beschaffung von eher peripherem Content über den Markt (wie es das „producer broadcasting" auszeichnet) hin zur verteilten Produktion in Projektnetzwerken (der heute verbreitetsten Produktionsform des „publisher broadcasting") ist wohl wichtigstes Ergebnis der angesprochenen Prozesse und sicherlich im Kern des Umbruchs der Industrie anzusiedeln.[10] Dieser Umbruch stellt Fernsehsender und Produzenten vor ganz neue Aufgaben der Produktionskoordination. Gefordert ist ein ganz neues Set von Praktiken. Diese betreffen die jeweilige Auswahl von Teilnehmern an der jeweiligen Produktion aus einem Pool von nicht beim Fernsehsender angestellten Akteuren, die organisationsübergreifende Allokation von Ressourcen und Evaluation der Praktiken, die jeweils neue Konfiguration von Positionen und ihres Zusammenspiels in Projekten und die Integration der Praktiken über Organisationsgrenzen hinweg (genauer zu den Aufgaben der Netzwerkregulation Windeler 2001, S. 249 ff.).

---

10 Die neuen Akteurskonstellationen eröffnen zudem veränderte Möglichkeiten der Finanzierung, der Produktion (etwa in Form von Koproduktionen) und der Distribution von Programmen. Der Eintritt neuer Wettbewerber und ein wachsender Wettbewerb zwischen öffentlich-rechtlichem und privatem Fernsehen (aber auch innerhalb dieser zwei ‚Welten') erfordern und schaffen heute ganz neue Möglichkeiten der Ausgestaltung von Konkurrenz und Kooperation in der Fernsehindustrie. Etablierte Institutionen oder institutionelle Arrangements etwa im Bereich der Ausbildung werden in Frage gestellt.

Die Ausweitung des Angebots hat einen radikalen Wandel im Zuschauerverhalten bewirkt. Zusammen mit Interesse von Werbezeit nachfragenden Akteuren haben sich die Praktiken der Endkundenintegration umgewälzt und konfrontieren die Akteure mit neuen Unsicherheiten und Risiken. Produzenten und Fernsehsender sind heute gefordert, die drei zentralen Steuerungsgrößen der Fernsehproduktion, Budget, Inhalt und Einschaltquote, ganz anders auszulegen, als das vorher der Fall war. Selbst im öffentlich-rechtlichen Rundfunk bedeutet das – Programmauftrag hin oder her – eine massive Verschiebung zugunsten einer Quotenorientierung (Windeler et al. 2000).

In der sich dynamisch entwickelnden neuen Fernsehindustrie, die durch Digitalisierung sowie Internationalisierung im Begriffe ist, neue Grenzen zu überschreiten, wächst im Zuge dieser Veränderungen der *Stellenwert der Content-Produktion*. Nachgefragt wird von den miteinander konkurrierenden Fernsehsendern ein möglichst präzise auf das jeweilige, durch eine elaborierte und einheitliche Markenpolitik zunehmend differenzierteres Senderprofil speziell zugeschnittener, zugleich aber immer auch in gewisser Weise standardisierter Content. „Content is king and will stay king" – lautet die diesbezügliche Branchenweisheit.

4 Content-Produktion in Projektnetzwerken: Ursachen und Merkmale

Produziert wird Content in Deutschland heute zunehmend außerhalb der Fernsehsender. Die gestiegene Anzahl von Produzenten und die über viele Jahre realisierten Zuwachsraten im Auftragsvolumen der Auftragsproduzenten zeigen dies an. Aber warum wählen Fernsehsender und Produzenten bei derartig komplexen und unsicheren sowie risikoreichen Produkten und komplexen Umbruchprozessen der Industrie das Projektnetzwerk zur Koordination der Produktion?

4.1 Gründe für die Wahl der Koordinationsform

Nicht nur öffentlich-rechtliche, sondern auch private Sender tragen dazu bei, dass Projektnetzwerke heute im Bereich der Produktion von Programminhalten in Deutschland vorherrschen. Mit dem Aufkommen des privaten Fernsehens lagern öffentlich-rechtliche Sender, vor allem gilt das für die ARD,[11] zunehmend Produktionen aus und vergeben sie als Auftragsproduktionen an externe Produzenten. Die privaten Sender, insbesondere RTL und SAT.1, setzen beim Aufbau ihrer Sender ihren Schwerpunkt zunächst auf den Zukauf vor allem von US-Ware. Mit Beginn der neunziger Jahre ändert sich das jedoch grundlegend. Die zumeist noch positive Resonanz der Zuschauer auf die B-Ware aus den USA nimmt deutlich ab. Nicht zuletzt die steigenden Kosten für den Einkauf dieser Programminhalte (von geschätzt bis zu zweihundert Prozent im Zeitraum 1985 bis 1991) für europäische Nachfrager (Mast 1999, S. 124) und die zunehmende Bedeutung von Programmen für das Senderprofil veranlassen die privaten Sender zu einem tiefgreifenden Strategiewechsel. Auch sie

---

11 Das ZDF hat bekanntlich bereits von Beginn an circa 40 Prozent an externe Produzenten vergeben und damit nicht unwesentlich zur Entwicklung einer Produzentenlandschaft in Deutschland beigetragen.

gehen nun dazu über, externe Produzenten zu beauftragen und in geringem Umfang Experimente mit Eigenproduktionen zu starten (zum Beispiel der Fernsehsender Pro7 mit *Jets – Leben am Limit*). Die von den öffentlich-rechtlichen Sendern aufgebaute Produzentenlandschaft dient ihnen dabei als Basis. Im Resultat werden Programminhalte in der öffentlich-rechtlichen und in der privaten Welt heute vor allem von Produzenten zusammen mit Autoren, Regisseuren sowie künstlerischen und technischen Mediendienstleistern in interorganisationalen Projektnetzwerken produziert (zur Entwicklung in den USA insbes. Faulkner/Anderson 1987; Jones 1996; Jones/ DeFillippi 1996).

Die Gründe für die Produktion von Programminhalten für TV-Sender in überbetrieblichen Projekten in derartigen Netzwerkstrukturen sind vielfältig: Den privaten Sendern fehlt es an entsprechenden Kapazitäten und Know-how, um selbst produzieren zu können, und die von öffentlich-rechtlichen Sendern aufgebauten Produzenten erhoffen sich ein lukratives Geschäft und Wachstumsmöglichkeiten. Öffentlich-rechtliche Sender stehen angesichts von Erfolgsrezepten privaten Wirtschaftens wie „lean production", Vernetzung und virtueller Organisation unter massivem Druck, die Aufrechterhaltung ihrer eigenen Produktionskapazitäten zu legitimieren. Eine Vermarktlichung der Produktion in dem Sinne, dass interne Budgets stärker mit extern zu gewährenden Budgets abgeglichen werden können, verschafft da ein wenig Entlastung. Ein gemeinsames Anliegen von Sendern und Produzenten ist, die hohen Risiken der Produktion zu externalisieren.

Gleichwohl überlässt man die Produktion nicht dem Markt. Entscheidende Gründe für die Bevorzugung des Netzwerks gegenüber einer rein marktlichen Koordination dürften in der wachsenden *Spezifität der Programminhalte* und den gegenüber dem Markt besseren Möglichkeiten der *Kontrolle der Produktions- und Verwertungsprozesse* liegen – ohne dabei Produzenten weitere Einblicke in die über das Kundenverhalten gewonnene Wissensbestände zu gewährleisten (s.a. den Abschnitt 4.3.). Gegen eine rein hierarchische Lösung sprechen bei beiden Akteursgruppen neben Fragen der ökonomischen Fähigkeiten zur längerfristigen Bindung entsprechender Dienstleister (das gilt vor allem für Produzenten) und Fragen der Legitimation des Vorhandenseins eigener Kapazitäten die in dieser Branche stets geforderte *Innovativität* der Produkte und *Flexibilität* ihrer projektförmigen Produktion.[12]

4.2 Merkmale der Koordinationsform: Aktualisierung und Institutionalisierung von Produktionspraktiken

Sender, Produzenten, Regisseure, Autoren sowie technische und künstlerische Mediendienstleister produzieren arbeitsteilig die Programminhalte für das Fernsehen. Das geschieht heute in Kontexten, die Grenzen verschiedener Unternehmen überschreiten. Die Projektbeteiligten stellen die für die Produktion benötigten Ressourcen (insbesondere Humanressourcen) jeweils neu nur zeitlich befristet und unter Integration von Informationen und Vorgaben von Kunden im Rahmen eines interorganisati-

---

12 Auch in anderen Branchen sind – entgegen der Voraussagen der Transaktionskostentheorie – netzwerkförmige Arrangements bei hoher Spezifität der Leistung zu finden. Vergleiche für die Automobilindustrie insbesondere Dyer (1996) oder Semlinger (1993).

onalen Produktionsprozesses bereit (s.a. Sydow/Windeler 2003). Sender und Produzenten legen weitgehend – auf der Grundlage der oben (Abschnitt 2.2) vorgestellten Ressourcenkontrolle und damit verknüpfter anerkannter Zuständigkeiten – die allgemeinen Handlungsbedingungen für die Produktion des Content in den interorganisationalen Projekten fest.

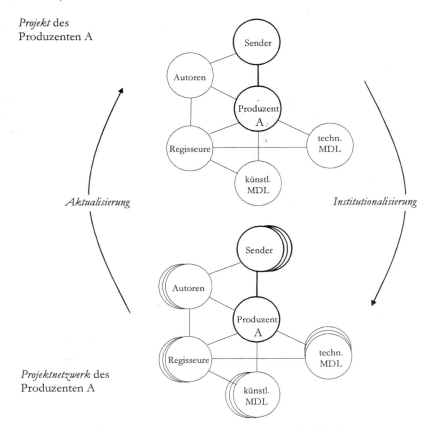

Abb. 1: Projekt und Projektnetzwerk – Mechanismus der (Re-)Produktion

Die an der Produktion Beteiligten koordinieren ihre Aktivitäten, ihre Interaktionen und Beziehungen im jeweiligen Projekt, indem sie den das einzelne Projekt übergreifenden dauerhaften Beziehungszusammenhang, das Projektnetzwerk, mit seinen typischen Produktionspraktiken einbeziehen (zur Bestimmung von Netzwerken genauer Windeler 2001, S. 218 ff.).[13] Die an dem Projekt Beteiligten *aktualisieren* in ihren jewei-

---

13 Tontechniker, Kameraleute, Schnittstudios und Studiobetreiber werden in der Branche zumeist technischen Dienstleistern zugerechnet, Produktions-, Herstellungs- und Aufnahmeleiter, Requisiteure und Agenturen für Product Placement, Schauspieler dagegen zu anderen, zuweilen auch zu künstlerischen Mediendienstleistern zugeordnet. Fernsehzuschauer und die werbetreibende und vermarktende Industrie als Kunden der Sender sowie Banken, Film- und Fernsehförderer, Staatskanzleien usw. werden hier nicht als Netzwerkakteure betrachtet, da ihr Einfluss auf die Koordination der Projekte eher indi-

ligen Projektaktivitäten, sagen wir bei der Produktion von TV-Content in einem Projekt des Produzenten A (s. Abbildung 1), Praktiken mit ihren Sicht-, Legitimations- und Handlungsweisen, die für die Produktionsprojekte dieses Produzenten typisch sind (↑). Und indem und insoweit sie so produzieren, wie man Programminhalte üblicherweise bei diesem Produzenten herstellt, *institutionalisieren* sie diese Praktiken als für das Projektnetzwerk des Produzenten A typische (↓): rekursive Konstitution.

Sender wählen ihre Produzenten für die Fertigung eines bestimmten Fernsehinhalts so beispielsweise nicht zuletzt wegen ihres Beziehungszusammenhangs zu kreativen und anderen Projektbeteiligten aus (und ähnliches gilt weitgehend auch für die Beziehungen zwischen den anderen Projektbeteiligten). Dominantes Auswahlkriterium ist weder, wie auf dem Markt, der Preis, noch die Anweisung, die sich aus einer einheitlichen Leitung in wirtschaftlichen Angelegenheiten begründet, wie wir sie in Unternehmungen (einschließlich Konzernen) antreffen (s. hierzu den einleitenden Beitrag von *Arnold Windeler* und *Jörg Sydow* in diesem Band). Entscheidend ist ferner nicht nur der vorgelegte Stoff. Bedeutsam sind mindestens ebenso Erfahrungen aus früherer Zusammenarbeit und Einschätzungen, ob der Produzent in der Lage ist, das Produktionsnetzwerk bei der Realisierung konkreter Projekte aus der Sicht der Fernsehsender – als den in dieser Industrie mächtigsten Akteure – kompetent im Rahmen des Budgets zu steuern. Hierzu zählt, ob der Produzent fähig ist, Akteure für das Projekt zu gewinnen, die er für die Produktion von für Fernsehsender profilbildenden Content benötigt (genauer Windeler et al. 2000).

Produzenten sind entsprechend durchgängig bemüht, nicht nur attraktive Projekte zu akquirieren, sondern auch interessante Akteure an sich zu binden. Alle Projektbeteiligten bemühen sich ferner, die Kontakte zu als bedeutsam angesehenen Autoren, Regisseuren, Kameraleuten oder Schauspielern usw. zwischen Projekten nicht abreißen zu lassen. Branchentreffpunkte spielen hierfür in dieser Industrie eine bedeutende Rolle. Fernsehsender nutzen sie zur Selbstdarstellung, aber auch zur Bindung von Produzenten und Talenten und anderen, als strategisch wichtig eingeschätzten Akteuren. Autoren, Regisseure, Kameraleute und Schauspieler sowie Produzenten testen im Kontakt zu Kollegen, aber auch zu Fernsehsendern Interessen an neuen Projekten aus, streuen Informationen über das Geplante oder generieren gemeinsam Projektideen. So es Fernsehsendern, Produzenten und anderen gelingt, ihre wechselseitigen Beziehungen und Bindungen auszugestalten, bewirkt der Reproduktionsmechanismus von Projektnetzwerken, dass Produzenten wieder und wieder mit bestimmten Autoren, Regisseuren, technischen Mediendienstleistern etc. zusammenarbeiten. Diese wiederum kooperieren mit den selben Kameraleuten usw. Im Resultat entwickeln die Beziehungen der Akteure in vielen Fällen eine gewisse projektübergreifende Dauer und – auf der Basis gemeinsamer Projekterfahrungen und von Treffen in Zeiten, in denen sie keine gemeinsamen Projekte durchführen – eine gewisse Qualität. Als Medium und Resultat dieser wiederkehrenden, aber in der Regel nicht fortlaufenden, sondern immer wieder unterbrochenen Praktiken konstituieren sich gleichwohl dauer-

---

rekt ist. Interessiert man sich für die (direkte) Koordination der Aktivitäten und Ereignisse in Projektnetzwerken, ist es daher zweckmäßig, diese nicht als Netzwerkakteure zu betrachten. Man kann sie als die Produktion unterstützende Akteure verstehen, die zusammen mit einer Mehrzahl von Projektnetzwerken das „organisationale Feld" (DiMaggio/Powell 1983) der Fernsehproduktion kennzeichnen (zu letzterem genauer Windeler 2001, S. 58 ff.).

hafte Beziehungszusammenhänge zwischen den Akteuren, die für die (gelingende) Koordination ihrer Aktivitäten im jeweiligen Projektzusammenhang oft entscheidend sind. Insgesamt haben wir es daher mit einem über einzelne Projekte hinweg (re-)produzierten Netzwerk, das heißt, mit einem Projektnetzwerk zu tun, das für die Beteiligten längerfristige Zeit-Raum-Horizonte des gemeinsamen Handelns, insbesondere auf der Basis wiederkehrender, jedoch jeweils temporär befristeter, Arbeitszusammenhänge hervorbringt (zu alledem auch Sydow/Windeler 1999). Je nach der Qualität der Netzwerkzusammenhänge erlauben die Projektnetzwerke den das Projekt tragenden Akteuren von Beginn an, auf für sie etablierte Praktiken gemeinsam zurückzugreifen.

4.3 Content-Produktion in Projektnetzwerken: Strukturmerkmale

Dass Programminhalte für das Fernsehen heute weltweit in Projektnetzwerken hergestellt werden, lässt sich als Indiz dafür lesen, dass wichtige Akteure der Fernsehproduktion, vor allem Fernsehsender und Produzenten, diese Form der Koordination einer verteilten Produktion innovativer Produkte heute angesichts der Strukturmerkmale der Fernsehindustrie als mindestens viabel ansehen. Allerdings weist die Produktion von Fernsehinhalten in Projektnetzwerken einige Spezifika auf, die sie von den Praktiken verteilter Innovation in anderen Industrien unterscheidet. Ich will vier Besonderheiten herausstellen, über die in der Produktion von Fernsehinhalten die oben herausgestellte Unsicherheit und Risikohaltigkeit des Prozesses praktisch gehandhabt werden.

Erstens: *Fernsehsender und Produzenten bilden zusammen das Koordinationszentrum der Projektnetzwerke.* Fernsehsender nehmen als Kunden von Produzenten, wie ausgeführt, faktisch recht weitgehend Einfluss auf die Koordination der Leistungserstellung. Sie prägen im Prozess der Content-Produktion weitgehend die Koordination des Projektgeschehens und die Entwicklung der Projektnetzwerke einzelner Produzenten. Grundlage dieser Einflussnahme ist, dass Produzenten in Deutschland als Auftragsproduzenten der Fernsehsender handeln.

Sender und Produzenten agieren dabei in verteilten Rollen. *Sender* definieren recht weitgehend die Vorstellungen an das zu produzierende Produkt, die Konditionen der von ihnen in Auftrag gegebenen Produktion[14] und die Ausgestaltung der Handlungskorridore für die Arbeit in Projekten in den jeweiligen Projektnetzwerken. Sie monitoren zudem als mächtigste Projektbeteiligte kontinuierlich das Projektgeschehen. Das durch Marktforschungen usw. gewonnene Wissen bringen sie als wohlgehütete Machtressource in die Verhandlungen und die Steuerung der Produktionsprozesse ein. Sendervertreter sind nämlich entweder direkt im Prozess der Leistungserstellung anwesend oder lassen sich täglich das Erstellte übermitteln. Sie sichern sich ferner alle Rechte an den erstellten Produkten.[15] *Produzenten* übernehmen als Netzwerkkoordina-

---

14 Sie stellen inhaltliche Anforderungen an Qualität, Gewalt usw., die das Produkt erfüllen muss, geben vor, welche Kosten die Realisierung haben darf und welche Einschaltquoten das fertige Produkt beim Zuschauer erzielen muss, soll das Projekt als ein erfolgreiches gelten (Windeler et al. 2000).

15 Fernsehsender sichern sich – mit dem Argument, sie würden die Erstellung der Programminhalte ja auch vollständig finanzieren – bisher vollständig die zentralen Verwertungsrechte (Leistungs-, Nutzungs- und urheberrechtlichen Rechte) an den von externen Produzenten erstellten Produkten. Im

toren die Komplementärrolle, insbesondere legen sie weitgehend allein verantwortlich die allgemeinen Bedingungen der konkreten Projektarbeit mit Blick auf die durch Fernsehsender vorgegebenen Konditionen aus. Die Produzenten – bzw. die von ihnen damit beauftragten Produktions- und Herstellungsleiter – überwachen, kontrollieren und steuern den rekursiven Rückgriff auf etablierte Netzwerkpraktiken im Projekt und auf die Anforderungen der Sender. Produzenten übernehmen dabei in den Beziehungen zu den anderen an der Produktion Beteiligten eine ähnliche Rolle wie die Sender ihnen gegenüber einnehmen.

Sender und Produzenten steuern so mehr oder weniger gemeinsam als Netzwerkkoordinatoren die Projektnetzwerke der Produktion von Fernsehinhalten, deshalb auch die Rede von hierarchischen, strategisch geführten Projektnetzwerken. Sender müssen Produzenten ihr Verständnis dabei ebenso wenig in jedem Einzelfall erst verdeutlichen und schon gar nicht ihre Vorstellungen gegen deren Willen durchsetzen wie das für Produzenten gegenüber Regisseuren und anderen Dienstleistern gilt. Da der dauerhafte Beziehungszusammenhang den Beteiligten vertraut ist, wissen sie um die allgemeinen und auch spezielleren Produktionsanforderungen und -praktiken. Wir haben es also insgesamt mit einer kaskadenförmig hierarchisch miteinander vermittelten Regulation der Praktiken in Projekten und Projektnetzwerken zu tun, bei der Fernsehsender und Produzenten die beiden zentralen Rollen der Koordination einnehmen.

Zweitens: Die *wiederkehrende Zusammenarbeit* der Beteiligten an der Produktion von Fernsehinhalten *erlaubt* ihnen, kompetent *an gemeinsame Erfahrungen* aus vorhergehenden Projekten *anzuschließen*. Sie können, anders formuliert, relativ gesichert davon ausgehen, dass, trotz wiederkehrender Unterbrechungen der Arbeitszusammenhänge und trotz aller existierender Unsicherheiten verteilter Produktion innovativer Produkte, darüber, wie man etwas macht, gemeinsame Vorstellungen und ein gemeinsam geteiltes Wissen zwischen den Beteiligten vorliegen, einschließlich eines Wissens, dass und wie die Praktiken interorganisational viabel ineinander greifen. Das gemeinsam geteilte Wissen ist heute zumindest in der Fernsehindustrie – und das dürfte vor allem eine Besonderheit dieser Industrie sein – noch zu einem großen Teil praktisch: Die Beteiligten wissen, wie man zusammenarbeitet, ohne dass sie sich explizit darüber begrifflich verständigen oder ihr Wissen verschriftlichen. Vieles dürfte, fragt man an der Fernsehproduktion Beteiligte, heute sogar auf Nachfrage nicht oder nicht gleich verbalisierbar sein. Trotz zum Teil längerfristiger Zusammenarbeit variiert entsprechend der Reflexivitätsgrad der Projektpraktiken in Projektnetzwerken.

Das in der Fernsehproduktion genutzte Wissen ist gleichwohl (unterstützt durch den Rekurs auf berufliche Standards) recht präzise. Kompetente Akteure greifen auf der Grundlage des gemeinsam geteilten Wissens selbst in sehr kurzfristigen Projekten auf recht umfassende, in Zeit-Raum-Horizonten von Projektnetzwerken gebildete Erkenntnisse über ihre Kunden zurück, bemühen recht ausgefeilte Strukturen und projektübergreifend standardisierte Praktiken der Projektabwicklung und beziehen sich auf entsprechende Erwartungshorizonte. Dies ist sogar notwendige Vorausset-

---

Mittelpunkt contentbezogener Rechte stehen dabei nicht die Rechte beteiligter Drehbuchautoren, Regisseure, Kameramänner und -frauen, Schauspielerinnen und Schauspieler, Komponistinnen und Komponisten usw., sondern die Verwertungsrechte für die erstellten Produkte (s.a. Pfändner 2000, S. 20). Neue Finanzierungsmodelle sind in der Diskussion, doch das ist ein eigenes Terrain (Pfändner 2000; Heinrich 1999). Die Aneignung aller Rechte durch Fernsehsender ist unter Produzenten, um es ganz milde auszudrücken, umstritten (Windeler et al. 2000).

zung dafür, damit das jeweilige Projekt im Rahmen der üblicherweise engen Budgets erfolgreich durchgeführt werden kann. Denn für größere gemeinsame Lern- und Abstimmungsphasen, für ein Suchen nach adäquaten Praktiken gemeinsamer Arbeit etwa, ist angesichts von Budgetvorgaben und damit einhergehender Zeitrestriktionen keine Zeit. Gleichwohl bedeutet das nicht, dass die entsprechenden Erfahrungen und Erwartungen die Projektgovernance ersetzen (können) (DeFillippi/Arthur 1998, S. 127).

Drittens: *Personen und personale Beziehungen spielen in Projektnetzwerken* der Fernsehproduktion – wie vermutlich genereller in Kulturindustrien – *eine besonders wichtige Rolle*. Das gilt zumindest für höherwertigen Content wie TV Movies, aber in einem geringeren Maße selbst für Daily Soaps. Je stärker Programminhalte für das Fernsehen Unikate mit einem hohen Anteil kreativer, innovativer Elemente sind, dessen Produktion hochgradig risikobehaftet ist, umso stärker heben Sender- und Produzentenvertreter als Netzwerkkoordinatoren die Bedeutung der Personen und von personalen Beziehungen (vor allem des ‚above the line'-Personals, Autoren, Schauspieler, Regisseure und Kameraleute, Musiker und anderen) als Mittel zur Handhabung von Unsicherheit in den Prozessen hervor. Weitere interorganisationale Zusammenhänge sind damit aber für die Entstehung und ökonomische Verwertbarkeit und den Erfolg der erstellten Contents nicht gleich ohne Bedeutung.

Gestützt wird diese Einschätzung dadurch, dass Fernsehsender immer auf der Suche nach Innovation, nach neuen Formaten und neuen Ideen sind. Innovation und Kreativität beruhen nun einmal aber auch stark auf individueller Inspiration, auch wenn es im Produktionsprozess immer um einen überindividuellen, arbeitsteiligen interorganisationalen Produktionsprozess geht. Zudem sind in den Projekten eine Vielzahl freier Mitarbeiter, Einpersonenunternehmungen sowie abhängig Beschäftigte eher kleinerer oder mittlerer Organisationen tätig. Interorganisationale Beziehungen werden da oftmals von personalen nicht nur ergänzt, sondern sogar getragen. Die Qualität der Aktivitäten der Klein- und Kleinstunternehmungen ist zudem auch in der Fernsehindustrie nur selten durch organisationale, ganz zu schweigen durch interorganisationale Prozeduren und Regulationen organisations- und/oder netzwerkweit stärker reflexiv abgesichert. Entsprechend wird die Qualität der Durchführung der Aktivitäten, des Zutrauens in den gesicherten Ablauf der Prozesse und der Qualität der produzierten Resultate stark durch Personen mit ihrem praktischen Wissen garantiert und kontrolliert. Verstärkt wird die Bedeutung personaler Beziehungen durch projekt- sowie projektnetzwerkbezogene und nicht so sehr organisationsbezogene Karrieren (Jones 1996; Jones/DeFillippi 1996) und durch den verschärften Kampf um Talente.

Gleichwohl löst die Einbettung der Content-Produktion in Projektnetzwerke das Geschehen von einer rein personalen Ebene ab. Die Beziehung zwischen einem Produzenten und einem Redakteur eines Fernsehsenders kann zwar auch eine personale oder persönliche sein. Für die Herstellung und den Vertrieb von Programminhalten ist aber mindestens ebenso wichtig, dass die Beziehung eine zwischen Repräsentanten von Organisationen ist, die für die Produktion von Fernsehinhalten und deren Koordination in Projektnetzwerken bedeutsam sind. Redakteur und Produzent treten sich im Kontext der Fernsehproduktion eben nicht nur als Privatpersonen gegenüber. Für andere Projektbeteiligte können gegebenenfalls beide Ebenen der Beziehung zwischen Redakteur und Produzent, die private wie die geschäftliche, für ihre eigenen ökonomischen Interessen relevant sein. Die im Branchenjargon übliche Personalisierung des Geschäfts – die Rede ist zum Beispiel von einem „people business" – kennzeichnet so zwar ein zentrales Strukturmoment der Industrie. Mindestens ebenso belichtet es aber den organisationalen Aspekt der Beziehungen unter.

Viertens: *Projekte und Projektnetzwerke nutzen im organisationalen Feld* der Fernsehproduktion *etablierte Praktiken und Institutionen als Substitute für fehlende eigene Regulationen.* Statt im Projekt oder im Projektnetzwerk ausgebildeter Planungs- oder Kontrollmechanismen greifen Fernsehsender und Produzenten etwa auf Regulationen der Kontextzusammenhänge der beteiligten Unternehmungen zurück. Die Projekthaftigkeit der Produktion befördert dies. Das Ausmaß des Rückgriffs von Projektnetzwerken auf übergreifende Zusammenhänge ist gleichwohl erstaunlich: Mangels ausgeprägter eigener Regulationen nutzt man verstärkt Institutionen in organisationalen Feldern (bzw. Industrien), externalisiert sogar Teilfunktionen wie die Ausbildung ins Feld und greift ansonsten recht umfassend auf das vorhandene Set aus Finanzinstituten, Wirtschaftsförderern und Verbänden zurück (hierzu a. Lutz/Sydow 2002). Genutzt werden zudem Professionsnormen, sich regional ausprägende Branchenstandards über Arbeitszeiten, Produktqualitäten und Entgelthöhen oder auch entsprechende rechtliche Regulationen. Diese dienen als Substitute für eine ansonsten in Organisationen oder in Netzwerkstrukturen recht zuverlässige Absicherung der Zusammenarbeit, der Bereitstellung von Ressourcen und der Kundenintegration (ganz ähnlich wie uns auch Studien über industrielle Distrikte lehren z.B. Amin/Thrift 1992; Saxenian 1994; Packendorff 2002). So gibt es in der Medienindustrie zwar Tarifverträge, aber angesichts eines Organisationsgrads von drei Prozent gilt eine Tarifbindung im rechtlichen Sinne nur für recht wenige der Beschäftigten und Unternehmungen. Arbeitszeiten, Entgelte usw. sind damit aber nicht gleich unreguliert. Sie sind aber auch keinesfalls derart einheitlich gestaltet, wie wir das aus anderen Industrien kennen. Es bilden sich vielmehr in dieser Branche zumeist auf regional spezifizierter Ebene Orientierungsmarken für die in Projekten dann stärker individuellen Aushandlungen von Arbeitszeiten, Entgelten usw. aus (genauer Windeler et al. 2001; s.a. Braczyk et al. 2000). Projekte und Projektnetzwerke aktualisieren in ihren Aktivitäten so in relevantem Ausmaß im organisationalen Feld der Fernsehindustrie geprägte Praktiken; Aktivitäten vor allem regionaler Struktur- und Wirtschaftspolitik verstärken dies. In dem Maße, indem die Produktionskoordination in dieser Industrie dominant über Projektnetzwerke erfolgt, werden relevante Sets von Industriepraktiken durch sie geprägt (Windeler/Sydow 2001).

Projektnetzwerke ermöglichen also insgesamt eine permanente verteilte Produktion innovativer Programminhalte. Kontingenzen, Unsicherheiten und Risiken der projektförmigen Produktion von Content werden über Projektnetzwerke als innovative Form der Produktionskoordination praktisch in einem Flexibilität und Stabilität gleichzeitig sichernden Produktionszusammenhang aufgefangen. Anderes wird externalisiert: auf die Beschäftigten, auf die Vielzahl kleinerer und kleinster Unternehmungen und an das organisationale Feld sowie nicht zuletzt auf die Gesellschaft.

5 Organisation und Organisierbarkeit der TV-Produktion: Professionalisierung und Konzernierung

Schaut man gegenwärtig auf die Produktionspraktiken der Fernsehsender und Produzenten, dann ist überdeutlich: Die TV-Produktion wird heute erst in Ansätzen stärker reflexiv koordiniert, das heißt: organisiert. Projektnetzwerke werden heute zwar intensiv zur Produktion von Content genutzt, ihre Koordination erfolgt aber vornehmlich praktisch. Das überrascht insofern nicht, als man erst Mitte der achtziger Jahre mit ersten Experimenten mit dieser Produktionsform in Deutschland beginnt und diese erst seit circa einem Jahrzehnt intensiver erkundet. So werden sowohl die Projekt- als auch die Netzwerkzusammenhänge sowie die relevanten Kontexte bisher nur in Ansätzen systematisch beobachtet. Die in diesen Beobachtungen gewonnenen Erkenntnisse werden bislang keinesfalls durchgängig zur systematischen und kontinuierlichen Fortschreibung der Ausgestaltung der Projektpraktiken genutzt. Ähnliches gilt für den Einbezug alternativer Koordinationsmodi, etwa marktlicherer Formen der Koordination. So wird kaum präzise untersucht, ob der Beziehungszusammenhang der Projektnetzwerke etwa überflüssige oder nicht so ertragreiche Beziehungen enthält, andere dagegen zu ergänzen oder zu intensivieren wären (Burt 1992), welcher Grad an Redundanz (Grabher 1994; Wiesenthal 1990) warum als wertvoll anzusehen ist usw. (Windeler 2001), und ob sich die allgemeinen Bedingungen der Praktiken der Produktion systematisch verbessern ließen.

Der Grad der Organisiertheit der TV-Produktion in Projektnetzwerken ist zusammengenommen im Vergleich zu Unternehmungen, und selbst zu vielen Unternehmungsnetzwerken in anderen Industrien, etwa der Automobilindustrie, noch recht gering – obgleich auch in diesen Industrien vieles heute noch Experiment ist. Schaut man auf Netzwerke in anderen Bereichen, dann bietet sich eine ganze Liste möglicher Ansatzpunkte einer stärker reflexiven Ausgestaltung der Projekt- und Projektnetzwerkzusammenhänge. Sie reicht von der Selektion von Akteuren, Produktionsbereichen und weiteren Handlungsdomänen, dem Aufbau und der Nutzung gemeinsamer Ressourcen, der Abstimmung der Evaluation der Produktionspraktiken, das genauere Überdenken der Positionen der Projektbeteiligten mit ihren Rechten und Pflichten in der Produktion bis hin zur intentionaleren Auslegung der Grenzen des Projektnetzwerks (Windeler 2001, S. 249 ff.).

Einige der von uns interviewten Produzenten betonen, dass Fernsehsender und Produzenten der Organisation der TV-Produktion größere Aufmerksamkeit widmen sollten und es nötig sei, diese auf ein elaborierteres Fundament zu stellen; sie sehen das sogar als notwendig an. Nur so könne man im Wettbewerb um Talent, Ideen und Aufträge in der Fernsehindustrie mittel- und längerfristig überleben. Ingesamt klagen sie eine Professionalisierung des ökonomischen Handelns in der Industrie ein. Die Besonderheiten der Produkte wie der Branche stellen an die (weitergehende) Organisation der TV-Produktion jedoch, wie gezeigt, hohe Anforderungen und weisen zudem auf spezifische Grenzen ihrer Organisierbarkeit. Außerdem bedeutet ein mehr an Organisation keinesfalls notwendig gleich eine Steigerung der Qualität der Produkte oder gar ein mehr an Profit. Allerdings eröffnet die reflexivere Ausgestaltung der Produktion (z.B. anhand der vorgestellten Ansatzpunkte) durchaus relevante Möglichkeiten der Kosteneinsparung, der gezielteren Nutzung begrenzter Ressourcen und der

Kontrolle der Prozesse – und das ist angesichts der komplexen Unsicherheiten und Risiken im Geschäft unter Umständen strategisch bedeutsam.

Wenn Produzenten an eine Professionalisierung der Produktionspraktiken in der Branche denken, dann haben sie heute vornehmlich Aktivitäten zwischen Akteuren im direkten Produktionsgeschehen im Auge. Angedacht wird eine reflexivere Ausgestaltung der Beziehungsgeflechte, gegebenenfalls ergänzt um eine systematischere Aufnahme von Branchenspezifika. Nur abgeschwächt wird die Möglichkeit „reflexiver Vernetzung" (Windeler 2001) bedacht, das heißt, die präzise kontinuierliche Reflexion alternativer Handlungs- und Koordinationsmöglichkeiten. Medienkonzerne wie Bertelsmann und früher auch Kirch sowie die auf den europäischen Markt drängenden Hollywood-Studios praktizieren dies hingegen seit längerem. Sie produzieren die ökonomisch lukrativsten Programminhalte, soweit möglich, im Konzern. Risikoreichere Produktionen vergeben sie dagegen an externe Auftragsproduzenten. Erfolgreiche Produzenten oder solchen, denen sie Potential zuschreiben, kaufen sie auf oder binden sie stärker an den Konzern. Die Aktivitäten der Medienkonzerne verdienen insofern Beachtung, da viele in Deutschland die forcierte Ausbildung (zweier) konzernierter Blöcke in der Fernsehindustrie diagnostizieren, die (in der Wahrnehmung von Akteuren der öffentlich-rechtlichen Welt) die beiden Gruppen öffentlich-rechtlicher Fernsehveranstalter um die ARD und das ZDF in die Zange nehmen. Was dabei jedoch nicht genauer gesehen wird, ist, dass reflexive Vernetzung Moment dieser Entwicklung ist oder zumindest sein könnte. Reflexive Vernetzung meint in Konzernsicht (1.), dass Projektnetzwerke oder einzelne Akteure in ihnen stärker reflexiv in Konzernzusammenhänge eingebettet werden, (2.) dass Sender und Produzenten und damit das Steuerungszentrum der Projektnetzwerke in den Händen eines Konzerns ist oder gerät und (3.) dass vertiefte Konzernierung bewusst als Alternativstrategie zu Marktbezug und Produktion in konzernunabhängigeren Projektnetzwerken permanent reflektiert wird. Die Bedeutung von reflexiver Vernetzung für die TV-Industrie (letztlich für die Gesellschaft) zeigt sich nicht zuletzt in Fragen einer durch sie bewirkten „Konzentration ohne Zentralisation" (Harrison 1994; vgl. zur Produktion in Konzern- und Projektnetzwerkzusammenhängen auch den Beitrag von *Carsten Wirth* und *Jörg Sydow* in diesem Band).

Die TV-Produktion ist heute also erst in Ansätzen organisiert. Ansatzpunkte einer weiteren Organisierung sind von mir benannt worden. Spezifika der Produkte wie der Industrie stellen hohe Anforderungen an ihre (weitergehende) Organisierung und weisen spezifische Grenzen ihrer Organisierbarkeit auf. Diese Grenzen gilt es jedoch noch genauer in Forschung und Praxis auszuloten. Bisher gehen lediglich die großen Medienkonzerne diese Fragestellung gezielter an – und andere überlassen diesen das Feld.

Literaturverzeichnis

Amin, A./Thrift, N. (1992): Neo-Marshallian nodes in global networks. In: International Journal of Urban and Regional Research 16, S. 571-587.
Balio, T. (1976)(Hrsg.): The American film industry. Madison.
Blumler, J.G. (1991): The new television marketplace: Imperatives, implications, issues. In: Curran, J./Gurevitch, M. (Hrsg.): Mass media and society. London etc., S. 194-215.

Braczyk, H.-J./Franzpötter, R./Renz, C./Töpsch, K. (2000): Wandel der Arbeit durch neue Formen der Koordination und Steuerung. Forschungsbereicht für die Deutsche Forschungsgemeinschaft (DFG). Stuttgart.

Buono, A.F./Sydow, J. (1998): Interorganizational strategies and industry boundaries: The case of the TIME Industry. Paper presented to the Business Policy and Strategy Division. Academy of Management, San Diego, Calif.

Burt, R.S. (1992): Structural holes. The social structure of competition. Cambridge, MA und New York.

Caves, R.E. (2000): Creative industries. Contract between art and commerce. Cambridge, MA und London.

Collis, D.J./Bane, P.W./Bradley, S.P. (1997): Winners and losers. Industry structure in the converging world of telecommunications, computing, and entertainment. In: Yoffie, D.B. (Hrsg.): Competing in the age of digital convergence. Boston, MA., S. 159-200.

DeFillippi, R.J./Arthur, M.B. (1998): Paradox in project-based enterprise: The case of film making. In: California Management Review 40, S. 125-139.

DiMaggio, P./Powell, W.W. (1983): The iron cage revisited: Institutional isomorphism and collective rationality in organizational fields. In: American Sociological Review 48, S. 147-160.

Dowling, M./Lechner, C./Thielmann, B. (1998): Convergence – Innovation and change of market structures between television and online services. In: Electronic Markets 8 (4), S. 31-35.

Dyer, J.H. (1996): How Chrysler created an American keiretsu. In: Harvard Business Review 74 (July-August), S. 42-56.

Engelhard, W.H./Kleinaltenkamp, M./Reckenfelderbäumer, M. (1993): Leistungsbündel als Absatzprojekte. In: Zeitschrift für betriebswirtschaftliche Forschung 45, S. 395-426.

Faulkner, R.R./Anderson, A.B. (1987): Short-term projects and emergent careers: Evidence from Hollywood. In: American Journal of Sociology 92, S. 879-909.

Fließ, S. (2001): Die Steuerung von Kundenintegrationsprozessen. Wiesbaden.

Giddens, A. (1984): The constitution of society. Outline of the theory of structuration. Cambridge.

Giddens, A. (1990a): Structuration theory and sociological analysis. In: Clark, J./Modgil, C./Modgil, S. (Hrsg.): Anthony Giddens. Consensus and controversy. London etc., S. 297-315.

Giddens, A. (1990b): The consequences of modernity. Cambridge.

Gomery, D. (1986): The Hollywood studio system. London.

Gorman, L./McLean, D. (2003): Media and society in the twentieth century. Malden, MA etc.

Grabher, G. (1994): Lob der Verschwendung. Redundanz in der Regionalentwicklung: Ein sozioökonomisches Plädoyer. Berlin.

Harrrison, B. (1994): Lean and mean. The changing landscape of corporate power in the age of flexibility. New York.

Heinrich, J. (1999): Medienökonomie. Band 2: Hörfunk und Fernsehen. Opladen.

Holzer, H. (1994): Medienkommunikation. Einführung in handlungs- und gesellschaftstheoretische Konzeptionen. Opladen.

Hoskins, C./Mirus, R. (1988): Reasons for the US dominance of the international trade in television programmes. In: Media, Culture and Society 10, S. 499-515.

Iljine, D./Keil, K. (1997): Der Produzent. Das Berufsbild des Film- und Fernsehproduzenten in Deutschland. München.

Jones, C. (1996): Career in project networks: The case of the film industry. In: Arthur, M.B./Rousseau, D. (Hrsg.): Boundaryless careers. Oxford, S. 58-75.

Jones, C./DeFillippi, R.J. (1996): Back into the future in film: Combining industry and self-knowledge to meet career challenges of the 21st century. In: Academy of Management Executive 10 (4), S. 89-104.

Kleinaltenkamp, M. (1998): Begriffsabgrenzungen und Erscheinungsformen von Dienstleistungen. In: Bruhn, M./Meffert, H. (Hrsg.): Handbuch Dienstleistungsmanagement. Wiesbaden, S. 29-52.

Leblebici, H./Salancik, G.R./Copay, A./King, T. (1991): Institutional change and the transformation of interorganizational fields: An organizational history of the U.S. radio broadcasting industry. In: Administrative Science Quarterly 36, S. 333-363.

Luhmann, N. (1996): Die Realität der Massenmedien. Opladen.

Lundin, R.A./Söderholm, A. (1998): Conceptualizing a projectified society: Discussion of an eco-institutional approach to a theory on temporary organizations. In: Lundin, R./Midler, C. (Hrsg.): Projects as arenas for learning. Dordrecht, S. 13-23.

Lutz, A./Sydow, J. (2002): Content-Produktion in der Region – Zur Notwendigkeit und Schwierigkeit der politischen Förderung einer projektbasierten Dienstleistungsindustrie. In: Fischer, J./Gensior, S. (Hrsg.): Sprungbrett Region? Strukturen und Voraussetzungen vernetzter Geschäftsbeziehungen. Berlin, S. 71-104.

Mast, C. (1999): Programmpolitik zwischen Markt und Moral. Opladen.

Meffert, H./Bruhn, M. (2000): Dienstleistungsmarketing. Grundlagen – Konzepte – Methoden. Wiesbaden.

Middelhoff, T. (1997): Entwicklung einer Multimediastrategie für Medienunternehmen. In: Die Betriebswirtschaft 57 (3), S. 411-422.

Midler, C. (1995): ‚Projectification' of the firm: The Renault case. In: Scandinavian Journal of Management 11 (4), S. 363-375.

North, D.C. (1990): Institutions, institutional change, and economic performance. Cambridge.

Packendorff, J. (2002): The temporary society and its enemies: Projects from an individual perspective. In: Sahlin-Andersson, K./Söderholm, A. (Hrsg.): Beyond project management: New perspectives on the temporary-permanent dilemma. Malmö, S. 39-58.

Pfändner, G. (2000): Finanzierung von Einzelproduktionen. In: Mühl-Benninghaus, W./Zerdick, A. (Hrsg.): Ökonomie der audiovisuellen Medien. Fernsehen. Berlin, S. 15-28.

Picker, G. (2001): Kooperatives Verhalten in temporären Systemen. Berlin.

Piore, M.J./Sabel, C.F. (1985 [1984]): Das Ende der Massenproduktion. Berlin.

Powers, S./Rothman, D./Rothman, S. (1992): Hollywood history and the politics of motion picture. In: Rothman, S. (Hrsg.): The mass media in liberal democratic societies. New York, S. 267-303.

Saxenian, A. (1994): Regional advantage. Culture and competition in Silicon Valley and Route 128. Cambridge.

Semlinger, K. (1993): Effizienz und Autonomie in Zuliefernetzwerken. In: Staehle, W.H./Sydow, J. (Hrsg.): Managementforschung 3. Berlin, S. 309-354. Wieder abgedruckt in: Sydow, J. (2003) (Hrsg.): Management von Netzwerkorganisationen. 3. Aufl. Wiesbaden, S. 29-74.

Seufert, W. (1999): Wirtschaftliche Bedeutung des TV-Marktes für die deutsche Filmwirtschaft 1997. München.

Sreberny-Mohammadi, A. (1991): The global and the local in international communications. In: Curran, J./Gurevitch, M. (Hrsg.): Mass media and society. London etc., S. 118-138.

Storper, M./Christopherson, S. (1987): Flexible specialization and regional industrial agglomerations: The case of the U.S. motion picture industry. In: Annals of the American Association of Geographers 77 (1), S. 104-117.

Sydow, J. (2000): Management von Dienstleistungsbeziehungen – Kundenintegration in organisations- und netzwerktheoretischer Perspektive. In: Witt, F.H. (Hrsg.): Unternehmung und Informationsgesellschaft. Management – Organisation – Trends. Wiesbaden, S. 21-33.

Sydow, J./Windeler, A. (1999): Projektnetzwerke: Management von (mehr als) temporären Systemen. In: Engelhard, J./Sinz, E.J. (Hrsg.): Kooperation im Wettbewerb. Neue Formen und Gestaltungskonzepte im Zeichen von Globalisierung und Informationstechnologie. Wiesbaden, 211-235. Wieder abgedruckt in diesem Band.

Sydow, J./Windeler, A. (2003): Dienstleistungsproduktion in Projektnetzwerken – Implikationen für Dienstleistungsmanagement und -forschung. In: Bruhn, M./Stauss, B. (Hrsg.): Dienstleistungsnetzwerke. Wiesbaden, S. 343-359.

Sydow, J./Windeler, A./Wirth, C. (2002): Markteintritt als kollektiver Netzwerkeintritt – Internationalisierung der Fernsehproduktion in unreife Märkte. In: Die Betriebswirtschaft 63 (5), S. 459-475.

Sydow, J./Windeler, A./Wirth, C. (2003): Markteintritt als Netzwerkeintritt? – Internationalisierung von Unternehmungsaktivitäten aus relationaler Perspektive. In: Die Unternehmung 57 (3), S. 237-261.

Thompson, J.B. (1995): The media and modernity. A social theory of the media. Cambridge.

Vierling, A. (2003): Kernpunkt ist digitale Vernetzung der Produktionsprozesse. In: ProMedia 7 (10), S. 21-22.

Waterman, D. (1982): The structural development of the motion picture industry. In: American Economist 26 (1), S. 16-27.

Wiesenthal, H. (1990): Unsicherheit und Multiple-Self-Identität. MPIFG Discussion Paper 90/2. Köln: Max-Planck-Institut für Gesellschaftsforschung.

Windeler, A. (2001): Unternehmungsnetzwerke. Konstitution und Strukturation. Wiesbaden.

Windeler, A./Lutz, A./Wirth, C. (2000): Netzwerksteuerung durch Selektion – Die Produktion von Fernsehserien in Projektnetzwerken. In: Sydow, J./Windeler, A. (Hrsg.): Steuerung von Netzwerken. Konzepte und Praktiken. Wiesbaden, S. 178-205. Wieder abgedruckt in diesem Band.

Windeler, A./Sydow, J. (2001): Project networks and changing industry practices – Collaborative content production in the German television industry. In: Organization Studies 22 (6), S. 1035-1061.

Windeler, A./Wirth, C./Sydow, J. (2001): Die Zukunft in der Gegenwart erfahren. Arbeit in Projektnetzwerken der Fernsehproduktion. In: Arbeitsrecht im Betrieb 22 (1), S. 12-18.

Wirtz, B.W. (2000): Medien- und Internetmanagement. Wiesbaden.

Netzwerksteuerung durch Selektion –
Die Produktion von Fernsehserien in Projektnetzwerken

Arnold Windeler, Anja Lutz und Carsten Wirth

„Auswählen können ist wesentlich"
(Regina Ziegler 1999, S. 6).

1 Einleitung

Vor allem in Dienstleistungsindustrien erfolgt die Leistungserstellung heute zunehmend in Form von Projekten. Bereits die Anforderungen, die eine projektbasierte Produktion an die Koordination ökonomischer Aktivitäten stellt, sind, trotz der sehr umfangreichen, allerdings recht technokratisch ausgerichteten Literatur zum Projektmanagement (vgl. z.B. Dülfer 1982; Madauss 1994), bisher erst in geringem Umfang erforscht. Und was für die Koordination von Projekten allgemein gilt, trifft umso mehr für die Koordination von Projektnetzwerken zu (Sydow/Windeler 1999).

Interessiert man sich für die Frage der Steuerung projektbasierter Produktion in Unternehmungsnetzwerken, dann eignet sich die Fernsehindustrie in besonderem Maße. Schließlich handelt es sich nicht nur um eine sehr dynamische Industrie, in der die Produktion von Content überwiegend in unternehmungsübergreifenden Netzwerken erfolgt. Sie befindet sich auch in einem grundlegenden Umbruchprozess: Etablierte Praktiken werden im Zuge des technischen Wandels (Stichwort: Digitalisierung) in Frage gestellt, neue Formate entwickelt (zum Beispiel täglich gesendete fiktionale Serien und Wissenschaftsmagazine), was zu einem Vordringen neuer Unternehmungen auf die Medienmärkte führt, und nicht zuletzt steigert sich auch durch die Internationalisierung des Geschäfts die Konkurrenz in einem vorher ungekanntem Maße.

Die Steuerung projektbasierter Produktion in Unternehmungsnetzwerken lässt sich in der Fernsehindustrie besonders gut anhand der Produktion von Fernsehserien untersuchen. Fernsehsender weisen Fernsehserien wegen ihrer profilbildenden Bedeutung eine hohe strategische Bedeutung zu, da Profilierung für sie eine Schlüsselrolle beim Kampf um Zuschauer und Werbegelder im hart umkämpften und fragmentierten deutschen TV-Markt spielt. Fernsehserien sind daher lukrative, gleichzeitig aber auch hoch risikoreiche Produkte und stellen damit (schon traditionell) besonders hohe Anforderungen an die Koordination der Produktion. Höchst lukrative Produkte sind sie, da mit ihnen in der werberelevanten Zeit (Publikumsakzeptanz von für die Werbeindustrie interessanten Zuschauergruppen unterstellt) beträchtliche Erlöse erzielt werden können. Das gilt trotz erheblicher Kosten, die sich bei einer durchschnittlichen Vorabendserie der ARD wie *Praxis Bülowbogen* auf DM 16-20.000 pro Programmminute belaufen (Heimlich/Thomsen 1994). RTL erwirtschaftete beispielsweise mit der Soap *Gute Zeiten, schlechte Zeiten* 1997 einen Deckungsbeitrag von DM 160 Mio.; das entspricht in etwa zwei Drittel des gesamten Jahresgewinns dieser Unternehmung (Jakobs

1999).[1] Der Risikogehalt von Fernsehserien rührt für Produzenten daher, dass sie durchschnittlich von zehn Sendern angebotenen Serienprojekten lediglich für eins einen Produktionsauftrag erhalten. Für Sender besteht das Risiko darin, dass nur wenige der ausgestrahlten Serien den Erfolg erzielen, den sie sich von ihnen erwarten. Mangels Zuspruch werden viele Serien daher nach der Ausstrahlung einer ersten Staffel von 13 Folgen abgesetzt.

Wie die Produktion von Fernsehserien gesteuert werden kann, ist daher für Sender und Produzenten strategisch bedeutsam. Auf der Grundlage, dass Fernsehserien heute vornehmlich arbeitsteilig von mehreren Unternehmungen in Projekten produziert werden, lautet unsere These: Die Produktion von Fernsehserien wird insbesondere über die Auswahl der Projektteilnehmer gesteuert.[2] Wir fragen daher: Nach welchen Kriterien wählen Sender und Produzenten sich wechselseitig aus? Und: Inwiefern bzw. inwieweit steuern sie darüber die unternehmungsübergreifende projektbasierte Produktion? Den Aspekt der Steuerung durch Selektion in Projektnetzwerken stellen wir daher in den Mittelpunkt unserer nachfolgenden Erörterungen. Wir konzentrieren uns in der Darstellung auf die Praktiken der Selektion von Sendern und Produzenten, da sie in Projektnetzwerken der Produktion von Fernsehserien die Akteure sind, die den größten Einfluss auf deren Gestalt haben.

Steht bei der Diskussion um Steuerung innerhalb von Unternehmungen derzeit die Schaffung und Nutzung von Flexibilitätspotentialen (z.B. durch Reengineering, lernende Organisation) im Zentrum, stellt sich das Problem für die Steuerung von Projektnetzwerken in der Fernsehindustrie genau entgegengesetzt: Wie kann trotz hoher Offenheit und Flüchtigkeit der Beziehungen zwischen den Akteuren unternehmungsübergreifend eine proaktive, stabile Zusammenarbeit gewährleistet und geregelt werden? Die Selektion von Unternehmungen spielt, so unsere These, eine ausschlaggebende Rolle. Selektion von Unternehmungen ist in allen Unternehmungsnetzwerken eine grundlegende Managementaufgabe (Sydow/Windeler 1994). In Projektnetzwerken (mit dem für sie charakteristischen Spannungsverhältnis von Fragilität und Stabilität) bildet die fortlaufende Selektion von Geschäftspartnern – und damit auch von Geschäftsbeziehungen – ein eher noch kritischeres Moment intelligenter Steuerung. Das gilt vor allem in der Fernsehindustrie, in der Projekte unter Zuhilfenahme eines in dieser Branche eher weniger denn mehr ausgefeilten Managementinstrumentariums geplant, realisiert und kontrolliert werden.

Im einzelnen will dieser Beitrag erstens, indem er die Kriterien wechselseitiger Selektion von Sendern und Produzenten herausarbeitet, am Beispiel der Fernsehindustrie ein Verständnis für die in den Praktiken der Selektion in projektbasierten, netzwerkförmig strukturierten Industrien oft nur mitlaufenden Orientierungen ver-

---

1   Ähnliches gilt auch für die öffentlich-rechtlichen Sender, die zusätzlich zu den Gebühreneinnahmen DM 915 Mio. Werbeerlöse vor allem durch die Ausstrahlung und Vermarktung von Serien erzielen (vgl. Stuttgarter Zeitung vom 25. Juni 1999, S. 16).

2   Die empirischen Befunde beruhen auf (bislang) 50 leitfadengestützten Interviews mit relevanten Akteuren aus der Fernsehindustrie. Im Zentrum stehen Interviews mit Produzenten bzw. Produktionsfirmen sowie Redakteuren öffentlich-rechtlicher und privater Fernsehsender. Nur bei wörtlichen Zitaten verweisen wir explizit auf diese Interviews. Wir danken der Deutschen Forschungsgemeinschaft (DFG) für die finanzielle Förderung des Projekts (No. Sy 32/2-1), den Teilnehmern des Workshops ‚Medienmanagement' im Mai 1999 an der Freien Universität Berlin für die kritische Diskussion unseres Vortrags und Jörg Sydow für seine Unterstützung bei der Ausarbeitung dieses Aufsatzes.

mitteln. Zweitens will dieser Aufsatz, indem er die Praktiken der Selektion in den Mittelpunkt rückt, zu einem (sozial-)theoretisch fundierten Verständnis der Steuerung ökonomischer Aktivitäten zwischen Unternehmungen in zugleich projektorientierten und netzwerkbasierten – und hier deshalb als Projektnetzwerk bezeichneten – Formen der Koordination beitragen und eine organisations- bzw. netzwerktheoretische Entwicklungsperspektive auf die in der Literatur bislang kaum theoretisch fundierte Frage der Steuerung von Projektnetzwerken eröffnen.

Die Begriffe des Projekts und des Projektnetzwerks sowie die sie charakterisierenden Aufgabenstellungen und Steuerungsanforderungen führen wir mit Bezugnahme auf die Fernsehindustrie im Abschnitt 2 ein. Unser Verständnis von Netzwerksteuerung präsentieren wir in Abschnitt 3. Am Beispiel der Fernsehindustrie illustrieren wir dann im Abschnitt 4 die von Sendern und Produzenten verwendeten Kriterien der Selektion. Im Abschnitt 5 diskutieren wir die Selektionspraktiken in ihrer Bedeutung für die Steuerung von Projektnetzwerken, und in dem, den Beitrag beschließenden Abschnitt 6 widmen wir uns Ansatzpunkten zur Fortentwicklung einer reflexiven Netzwerksteuerung in Projektnetzwerken in sich sehr dynamisch wandelnden Umwelten.

2 Produktion von Fernsehserien in Projektnetzwerken

Aufgrund der geringen vertikalen Integration der Fernsehindustrie – zumindest wenn man sie mit dem traditionellen Studio-System Hollywoods vergleicht (vgl. dazu Storper/Christopherson 1987) – und aufgrund des projektbasierten Charakters der Produktion werden Programminhalte wie Fernsehserien heute in der Regel in „überbetrieblichen Projekten" (Korbmacher 1991) unter der Beteiligung von Sendern, Produzenten, Autoren, Regisseuren und technischen Mediendienstleistern (z.B. Studiotechnik) sowie künstlerischen Mediendienstleistern (z.B. Kameraleute) realisiert (s. Abbildung 1).[3] Die an der Produktion von Fernsehserien beteiligten Akteure koordinieren ihre unternehmungsübergreifende Zusammenarbeit (wie gleich deutlich wird) netzwerkförmig. Wegen des projekt- und zugleich netzwerkförmigen Charakters der Zusammenarbeit handelt es sich um einen besonderen Typ von Unternehmungsnetzwerk, das Projektnetzwerk.[4]

Unternehmungsnetzwerke setzen sich (nach der Definition von Windeler 2001) vornehmlich aus Geschäftsbeziehungen und -interaktionen mehrerer Unternehmungen zusammen, die diese dominant im Hinblick auf den *dauerhaften Beziehungszusammenhang* zwischen den Unternehmungen koordinieren, ohne dabei ihren Status als rechtlich selbständige Unternehmungen aufzugeben.

Projektnetzwerke bestehen aus zeitlich befristeten, auf Projekte bezogenen Geschäftsbeziehungen und -interaktionen, die am Projekt beteiligte Unternehmungen projektbezogen und projektübergreifend netzwerkförmig miteinander koordinieren.

---

3 Als Projekt wird in dieser Branche eine Anthologie, eine (typischerweise zunächst 13-teilige) Fernsehserie oder langlaufende Serien wie Weekly oder gar Daily Soaps angesehen.

4 Ein Teil der Akteure in Projektnetzwerken, insbesondere technische und künstlerische Mediendienstleister, changiert zwischen selbständiger Arbeit als Unternehmer oder Freiberufler und abhängiger Beschäftigung.

Akteure koordinieren in Projektnetzwerken also ihre jeweiligen Projektaktivitäten unter Rückgriff auf Praktiken und Geschäftsbeziehungen aus vorhergehenden Projekten und gestalten sie unter Einbezug der mit ihnen im Beziehungszusammenhang gemachten Erfahrungen sowie der an dessen Fortentwicklung geknüpften Erwartungen. In dem rekursiven Zusammenspiel projektbezogener und projektübergreifender Koordination liegt die entscheidende Ursache dafür, dass es sich bei Projektnetzwerken um mehr als bloß „temporary systems" (Goodman 1981) handelt (vgl. Sydow/Windeler 1999).

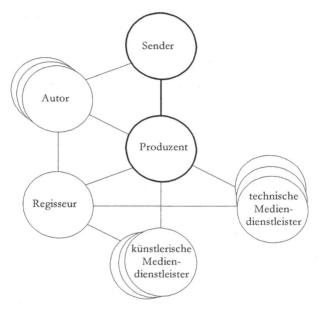

Abb. 1: Netzwerk der an der projektbasierten Produktion von Fernsehserien beteiligten Akteure

Dass wir in der Fernsehindustrie auf Unternehmungsnetzwerke, genauer auf Projektnetzwerke, stoßen, verwundert nicht. Das Fernsehen, und zwar nicht nur das private, ist auf der einen Seite auf dauernde Programminnovationen angewiesen, um die Zuschauer vor dem Bildschirm zu halten. Unternehmungsnetzwerke gelten auf der anderen Seite als innovationsfördernd und, ob ihrer Flexibilität, als geeignet für den Wettbewerb auf dynamischen Märkten, in denen es sowohl auf die Anwendung neuer Technologien als auch auf die Entwicklung neuer Produkte bzw. Leistungen ankommt (Miles/Snow 1986, 1992). Die Form des Projektnetzwerks scheint in der Fernsehindustrie besonders passend: Sie erlaubt einerseits die im Bereich fiktionaler Serien erforderliche Innovation durch einen gewissen Wechsel der Kooperationspartner – etwa durch den Einbezug wechselnder Autoren, die neue Folgen für die Serien schreiben; Projektnetzwerke gestatten andererseits gleichzeitig, bei der Produktion quasi ad hoc – selbst in Projekten von wenigen Tagen Dauer – wieder an Praktiken und Erfahrungen aus früheren Projekten anzuschließen. Getragen werden die für Projektnetzwerke typischen Möglichkeiten des Anschlusses von Projektpraktiken aneinander durch miteinander verträgliche Sicht-, Legitimations- und Handlungsweisen. Sie betreffen insbesondere qualitative Vorstellungen über (gerade im Bereich der Produktion von Programminhalten für das Fernsehen zuweilen nur recht rudimentär vorab festgelegte Realisierungen von) Contents, über die für deren Produktion notwendige arbeitsteilige Organisation der Praktiken und über die inhaltlichen sowie managieriellen Anforderungen auf vor- und nachgelagerten Produktionsstufen. Ob der Kritizität des finanziellen und zeitlichen Budgets der Projekte, ermöglicht das Zusammenspiel der projektbezogenen und -übergreifenden Praktiken in vielerlei Hinsicht erst die Produktion.

Die Feststellung, dass Programminhalte in der Fernsehindustrie in Projektnetzwerken produziert werden, ist international betrachtet kein neuer Befund (vgl. Jones/Walsh 1997; DeFillippi/Arthur 1998). In der deutschen Fernsehindustrie ist das anders. Die Durchsetzung von Projektnetzwerken geschah erst Ende der achtziger Jahre. Die privaten Fernsehsender gingen (nach ihrer Zulassung Mitte der achtziger Jahre) in Deutschland erst aufgrund stagnierender oder sogar leicht rückläufiger Einschaltquoten von dem marktlichen Zukauf zumeist US-amerikanischer Serien verstärkt dazu über, entweder konzerneigene Tochterfirmen oder unabhängige Produzenten mit der Produktion von Programminhalten bzw. Content zu beauftragen. Die Produzenten (einschließlich der konzerneigenen Produktionsfirmen) übertrugen wiederum fortlaufend Funktionen auf andere Mediendienstleister (z.B. auf Location Scouts, Casting Agenturen, Technikdienstleister, Studiobetriebe, Unternehmungen für Special Effects und Post Production). Die öffentlich-rechtlichen Fernsehsender, vor allem die in der ARD zusammengeschlossenen Sender, begannen mit dem Aufkommen des privaten Fernsehens ebenfalls verstärkt damit, die Produktion von Programm auszulagern und in Projektnetzwerken zu koordinieren. Sie behalten gleichwohl, nicht zuletzt aufgrund ihres öffentlich-rechtlichen Auftrags, bis heute einen größeren Teil der Produktion als die Privaten ‚inhouse' (insbesondere im Bereich Information).[5]

Selektion geeigneter Akteure ist in der Fernsehindustrie eine vielschichtige, voraussetzungsreiche, arbeitsintensive und kontinuierliche Aufgabenstellung:

„Der Produzent ist immer *auf der Suche*: [...] Bei der Stoffsuche hilft mir zweierlei, was am Ende eins ist: Erfahrung und Nase. [...] Ein Produzent muss, wenn er einen Stoff gerochen hat, sofort eine sehr genaue Vorstellung davon haben, *wer ihm diesen Stoff inszenieren soll und wer dabei die Hauptrolle spielen soll*. Ich muss [...] es regelrecht sehen können, wie das Produkt aussieht, wenn es mir der oder die Regisseurin macht mit dem oder der Schauspielerin. [...] Dabei hilft mir natürlich, wenn ich weiß, wer derzeit wofür die geeignete Besetzung ist. Aber woher weiß ich das? Man muss Schauspieler kennen und sich nicht dem Regisseur ausliefern, der natürlich auch welche kennt, aber vielleicht nur solche, die meiner Vorstellung nicht entsprechen. Ich muss auch Regisseure kennen. [...] Ich muss auch Kameraleute kennen, nicht nur, um zu wissen, wer schnell oder langsam arbeitet, sondern weil es auf die Qualität der Bilder am Ende entscheidend ankommt. Das aber heißt: Wann immer ich Zeit habe, schaue ich mir alles an, was immer es zu sehen gibt: Fernsehen aktuell, Video-Kassetten, Filme im Kino. Ich habe die komplette Presse auf dem Tisch, die Quoten der Sender sehe ich mir täglich an. Ich muss wissen, welches Stück auf welchem Platz welche Quote hat. [...] Ich treffe mich fortgesetzt mit Leuten" (Ziegler 1999, S. 6 f.).

Von Bedeutung sind neben den Stars, den Regisseuren, Kameraleuten und Schauspielern, aber auch die Handwerker:

---

5 Einen Überblick über die Outsourcing-Diskussion im Bereich des öffentlich-rechtlichen Fernsehens gibt das Heft 1/1999 der *Media Perspektiven*.

„Ich kann handwerkliche Schwächen nur schwer ertragen. Ein schlechter Ton verdirbt den ganzen Film. Also suche ich mir Handwerker, die ihr Handwerk beherrschen. Für alle Departments. Für den Ton, das Licht, das Kostüm, den Bau usw. Davon gibt es in Deutschland gegenwärtig nicht genug auf der obersten Ebene. [...] Wir alle haben unsere Notizbücher. Und wir brauchen, weil das Produzieren nicht nach Schema F verläuft, immer auch einen zweiten oder dritten Namen. Und das dürfen keine Ersatzleute sein. Aber was wir vor allem brauchen ist der oder die, die das jetzt in die Hand nehmen: den *producer*, den eben, der es konkret machen muss und der dazu wieder seine Leute hat" (Ziegler 1999, S. 7).

Gepflegt sein wollen aber auch die Beziehungen zu Sendern, Verleihern, PR-Experten usw.:

„Kaum ein Produkt entsteht ohne Fernsehgeld. Also muss ich sie kennen, die dieses Geld verteilen, die auf diesem Markt kaufen: die *Redakteure* der Häuser, die von heute und am besten auch die von morgen. Es herrscht da ein starkes Kommen und Gehen. Ich muss ihre Vorlieben kennen, mit welchem Regisseur sie sich schmücken wollen und mit welchem Star, auch: welche Stoffe sie nicht mögen. Worauf sie stehen. Und wie ich ihnen widerstehen kann. Ich muss auch die *Verleiher* kennen, [...]. Ich muss die *PR Experten* kennen, die meinen Film raufschreiben können oder runterschreiben lassen" (Ziegler 1999, S. 9 f.).

Das koordinierte Zusammenspiel projektbezogener und -übergreifender Praktiken und Beziehungen ist in Projektnetzwerken nicht einfach gegeben; es muss vielmehr immer wieder neu unter der Bedingung hergestellt werden, dass jeweils eine Vielzahl der Beziehungen jeweils nur latent sind und andere, neue Geschäftsbeziehungen hinzutreten. Ob der hochgradig unsicheren Resonanz beim Publikum schließt in der Fernsehindustrie im Regelfall ein Projekt zumindest nicht direkt an ein anderes an, folgt auf den Auftrag zur Erstellung einer Staffel von 13 Folgen einer Serie nicht direkt der Anschlussauftrag. Der Handlungshorizont der Akteure ist daher auf das jeweilige Projekt bezogen. Das macht den Anschluss an projektübergreifende Zusammenhänge in Projekten nicht nur alles andere als selbstverständlich, sondern auch zu einem sensiblen Datum der Koordination der Projektarbeit wie der Reproduktion von Projektnetzwerken. Sender wie Produzenten legen über ihre Selektionspraktiken den Grundstein dafür, dass Akteure in Projekten an projektübergreifende Zusammenhänge anschließen können. Dass der Anschluss an Praktiken früherer Projekte gelingen kann, liegt ferner an einer gewissen Qualität der Latenz der Beziehungen. Die Frage ist daher: Wie wird sie sichergestellt?

Eine Vielzahl zumeist öffentlicher Branchentreffs besitzt in der Fernsehindustrie eine hohe Bedeutung für die Qualität der Latenz der Beziehungen. Was auf den ersten Blick und von außen betrachtet lediglich einen eher informellen Charakter besitzt, erweist sich im zweiten Blick und insbesondere für Insider als unausweichliches Moment des Geschäfts:

„Man trifft andere Produzenten, Redakteure und Sender auf Parties, bei Filmfestivals und Premierenfeiern. Dort wird die Produzenten- und Senderpflege eigentlich betrieben. Das ist einfach Kontaktpflege. Wenn man nicht gerade eine Serie zusammen macht, sieht man sich ja nicht. Wenn der Sender auch nicht gerade ein großes Projekt plant, erübrigt sich ein größerer Kontakt. Das ist eine große Aufgabe zu gucken, wo gibt es neue Ideen auf dem Produzentenmarkt, oder wer hat gerade keine Zeit, weil fünf Movies anschiebt usw. Jeder Redakteur und Abteilungsleiter handhabt diese Pflege etwas anders oder misst ihr eine unterschiedliche Bedeutung bei. Ich halte diese Pflege jedenfalls für sehr wichtig" (Redakteur 4).

Auch wenn jeder Sendervertreter sowie Produzent die Pflege der Beziehungen ein wenig anders handhabt als der andere und ihr unterschiedliche Bedeutung zuweist: Sie pflegen ihre Geschäftsbeziehungen über persönliche Kontakte und über Branchentreffs. Ihren Praktiken unterliegt zudem als Maxime: Unterhalte systematisch, gemessen an den faktisch über einen bestimmten Zeitraum real genutzten Geschäftsbeziehungen, immer einen gewissen Überschuss an Beziehungen.

Diese Maxime der Beziehungspflege reflektiert, dass in hochdynamischen, projektbasierten Industrien jeweils unsicher ist, welche konkreten Projekte in Zukunft gemacht werden und welche Geschäftsbeziehungen wichtig sind. Da scheint es durchaus rational, Beziehungen zu potentiell relevanten Akteuren auch in Zeiten zu aktualisieren, in denen man keine gemeinsamen Projekte macht – und indem das in dieser Art und Weise erfolgt, bilden Akteure wechselseitig entsprechende Erwartungen aus, dass das geschieht. Oft umfasst die Pflege den Austausch von Meinungen über einzelne Projekte, zum Branchengeschehen und zu strategischen Absichten, das Aufmerksammachen auf neue Talente – was Berichte über Aktivitäten anderer, die man aus gemeinsamen Projekten kennt, einschließt. Hierüber stellen Akteure zumindest eine Mindestqualität der Beziehungen wie der Reflexion auf den (unter Umständen zu verändernden) Zusammenhang zwischen den Akteuren in Projektnetzwerken sicher. Gute Geschäftsbeziehungen und eine gezielte Betrachtung der Netzwerkzusammenhänge verlangen weitere Anstrengungen. Zudem ist zu erwarten: Auch wenn Akquise nicht direkt die Intention für die Teilnahme an Branchentreffs und persönliche Kontakte für die Akteure ist: Viele Projekte dürften nicht unwesentlich über gemeinsame Gespräche auf diesen Treffen angebahnt worden sein oder ihren Ursprung dort finden. Ähnliches dürfte auch für die Selektion von Autoren, Schauspielern usw. für Projekte respektive Projektnetzwerke (und damit für deren Weiterentwicklung) gelten.

3 Netzwerksteuerung durch Selektion – Eine strukturationstheoretische Einstimmung

Steuerung ist – wie uns neuere Sozialtheorien lehren – Moment reflexiver Regulation sozialer Systeme. Sie zielt für Luhmann (1988, S. 328) auf die „Verringerung von Differenz", etwa zwischen einem angestrebten und einem sich abzeichnenden Systemzustand. Ein an die Arbeiten von Anthony Giddens (1984) angelehntes strukturationstheoretisches Verständnis von Steuerung nimmt implizit Luhmanns Bestimmung auf, hebt aber drei weitere Aspekte der Steuerung sozialer Systeme hervor: die Orientierung und Bindung der die Systeme charakterisierenden sozialen Praktiken, die Steuerung sozialer Systeme durch Aktivitäten reflexiver Akteure und das machtabhängige Zusammenspiel von Selbst- und Fremdsteuerung sozialer Systeme (vgl. hierzu ausführlicher den Einleitungsbeitrag von Sydow und Windeler in diesem Band).

Netzwerksteuerung ist Steuerung, die in Unternehmungsnetzwerken, auch in Projektnetzwerken, stattfindet und/oder sich vor allem auf die Auslegung der Praktiken in ihnen bezieht. Rekursiv einbezogen in die Netzwerksteuerung über Auswahlentscheidungen zwischen Angeboten unterschiedlicher Produzenten sind ebenso Vorstellungen, was ein gutes Produkt, ein üblicher Kostenrahmen ist und was einen guten Produzenten ausmacht wie Ansichten, wie man mit Abhängigkeiten, etwa der Produzenten von Sendern, umgeht. Sender und Produzenten nutzen in den Selektionspraktiken also Geld und Budgets als allokative Ressourcen, verwenden Beziehungszusammenhänge zwischen den Akteuren (inklusive der in sie eingeschriebenen Abhängigkeiten) als autoritative Ressourcen und beziehen übliche Regeln der Signifikation und

Legitimation in ihr Handeln ein (vgl. zu diesen strukturationstheoretischen Begriffen auch Ortmann et al. 1997, S. 318 ff. oder Windeler 2001).[6]

Die Möglichkeiten auszuwählen (wie die Chancen, die Möglichkeiten für andere diesbezüglich einzuschränken), sind durch die Macht der Beteiligten und die Machtdifferenzen zwischen ihnen bestimmt. Selektion ist wegen der Kontingenz der Reproduktion des Sozialen und der Fähigkeit von Akteuren, kompetent zu handeln, aber trotz aller (durch Projektnetzwerke geschaffener) Abhängigkeiten und Machtungleichgewichte nie ein vollständig einseitiger Prozess. Er ist vielmehr immer ein wechselseitiger, einer, der durch die Aktivitäten der Akteure je nach ihrer mobilisierbaren Macht beeinflusst wird.

4 Sender- und Produzentenprofile – Zu den Kriterien der Netzwerksteuerung durch Selektion

Der Kreis der Sender, die fiktionale Fernsehserien ausstrahlen und deshalb produzieren (lassen) müssen, beschränkt sich in der deutschen Fernsehindustrie auf die wenigen großen deutschen Vollprogrammanbieter; die Anzahl der Produzenten von Fernsehserien ist auf um die zwanzig bis dreißig Unternehmungen begrenzt. Unter dem Aspekt der Steuerung durch Selektion stellen sich zwei Fragen: Wie lassen sich diese Zahlen angesichts einer größeren Anzahl von Sendern und der Gesamtheit von etwa 1.500 bundesdeutschen Produzenten erklären? Und: Was bedeuten diese Zahlen für die Steuerung von Projektnetzwerken?

Sender- bzw. Produzentenprofile sind unseres Erachtens von entscheidender Bedeutung für die Selektion von Produzenten durch Sender wie von Sendern durch Produzenten. Der Möglichkeitsraum wechselseitiger Selektion wird hierüber maßgeblich bestimmt, da die Profile für die Akteure im Kampf um Zuschauer und Werbegelder sowie um die Legitimierung von Gebühren heute zunehmend strategische Bedeutung erlangen. Profilierung (und zwar nicht nur oder nicht vornehmlich im Sinne einer aufgesetzten Corporate Identity) zielt darauf ab, im Wettbewerb mit anderen sich durch entsprechende Geschäftspraktiken eine unverwechselbare, für die Marktposition und für die Bindung der Kunden relevante Identität zu verschaffen. Profile sind so nicht nur für die Praktiken der Selektion bedeutsam, vielmehr sind die Praktiken der Selektion mindestens ebenso selbst wichtige Momente der strategischen Einflussnahme auf die Ausgestaltung des eigenen Profils. Das für die Praktiken der Selektion relevante Profil eines Senders bzw. eines Produzenten bestimmen wir über die in den wechselseitigen Auswahlprozessen – gleich vorzustellenden – typischen Selektionskriterien (Abschnitt 4.1) und über typische Gewichtungen der Geschäftspraktiken hinsichtlich der branchenweit gültigen Steuerungsgrößen Inhalt, Budget und Einschaltquote (Abschnitt 4.2). Unsere These lautet: Sowohl für den Zuschlag[7] für eine konkrete Produktion als

---

6 Vermittelter greifen Produzenten aber auch Vorstellungen der Zuschauer auf. Sie werden in der Fernsehindustrie nicht nur über Einschaltquoten berücksichtigt, sondern vor allem proaktiv über sogenannte Fokusgruppen und andere Methoden der Marktforschung, über die insbesondere die Akzeptanz von Sendungen durch Zuschauer als Endkonsumenten ermittelt wird (vgl. auch Windeler 1999).

7 Wir sprechen an dieser Stelle von Zuschlag, weil der Abschluss eines formellen Vertrags in der Regel erst zu einem späteren Zeitpunkt erfolgt. Häufig hat der Produzent bei Vertragsschließung schon die Produktion aufgenommen, zumindest hat er jedoch in der „Handschlagbranche" (Produzent 2) Fern-

auch für die von Produzenten Sendern angebotenen Projekte sind deren, sich über den Einbezug in Projektnetzwerke konstituierenden, Profile von maßgeblicher Bedeutung. Die Profile von Sendern und Produzenten fließen, wenn auch nicht gleichgewichtig (wie wir im Abschnitt 5 zeigen), in die Selektionsentscheidungen ein. Sie bewirken sukzessive die angesprochene Reduktion potentieller wie faktischer Geschäftspartner in den durch Selektionsentscheidungen konstituierten Entscheidungskorridoren wechselseitiger Selektion. Was wir hier für die wechselseitige Selektion von Sendern und Produzenten gleich genauer nachweisen, ließe sich ähnlich auch für die Beziehungen von Produzenten mit Autoren, Regisseuren, Kameraleuten usw. zeigen.

4.1 Kriterien wechselseitiger Selektion von Sendern und Produzenten

Bei der Auswahl von Produzenten für die Produktion einer Fernsehserie legen Sender wie Produzenten jeweils fünf Kriterien zugrunde, die alle, wenn auch zum Teil indirekt, den dauerhaften Beziehungszusammenhang der Projektnetzwerke reflektieren und, so sie angewendet werden, die Reproduktion von Projektnetzwerken befördern. Diese Kriterien und ihre senderspezifischen Gewichtungen bilden nicht nur einen wichtigen Aspekt der netzwerkbezogenen Konstitution der Senderprofile; sie schränken die Auswahl der Produzenten, die für die Produktion einer Fernsehserie in Frage kommen, weitgehend ein.

4.1.1   Selektionskriterien der Sender

Sendeplätze für Fernsehserien im Vorabend- und Abendprogramm sind rar – allein schon wegen der vergleichsweise geringen Zahl an Sendern, die solche Serien ausstrahlen (vor allem fünf Vollprogrammanbieter von derzeit 33 Programmen). Die Konkurrenz bei der Vergabe von Aufträgen ist deswegen groß. Den Sendern steht, wenn sie kompetent agieren, oft eine Vielzahl attraktiver Projektvorschläge zur Auswahl. Aus ihnen können sie – und das ist ein *erstes* Selektionskriterium – unter dem Aspekt der *Attraktivität vorgeschlagener Inhalte* die interessanten Projekte auswählen. Selbst etablierte Produzenten sind so mit dem bereits erwähnten Umstand konfrontiert, dass von zehn entwickelten Projektvorschlägen, die teilweise schon bis zur ersten Drehbuchfassung vorliegen, in der Regel nur einer ausgewählt und in Produktion gegeben wird. Dabei erreichen Vorleistungen der Produzenten für einzelne Projektvorschläge teilweise die Grenze von DM 50.000, was angesichts der branchenüblichen Zuschläge für Handlungskosten (6%) und Gewinn (7,5%) auf die Nettoherstellungskosten ein erheblicher Betrag ist. Die Auftragsvergabe an externe Produzenten impliziert also im Vergleich zur ‚inhouse'-Produktion neben dem Aspekt der gesteigerten Legitimität stärker marktlich gebildeter Produktpreise vor allem eines: die Externalisierung beachtlicher Risiken auf andere Unternehmungen.

Aus Sicht der Sender müssen Fernsehserienproduzenten – *zweitens* – über eine *ausreichende Kapitalausstattung* verfügen, um zumindest einen Teil der Entwicklungs- und

---

sehindustrie mit Dienstleistern und auf Projektdauer beschäftigten Mitarbeitern ebenfalls Absprachen getroffen oder sogar Verträge geschlossen.

Produktionskosten vorfinanzieren zu können. Das ist nötig, da die ersten Zahlungen nicht dem oft schon sehr weit fortgeschrittenen Produktionsstand entsprechen. „Ich finanziere im Grunde genommen erst das fertige Produkt" (Redakteur 3), so ein Redakteur. Zudem müssen Produzenten, bevor sie den Zuschlag für eine Produktion erhalten, in der Regel mittels einer Bürgschaft eine hinreichende Ressourcenausstattung nachweisen. Neben der Externalisierung von Risiken gestattet die externe Vergabe von Produktionen – zumindest der Möglichkeit nach – auch eine Externalisierung von Kapitalkosten. Aufgrund der Machtasymmetrie zwischen Sendern und Produzenten sind letztere zumeist nicht in der Lage, diese Kosten in Kalkulationsgesprächen bei der Festsetzung von Budgets zur Geltung zu bringen.

Darüber hinaus müssen Produzenten – und das ist ein *drittes* Selektionskriterium – *kompetent Projektnetzwerke koordinieren*. Das klingt selbstverständlich, beinhaltet aber die recht weitgehende Anforderung, innerhalb eines kurzen Zeitrahmens ein produktionsfähiges, den Qualitätsanforderungen der Sender genügendes Projektnetzwerk zusammenzustellen und kompetent zu managen. Von der Stoffentwicklung über die Produktion bis zur Nachproduktion müssen Produzenten es etwa verstehen, die Aktivitäten der beteiligten Akteure unter Einhaltung eines enggesteckten Budget- und damit auch Zeitrahmens kompetent zu koordinieren.[8] Produzenten müssen aus der Sicht des Senders in der Lage sein, ein seinen Vorstellungen entsprechendes Produktionsergebnis (trotz arbeitsteiliger Produktion unter Beteiligung verschiedener Unternehmungen) zu gewährleisten (vgl. dazu den Abschnitt 4.2). Sender wählen, wenn sie sich entscheiden, einem Produzenten einen Zuschlag für ein Projekt zu erteilen, insoweit weit mehr als nur einen einzelnen Produzenten aus. Gleichsam mit ihm selektieren sie ein Netzwerk von Unternehmungen, das die eigentliche Produktion der Programminhalte vornimmt, und damit auch eine bestimmte Qualität arbeitsteiliger Produktion.

Für die Akquisition des Projekts, wir sprachen es bereits an, sind (naheliegenderweise) nicht alle Akteure des Projektnetzwerks von gleicher Bedeutung: Entscheidend ist aus der Sicht der Sender oft, dass Produzenten einen bestimmten Star oder Regisseur für die Serie beschaffen können:

„Ein Produzent, der eine überraschend gute Idee einbringt oder mit einem Drehbuchautor ankommt, den wir schon mal haben wollten, aber nicht bekommen haben, oder eine Hauptdarstellerin mitbringt, Katja Riemann oder wen auch immer, hat auch gute Chancen" (Redakteur 3).[9]

Produzenten schnüren in ihren Projektangeboten für Sender, quasi als Reaktion auf die Anforderung, Projektnetzwerke kompetent zu managen, daher sogenannte *Packages*, die neben einem guten Stoff, Stars, Autor und Regisseur enthalten:

---

8 Die Einhaltung der Budgets steuern die Produzenten über ihre Produktions- und/oder Herstellungsleiter, die auf Basis der Drehbücher die einzelnen Szenen in DM-Beträge ‚umrechnen', die für deren Realisierung notwendig sind. Ein permanenter Abgleich der Soll- und Istzahlen findet in der Phase der Realisierung durch ihre Filmgeschäftsführung oder – bei kleineren Projekten – durch den Produktions- bzw. den Herstellungsleiter im Zuge eines projektbezogenen Controllings statt. Diese Zahlen werden auch von einigen Sendern in den wichtigsten Budgetpositionen, insbesondere den Gagen, auf Basis der Verträge und den tatsächlich geleisteten Zahlungen kontrolliert.

9 Im Branchenjargon gesprochen sind vor allem Akteure ‚above the line' beim Packaging von Interesse. Den meisten anderen Mediendienstleistern etwa, als Vertreter der Akteure ‚below the line', wird dagegen eine vergleichsweise geringere strategische Bedeutung für das Gelingen des Projekts zugewiesen.

„Wenn man sagt: Für Eure zentrale Zuschauergruppe, 14 bis 49, und für die Frauen, die bei Euch gucken, da habe ich einen tollen Stoff und den spielt Katja Riemann. Dann ist man richtig drin im Slot, im Ideenslot. Definiert wird der Korridor aber vom Sender selber" (Produzent 2).

Alteingesessene Firmen, mit denen Sender *positive Erfahrungen* in der Vergangenheit machten und die ihrer Ansicht nach in der Lage sind, attraktive Inhalte zum verabschiedeten Budget zu produzieren und erwartete Einschaltquoten zu realisieren, werden gerne berücksichtigt – das bildet ein (mit der vorher genannten Fähigkeit, Projektnetzwerke kompetent zu managen, verwandtes) *viertes* Selektionskriterium. Produzenten, die das gewährleisten, wird nicht nur ein Vertrauensvorschuss gewährt; sie besitzen vor allem einen relevanten Selektionsvorteil. Trotz des fortwährenden Bedarfs an neuen Programminhalten und der Knappheit an attraktivem, das heißt, Zuschauer anziehenden und bindenden Content (vgl. auch Dowling et al. 1998), haben neugegründete Produktionsunternehmungen daher mit einer besonderen Form der „liability of newness" (Hannan/Freeman 1977, 1984) zu kämpfen und erhebliche Markteintrittsbarrieren zu überwinden (vgl. zu ähnlichen Ergebnissen für die Produktion US-amerikanischer Spielfilme auch Jones 1996; Jones/DeFillippi 1996):

„Eine Firma, die seit 30 Jahren im Geschäft ist, mit der kann man auch in innovativen Bereichen arbeiten" (Redakteur 1). „Beispielsweise gibt es eine neue Produktionsfirma in Köln, WigWam heißen die. Da ist die Frau Maier beim Sender gewesen. Der Herr Schulze ist ein sehr renommierter und guter Autor. Die haben eine Produktionsfirma aufgemacht und haben von einem Sender den Auftrag bekommen, eine neue Nonnenserie zu machen. Da hat es auch intern Auseinandersetzungen gegeben. Kann man ihnen das zutrauen? Sie haben auch schon zwei oder drei Fernsehspiele produziert. Das ist aber die erste Serie, die sie produzieren. Hätte es da nicht persönliche Erfahrungen gegeben, wäre das niemals zustande gekommen" (Redakteur 3).

Während originelle Programmideen jungen Produzenten durchaus den Zugang zu Sendern eröffnen können, müssen sie die Fähigkeit zur Realisation der Projekte erst noch unter Beweis stellen. Vor allem müssen sie erst die Chance erhalten zu demonstrieren, dass sie auch ein ‚guter' Partner sind. „Das schwerste ist, an den ersten Auftrag heranzukommen" (Produzent 2), lautet dann auch eine oft von Produzenten geäußerte Einschätzung. Der Markteintritt erfolgt deshalb häufig anknüpfend an Hochschulkontakte oder an alte Arbeitsbeziehungen.

Sender besitzen zudem eine Neigung, Content im eigenen Konzern oder – im Fall öffentlich-rechtlicher Sender – in Sendern angeschlossenen Produktionsfirmen zu generieren, obwohl für die Selektion immer wieder qualitative Kriterien und auch Preise hervorgehoben werden. *Konzernzugehörigkeit* kann daher als ein *fünftes* Selektionskriterium angesehen werden:

„In dem Moment, wo sie eine Produktionsfirma als Tochter haben, sind sie praktisch in diesem Verpflegungswesen und Versorgungswesen ein Stück weit gebunden, das heißt, es hat auch eine Zeit gegeben, wo uns gesagt wurde: Unbedingt wieder was für die Tochter tun" (Redakteur 3).

Diese Tendenz wird, so formulieren einige der von uns Interviewten, aber seit dem Auftreten der privaten Sender zurückgenommen:

„[D]ie Zeiten sind eigentlich vorbei. Auch weil es diese private Konkurrenz gibt, so dass man auch sagt: Die haben jede Freiheit. Der darf auch jedem anderen Sender, privat oder nicht privat, anbieten" (Redakteur 3). An anderer Stelle ergänzt er: „Auf die Idee kommt es immer an. Ich würde die Grenze da ziehen, dass zum Beispiel wir unsere Tochter auffordern würden: Macht uns mal wieder eine neue Familienserie oder habt ihr nicht eine gute Idee, wie man den Krimi gut besetzen kann." Und auch für private Sender gilt seiner Ansicht nach: „Auch RTL muss in erster Linie daran denken, die erfolgversprechendsten Ideen aufzugreifen."

Gleichwohl sagen andere, dass sowohl bei öffentlich-rechtlichen als auch bei privaten Sendern, eigene Produktionsfirmen bei gleicher Qualität aus Auslastungs- und Steuerungsgründen vorgezogen werden (so auch Röper 1999). Die großen privaten Sender vergeben immer mehr Aufträge an Tochter- und Beteiligungsunternehmen, unabhängigen Dritten dagegen fehlen diese Aufträge. Einige Produzenten sehen das ähnlich:

„Die Auftragsvergabe seitens der Sender ist ja schon eingeschränkt durch deren Zugehörigkeit entweder zum Kirch- oder Bertelsmann-Lager. Die konzerneigenen Produktionsfirmen werden in gewisser Weise präferiert, um das vorsichtig auszudrücken. Ein unabhängiger Produzent, der weder dem einen noch dem anderen Lager angehört, muss jedesmal neu akquirieren, um einen Kunden zu finden. Diese Beziehung zum Kunden muss man langsam aufbauen und pflegen. Für die Entwicklung muss man also einiges Geld investieren" (Produzent 4).

Die fünf vorgestellten Selektionskriterien der Sender sind in der Abbildung 2 zusammengefasst und mit den gleich zu erörternden Selektionskriterien der Produzenten in Verbindung gebracht. Die wechselseitige Konstitution der Kriterienkataloge ist Bedingung wie Ausdruck der in dem organisationalen Feld der Fernsehindustrie – wie in allen Dienstleistungsindustrien – angestrebten „Kundenintegration" (Kleinaltenkamp 1997).

Selektionskriterien der Sender

- Attraktivität vorgeschlagener Inhalte
- Ausreichende Kapitalausstattung
- Fähigkeit, Projektnetzwerke kompetent zu koordinieren (Packages)
- Positive Erfahrungen
- Bevorzugung konzerneigener Produzenten

Selektionskriterien der Produzenten

- Auf dem nationalen Fernsehmarkt aktive Sender
- Programmanbieter von Fernsehserien mit genrespezifischen Schwerpunkten
- Sender vertrauter Rundfunkwelten
- Qualität und Historie der Beziehungen zur Redaktion/Sender; passendes Profil der Sender
- Positive Erfahrungen

Abb. 2: Rekursive Konstitution der Selektionskriterien von Sendern und Produzenten

4.1.2   Selektionskriterien der Produzenten

Schaut man auf die Selektionspraktiken bundesdeutscher oder in Deutschland aktiver Produzenten, dann zeigt sich: Produzenten wählen für ihre Produkte *auf dem nationalen Fernsehmarkt aktive Sender* aus – so ein *erstes* Selektionskriterium. Die Nutzung dieses Kriteriums der Selektion mag in vielen Fällen für Produzenten, die ausschließlich für den nationalen Markt produzieren, eher verborgen bleiben. Angesichts zunehmend international ausgelegter Produktion wird dieses Kriterium jedoch zunehmend reflektiert werden (müssen).

Dass bundesdeutsche Produzenten sich vornehmlich (oder gar ausschließlich) an auf dem heimischen Fernsehmarkt aktiven Sendern orientieren, ist nur dann selbstverständlich, wenn man vier Dinge als gegeben annimmt: Dass
- Produkte bundesdeutscher Produzenten auf internationalen Märkten wie bisher auch in Zukunft keine Chancen haben,[10]
- nationaltypische, etwa auf deutsche Zuschauer zugeschnittene Fernsehgeschichten und – mit Einschränkungen – auch Formate (Stichwort: „cultural discount" (Kruse 1994)) nicht nur heute, sondern (wie allgemein erwartet wird) auch in Zukunft verstärkt nachgefragt werden,[11]
- die Sender eine nationale Produktionsstrategie verfolgen, und
- Produzenten nur geringe Möglichkeiten haben, Gewinnquellen zu erschließen und Rechtekapital aufzubauen, die ihnen Chancen eröffnen würden, stärker auch für den internationalen Markt zu produzieren.[12]

Produzenten wählen – *zweitens* – *Programmanbieter von Fernsehserien mit passenden genrespezifischen Schwerpunktsetzungen* aus. Das scheint selbstverständlich. Für die Fragen der Auswahl ist dieses Faktum jedoch nicht unerheblich, denn die Auswahl an Fernsehsendern ist für Produzenten von Fernsehserien damit auf dem deutschen Fernsehmarkt weiter (Stichwort: Verspartung) eingeschränkt: Zahlreiche Sender (darunter viele ausländische oder mit hoher ausländischer Beteiligung), die über das deutsche Kabelnetz erreichbar sind, haben sich auf spezifische Programmsparten wie Sport, Nachrichten oder Dokumentationen spezialisiert und strahlen keine Fernsehserien aus. Dazu gehören zum Beispiel das Deutsche Sportfernsehen (DSF), die Nachrichtenkanäle n-tv und CNN, der Dokumentationskanal Discovery Channel und der Ereigniskanal Phoenix. Ein anderer Vollprogrammanbieter (RTL 2) strahlt bisher fast nur zugekaufte US-amerikanische Fernsehware aus – eine Strategie, die Mitte der achtziger Jahre alle privaten Sender verfolgten und mit der sie sich die ersten Jahre erfolgreich

---

10 Die attraktiven Auslandsmärkte sind deutschen Produzenten bisher – abgesehen von wenigen Ausnahmen wie zum Beispiel den Fernsehserien *Derrick* und *Der Alte* – verschlossen geblieben. Das bedeutet nicht, dass deutsche Serien überhaupt nicht ins Ausland veräußerbar sind. Aber es handelt sich dann in der Regel um Randmärkte. Der Verkauf in diese Länder hat einen entscheidenden Nachteil: „Das bringt natürlich kein Geld" (Producer 1). Erfolgversprechender ist unter diesen Bedingungen die Vermarktung von Formatrechten, die dem Käufer eine an den jeweiligen nationalen Markt adaptierte Produktion erlauben.

11 Gemeint ist mit ‚cultural discount', dass beispielsweise Fernsehzuschauer in Frankreich erwarten, dass die Straßenschilder in Fernsehserien auf französisch geschrieben sind. Auf dem deutschen Markt lässt sich Ähnliches beobachten. So werden zur werbewirksamen Sendezeit bei den Vollprogrammanbietern fast nur noch deutsche Fernsehserien wie zum Beispiel *Ein Fall für Stefanie* (Sat 1) ausgestrahlt. Ausländische Produzenten bzw. Produktionsfirmen sind für in Deutschland aktive Sender für eine Auftragsproduktion heute also zunehmend nur dann interessant, wenn sie in der Lage sind, Content für den deutschen Fernsehmarkt zu entwickeln.

12 Einen größeren Verhandlungsspielraum bei der Rechteakquisition haben allein konzerngebundene Großproduzenten wie die Bavaria und Studio Hamburg. Diese können aufgrund ihres Standings und ihrer Ressourcenausstattung einen Teil der Rechte, zum Beispiel die Formatrechte, generieren, behalten bzw. erwerben und verwerten. In der Regel sind auch aufgrund dieses Rechtegefälles bundesdeutsche Produzenten bisher kaum in der Lage, ihre Position gegenüber Sendern durch Internationalisierung ihrer Produktion zu verbessern. Die Internationalisierungsstrategie reicht bei Produzenten jedoch weit über die Abgabe von Rechten an Sender hinaus verstellt. Internationalisierung würde nämlich implizieren, die bisher für den regionalen Fernsehmarkt produzierten Fernsehinhalte an internationale Standards (hohe Bildqualität und Produktionswerte z.B. durch aufwendige Stunts bei Action-Serien) anzupassen und in anderen Ländern übliche Sehgewohnheiten, Formatvorgaben und -längen zu berücksichtigen.

im Markt positionierten. Damit schränkt sich die Zahl der relevanten Fernsehsender für Produzenten von Fernsehserien auf die Anbieter der fünf Vollprogramme (ARD, ZDF, SAT 1, RTL und Pro 7) ein, die jüngst um einige dritte Programme erweitert wurden.[13] Produzenten wählen naheliegenderweise Sender aus, die eine zu ihrem Produzentenprofil passende Schwerpunktsetzung (etwa im Bereich von Action- oder Krimiserien) aufweisen, mit ihren von Produktion und Geschäftspraktiken verträgliche Ansichten vertreten und für die Produkte attraktive Sendeplätze aufweisen:

„Unsere Investitionen in Projektentwicklungen sind immer zielgerichtet auf einen Sender abgestimmt. Es kommt schon vor, dass wir Projekte auch mehreren Sendern anbieten müssen. Aber es kommt seltener vor. Sie müssen schon gucken, wie muss ich den Stoff entwickeln, dass er auf einen spezifischen Sendeplatz passt. [...] Sie müssen als Produzent wissen, für welche spezielle Notwendigkeit der Sender den Stoff braucht. Sie müssen also spezifisch arbeiten. Es ist eine Auftragsproduktion. Wir machen das Produkt nicht nur für den speziellen Sender, sondern auch vor allem für den spezifischen Sendeplatz" (Produzent 3).

Die Selektionsmöglichkeiten der Produzenten (aber auch der Sender) engen sich *drittens* angesichts der distinkten öffentlich-rechtlichen und privaten Fernsehwelt, weiter auf *Sender aus vertrauten Fernsehwelten*, das heißt auf Sender entweder aus dem Bereich des öffentlich-rechtlichen oder privaten Fernsehens, ein. In vielen Fällen spielt – *viertens* – die *Qualität und Historie der Beziehungen* zusammen mit dem zum Profil des Produzenten *passenden Profil der Sender* und *fünftens* die *positiven Erfahrungen*, die man bei früheren Produktionen gemacht hat, auch für Produzenten eine wichtige Rolle. In der Tatsache, dass die starke Bindung zur einen Welt den Markteinstieg in die andere begrenzt, fließen diese drei letztgenannten Kriterien zusammen:

„Wir sind besonders öffentlich-rechtlich bezogen, weil wir in der Zeit gewachsen sind", so ein mittelständischer Serienproduzent. „Wir produzieren zwar auch für private Sender, aber unseren langjährigen und bedeutenden Kunden bieten wir die interessanten Stoffe an, anders als wir das bei anderen Kunden tun" (Produzent 3).

Ein gelingender Zutritt zu einer der Welten oder der besondere Erfolg in einer der Welten hat nicht selten zur Konsequenz, dass die andere Welt mehr oder weniger verschlossen bleibt. Diese weltspezifische Pfadabhängigkeit wiederum liegt nicht nur an den Sendern. Oft sind die in Projektnetzwerken versammelten Akteure, die vortreffliche Produkte für die eine Welt produzieren, nicht in demselben Maße geeignet, gleiches für die andere zu leisten. Das gilt von den als profilbildend angesehenen Stoffen bis hin zu Vorstellungen über den Schnitt der gedrehten Filmsequenzen. Die Bedeutung der Demarkationslinie zwischen den Fernsehwelten hat zwar an Bedeutung verloren, ohne jedoch vollständig irrelevant zu sein, oder (so ist bei verbleibenden Differenzen zwischen den Fernsehwelten zu erwarten) je irrelevant zu werden.

4.2 Inhalt, Budget und Einschaltquote – Geschäftspraktiken als Selektionskriterien

Sender achten – jenseits der Bedeutung anderer Kriterien – sehr darauf, dass die Ausrichtung ihrer Geschäftspraktiken mit denen der Produzenten zusammenpassen, und so machen es die Produzenten auch (s. Abbildung 3). Die Ausrichtung der Geschäftspraktiken, der Geschäftsprofile, drückt sich in einem spezifischen Verhältnis der drei

---

13 Beispielsweise strahlt WDR 3 mit den *Anrheinern* eine soapähnliche Serie im Abendprogramm aus.

industrieweit gültigen Steuerungsgrößen Inhalt, Budget und Einschaltquote aus. Über sie findet ein Zusammenspiel inhaltlicher, finanzieller sowie marktorientierter Steuerung der Geschäfts- und insbesondere der Produktionspraktiken statt.

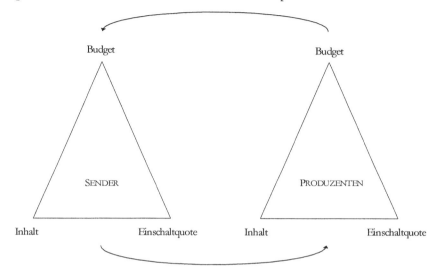

Abb. 3: Rekursive Konstitution der Geschäftsprofile von Sendern und Produzenten

Je nach dem, wie sehr sich Sender über Werbegelder finanzieren, und welche Bedeutung sie welchen Inhalten beimessen, bildet sich ein spezifischer, dynamischer Mix der drei Steuerungsgrößen heraus. Die Auslegung der Steuerungsgrößen stellt zwar immer auch eine Legitimationsfassade im Sinne von Meyer und Rowan (1977) dar, die Praktiken der Produktion von Content sind in der Industrie durch sie aber auch konkret geprägt. Im Prozess der Produktion wie der wechselseitigen Selektion sind daher die Geschäftsprofile von Sendern und Produzenten wechselseitig aufeinander bezogen.

Gegenstand der Produktionssteuerung über *Inhalte* ist die Entwicklung einer originellen Geschichte, die Einhaltung von Genre- und Formatvorgaben (Krimis werden beispielsweise nach anderen Regeln geschrieben als Familienserien), aber auch die Berücksichtigung des Geschmacks und der Interessen des senderspezifischen Zielpublikums. Ein großer, zu einem privaten Medienkonzern gehörender Produzent formuliert:

„Wenn sie Kunst machen, [...], dann müssen sie wissen, das geht nur bei öffentlich-rechtlichen Sendern. Das geht nicht mit einer Werbeunterbrechung. Wenn sie da Werbung für Coca-Cola machen würden, das wäre peinlich. Wir versuchen wirklich gutes Fernsehen bei den öffentlich-rechtlichen Sendern unterzubringen" (Produzent 5).

Wie schon beim Packaging angedeutet, ist eine der Aufgaben des Produzenten als Netzwerkorganisator, die Akteure des Projektnetzwerks (insbesondere Autoren und Regisseure) so – gegebenenfalls zusammen mit Sendern – auszuwählen und die Stoffentwicklung so zu koordinieren, dass ein mit den Vorstellungen des Auftraggebers kompatibles Endprodukt und ein starkes Commitment der wichtigsten Akteure für die Realisierung eines bestimmten Contents gewährleistet sind:

„Ich organisiere einen Informationsaustausch zwischen denen an der Stoffentwicklung Beteiligten [d.h. Autor, Regisseur, Producer und Redakteur; Anm. d. Verf.]. Das hat zum Beispiel den Vorteil, dass ein Regisseur hinterher nie sagen kann: ‚Das muss ich jetzt hier an dem Buch ändern'. Und er wird auch nicht dem Schauspieler sagen: ‚Du hast recht, das ist nichts'. Wir haben dann schon oft über die Szene geredet. [...]. Das ist einfach besser so. Den Inhalt handeln wir dann mit Autor, Redaktion und Regisseur hier am Tisch aus. Das heißt, wir arbeiten das Manuskript durch" (Producer 1).

Reflexiv aufgenommen werden von den Akteuren bei der Inhaltegenerierung in den Projektnetzwerken auch die von Sendern vorgegebenen und relativ fixen *Budgets*:

„Das gehört auch zu meinem Selbstverständnis, dass ich ein Controlling über den Etat mache, dass ich auch während der Dreharbeiten, während der Buchentwicklung daran denke" (Redakteur 3).[14]

Kompetente Produzenten führen zudem *Einschaltquoten*vorgaben als (implizite) Größen ihrer Produktionssteuerung mit:

„Natürlich weiß ich, dass ich Frauen ansprechen muss, dass ich eine weibliche Zielgruppe ansprechen muss, und dann bin ich für den Sender ein Erfolg und bekomme mehr Sendungen. Ich erhalte dann die Quoten nach jeder Sendung, detaillierte Quoten. [...]. Aber sie wissen, wenn sie anfangen, sehr gut, wie hoch die Erwartung des Senders liegt, also etwa 15 Prozent Marktanteil. Sie wissen, wo sie hinkommen müssen" (Producer 1).

Einschaltquoten werden als Ergebnisgrößen nach der Ausstrahlung einer Folge gemessen. Sie sind aber zugleich als erwartetes oder gefordertes Ergebnis eine Steuerungsgröße, auf die sich Akteure rekursiv bereits in ihrem Handeln während der Produktion und selbst in vorgelagerten Entscheidungs- und Aushandlungsprozessen beziehen. Kompetente Produzenten und Redakteure wissen, welche Einschaltquoten erreicht werden müssen, und wie sie diese erreichen können. Insofern sind neben der kontinuierlichen Auswertung von Marktforschungsdaten ihre Erfahrungen für die Erreichung angestrebter Einschaltquoten wichtig. Die Orientierung an Einschaltquoten geben die Sender als Vermarkter der Inhalte vor. Dabei übersetzen sie die Anforderungen der Werbewirtschaft und bringen auf diese Weise deren Sicht-, Handlungs- und Legitimationsweisen in die (Steuerung durch Selektion der) Projektnetzwerke ein.

Das Verhältnis zwischen den drei Steuerungsgrößen ist nicht konfliktfrei, was durch das magische Dreieck in Abbildung 3 angedeutet ist und was die Netzwerksteuerung durch Selektion verkomplizieren kann.[15] Budgets ermöglichen bestimmte Inhalte, restringieren sie aber zugleich. Umgekehrt sind für bestimmte Inhalte entsprechende Budgets erforderlich. Ebenso verhalten sich Einschaltquote und Inhalt rekursiv zueinander: Sendeplätzen angemessene Inhalte haben das Potential, Sendern entsprechende Einschaltquoten zu bescheren. Die Einschaltquoten ihrerseits wirken auf die Inhalte zurück, ermöglichen sie doch erst die Zuweisung entsprechender Budgets. Die selektionsrelevanten Geschäftspraktiken von Sendern und Produzenten stehen zudem

---

14 Umgekehrt wird auch von einem vom Produzenten engagierten Autor erwartet, dass er „auf Budget schreiben kann" (Branchenexperte 1). Die Beachtung von Budgets wird auch von den anderen Akteuren im Projekt, jedoch insbesondere von Regisseuren und Produktionsleitern, erwartet.

15 Zum Beispiel ist es oft nicht klar, ob ein Quoteneinbruch dem Produzenten und seiner Arbeit zugerechnet werden soll, oder aber äußere Umstände, wie ein attraktives Konkurrenzprogramm (z.B. Fußball-Länderspiel), dafür verantwortlich sind.

Netzwerksteuerung durch Selektion 93

in einem Rekursionsverhältnis – das bedeutet aber nicht gleich, dass sie immer untereinander harmonieren. Das Gegenteil dürfte oft der Fall sein – strukturelle Machtungleichgewichte sind in der Regel auch ein guter Nährboden für mikropolitische Auseinandersetzungen (vgl. Ortmann et al. 1990).

Inhalt, Budget und Einschaltquote sind zentrale Steuerungsgrößen des gesamten Produktionsprozesses von Programminhalten.[16] Als Moment des Profils von Sendern wie von Produzenten weist die Trias von Inhalt, Budget und Einschaltquote für die Akteure jeweils gewisse Gewichtungen auf. Ob des hohen Grades von Risiko, Lukrativität und Kontingenz bei der Produktion von Unikaten ist also ein gewisser viabler Fit zwischen den Gewichtungen bei Inhalt, Budget und Einschaltquote zwischen Sendern und Produzenten Voraussetzung dafür, dass die Produktion sowohl für Sender als auch für Produzenten in einem akzeptablen Sinne verläuft. Es verwundert daher nicht, dass Sendervertreter wie Produzenten diesem Fit in ihren wechselseitigen Selektionsentscheidungen hohe Bedeutung zuweisen.

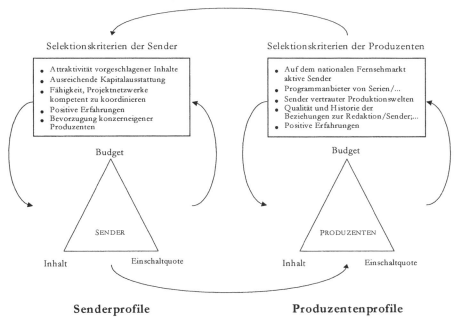

Senderprofile   **Produzentenprofile**

Abb. 4: Das rekursive Zusammenspiel von Sender- und Produzentenprofilen

---

16 Inhalt, Budget und Einschaltquoten fließen nicht nur in Verträge ein. Außer bei Soaps sind bei Fernsehserien explizite, vertraglich vereinbarte Einschaltquotenvorgaben im Unterschied zu Talkshows und anderen Unterhaltungssendungen, wie zum Beispiel *Christiansen*, (gegenwärtig noch) unüblich. Inhalt, Budget und Einschaltquoten finden jedoch Eingang in „die ganze Erzählweise. Angefangen von der Regie bis hin zu den Protagonisten" (Redakteur 3), das heißt in den Inhalt der Geschichten, die Figurenkonstellation, die Requisite, den Schnitt und vieles andere mehr – bis hinein in die Fortsetzung von Projekten. Bei letzterem steht auf Basis von Marktforschungsdaten eventuell die Modifikation des Inhalts im Mittelpunkt. Aufgrund „transaktionsspezifischer Investitionen" (Williamson 1985) wird bei langlaufenden Fernsehserien wie Soaps selbst bei grundlegenden Problemen noch versucht nachzusteuern, um die Investitionen zu retten.

Die Steuerungsgrößen Inhalt, Budget und Einschaltquote und die in Abschnitt 4.1 vorgestellten Selektionskriterien stehen (wie in der Abbildung 4 visualisiert) ihrerseits miteinander in einem rekursiven Konstitutionsverhältnis, tragen sie doch im Prozess wechselseitiger Selektion zu einem aufeinander abgestimmten Profil der beteiligten Akteure bei (oder lassen einen Misfit offensichtlich werden). Legt der Sender sein Schwergewicht bei den Selektionskriterien etwa auf die journalistische oder literarische Qualität des Inhalts, so ist es wahrscheinlich, dass er auch im Produktionsprozess der Steuerungsgröße Inhalt im Hinblick auf diese Spezifika hohe Beachtung schenkt und andere Inhalte in Auftrag gibt als ein Sender, der sich vor allem am Einschaltquotenerfolg orientiert. Konzentriert er sich vorrangig auf Einschaltquoten, so dürfte nicht nur die Qualität der Inhalte eher nachrangig sein, sondern auch andere Inhalte produziert werden.

Definiert sich beispielsweise ein Sender als „Großstadtfernsehen" (Programmdirektor 1), dann bedeutet das für Produzenten, die für diesen Sender produzieren (wollen): Sie müssen Geschichten entwickeln und produzieren können, die den Großstadtflair widerspiegeln. Da die Wahl dieses Profils vom Sender auch eine Reaktion auf seinen eingesteckten Haushalt ist, müssen seine Produzenten ferner in der Lage sein, Produktionen mit niedrigen Budgets zu managen. Gelingt ihnen das, so haben sie gute Chancen, von diesem Sender (re-)selektiert zu werden. Allerdings verbessern sie damit aber nicht unbedingt ihre Chancen bei Sendern, die überregional ausgerichtet sind, sich an anderen Standards orientieren und mit höheren Budgets arbeiten.

Produktionsunternehmungen entwickeln ihrerseits Profile, *Produzentenprofile*. Sie verstehen sich etwa als „Qualitätsproduzent" (Produzent 2). So orientieren sich manche an dem Anspruch journalistischer Qualität, mit dem sich öffentlich-rechtliche Sender von privaten Sendern versuchen zu differenzieren. Andere Produzenten entwickeln das Profil eines „Action-Serienproduzenten". Produzenten mit diesem Profil richten sich etwa stärker an privaten Sendern aus, die aufgrund ihres Erfolgs und ihrer Pionierrolle mit eher preiswert gefertigten Serien eine „industrielle Massenfertigung" (Redakteur 1) von Serienfolgen verlangen.

5   Eingeschränkte Selbststeuerung der Projektnetzwerke durch Produzenten

„*[A]uswählen können!* Aber diesen Luxus können sich nur wenige leisten. Doch damit fängt es eigentlich an: ablehnen können, selbst bestimmen, was man machen möchte, *nicht: machen müssen, sondern machen wollen*" (Ziegler 1999, S. 6).

Stimmt diese von der Film- und Fernsehproduzentin Regina Ziegler (1999) gegebene Einschätzung der Situation deutscher Produzenten (und vieles spricht dafür), dann hat das weitreichende Folgen. Immerhin verbindet sich mit den Möglichkeiten zur Selektion in Projektnetzwerken weitgehend die Frage der Kontrolle der Produktionsprozesse: Auszuwählen und gegebenenfalls auszutauschen, wer den Stoff inszeniert, wer Regie führt, wer in der Lage ist, die Kamera so zu führen, den Schnitt so zu machen, dass nicht nur die Qualität der Bilder, sondern auch die Kosten am Ende stimmen, ist für Produzenten nämlich ebenso bedeutsam wie die Fersehredakteure mit ihren Vorlieben genau zu kennen. Für eine effiziente Produktion muss man als Produzent dabei nicht nur Regisseure, Schauspieler, Kameraleute und Redakteure mit ihren Qualifikationen und Vorlieben kennen; man muss auch eine Vorstellung über deren Zusammenarbeit besitzen und begründete Chancen haben, sie beim Sender gegebenenfalls auch durchzusetzen sowie den Produktionsprozess mit ihnen koordinieren zu können.

Die Auswahl der Akteure zielt zwar immer auf eine spezielle Person, etwa einen Star, oder eine spezielle Unternehmung, etwa einen Studiobetrieb. Kompetente Produzenten betrachten die Entscheidungen aber nicht isoliert voneinander. Sie wissen, deren Vorstellungen und Handlungsweisen müssen zueinander passen. „Ich muss es regelrecht sehen können, wie das Produkt aussieht, wenn es mir der oder die Regisseurin macht, mit dem oder der Schauspielerin" (Ziegler 1999, S. 7). Kompetente Produzenten verbinden bereits bei der Konzeption von Projekten (im Vorfeld der Auswahl konkreter Akteure) Projekte in Zeit und Raum miteinander, schließen sie in Gedanken aneinander an, stellen zur Planung projektübergreifende Zusammenhänge her. Praktisch verwenden Produzenten von der Entwicklung bis zur Koordination der Projektaktivitäten eine (wie rudimentär auch immer ausgebildete) Netzwerkperspektive, in die sie markt- und produktionsökonomische Erfordernisse mit einbeziehen. Denn wenn ein Drehtag drei bis fünf Prozent des gesamten Budgets für ein Projekt von zum Beispiel DM 3 Mio. verschlingt, entscheiden einzelne Drehtage darüber, ob Produzenten auf ihrem Overhead sitzen bleiben, Plus-Minus-Null herauskommen oder Gewinn machen. Da ist es schnell eine Überlebensfrage wie reibungslos Projekte funktionieren (vgl. Ziegler 1999, S. 9).

Nicht nur Produzenten steuern Projekte de facto in einer Netzwerkperspektive. Gleiches gilt für Sender. Im Resultat erfolgt eine *Netzwerk*steuerung der Produktion, die sich nicht zuletzt in den Orientierungen der Aktivitäten von Sendern und Produzenten in den Selektionsprozessen manifestiert.

Projektnetzwerke in der Fernsehindustrie sind hierarchische Netzwerke. Das gesamte Projektgeschehen und dessen Vermarktung werden von einem Zentrum her gesteuert. Die Praktiken wechselseitiger Selektion verdeutlichen unmissverständlich: *Produzenten geben nur selten die Richtung an.* Produzenten entwickeln zwar weitgehend eigenständig ihre Projektideen zu Serien, Sender wählen aber aus der Vielzahl attraktiver Inhalte aus. Selbst etablierte Produzenten erhalten im Durchschnitt nur für eins von zehn den Sendern vorgelegten Projekten einen Zuschlag. Produzenten müssen zwar die Produktion managen und tragen die Verantwortung für die vertragsgemäße Ausführung des Projekts. Sender nehmen aber, wie wir gleich noch zeigen werden, recht weitgehend Einfluss auf die Auswahl wichtiger Projektteilnehmer und kontrollieren die Produktionsprozesse, sichern sich tendenziell alle Rechte an den Produkten.[17]

Der Eindruck, Produzenten steuerten nur recht eingeschränkt die Auswahl der Projektteilnehmer und die Produktion in Projektnetzwerken selbst, widerspricht dem Selbstbild vieler Produzenten. Nicht wenige gehen davon aus, sie würden die Produktion alleine steuern. Tatsächlich gestalten Produzenten augenscheinlich relativ eigenständig (zusammen mit den anderen am Projekt beteiligten Akteuren) die Produktion; das geschieht zumeist jedoch lediglich im Rahmen der von Sendern weitgehend gesetzten Handlungskorridore und vereinbarten Vorgaben: „Definiert wird der Korridor aber vom Sender selber" (Produzent 2), sagen selbst erfahrende und erfolgreiche Produzenten. Reduziert man die Rolle des Produzenten nicht darauf, über Drehtage,

---

[17] Ausgenommen sind die Rechte an dem Format, die etablierte Serienproduzenten (oder deren Autoren) zumeist in der Lage sind, für sich zu sichern.

die Zahl der Klappen und über Geldmengen zu wachen, sondern greift weitere wichtige und grundlegende Aufgaben von Produzenten im Rahmen der Produktion von Programminhalten auf, wie die Selektion der Akteure, dann wird das überdeutlich.

Produzenten schnüren zwar, wie erwähnt, Packages aus Autoren, Regisseuren, Schauspielern usw. Sender wählen aber schon Produzenten danach aus, ob sie Projektnetzwerke kompetent zusammenstellen und koordinieren können. Sie gehen dabei davon aus, dass Produzenten zu den für das Projekt wichtigen Akteuren Netzwerkbeziehungen unterhalten (oder sie selbst beschäftigen) und dass sich in deren Besetzungsvorschlägen schon die Vorstellungen der Sender widerspiegeln.[18] Sender bestimmen oftmals auf Basis der Vorschläge von Produzenten oder mittels (Quasi-)Vetorechten recht weitgehend die kreativen Projektteilnehmer und sind auch in der Lage, so sich Besetzungen in ihren Augen als unglücklich erweisen, Veränderungen durchzusetzen. Die Situation ist zwar keinesfalls für alle Produzenten gleich, und Besetzungen können auch im Einvernehmen zwischen Sendern und Produzenten vorgenommen werden; sie erfolgen aber weitgehend machtabhängig. Das ist in der Branche allgemein bekannt:

„Wir bestimmen recht weitgehend über die Auswahl von Autoren und Regisseuren. [...] Eine erfolgreiche Produktionsfirma würde das nicht zulassen, ein weniger erfolgreicher Produzent sagt schon eher ja. Wir haben immer einen Passus im Vertrag, dass die künstlerische Oberhoheit bei uns liegt. Jedoch, wie gesagt, der eine Produzent verbittet sich das, der andere weniger" (Redakteur 4).

Sender steuern Projektnetzwerke in der Regel nicht nur über die Selektion von Akteuren ‚above the line' einschließlich der Besetzung der Position ihrer Ansprechpartner beim Produzenten, die sogenannten Producer, wenngleich dies nicht vertraglich abgesichert, sondern nur „faktisch so ist" (Redakteur 3). In einigen Fällen, insbesondere bei relativ unerfahrenen Produzenten, reden Sender ferner gezielt bei der Besetzung der Position des Produktionsleiters mit, weil über ihn die kritische Budgetkontrolle erfolgt. Wenn auch keinesfalls notwendig als solche angesehen, praktizieren Sender in den Projektnetzwerken der Produktion von Fernsehserien also eine *Netzwerk*selektion, eine (Einflussnahme auf die) Auswahl unterschiedlicher Akteure im Netzwerk im Hinblick auf deren erfahrungsgesättigtes oder erwartetes Zusammenspiel; sie begrenzen ihr Interesse keinesfalls nur auf die isolierte Selektion passender Produzenten.

Sender flankieren ihre Einflussnahmen auf das Netzwerkgeschehen (über die Netzwerksteuerung durch Selektion hinaus) durch Kontrollen der Umsetzung der Vereinbarungen während der Produktionsprozesse (selbst bei einigen etablierten Großproduzenten, wie die folgende Passage verdeutlicht):

„Es werden diverse Positionen beim Sender kontrolliert. Also man kann nicht Mario Adorf kalkulieren und dann Hans Meyer spielen lassen. Natürlich auch beim Drehbuch. Wir haben alle Rechte und die werden auf den Sender übertragen. Die Hauptdarstellerverträge werden normalerweise auch dem Sender übergeben und diverse andere Positionen, die der Sender automatisch kontrolliert, zum Beispiel die Besetzung, den Regisseur. Vor jedem Drehtag gibt es eine Disposition. Die sieht der Sender. Am Ende des Tages bekommt er eine Tagesmeldung. Daran sieht er, welche Szene gedreht und welches Material gebraucht wurde. Das lässt sich der Sender alles vorführen, obwohl er einen Festpreis hat. Obwohl wir einen Festpreis haben, werden wir vom Auftraggeber kontrolliert. Vom Sender her hat man eine Prozesskontrolle eingebaut" (Produzent 5).

---

18 Dauerhafte Beschäftigungsverhältnisse sind jedoch, wie gesagt, selten in der Branche. Producer besitzen in der Regel diesen Status.

Die vertraglich gegebene Gesamtverantwortung der Produzenten für das Produkt wird insgesamt so oft recht weitgehend relativiert.

Sender müssen Einflussnahmen auf die Auswahl der Projektteilnehmer und Prozesskontrollen vielen Produzenten aber nicht abtrotzen. Produzenten sind vielmehr eigeninteressiert, Sender über spezielle Formen der Kundenintegration in die Produktionsprozesse mit einzubeziehen, um ihre Unsicherheiten zu reduzieren – was jedoch selbst auch wieder als Ausdruck relevanter Machtungleichgewichte gelesen werden kann und bezüglich der Steuerungsfähigkeit von Produzenten zumindest ambivalente Resultate zeitigt.

Die den Produzenten bei der Koordination der Produktion von Fernsehserien eingeräumten Koordinationsspielräume spiegeln für Sender das – durch das Sieb der „Mikropolitik der Sicherheit" (Ortmann et al. 1990, S. 444 ff.) passierte – ökonomische Bedürfnis nach Externalisierung von Steuerung (und damit vermeintlich die Abgabe direkter Verantwortung und eines Großteils der Risiken) bei gleichzeitiger Einflussnahme auf Steuerung und Sicherung eigener Profite. Der Rückgriff auf etablierte Beziehungen zu Produzenten, Schauspielern, Regisseuren usw. erlaubt Sendervertretern, Steuerungsaufgaben in als legitim angesehener Art und Weise auf Produzenten zu übertragen, vermittelt ihnen aber (eine kompetente Auswahl von Produzenten, Einflussnahme auf die Auswahl weiterer relevanter Akteure im Projekt und passende Prozesskontrollen vorausgesetzt) gleichzeitig eine Sicherheit darüber, dass Netzwerksteuerung in einer mit ihren Sichten verträglichen Weise durch die Produzenten erfolgt. Die Produktion in Projektnetzwerken wird so faktisch einer Selbststeuerung der Produktion im Rahmen einer Unternehmung oder eines Konzernzusammenhangs weitgehend angeglichen.

Projektnetzwerke weisen im Ergebnis mit Sendern und Produzenten gleichsam eine doppelte Führungsspitze auf, wobei jedoch Sender – zum Teil eingegliedert in Medienkonzerne – in der Regel den Ton angeben. Produzenten nehmen eine mit Generalunternehmern in der Bauindustrie vergleichbare Funktion wahr (vgl. auch Ebers et al. in diesem Band). Ihre Steuerungsaufgaben im Prozess sind von Sendern delegiert, toleriert, immer aber kontrolliert. Je nachdem wie weitgehend die Einflussnahmen der Sender auf einzelne Produzenten sind, lassen sie sich als verlängerte Werkbänke oder als eher autonome Produzenten klassifizieren. Immer ist die Selbststeuerung der Projekte durch Produzenten eingeschränkt. „Auswählen können ist wesentlich" (Ziegler 1999, S. 6), aber den Luxus, auswählen zu können, können sich nur wenige leisten.

Die Möglichkeiten der Sender, ihren Kriterien bei der Vergabe und Produktion von Fernsehserien Geltung zu verschaffen, weist sie unzweideutig als die mächtigeren Akteure im „organisationalen Feld" (DiMaggio/Powell 1983) der bundesdeutschen Fernsehindustrie aus. Das sollte allerdings nicht darüber hinwegtäuschen, dass zwischen Sendern markante Unterschiede zu berücksichtigen sind. So ist – schaut man allein auf das öffentlich-rechtliche Fernsehen – das Ressourcenpotential des Westdeutschen Rundfunks (WDR) als größter Anstalt der ARD um ein vielfaches höher als etwa das des Sender Freies Berlin (SFB) und selbst höher als das des Zweiten Deutschen Fernsehens (ZDF). Andererseits finden sich mit Bavaria, Studio Hamburg und der Ufa große und mächtige Produzenten im Feld, die wir auch in unsere Auswertungen einbezogen haben. Nicht alle Redakteure und Produzenten sind zudem willens oder in der Lage, ihre Machtpotentiale in gleicher Weise zu nutzen. So kommt es vereinzelt vor, dass statt der Redakteure machtvoller Sender, etablierte mittelständische Serienproduzenten die Produktion in Projektnetzwerken durchgängig recht autonom gestalten, Sendervertretern so gut wie keinen Einblick in ihre Vertragsgestaltung mit den am Projekt beteiligten Akteuren gestatten, den Produktionsprozess eigenwillig kontrollieren und Einflussnahmen des Senders zum Leidwesen der zuständigen Redakteure geschickt abblocken. Eine Untersuchung der Selektionsprozesse unter ökonomisch-strategisch höchst bedeutsamen Machtgesichtspunkten hat daher jeweils genau zu schauen, welche Akteure, welche Ressourcen in den Selektionsprozessen mobilisieren (können), welchen Einfluss sie damit in Projektnetzwerken auf Prozesse erzielen und welche Bedeutung sie dabei welchen Kriterien zuweisen.

6 Vor einer reflexiven Wende? – Wege zur Verbesserung der Selbststeuerungspotentiale der Produzenten

Produzenten (wie auch Sender) betrachten die Auswahl von Projektteilnehmern, wie ausgeführt, zwar schon mit einer Netzwerkperspektive. Diese Perspektive ist in der Regel aber eher rudimentär entwickelt. Durch eine reflexivere Auswahl können sie ihre Potentiale zur Selbststeuerung verbessern. Eine reflexive Netzwerksteuerung durch Selektion meint, dass Akteure kontinuierlich ihre Selektionspraktiken systematisch in ihrer Bedeutung für den Netzwerkzusammenhang analysieren und die daraus gewonnenen Informationen als Grundlage ihrer weiteren Auswahlprozesse zur Steuerung des Netzwerks, d.h. zur Fortführung oder weiteren Ausgestaltung sowohl einzelner Geschäftsbeziehungen als auch des Netzwerkzusammenhangs, nutzen. Auf dem Prüfstand stehen sodann jede der Geschäftsbeziehungen zu den am Netzwerk beteiligten Akteuren sowie der Beziehungszusammenhang als ganzer und die auf beide Ebenen bezogenen Steuerungspraktiken selbst.[19] Eingeschlossen ist das vergleichende Ausloten möglicher Alternativen.

Produzenten bieten sich verschiedene Ansatzpunkte, den Netzwerkzusammenhang reflexiver über die Selektion von Akteuren zu gestalten. Wir stellen fünf von ihnen vor. Chancen der Verbesserung der Geschäftsmöglichkeiten stehen jedoch jeweils auch Risiken gegenüber.

Produzenten können ihre *Geschäftsbeziehungen erstens hinsichtlich ihrer Bedeutung für den Beziehungszusammenhang in Projektnetzwerken* kontinuierlich auswerten und die Informationen zur Auswahl der wichtigen Netzwerkakteure nutzen. Als Resultat der Analyse können Produzenten zu dem Urteil gelangen, einige der Beziehungen nicht weiter oder in einem geringeren Ausmass zu pflegen. Das setzt Kapazitäten frei, um die als strategisch angesehenen Beziehungen besser pflegen zu können. Der Abbau redundanter Beziehungen zur Freisetzung von Kapazitäten (Burt 1992) muss in der Fernsehindustrie dabei mit der notwendigen Pflege eines Überschusses an Beziehungen

---

[19] Die Auswertung der Netzwerke könnte zum Beispiel durch eine strategische (Crozier/Friedberg (1979) oder mikropolitische Analyse (Ortmann et al. 1990) der Mechanismen und Schwachstellen interorganisationaler Beziehungen und des interorganisationalen Beziehungszusammenhangs geschehen. Personalisierende Analysen, wie sie in der Branche üblich sind, können so vermieden werden.

zur Steigerung flexibler Reaktionsmöglichkeiten (Wiesenthal 1990; Grabher 1993) balanciert werden.

Zweitens kann ein Produzent ein *Projektnetzwerk konsequent dahingehend entwickeln, dass das Produzentenprofil gestärkt wird.* Unternehmungen wie Action Concept für Action-Serien oder Grundy-Ufa für Soaps ist es etwa gelungen, eindeutige Produzentenprofile in bestimmten Bereichen zu entwickeln. Sender(vertreter) wenden sich deshalb zunächst an sie, wenn entsprechende Sendeplätze zu besetzen sind. Das bedeutet für Produzenten, dass sie strategisch nur noch mit jenen Sendern, Regisseuren, technischen und künsterischen Mediendienstleistern zusammenarbeiten, die ihr Profil verbessern. Allerdings gibt es dabei das von Leonard-Barton (1992) aufgezeigte Dilemma zu managen, dass eine Stärkung von „core capabilities" unweigerlich gewisse „core rigidities" in sich birgt.

Drittens bietet die reflexivere Zusammenarbeit mit Akteuren im Projektnetzwerk gute Chancen, nicht nur die Koordination zu erleichtern, sondern auch *Lernmöglichkeiten und Innovationen zu schaffen.* Zu denken ist etwa an Praktiken von Großproduzenten, die kompetente Regisseure zwischen unterschiedlichen Projekten versetzen,[20] dadurch diese stärker nicht nur an sich binden, sondern deren Kompetenzen auch über einzelne Projekte hinweg übertragen. Verbesserungen der Fähigkeiten einzelner Akteure stehen hier Risiken der Abwanderung zu anderen Produzenten gegenüber.

Viertens können Produzenten eine reflexivere Netzwerksteuerung durch Selektion nutzen, um *neue Absatzmärkte und neue Geschäftsfelder* zu erschließen. Zum Beispiel können Produzenten freiwerdende Potentiale nutzen, um für private und öffentlich-rechtliche Sender gleichrangig aktiv zu werden, oder neue Geschäftsfelder, wie das Internet, für sich auszuloten. Produzenten könnten dadurch die Abhängigkeit von ihren wenigen Großkunden verringern, eher Kapital bilden und gegebenenfalls selbst verstärkt Rechte an denen von ihnen produzierten Serien erwerben, wodurch sie wiederum ihre Handlungsmöglichkeiten erweitern würden. Chancen, neue Märkte zu erobern, stehen hier Risiken der Verminderung der Bindung eines Produzenten an Sender als Geschäftspartner gegenüber.

Sieht man von den wenigen Koproduktionen mit deutscher Beteiligung, die sich vor allem auf (mehrteilige) TV-Movies beschränken, einmal ab, kommt es bisher kaum zu (horizontaler) *Kooperation zwischen Produzenten.* Das aber wäre eine u.E. *fünfte* überprüfenswerte Option. Durch die Kooperation mittelständischer mit Großproduzenten könnten gegebenenfalls internationale Serienformate und, ähnlich wie der bisher Großproduzenten und großen ARD-Sendern sowie ihren Tochterunternehmungen vorbehaltene Zusammenschluss German United Distributors, neue Möglichkeiten des Vertriebs entwickelt und dadurch neue Märkte erreicht werden.[21] Die Bedeutsamkeit dieser Strategieoption lässt sich daran ablesen, dass selbst Hollywood-Produzenten sich aufgrund der Entwicklung national geprägter Fernsehmärkte gezwungen sehen, bei der Produktion von Fernsehserien mit Partnern im Ausland zusammenzuarbeiten.

---

20 Insofern nähert sich das Projektnetzwerk einem „internen Arbeitsmarkt" (Sengenberger 1987) an.
21 Insbesondere eine Kooperation im Vertrieb scheint angesichts des Wandels in der Rechteverteilung notwendig zu sein, weil Sender dazu übergehen, Produzenten gegen eine Eigenbeteiligung Rechte zu überlassen. Vgl. zu in der Versicherungsindustrie anzutreffenden Möglichkeiten der Überwindung machtabhängiger Reziprozitäten zwischen Versicherungsmaklern und Versicherern Sydow et al. (1995, S. 253 ff.).

Horizontale Vernetzung wirft aber gleichzeitig Fragen nach der Gestaltung des Spannungsverhältnisses von Kooperation und Kompetition auf (Dowling/Lechner 1998).

Die Strategieoption der reflexiveren Netzwerksteuerung durch Selektion steht allen Produzenten offen, obwohl mächtigere Produzenten umfassendere Möglichkeiten zu ihrer Verfolgung haben (dürften). Aber auch weniger mächtigen Produzenten verspricht sie relevante relative Positionsverbesserungen. Statt gleich Projektnetzwerke insgesamt zu organisieren, könnte es sich für sie anbieten, reflexiver an einzelnen Beziehungen anzusetzen, um sich dann Stück für Stück weitere Freiräume bei der Organisierung einzelner Beziehungszusammenhänge im Projektnetzwerk zu erarbeiten. Netzwerksteuerung durch Selektion müsste zudem nicht notwendig zu Lasten der Sender gehen. Sender und Produzenten könnten sie auch zur Verbesserung der Zusammenarbeit nutzen.

Diese, aus einer Analyse der Praktiken der Produktion von Fernsehserien gewonnenen Ansatzpunkte für eine reflexivere Netzwerksteuerung, lassen sich ähnlich auch für die Produktion anderer Formate formulieren. Am offensichtlichsten ist dies bei TV-Movies, die in einer ähnlichen Art und Weise produziert und distribuiert werden wie Fernsehserien. Unsere bisherigen, hier aber nicht referierten Forschungsergebnisse zur Produktion von Beiträgen für Wissenschaftsmagazine und Dokumentationen stützen die Vermutung, dass auch hier ähnliche Ansatzpunkte für eine Steigerung der Effektivität und Effizienz durch Netzwerksteuerung durch Selektion zu finden sind. Trotzdem ist bei der Übertragung auf andere Content-Arten jeweils kritisch zu prüfen, ob sich ähnliche Möglichkeiten der Verbesserung der Nutzungsmöglichkeiten der Ressourcen durch reflexivere Formen der Netzwerksteuerung durch Selektion eröffnen.

Formen reflexiverer Netzwerksteuerung durch Selektion könnten aber auch Fernsehsender ergreifen. Sollten sie diese Option etwa verstärkt aufgreifen, Produzenten die Option jedoch nicht ergreifen, könnten sich bestehende Asymmetrien im Handlungsfeld fortschreiben oder gar vertiefen. Ob eher Produzenten oder eher Sender die in einem reflexiveren Management der Selektionspraktiken schlummernde Potentiale zur Gestaltung der Projektnetzwerke für sich nutzen werden, um ihre Position im Handlungsfeld zu verbessern, bleibt abzuwarten.

Literatur

Burt, R.S. (1992): Structural holes. The social structure of competition. Cambridge, Mass. und New York.

Crozier, M./Friedberg, E. (1979): Macht und Organisation. Die Zwänge kollektiven Handelns. Königstein/Ts.

DeFillippi, R.J./Arthur, M.B. (1998): Paradox in project-based enterprise: The case of film making. In: California Management Review 40 (2), S. 125-139.

DiMaggio, P./Powell, W.W. (1983): The iron cage revisited: Institutional isomorphism and collective rationality in organizational fields. In: American Sociological Review 48, S. 147-160.

Dowling, M./Lechner, C./Thielmann, B. (1998): Convergence – Innovation and change of market structures between television and online services. In: Elektronic Markets 8 (4), S. 31-35.

Dowling, M./Lechner, C. (1998): Kooperative Wettbewerbsbeziehungen: Theoretische Ansätze und Managementstrategien. In: Die Betriebswirtschaft 58 (1), S. 86-102.

Dülfer, E. (1982): Projekte und Projektmanagement im internationalen Kontext – Eine Einführung. In: Dülfer, E. (Hrsg.): Projektmanagement – International. Stuttgart, S. 1-30.
Giddens, A. (1984): The constitution of society. Cambridge.
Goodman, R.A. (1981): Temporary systems. New York.
Grabher, G. (1994): Lob der Verschwendung. Berlin.
Hannan, M.T./Freeman, J.H. (1977): The population ecology of organizations. In: American Journal of Sociology 83, S. 929-984.
Hannan, M.T./Freeman, J.H. (1984): Structural inertia and organizational change. In: American Sociological Review 49, S. 149-164.
Heimlich, R./Thomsen, F. (1994): Das Fernsehvolk wird eingeseift. In: Die Zeit vom 2.12.1994, S. 75.
Jakobs, H.-J. (1999): Das Aldi-TV. In: Der Spiegel 50 (20), S. 84-91.
Jones, C. (1996): Careers in project networks: The case of the film industry. In: Arthur, M.B./Rousseau, D. (Hrsg.): The boudaryless career. Oxford, S. 58-75.
Jones, C./DeFillippi, R.J. (1996): Back into the future in film: Combining industry and self-knowledge to meet career challanges of the 21st century. In: Academy of Management Executive 10 (4), S. 89-104.
Jones, C./Walsh, K. (1997): Boundaryless careers in the US film industry: Understanding labor market dynamics of network organizations. In: Industrielle Beziehungen 4 (1), S. 58-73.
Kleinaltenkamp, M. (1997): Customer Integration. Kundenintegration als Leitbild für das Buisiness-to-Buisiness-Marketing. In: Kleinaltenkamp, M./Fließ, S./Jacob, F. (Hrsg.): Customer Integration: Von der Kundenorientierung zur Kundenintegration. Wiesbaden, S. 13-24.
Korbmacher, E. (1991): Organisationsstrukturelle Problemfelder im überbetrieblichen Projektmanagement. Hamburg.
Kruse, J. (1994): Die amerikanische Dominanz bei Film- und Fernsehproduktionen. In: Rundfunk und Fernsehen 42 (2), S. 184-199.
Leonard-Barton, D. (1992): Core capabilities and core rigidities: A paradox in managing new product development. In: Strategic Management Journal 13, S. 111-125.
Luhmann (1988): Die Wirtschaft der Gesellschaft. Frankfurt a.M.
Madauss, B.J. (1994): Handbuch Projektmanagement. 5. Aufl. Stuttgart.
Meyer, J.W./Rowan, B. (1977): Institutionalized organizations: Formal structure as myth and ceremony. In: American Journal of Sociology 83, S. 440-463.
Miles, R.E./Snow, C.C. (1986): Organizations: New concepts for new forms. In: California Management Review 28 (2), S. 62-73.
Miles, R.E./Snow, C.C. (1992): Causes of failure in network organizations. In: California Management Review 34 (2), S. 53-72.
Ortmann, G./Windeler, A./Becker, A./Schulz, H.-J. (1990): Computer und Macht in Organisationen. Opladen.
Ortmann, G./Sydow, J./Windeler, A. (1997): Organisation als reflexive Strukturation. In: Ortmann, G./Sydow, J./Türk, K. (Hrsg.): Theorien der Organisation. Die Rückkehr der Gesellschaft. Opladen, S. 315-354.
Röper, H. (1999): Die Formation deutscher Medienmultis 1989/99. Entwicklungen und Strategien der größten deutschen Medienunternehmen. In: Media Perspektiven 7, S. 345-378.
Sengenberger, W. (1987): Struktur und Funktionsweise von Arbeitsmärkten. Frankfurt a.M. und New York.
Storper, M./Christopherson, S. (1987): Flexible specialization and regional industrial agglomerations: the US film industry. In: Annals of the Association of American Geographers 77 (1), S. 104-117.

Sydow, J./Windeler, A. (1994): Über Netzwerke, virtuelle Integration und Interorganisationsbeziehungen. In: Sydow, J./Windeler, A. (Hrsg.): Management interorganisationaler Beziehungen. Opladen, S. 1-21.

Sydow, J./Windeler, A. (1999): Projektnetzwerke: Management von (mehr als) temporären Systemen. In: Engelhard, J./Sinz, E. (Hrsg.): Kooperation im Wettbewerb. Wiesbaden. Wieder abgedruckt in diesem Band.

Sydow, J./Windeler, A./Krebs, M./Loose, A./van Well, B. (1995): Organisation von Netzwerken. Opladen.

Wiesenthal, H. (1990): Unsicherheit und Multiple Self-Identität: Eine Spekulation über die Voraussetzungen strategischen Handelns. MPFG-Discussion Paper 90/2. Max-Planck-Institut für Gesellschaftsforschung. Köln.

Williamson, O.E. (1985): The economic institutions of capitalism. New York.

Windeler, A. (2001): Unternehmungsnetzwerke. Konstitution und Strukturation. Wiesbaden.

Windeler, A. (1999): Organisation von Dienstleistungen in Projektnetzwerken. Vortrag gehalten auf der Sektionstagung der Industrie- und Betriebssoziologie der DGS am 23/24-4-99 an der Ruhr-Universität Bochum zum Thema ‚Organisation von Dienstleistungen'. Manuskript.

Ziegler, R. (1999): Die deutsche Produktionswirtschaft. Qualität und Innovation: Wer ist verantwortlich? Vortrag gehalten auf der internationalen Konferenz für Film- und Fernsehproduktion „Babelsberg '99". Manuskript.

Produktionsformen von Mediendienstleistungen im Wandel – Von einer Variante der Netzwerkorganisation zur anderen

Jörg Sydow und Carsten Wirth

1 Einleitung

Die Durchsetzung des dualen Rundfunksystems Mitte der 80er Jahre und die damit verbundene Zulassung privater Fernsehsender in der Bundesrepublik Deutschland kann als „Urknall" (Hanke 1996) für die Fernsehproduktion angesehen werden. Mit der Entstehung des dualen Rundfunksystems entwickelt sich nicht nur die Konkurrenz zwischen öffentlich-rechtlichen und privaten Fernsehsendern, sondern es entsteht ferner seit Beginn der 90er Jahre ein stark wachsender Fernsehproduktionsmarkt. Auf diesem arbeiten Produzenten bzw. Produktionsfirmen, die teilweise Medienkonzernen angehören, mit freien Mitarbeitern, Technikdienstleistern und künstlerischen Dienstleistern in sog. „Projektnetzwerken" (Sydow/Windeler 1999) zusammen und produzieren Programminhalte: Content. Die Organisationsform des Projektnetzwerks setzten insbesondere private Fernsehsender durch, die, aufgrund des Erfolgs dieser Produktionsorganisation, den öffentlich-rechtlichen Fernsehsendern als Vorbild dienen. Es kommt infolgedessen – zumindest hinsichtlich der Organisation der Content-Produktion – eher zu einer Konvergenz denn Divergenz zwischen öffentlich-rechtlicher und privater Welt.

Aufgrund der gestiegenen Zahl von (Voll-) Programmen, die sich aufgrund der Durchsetzung des digitalen Fernsehens noch weiter erhöhen wird, und der damit verbundenen Wettbewerbsverschärfung um Zuschauer und Werbeeinnahmen müssen die Fernsehsender den Zuschauer mit immer neuen Inhalten an ihr Programm binden. Deshalb gilt die branchenübliche Sichtweise: „Content ist King". Dies stimmt insbesondere für senderprofilbildende Fernsehserien (vgl. Windeler et al. 2000), aber auch für Dokumentationen und Wissenschaftsmagazine. Öffentlich-rechtliche Sender untermauern mit ihnen ihren Anspruch als qualitativ hochwertige Informationssender; private Sender lösen sich durch solche Contents vom Image der reinen Unterhaltungssender und binden – aufgrund anderer Inhalte und Aufbereitung – mit diesen Inhalten auch Zielgruppen, die für die werbetreibende Wirtschaft interessant sind. Zudem dürfte das digitale Fernsehen gerade in diesem Bereich neue, zusätzliche Verwertungsmöglichkeiten eröffnen (z.B. separater Wissenskanal; interaktive, mit Filmmaterial angereicherte Lexika).

Für die Organisation der Produktion dieser Mediendienstleistungen hat sich in der Praxis ein breites Spektrum unterschiedlicher Organisationsformen durchgesetzt. Dieses reicht von einer vollständigen Integration in die Hierarchie – eine Produktionsorganisation, die öffentlich-rechtliche Sender auch und gerade im Bereich ‚Wissenschaft' lange Zeit bevorzugten – über unterschiedliche Varianten der Netzwerkorganisation bis hin zum marktlichen Zukauf von Content.

Wir wollen in diesem Beitrag erstens einen Überblick über die praktizierten Varianten der Netzwerkorganisation geben und zweitens im Rahmen von zwei Fallstudien der Frage nachgehen, wie und warum sich die Organisationsform der Produktion von Wissenschaftsmagazinen wandelt. Dabei untersuchen wir genauer die Frage, wie Entscheidungskontingenz beim Übergang von einer Form der Netzwerkorganisation in eine andere in Entscheidungen transformiert wird, und welche Sichtweisen, Normen und Machtmittel im Prozess der Schließung von Kontingenz relevant sind. Drittens wollen wir Ansatzpunkte und Bedingungen einer Produktionssteuerung in Netzwerkorganisationen aufzeigen, die den jeweiligen Varianten der Netzwerkorganisation in der Produktionspraxis Geltung verschafft.

Die Erhebung des empirischen Materials für diese Untersuchung erfolgte vor allem in leitfadengestützten Interviews mit Vertretern von Sendern und Fernsehproduktionsfirmen im Rahmen eines umfassenderen Forschungsprojekts.[1] Die Erhebung und Auswertung der Daten fußt auf einer strukturationstheoretisch informierten Netzwerkperspektive (vgl. dazu Sydow et al. 1995). Diese wendet sich im Sinne eines „relational view" (Dyer/Singh 1998) explizit den Potentialen interorganisationaler Beziehungen zu, ermöglicht zudem eine simultane Berücksichtigung kognitiver, nomativer *und* machtbezogener Aspekte und favorisiert – aufgrund der „Dualität von Handlung und Struktur" (Giddens 1984) sowie dem damit verbundenen Argument der Rekursivität – eine im Kern prozessuale Betrachtung, ohne allerdings den restringierenden, aber auch ermöglichenden Charakter von Strukturen zu übersehen.

Damit wird praktisch den zwei u.E. an eine avancierte Netzwerkforschung zu stellenden Postulaten nach einer *Beziehungs- und Prozeßorientierung* Rechnung getragen. Zudem stellt die Strukturationstheorie einen Steuerungsbegriff zur Verfügung, der sich an zwei weitere strukturationstheoretische Konzepte (reflexive monitoring, dialectic of control) anschließen lässt und deshalb, sowie aufgrund der Anerkennung von oftmals unbekannten Handlungsbedingungen und unintendierten Handlungsfolgen, besonders realitätsmächtig ist (vgl. Sydow/Windeler 2000). Aus strukturationstheoretischer Sicht, auch dies werden wir zeigen, kann Steuerung in der Fernsehproduktion nur auf der Grundlage der Kontrolle kritischer Ressourcen (hier: der Ressource ‚Content' bzw. ‚Content-Generierung') erfolgen. Diese kann aber nur – und dies gilt auch für die Wahl einer bestimmten Form der Netzwerkorganisation – im Zusammenspiel mit herrschenden Regeln der Signifikation und Legitimation gelingen.

Weil es bei der Content-Produktion um die Erstellung von Mediendienstleistungen geht, spezifizieren wir zunächst den Dienstleistungs- und den Mediendienstleistungsbegriff (Abschnitt 2). Erst dann stellen wir unterschiedliche Organisationsformen der Produktion von Mediendienstleistungen zwischen Markt und Hierarchie vor, auf die wir im Rahmen unserer empirischen Untersuchung gestoßen sind (Abschnitt 3). Am Beispiel zweier Intensivfallstudien zeigen wir, wie und warum sich die Netzwerkorganisation selbst für die Produktion von Inhalten, die für die Differenzierung der Sender zentral sind, durchgesetzt und zwischenzeitlich gewandelt hat (Abschnitt 4). Dabei gehen wir auch der Frage nach, wie in diesen Organisationsformen die Produktion

---

1   Das Projekt wurde von der Deutschen Forschungsgemeinschaft (DFG) in der Zeit von 12/1997 bis 11/1999 finanziell gefördert. Der DFG danken wir für die finanzielle Förderung, Anja Lutz und Arnold Windeler für ihre Unterstützung bei der Erhebung und der Interpretation der Daten sowie für ihre hilfreichen Kommentare zu einer früheren Fassung dieses Beitrags.

gesteuert und damit diese Formen zur sozialen Praxis werden (Abschnitt 5). Abschließend fassen wir die Ergebnisse zusammen (Abschnitt 6).

2 Einige Spezifika der Produktion von Mediendienstleistungen

Die Produktion von Mediendienstleistungen hat zum einen den Besonderheiten von Dienstleistungen Rechnung zu tragen. Zum anderen ist sie mit der zusätzlichen Anforderung konfrontiert, dass Mediendienstleistungen oftmals eine künstlerisch-ästhetische Dimension aufweisen. Damit ist u.a. verbunden, dass an der Produktion viele Selbständige beteiligt sind, die auf eine feste Anstellung im Rahmen eines Arbeitsverhältnisses keinen Wert legen oder keine Chance haben, in ein Arbeitsverhältnis übernommen zu werden. Zudem ist eine gewisse Fluktuation von Produktion zu Produktion unvermeidbar und wegen der Anforderung ‚Kreativität' in gewissen Grenzen auch erwünscht. Ferner ist die Endkundenbeziehung (zumindest zum Zuschauer) medial vermittelt, und Kundenwünsche werden üblicherweise mittels Marktforschung, Fokusgruppen und den sich auftuenden Möglichkeiten des interaktiven Fernsehens ermittelt. Des Weiteren gilt, dass die Dienstleistungen vorab zumeist nur rudimentär zu spezifizieren sind, ihre im allgemeinen kundenspezifische Erstellung in der Regel nach wenig betriebsspezifischen Produktionsfaktoren verlangt, die Dienstleistungsproduktion arbeitsintensiv ist und nur vergleichsweise geringe Skaleneffekte ermöglicht (vgl. auch Heinrich 1999, S. 160 ff.).

In der einschlägigen Literatur werden Dienstleistungen gemeinhin von Produkten über drei Besonderheiten abzugrenzen versucht: (1) die Bereitstellung des Leistungspotentials als die zentrale Aufgabe des Produktionsmanagements, (2) die Integration des Kunden, des aus produktionstheoretischer Sicht sog. externen Faktors, in den Leistungsprozess und (3) die Immaterialität des Leistungsergebnisses (vgl. z.B. Engelhardt et al. 1993). Von organisatorischem Interesse ist insbesondere die Problematik der „Kundenintegration" (Kleinaltenkamp 1997), die mit der Redeweise von der Integration des externen Faktors u.E. nur unvollkommen charakterisiert ist. In (inter-)organisationstheoretischer Perspektive kommt es erstens nicht wirklich zur (vollständigen) Integration, allenfalls zur Quasi-Integration von Kunden. Zweitens gilt es die soziale Organisiertheit dieser Quasi-Integration bzw. der sich durch die Interaktion von Kunde und Auftragnehmer im Zweifel konstituierenden „Netzwerkbeziehung" (Sydow et al. 1995) zu erfassen. Drittens kommt es bei bestimmten Organisationsformen, insbesondere bei bestimmten Formen der Netzwerkorganisation, außer zur unmittelbaren Quasi-Integration von Kunden auch zur mittelbaren Kundenintegration. Dies ist, wie noch zu zeigen sein wird, im Fall der Content-Produktion für das Fernsehen eher der Regel- denn der Ausnahmefall.

Von einer Netzwerkbeziehung soll im Übrigen immer dann gesprochen werden, wenn die „Integration" über die bloße Bereitstellung bzw. den Austausch von Informationen hinausgeht, die für die Erstellung einer (Medien-) Dienstleistung benötigt werden. Dies kann auch im Markt erfolgen. Über Bereitstellung und Austausch von Informationen hinausgehend kommt es zwischen Kunde, in unserem Fall dem Sender, und Auftragnehmer, hier dem Produzenten bzw. der Produktionsfirma, oft zu einer Netzwerkkooperation. Ergebnis wie Medium einer solchen Kooperation sind Netzwerkbeziehungen, die durch eine entsprechende unternehmungsübergreifende Regulation der Zusammenarbeit (z.B. Vorgaben hinsichtlich des Technikeinsatzes sowie der Auswahl der Dienstleister) gekennzeichnet sind, ggf. sogar eine gemeinsame Nutzung und/oder Entwicklung von Ressourcen (z.B. durch eine unternehmungsübergreifende Personalentwicklung) vorsehen. Allerdings darf die Kundenintegration nicht soweit gehen, dass an die Stelle der Kooperation die für hierarchische Organisationsformen kennzeichnende Koordination durch Anweisung tritt. Dies ist regelmäßig im Konzern der Fall (s. hierzu den entsprechenden Beitrag von *Jörg Sydow* und *Carsten Wirth* in diesem Band), der – wenn auch wohl nur in Ausnahmefällen – ebenfalls eine für die Organisation der ‚Integration' des externen Faktors geeignete Form darstellt.

Unseren Ausführungen, dieser Hinweis scheint uns für das Verständnis unverzichtbar, liegt ein *erweiterter Produktionsbegriff* zugrunde, der über die eigentliche Realisierung des Contents hinausgeht. Die Produktion von Mediendienstleistungen schließt die Konzeptionierung bzw. Generierung des Contents, die sog. Inhaltegenerierung, ein. Dabei ist die Inhaltegenerierung eine redaktionelle Aufgabe, die Inhouse wahrgenommen oder im Netzwerk verteilt werden kann; für unsere Bestimmung der verschiedenen Varianten der Netzwerkorganisation ist dies ebenso zentral wie die Frage nach der Organisation der Inhalterealisierung, der Produktion i.e.S.

3 Organisationsformen der Produktion von Mediendienstleistungen – Markt, Hierarchie und vor allem Netzwerke

In der Produktion von Mediendienstleistungen im Allgemeinen und bei der von Beiträgen für Wissenschaftsmagazine im Besonderen finden wir, wie noch im Detail zu zeigen sein wird, ein breites Spektrum *netzwerkförmiger* Organisationsformen vor. Es dominiert die Organisationsform des Projektnetzwerks, die neben dem Sender typischer Weise Autoren, Regisseure, Kameraleute, Bildagenturen, Recherchefirmen und andere künstlerische bzw. technische Mediendienstleister umfasst und in aller Regel von einem Produzenten bzw. einer Produktionsfirma in mehr oder weniger enger Abstimmung mit dem Sender ausgestaltet wird. Zwar beschränkt sich die Zusammenarbeit mit diesen Unternehmungen fast immer auf ein bestimmtes Projekt (z.B. einen Filmbericht zu einem bestimmten Wissensgebiet), jedoch wird im Regelfall einer solchen projektbasierten Dienstleistungsproduktion immer wieder mit denselben Projektpartnern zusammengearbeitet, um zum Beispiel eine bestimmte künstlerisch-ästhetische Qualität oder auch nur ein Einhalten von Terminvorgaben zu gewährleisten. So kommt es zu der für Projektnetzwerke charakteristischen Anknüpfung an vergangene Kooperationserfahrungen. Diese Anknüpfungsmöglichkeit erleichtert die praktische Koordination der Projektkooperation zumindest ebenso wie der – ebenfalls für die Organisationsform des Projektnetzwerks typische – „shadow of the future" (Axelrod 1984), d.h. die (wechselseitige) Erwartung, dass auch in Zukunft zusammengearbeitet wird (vgl. zum Projektnetzwerk genauer Sydow/Windeler 1999).

Im Vergleich zu netzwerkförmigen Organisationsformen spielen andere Koordinationsformen bei der Produktion von Mediendienstleistungen, insbesondere von jenen, die auf die Generierung und Realisierung von Dokumentationen und Wissenschaftsmagazinen zielen, nur eine geringe Rolle. Rein *hierarchische* Koordinationsformen, die sich im Fall der Serienproduktion durch konzerneigene Produktionsfirmen erheblicher Beliebtheit erfreuen (z.B. Grundy-Ufa, Bavaria, Studio Hamburg), befinden sich ansonsten deutlich in der Auflösung. Dies gilt selbst für die noch am weitesten integrierte Produktion, der von Nachrichtensendungen im öffentlich-rechtlichen Fernsehen, in der redaktionelle und produktionstechnische Verantwortung zusammenfallen. Auch hier werden z.B. aufgrund des Personalabbaus in den Nachrichtenredaktionen und deren Substitution durch freie Mitarbeiter/innen zunehmend dauerhafte Beziehungen geknüpft und auf diese Weise in der Vergangenheit intern erbrachte Dienstleistungen durch (quasi-) externe ersetzt. *Marktliche*, also dominant über Preise koordinierte Austauschformen, sind bei der Produktion von Wissenschaftsbeiträgen ebenfalls selten. Auf Programmmessen, so z.B. auf dem World Congress of Science Producers, kommt es zwar neben regelmäßig wiederkehrenden Treffen zwischen Produzenten und Redakteuren bzw. Programmeinkäufern zu einem klassischen spot contracting; dieses ist aber für die deutschen Fernsehsender nahezu irrelevant. Die öffentlich-rechtlichen Fernsehsender haben noch immer relativ umfangreiche Redaktions- und Produktionskapazitäten und verfügen infolgedessen nur über ein geringes Budget für Programmzukäufe; private Sender hingegen begannen erst vor kurzem mit der Ausstrahlung von Wissenschaftsmagazinen und -dokumentationen; gerade auch sie entscheiden sich aber für netzwerkförmige Koordinationsformen.

Insgesamt finden wir bei der Produktion von Wissenschaftsmagazinen für das deutsche Fernsehen drei Grundmodelle netzwerkförmiger Koordination zwischen Markt und Hierarchie, die wir einschließlich ihrer Spielarten vorstellen wollen. Allenfalls einige Autoren/innen, Wissenschaftler/innen und Berater/innen für bestimmte wissenschaftliche Fragen werden über marktförmige Beziehungen hinzugezogen. Die Grundmodelle der Netzwerkorganisation werden wir im Folgenden in Abhängigkeit vom Grad der inhaltlichen bzw. redaktionellen Verantwortung, die im Sender verbleibt, genauer vorstellen. Dabei ist zu berücksichtigen, dass die Content-Generierung infolge zunehmend interorganisationaler Arbeitsteilung nicht nur auf nachgelagerte Stufen der Wertkette (insbes. Produzenten), sondern auch auf quasi vorgelagerte Stufen (z.B. spezialisierte Nachrichtenagenturen und Recherchefirmen) übertragen werden kann – und in Zukunft auch verstärkt werden wird.

(1) Das erste Grundmodell, die *Quasi-Inhouse-Produktion im Dienstleistungsnetzwerk*, kennzeichnet die Dominanz der Generierung von Inhalten inhouse, also beim Sender, und den Bezug von Dienstleistungen aus dem Netzwerk. In diesem Grundmodell arbeitet eine inhaltegenerierende Redaktion mit konzerneigenen und/oder unabhängigen Dienstleistern zusammen, zu denen langfristige und auf bestimmten Standards basierende Verträge bestehen. Auch der Zukauf von Bildmaterialien von anderen Anbietern erfolgt auf Basis langfristiger Verträge; immer häufiger werden sie zudem von interessierten Unternehmungen zur Verfügung gestellt. In einigen Fällen sind auch auf Recherchen spezialisierte Dienstleister und einige wenige Autoren und Fernsehproduktionsunternehmungen im Projektnetzwerk involviert.

Die Quasi-Inhouse-Produktion im Dienstleistungsnetzwerk hat eine spezifische, nur im öffentlich-rechtlichen Fernsehen vorfindbare Variante, die sog. *Quasi-Inhouse-Produktion*. In dieser Organisationsform generiert eine Senderredaktion in Zusammenarbeit mit mehreren freien Autoren, sog. arbeitnehmerähnlichen Personen, die Inhalte.[2] Die Realisation des Beitrags erfolgt in Zusammenarbeit mit Beschäftigten der

---

2 Bei arbeitnehmerähnlichen Personen handelt es sich um Selbständige, die nicht wie Arbeitnehmer/innen persönlich, sondern wirtschaftlich vom Dienstgeber abhängig sind und Arbeitneh-

Produktionsabteilung des Senders (Bildmischung, Ton, Licht, Kamera, Schnitt, Special Effects) – oder eine oder mehrere dieser Funktionen werden ‚externen' Dienstleistern übertragen, zu denen langfristige Beziehungen bestehen. Insofern nähert sich diese Variante der Organisationsform der Quasi-Inhouse-Produktion im Dienstleistungsnetzwerk an.³

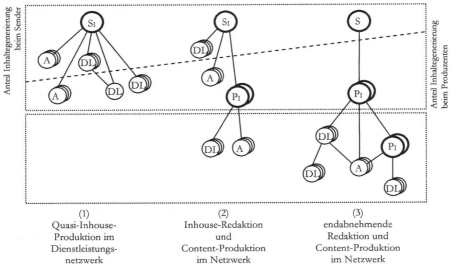

```
(1)                 (2)                 (3)
Quasi-Inhouse-      Inhouse-Redaktion   endabnehmende
Produktion im       und                 Redaktion und
Dienstleistungs-    Content-Produktion  Content-Produktion
netzwerk            im Netzwerk         im Netzwerk
```

S   = Sender
P   = Produzenten bzw. Produktionsfirmen
DL = Dienstleister
A   = Autoren (arbeitnehmerähnliche Personen bzw. freie Mitarbeiter)
I   = Inhaltegenerierung als wichtige Funktion

Abb. 1: Varianten der Netzwerkorganisation in der Produktion von Wissenschaftsmagazinen

Mit den arbeitnehmerähnlichen Personen, die genauso wie freie Mitarbeiter außer als Autor auch als Texter oder Regisseur tätig sind, werden oft Rahmenverträge geschlossen, die bestimmte Arbeitsvolumina in vorgegebenen Zeiträumen garantieren. Zudem findet eine enge personell-organisatorische Vernetzung statt. Aus der Sicht eines ‚externen' Wissenschaftsproduzenten erscheint dies als eine Bevorzugung:

---

    mer/innen vergleichbar sozial schutzbedürftig sind (vgl. Buchholz 1995). Konkret handelt es sich um bestimmte Formen sog. freier Mitarbeit, die eng koordiniert wird und nur für einen Auftraggeber erfolgt.
3 In anderen Fällen wird diese Form der Quasi-Inhouse-Produktion mit der Content-Produktion im Netzwerk (s.u.) kombiniert, d.h. für einen bestimmten Sendeplatz produzieren arbeitnehmerähnliche Personen und unabhängige Fernsehproduzenten in Zusammenarbeit mit ihren Dienstleisternetzwerken, zu denen auch Autoren gehören, die Mediendienstleistungen, so dass sich auch diese Produktionsform immer stärker in Richtung Quasi-Inhouse-Produktion im Dienstleistungsnetzwerk entwickelt.

„Die sog. Freien haben ja die Möglichkeit, innerhalb des Senders zu arbeiten. Sie haben dort ihr Telefon, ihr Büro. Sie können sich in den Büros der Redakteure tummeln, und die gucken schon, was da so ankommt, und suchen sich die entsprechenden Sachen raus und produzieren es. Also wer ist der gelackmeierte: Also immer wieder der kleine Produzent" (Produzent 9).

In einigen Fällen wird dieser Kern arbeitnehmerähnlicher Personen durch freie Mitarbeiter ergänzt, die als „frei floatierende Masse" (Redakteur 9), also auf Basis von eher marktlichen Beziehungen, Sendern zuliefern.

(2) Das zweite Grundmodell, die *Inhouse-Redaktion und Content-Produktion im Netzwerk*, charakterisiert die Verlagerung eines Teils der Inhaltegenerierung ins Netzwerk. Gleichwohl verbleibt ein bedeutender Anteil der Inhaltegenerierung im Fernsehsender. Bei dieser Organisationsform wird die Quasi-Inhouse-Produktion im Dienstleistungsnetzwerk durch eine Vielzahl von freien Mitarbeitern ergänzt, die wie die arbeitnehmerähnlichen Personen in der Quasi-Inhouse-Produktion öffentlich-rechtlicher Sender eingebunden werden. Zusätzlich werden Fernsehproduktionsfirmen und mit ihnen ihre Dienstleisternetzwerke hinzugezogen, die auf Basis von Rahmenverträgen sozusagen eine Massenproduktion von Inhalten ermöglichen.

Anders als im ersten Organisationsmodell kommt es hier zu der bereits angedeuteten zweistufigen Kundenintegration: Sender werden nicht nur von Produzenten unmittelbar, sondern auch von manchen in das Projektnetzwerk einbezogenen Dienstleistern, beispielsweise von (freiberuflichen) Cutter/innen, die die Beiträge dem Senderprofil entsprechend schneiden, mittelbar in die Dienstleistungsproduktion (quasi-) integriert.

Sowohl die freien Mitarbeiter als auch die Fernsehproduzenten und Dienstleister rekrutieren sich aus Pools, die im Zuge einer reflexiven Selektion aufgebaut, reproduziert und verändert werden (vgl. auch Sydow/Windeler 1999). Diese Pools weisen eine gewisse themenspezifische Differenzierung auf, denn die Autoren und die Produzenten können angesichts der Breite der Themen, die typischerweise von einer Redaktion bearbeitet werden, eigene Schwerpunkte setzen. Zudem sind diese Pools in Kern und Rand stratifiziert. Diese Stratifizierung reicht von solchen freien Mitarbeitern und Fernsehproduktionsfirmen, die auf Basis eines Rahmenvertrages und ohne größere Kontrollen aktiv werden, über solche Akteure in den Netzwerken, die mit oder ohne Rahmenverträge eng überwacht werden bis hin zu solchen, die versuchen, in den Pool aufgenommen zu werden. Indem die Produzenten und Autoren die unterschiedlichen Segmente von Rand bis Kern im Zuge der Geschichte der Kundenbeziehung (nicht) durchlaufen, erfolgt eine Netzwerkentwicklung.

(3) Beim dritten Grundmodell, die *endabnehmende Redaktion und Content-Produktion im Netzwerk*, das in öffentlich-rechtlicher wie in privater Welt zu finden ist und bei der nicht nur die Realisierung, sondern auch die Generierung der Inhalte dominant im Netzwerk erfolgt, wird mit Fernsehproduktionsfirmen und ihren Dienstleisternetzwerken kooperiert und die Produktion von einer nur noch endabnehmenden Redaktion gesteuert. Die Poolzusammensetzung der Fernsehproduktionsfirmen weist ähnliche Merkmale auf wie das Modell ‚Inhouse-Redaktion und Content-Produktion im Netzwerk'. Auch hier kommt es – typisch für diese Form des Projektnetzwerks – zur mittel- und unmittelbaren Kundenintegration. Im Unterschied zu den anderen Modellen findet jedoch in diesem Fall die Inhaltegenerierung fast ausschließlich im Netzwerk statt; die Redaktion des Fernsehsenders ist nur noch rudimentär in die Inhaltegenerierung involviert. Die Aufgabe der Redaktion ist auf die Auftragsvergabe sowie

auf phasenbezogene Ergebniskontrollen im Zuge unterschiedlicher (Zwischen-) Abnahmen reduziert.

Wird die Inhaltegenerierung und Realisierung des Contents von *einem* Produzenten im Auftrag eines Senders organisiert, wird – aus Sendersicht – eine noch weitergehende (Quasi-) Externalisierung der Inhaltegenerierung möglich. In diesem Fall werden – bis auf die formale Auftragsvergabe und Endabnahme – redaktionelle Aufgaben fast vollständig ins Netzwerk delegiert.[4] Der Fernsehproduzent ist hier in der Konsequenz in einem weitaus stärkeren Maße als in den anderen Organisationsmodellen, wo diese Funktion vor allem von der Redaktion des Fernsehsenders wahrgenommen wird, „Netzwerkorganisator" (Sydow et al. 1995).

4 Netzwerkorganisationen im Wandel

Die von uns untersuchten privaten Fernsehsender haben sich als Vollprogrammanbieter ökonomisch erfolgreich etabliert und strahlen in der Prime-time vorwiegend Spielfilme und (Action-) Serien aus, bieten aber auch ein eigenproduziertes Nachrichtenprogramm an. Seit einiger Zeit wird dieses Programm um Wissenschaftsmagazine, die Sendungen *Kopernikus* bzw. *Natur und Technik*,[5] sowie Dokumentationen ergänzt. Die Produktion dieser Sendungen geht mit der Etablierung, und sehr wenig später, einem grundlegenden Wandel der Netzwerkorganisation einher.

4.1 *Kopernikus: Von der Quasi-Inhouse-Produktion im Dienstleistungsnetzwerk zur Inhouse-Redaktion und Content-Produktion im Netzwerk*

Bei der Sendung *Kopernikus* handelt es sich um ein täglich gesendetes Wissenschaftsmagazin eines privaten Fernsehsenders. Pro Sendung werden in der Regel drei Beiträge mit einer Länge von ca. vier bis fünf Minuten gesendet, die auch aktuelle Ereignisse aufgreifen: „Wenn heute ein Erdbeben mit 200 Toten in Kolumbien ist, dann muss ich sofort Redakteure in das Archiv schicken und denen sagen: ‚Schneidet einen Beitrag zusammen. Wir brauchen heute Abend einen Beitrag'" (Redakteur 5). Mit diesen Beiträgen richtet sich diese Sendung – wie im privaten Fernsehen aufgrund der Präferenzen der werbetreibenden Wirtschaft üblich – vor allem an die 14- bis 29-jährigen; sie hat darüber hinaus die Funktion, in Abstimmung mit den anderen Vorabendprogrammen, den Audience-flow zum Prime-time-Programm in Konkurrenz zu anderen Sendungen sicherzustellen.

Zwar strahlt der Sender ein Produkt aus, das für öffentlich-rechtliche Sender typisch ist, aber die inhaltliche Aufbereitung weist für private Fernsehsender typische Merkmale auf, denn es geht präziser um die Frage: „Sind das große Bilder?" (Redakteur 6), die das durch Talkshows und Soap Operas angezogene Publikum unterhalten. „Also wir versuchen ja eigentlich einer antiquiert wirkenden Materie, die bislang den

---

[4] In einigen wenigen Fällen werden von der abnehmenden Redaktion dem Produzenten Themen vorgeschlagen.
[5] Die Namen der Sendungen wurden, um keine Rückschlüsse auf die Akteure zu ermöglichen, anonymisiert. Darüber hinaus wurden – ebenfalls aus Anonymisierungsgründen – einige Angaben verfälscht.

öffentlich-rechtlichen Sendern vorbehalten war, einen gewissen modernen Anspruch zu geben", so ein Redakteur (5) dieses Senders. So will man „Wissen vermitteln auf eine Art und Weise, die Spaß macht, die unterhaltsam ist, so daß man sich das auch gerne ansieht" (Redakteur 5).

Schauen wir nun auf die im „organisationalen Feld" (DiMaggio/Powell 1983) der Fernsehindustrie üblichen Praktiken, dann werden auch in diesem Fernsehsender Sende-, Programm- und letztlich auch Unternehmungskonzepte vor dem Hintergrund des verschärften Wettbewerbs um Zuschauer und Werbekunden sowie Renditeüberlegungen formuliert. Alle Sender haben hierfür Abteilungen eingerichtet, die die anderen Sender beobachten, Informationen auswerten und, basierend auf diesen Auswertungen, die Sendeplätze bewerten und ggfs. mit neuen und anderen Inhalten belegen. Es ist daher nicht verwunderlich, dass die Neubesetzung des Sendeplatzes vom Top-Management dieses Senders ausgeht: „Die Idee ist hier im Haus geboren. Das war schon der Programmdirektor und der Intendant. Das ging von der Führungsspitze aus" (Redakteur 5).

Dabei möchte man zunächst auf die bewährte Produktionsorganisation privater Sender, die *Content-Produktion im Netzwerk mit einer „kleinen, aber feinen endabnehmenden Redaktion"* (Redakteur 5) zurückgreifen.[6] Aber man trifft auf ungewohnte Schwierigkeiten:

„Wir haben gemerkt, dass das ganze auch mit einer bestimmten Philosophie zu tun hat. Dass Dienstleister es natürlich auch darauf angelegt haben, eine schnelle Mark zu machen. Der Boulevardmarkt hat da doch relativ viel verdorben. Insofern hat sich das nicht gerechnet" (Redakteur 5).

Zwar sind die (konzerngebundenen) Fernsehsender im organisationalen Feld der Fernsehindustrie die mächtigsten Akteure (vgl. Windeler et al. 2000), aber in dem Marktsegment der Magazinbeiträge hat sich aufgrund der Vervielfachung der Sendeplätze und der Erhöhung der Senderhythmen (z.T. tägliche Formate), die Marktsituation umgekehrt. Diese Situation verschafft Produzenten bei der Preisgestaltung und der Rechteverteilung bisher unbekannte Spielräume:

„Dieser Sender zahlt eigentlich DM 1600 pro Minute. Aber die müssen nachziehen, denn sonst kriegen die keine Beiträge. Das ist erst mal die Standardformel, die für alle gilt. ... Der Sender kauft bei uns eine Sendelizenz, nicht den Beitrag, sondern die Lizenz zur Ausstrahlung. Das ist fast wie eine heimliche Co-Produktion, die läuft. Jetzt werden Erst-, Zweit- oder Drittverwertung und unterschiedliche Versionen verkauft" (Produzent 5).[7]

---

6 Die praktische Bedeutung dieses Organisationsmodell erklärt auch, warum private Sender mit einer deutlich niedrigeren Personaldecke die gleiche Programmleistung erbringen wie öffentlich-rechtliche Sender. Letztere halten nicht nur Redaktionen vor, sondern auch Produktionskapazitäten (vgl. dazu auch Gersterkamp 1996).

7 Dieses Umkippen der typischen Machtverteilung in einem kleinen Ausschnitt des organisationalen Feldes der Fernsehindustrie ist vermutlich nur von kurzer Dauer, denn den Fernsehsendern stehen mehrere Optionen zur Verfügung, ihre (Vor-) Herrschaft abzusichern: Beispielsweise können sie – wie sie es in unserem Fall hier tun – die redaktionelle und damit die inhaltliche Kompetenz wieder stärker Inhouse verankern und damit ihre Abhängigkeit von Produzenten verringern. Dasselbe kann durch Beteiligungs- bzw. Akquisitionsstrategien gelingen. Zudem können sie im Zuge einer „strategischen Institutionalisierung" (Ortmann/Zimmer 1998) die Medien- und Wirtschaftsförderpolitik insoweit beeinflussen, dass diese dafür sorgt, dass neue Talente in den Markt eintreten und der Nachfrageüberhang durch eine Ausweitung des Produktionsvolumens abgebaut wird.

Neben den Preissteigerungen binden die Beziehungen zu Lieferanten von Fremdmaterialien die Entscheidung für die Organisation der Produktion:

„Der zweite Punkt, warum wir es Inhouse produzieren, ist auch nicht unwichtig. Wir haben mit einem großen ausländischen Sender einen großen Output-deal geschlossen. Diese Bilder stehen uns in der Redaktion zur Verfügung, und Kollegen von draußen fällt es sehr schwer, diese Qualität selber zu drehen. Und oft brauchen wir auch diese Bilder, um wirklich einen so hochwertigen Beitrag zu bekommen, der unserem Standard genügt" (Redakteur 5).

Netzwerkbeziehungen zu anderen Unternehmungen haben – wie von der Strukturationstheorie postuliert – einen ermöglichenden und zugleich restringierenden Charakter. Sie ermöglichen in diesem Fall interessante Beiträge mit großartige(re)n Bildern, sie beschränken aber die Selektionsmöglichkeiten von Netzwerkunternehmungen. Zugleich entsteht durch die Unternehmungsvernetzung die (neue) Anforderung, eine Kompatibilität der Praktiken im Unternehmungsnetzwerk sicherzustellen.[8]

Drittens engt der Koordinationsbedarf mit anderen Sendungen die Wahlmöglichkeiten ein:

„Das ist bei einem täglichen Magazin schwierig, denn wir brauchen eine enge, verzahnte Absprache mit den täglichen Magazinen, mit den Nachrichten, mit dem Boulevardmagazin, und wir brauchen auch eine ganz enge Anbindung an das Archiv und an die anderen Sendungen hier. Da ist es sehr, sehr schwer, ein tägliches Magazin outzusourcen" (Redakteur 5).

Die Aufforderung an den Zuschauer ‚Bleiben Sie dran!' ist nur sinnvoll möglich, wenn eine Koordination zwischen den unterschiedlichen Sendungen erfolgt und dadurch eine Abstimmung, insbesondere der Inhalte, und damit eine „Übergabe" der Zuschauer an die nächste Sendung gelingt. Aus diesem Grund erfolgt in diesem Sender eine redaktions-, bereichs- und hierarchiestufenübergreifende Koordination der Sendungen und ihrer Inhalte:

„Das heißt, ich telefoniere jeden Tag mit dem Boulevardmagazin und mit den Nachrichten und dann sprechen wir ab: Was habt ihr für Themen und welche haben wir. Was können wir machen? Überschneidet sich da irgendetwas? Können wir euch Bilder geben für eure zwei Minuten? Und ihr weist dann auf unser Stück dazu hin, um den Audience-flow zu stärken, weil der Vorabend bis zu den Nachrichten und zu *Kopernikus* gestärkt werden muss. Das ist sehr wichtig. Ich habe da auch sehr engen Kontakt zu den Nachrichten, die wiederum einen inhaltlichen Verweis auf *Kopernikus* aufmachen. ... Die Nachrichten bringen die Nachricht: Erdbeben in Kolumbien und bringen die Bilder und die Menschen und die Verwüstungen, und bei *Kopernikus* sehen wir gleich: Wie entsteht ein Erdbeben. Dazu gibt es dann Bilder von unserem Lieferanten, die die besten Bilder der Welt sind" (Redakteur 6).

Bei der Sichtweise, dass bei einem täglichen Format eine enge Koordination notwendig ist und es deshalb eigentlich nicht für eine Quasi-Externalisierung geeignet ist, handelt es sich nicht um eine private Sichtweise der von uns in dieser Redaktion Befragten, sondern – wie die Aussagen anderer Produzenten belegen – um eine breiter gültige Sichtweise:

„Ein tägliches Format outzusourcen macht keinen Sinn. Die brauchen jeden Tag die Studios, den gesamten Sender, mit allem was dazu gehört. Archiv, Presseabteilung, jeden Tag passieren da Dinge, z.B. Nachrichten. Man braucht kurze Wege und die Nähe zum Sender. Bei kontrollierten und eingegrenzten Produktionsabläufen wie bei *Natur und Technik* oder wie es andere Dinge sind, zum Beispiel die Staffelproduktion, da kann ich mir outgesourcte Formate gut vorstellen. Zum Beispiel bei täglich produzierten Formaten wie Nachrichten kann ich es mir nicht vorstellen" (Produzent 6).

---

8   Zu ähnlichen Befunden aus einem anderen Dienstleistungsnetzwerk vgl. Duschek/Wirth (1999).

„Ich habe immer den Sendedruck und muss dem nachkommen. Man hat bei den Formaten, die im Hause bleiben, einen schnelleren Zugriff und man kann Synergieeffekte nutzen. Wir machen einen Beitrag z.B. zum Thema ‚Krebs‘, und dann sieht man, dass man das auch für andere Magazine nutzen kann, z.B. für *Kopernikus*. Im Boulevardbereich ist es das gleiche, und dann macht es auch Sinn, es im Hause zu behalten. Dann kann man es noch im Nachrichtenbereich verwenden" (Produzent 7).

Auch in anderen Sendern, insbesondere jedoch in öffentlich-rechtlichen Sendern, kommt es bei anderen täglichen Formaten zu ähnlichen oder sogar den gleichen Organisationsformen, so dass davon ausgegangen werden kann, dass unsere Interviewpartner an dieser Stelle industrieweit gültige und somit gewissermaßen institutionalisierte Sichtweisen ansprechen, die für die Homogenität von Organisationsformen verantwortlich sind (vgl. auch DiMaggio/Powell 1983).

Letztendlich wird vor dem Hintergrund von Kostenüberlegungen, dem auch restringierenden Charakter wichtiger Netzwerkbeziehungen und industrieweit gültiger Sichtweisen hinsichtlich der „optimalen Organisation" der Produktion von Inhalten für das Fernsehen die Entscheidung für eine *Quasi-Inhouse-Produktion im Dienstleistungsnetzwerk*, gleichwohl jedoch nicht für eine tatsächliche Inhouse-Produktion, „im Haus verkauft" (Redakteur 5). Der Senderspitze wird das Modell unter Bezug auf die ökonomischen Überlegungen nahe gebracht, die dann auf dieser Basis eine abschließende Entscheidung fällt.

In diesen Prozessen schließen die Akteure Kontingenz, denn mit der quasi-externalisierten Produktion des Contents an eine im Haus sitzende Produktionsfirma besteht mindestens eine andere alternative Organisationsform: „Es muss alles schnell gehen, und der externe Produzent müsste dann hier im Haus sitzen" (Produktionsleitung 1), eine Option, die ein anderer privater Fernsehsender bei einem wöchentlichen Format nutzt (s. Abschnitt 4.2.). Die Option ‚Quasi-Inhouse-Produktion im Dienstleistungsnetzwerk‘ wird aber machtvoll durchgesetzt, weil man – wie andere Akteure in der Fernsehindustrie auch – glaubt, dass kein Produzent diese Menge an Content produzieren könnte: „Die Produktionskapazitäten, die kleine und mittlere haben, sind nicht interessant, weil die Produktionskapazitäten zu klein sind" (Produzent 5).[9]

Nachdem die Entscheidung über das Organisationsmodell gefallen ist, beginnt der Aufbau der Redaktion. Ausgehend von einigen wenigen, persönlich bekannten Journalisten, von denen man weiß „die kennen sich in der Materie aus" (Redakteur 5), wird in mehreren Stufen über Personalselektionen eine größere Redaktion aufgebaut, die zum Zeitpunkt der Erhebung 90% der Inhalte in Zusammenarbeit mit (externen) Dienstleistern im Netzwerk produziert.

In der Redaktion sieht man sich angesichts des „Sendedrucks" (Produzent 7) – immerhin werden täglich drei Beiträge gesendet – vor dem Problem, in einem ausreichenden Umfang Inhalte zu generieren: „Wir haben zwar einen ganzen Stock an Beiträgen, aber es versendet sich natürlich sehr schnell" (Redakteur 6). Aus diesem Grund beginnt man, zusätzlich ein Zuliefernetzwerk – bestehend aus freien Mitarbeitern, die als Autoren tätig werden, sowie aus Fernsehproduktionsunternehmen – aufzubauen. Die Quasi-Inhouse-Produktion im Dienstleistungsnetzwerk wandelt sich dadurch – trotz aller, auch transaktionskostentheoretisch zu begründender Vorbehalte gegen-

---

9   Ein tägliches Wissenschaftsmagazin im öffentlich-rechtlichen Fernsehen wird dementsprechend auch von mehreren Fernsehsendern beliefert, die „das Material ansaugen" (Produzent 5) oder quasi-inhouse produzieren.

über einer ausgelagerten Produktion bei einem täglichen Wissenschaftsmagazin und gegen die herrschenden Regeln der Signifikation und Legitimation – zum Modell einer *Inhouse-Redaktion mit Content-Produktion im Netzwerk*. In diesem werden die Aufgaben nach dem Grad der Aktualität der Berichte geschnitten: Produktionsunternehmen sind damit beauftragt, Programminhalte auf Vorrat zu generieren, die Redakteure des Senders bearbeiten neben den üblichen Beiträgen, für die eine Woche Zeit vorgesehen ist, die aktuellen Themen: „Für die tagesaktuellen Beiträge haben wir einen Tag Zeit" (Redakteur 5). Zu einem Wandel der herrschenden Signifikations- und Legitimationsregeln kommt es dadurch, dass man sich nach dem Start der Sendung außer Stande sieht, die notwendige Menge Content allein Quasi-Inhouse im Dienstleistungsnetzwerk zu produzieren.

4.2 Natur und Technik: Von der Quasi-Inhouse-Produktion im Dienstleistungsnetzwerk zur endabnehmenden Redaktion und Produktion im Netzwerk

Natur und Technik ist ein wöchentliches Magazin, das von den unterschiedlichen Akteuren im Projektnetzwerk als „Familienprogramm" (Produzent 6, Produzent 7, Redakteur 7) bezeichnet wird. Dem entsprechend ist die Zielgruppe nicht nur die Altersgruppe der 14- bis 29-jährigen:

„Wir sollen niemanden ausgrenzen. ... Wir wollen, dass sich wirklich alle daran beteiligen, also alle Altersschichten, also auch alle Bildungsschichten. Das soll für einen Arbeiter und für einen Professor interessant sein. Auch für den 12-jährigen und auch für den 50-jährigen" (Produzent 7).

Um diese breite Zielgruppe zu erreichen, zielt der Sender mittels „großer Bilder, Animationen, die in Erinnerung bleiben," (Produzent 7) auf eine breite Zuschauergruppe ab. „Als Lockmittel gelten große Bilder" (Produzent 6), die aufgrund des Sendeplatzes und der Sehgewohnheiten der Zuschauer an diesem Wochentag und um diese Uhrzeit in längere Beiträge und Interviews mit Wissenschaftler/innen eingebettet sind.

Die Besetzung des Sendeplatzes erfolgt in einem Projekt wie in dem Fall *Kopernikus*: ein Redakteur wird beauftragt unter Berücksichtigung der Renditevorgaben, „das Konzept zu entwickeln" (Produzent 6). Im Zuge des Projektmanagements arbeitet der beauftragte Redakteur in „fremdorganisierter Selbstorganisation" (Pongratz/Voß 1997):

„Ich konnte in diesen Dingen sehr frei entscheiden. Ich konnte zwar nicht alles machen, was ich will. Ich musste mich regelmäßig dafür rechtfertigen. Was ist der aktuelle Stand und was ist der nächste Schritt? In diesem Jahr gab es viele kleine Stufen bis wir auf Sendung gegangen sind" (Produzent 6),

was auf eine phasenbezogene Ergebnissteuerung im Projekt hindeutet. Insofern knüpft die Entscheidungsfindung im Sender an Elemente des Projektcontrollings an (vgl. dazu z.B. Steinle et al. 1995; Mörsdorf 1998), setzt außer auf Vertrauen auch auf Kontrolle.

Bereits in dieser Konzeptionierungsphase berücksichtigen die Akteure im Sender marktliche Gesichtspunkte:

„Es gibt Befragungen mit potentiellen Zuschauern. Es gibt Umfragen für die Werbeumfelder, also der Vermarkter. Diese Firma wird auch gefragt: Wer will das buchen, welche Werbekunden. Das hat Einfluss auf die Sendezeit. Genauso wie die Zuschauerbefragung Einfluss darauf hat, wer das sehen will. Um wie viel Uhr und an welchen Tagen sollte man das senden?" (Produzent 6).

Nicht nur die Namensgebung, sondern das gesamte „Produkt" (eigentlich eine Dienstleistung) ist zwischen Projektleiter und Management umstritten. Schließlich galt bis dahin im privaten Fernsehen im Allgemeinen und in diesem Sender im Besonderen die Regel (der Signifikation bzw. der Legitimation): „Man platziert eigentlich keine Wissenschaftsmagazine" (Produzent 6). Die Durchsetzung solcher Konzepte erfolgt deshalb durch den Redakteur unter Bezugnahme auf die zu erwartenden Erlöse: „Die Sendungen sind sehr beliebt bei der Werbeindustrie" (Produzent 6). Die (realistische) Erwartung auf hohe zu erwartende Erlöse, die in Folge immer wieder belegt werden muss, macht während dem ganzen Entwicklungsprozess und den damit verbundenen phasenbezogenen Zwischenergebniskontrollen die Durchsetzung des Formats und damit von Innovationen möglich.

Nachdem der Pilotfilm erfolgreich ausgestrahlt wurde, wird im Sender eine 10-köpfige Redaktion aufgebaut, die in Zusammenarbeit mit konzerneigenen und konzernunabhängigen Dienstleistern die Inhalte für die Folgen generiert. Die *Quasi-Inhouse-Produktion im Dienstleistungsnetzwerk* wird etabliert, weil sie an die Routinen in der Magazinproduktion in anderen Formaten, insbesondere in der Boulevardberichterstattung, in diesem Sender und in der (privaten) Fernsehindustrie im Allgemeinen anknüpft. Die mit der Etablierung eines neuen Formats (in einem mit dem privaten Fernsehen dann noch besonders ungewöhnlichem Feld) verbundene Unsicherheit wird verringert, indem man an diese ‚bewährten' Routinen und die durch sie reproduzierten Regeln der Signifikation und Legitimation anschließt (vgl. auch DiMaggio/Powell 1991).

Die Organisationsform wandelt sich zum Modell *endabnehmende Redaktion und Content-Produktion im Netzwerk* als der Sender ankündigt, dass man durch verstärktes Outsourcing die Kosten senken will (vgl. dazu auch Heinrich 1999, S. 154 ff., 537). Diese Absicht, und die damit zumindest partiell veränderten Legitimationsgrundlagen, greifen Beschäftigte des Senders „mit unternehmerischem Drang" (Produzent 6) auf und unterbreiten ein entsprechendes Angebot: „Da gab es damals eine große Diskussion beim Sender, und wir haben eben groß ‚hier' geschrieen" (Produzent 6).

Der Fernsehproduzent greift die vom Top-Management ausgegebene neue Norm ‚Kostensenkung durch Outsourcing' auf, indem er die Produktion als alleiniger Produzent übernimmt. Der Sender steigert seine Rentabilität, indem er die Kosten der Produktion der Inhalte senkt, z.B. weil er

- einen Preis zahlt, der niedriger ist als die Kosten der Quasi-Inhouse-Produktion im Dienstleistungsnetzwerk,
- Gemeinkosten abbauen kann (z.B. Personalverwaltungskosten) und
- aufgrund der unternehmerischen Motivation des Auftragnehmers damit rechnen kann, dass das Format weiterentwickelt wird.

Für den Produzenten gilt: „Das unternehmerische Engagement ist in einer Produktionsfirma stärker" (Produzent 6), so dass z.B.

- die Lizenz- und die Produktionskosten durch entsprechend rabattierte Rahmenverträge mit Dienstleistern gesenkt werden,

- die Gemeinkosten z.B. aufgrund einer anderen Büroeinrichtung und niedriger Gebäudemieten sinken,
- neue Märkte erschlossen werden (z.B. CD-ROM-Verkauf, Produktion von Dokumentationen),
- er als Dienstleister für andere Fernsehproduzenten aktiv wird und somit seine Kapazitätsauslastung bei teurer Technik optimiert sowie
- die Einsparungen durch den Einsatz neuer Technologien nur partiell an den Auftraggeber weitergegeben werden.

Weitere Einsparungsmöglichkeiten ergeben sich im Personalbereich, wo die relativ großzügigen Gehälter und die geregelteren Arbeitszeiten des Senders durch eine Arbeitskultur substituiert werden, die sich durch eine extensive Nutzung von Arbeitskraft bei ausgesprochen niedrigen Löhnen auszeichnet. Dies gilt insbesondere bei Beschäftigten, die sich am Anfang ihrer beruflichen Karriere befinden.

Vor dem Hintergrund der veränderten Legitimationsregeln ermöglicht die Fähigkeit, eine Ökonomisierung der Produktion in Aussicht zu stellen, den Wandel der Organisationsform der Produktion. Dieser wird sodann auch machtvoll von den Akteuren vollzogen. Trotz dieser dominant wirtschaftlichen Überlegung kommt den konkreten Akteuren und hier insbesondere den ehemaligen Beschäftigten des Fernsehsenders, die die Fernsehproduktionsfirma gegründet haben, besondere Bedeutung zu. Ohne deren „unternehmerisches Engagement" (Produzent 6), ihre wichtigste Ressource, würde weder das Angebot an den Sender noch die für Sender und Produzenten geschaffene Win-win-Situation zustande kommen. Immerhin erleichtern das infolge früherer Organisationszugehörigkeit intime Wissen über Senderanforderungen und -abläufe sowie weiter bestehender persönlicher Kontakte die Netzwerkkoordination erheblich.

5 Zur Produktionssteuerung in Netzwerkorganisationen

Steuerung, auch die Produktionssteuerung im Rahmen einer Netzwerkerorganisation, setzt aus strukturationstheoretischer Sicht am individuellen Akteur und/oder am sozialen System (z.B. einer Unternehmung oder einem Projektnetzwerk) an. Akteure und soziale Systeme sind dabei nicht nur Objekt, sondern auch Subjekt der Steuerung, betreiben ein reflexive monitoring ihrer Handlungen, derer anderer sowie der Handlungsbedingungen.

Dieses Monitoring schafft zwar die Wissensgrundlage für konkrete Steuerungsinterventionen, hier in die Produktion, geht über die bloße Beobachtung oder Überwachung der Bedingungen und Folgen eigenen Handelns und des Handelns anderer aber deutlich hinaus. Im Zuge des reflexive monitoring nehmen individuelle bzw. korporative Akteure nämlich Einfluss auf die Praktiken anderer; sie binden und orientieren sie in Zeit und Raum. Aufgrund der dialectic of control bedeutet dies aber immer, dass Akteure und Systeme nicht nur steuern, sondern auch immer zu einem gewissen Grad von anderen gesteuert werden (vgl. Sydow/Windeler 2000, S. 8 ff.).

Die Steuerung individueller Akteure wie sozialer Systeme unterliegt nicht nur deshalb einer Beschränkung, sondern auch, weil sie zum Teil vor dem Hintergrund unerkannter Handlungsbedingungen erfolgt, unintendierte Handlungsfolgen produziert und – im Extremfall – diese Folgen als unerkannte Handlungsbedingungen wieder zur Grundlage nimmt. Beispielsweise werden die Fernsehsender insoweit zu „Opfern" unintendierter Handlungsfolgen, als die Expansion in den Magazinformaten unbeabsichtigt die Position der Produzenten stärkt. Dieses Beispiel illustriert, dass Steuerung immer zugleich reflexiv *und* nicht-reflexiv ist.

Zunächst gilt es festzuhalten, dass sich auch die Steuerungspraktiken in den von uns untersuchten Netzwerkorganisationen an den generell in der Fernsehindustrie gültigen drei zentralen Steuerungsgrößen Budget, Inhalt und Einschaltquote (vgl. Windeler et al. 2000, S. 185 ff.) orientieren. Im Fall von *Kopernikus* gilt z.B.:

„Aber natürlich muss man gucken, dass wir uns nach unserem Budget ausrichten, dass wir sehr sauber nach einem bestimmten journalistischen Verständnis arbeiten und natürlich, dass wir auch erfolgreich sind. Also wir tragen ja hier nicht zur Grundversorgung bei, sondern sind hier ein Unternehmen und natürlich orientieren wir uns am Erfolg" (Redakteur 5),

der in der Fernsehindustrie mit der (zielgruppenspezifischen) Einschaltquote, in diesem Fall dem Anteil der 14- bis 29-jährigen Zuschauer, gemessen wird, weil über sie die Werbeeinnahmen maximiert werden können.[10]

Indem sich die Akteure auf die Steuerungsgrößen Budget, Inhalt und Einschaltquote in ihren Interaktionen in Unternehmungen und in Projektnetzwerken beziehen, tragen sie zu deren Reproduktion auf der Ebene des organisationalen Feldes und des Netzwerks bei. Sender weisen allerdings unterschiedliche Gewichtungen der drei industrieweit gültigen Steuerungsgrößen auf. Bei jeweils weitgehend festgeschriebenen Budgets legen Fernsehsender unterschiedlich hohen Wert auf Einschaltquoten und strahlen unterschiedliche Arten von Inhalten aus. Beispielsweise legen öffentlich-rechtliche Sender in der Regel mehr Wert auf kritischen Journalismus, wenngleich auch für sie gilt, dass die Einschaltquote zunehmend Relevanz besitzt;[11] private Sender neigen stärker dazu, Inhalte „mit mehr Würze" (Redakteur 10) zu präsentieren, also eher sensationelle Bilder zu zeigen. Die Unterschiede zwischen Wissenschaftsmagazinen im öffentlich-rechtlichen und privaten Fernsehen beschreibt ein Redakteur eines öffentlich-rechtlichen Senders:

„Es gibt eins, das heißt *Natur und Technik*, und es gibt bei einem anderen privaten Sender eins, das heißt *Zukunft*. Die beiden greifen sich sensationelle, teilweise auch künstlich aufgebauschte Dinge aus Wissenschaft und Technik wahllos heraus. Dinge aus der Wissenschaft, die leider oft nicht schwarz oder weiß sind, werden oft links liegen gelassen oder als schwarz oder weiß dargestellt, sprich: schlagzeilenmäßig. Wir bemühen uns darum, es so darzustellen, wie es ist, auch wenn es schwieriger ist. Es ist selten einfach" (Redakteur 8).

Die industrieweit gültigen Steuerungsgrößen werden in Fernsehsendern in redaktionsspezifische Vorgaben umgewandelt. „Auf eine gewisse Art bekomme ich meine Vorgaben" (Redakteur 5). So erhält beispielsweise die *Kopernikus*-Redaktion Vorgaben hinsichtlich der zu erreichenden Zuschauerzahlen, ein festes Budget und, basierend

---

10 Im Fall öffentlich-rechtlicher Fernsehsender erhöhen hohe Einschaltquoten die Legitimität der Gebührenfinanzierung und generieren, wenngleich in einem weitaus bescheidenerem Umfang als im privaten Fernsehen, Werbeeinnahmen. Einem Bericht des Spiegel zufolge gibt es für bestimmte Tage und Sendeplätze auch in den ARD-Sendern Einschaltquotenvorgaben (vgl. Der Spiegel 44/1999, S. 133).

11 „Der Druck, Quote zu machen, ist erheblich. Auch bei den öffentlich-rechtlichen, auch wenn ihnen die Obrigkeiten das Gegenteil sagen. Das ist Quatsch. Die Sender werden eingeteilt in Bringer, in Neutrale und Problemzonen. Wissenschaft gehört zu den Problemzonen" (Redakteur 9).

auf den konzeptionellen Überlegungen im Vorfeld der Ausstrahlung, inhaltliche Parameter, an denen sich die Redakteure orientieren (sollen). Diese „Vorgaben" werden in die Verhandlungen mit den Produzenten, den entscheidenden Organisatoren der Projektnetzwerke, eingebracht.

Um zu steuern, um also auf (inter-) organisationale Praktiken anderer Einfluss zu nehmen, benötigen Akteure allokative und autoritative Ressourcen, auf die wir wegen ihrer Bedeutung für die Steuerung der Fernsehproduktion anhand ausgewählter und wichtiger Ressourcen eingehen wollen. Die Ressourcenverteilung zwischen den Akteuren – und die kompetente Nutzung dieser Ressourcen im Einklang mit den herrschenden Regeln der Signifikaition und Legitimation – entscheiden darüber, wer sich wie bei den Steuerungsaktivitäten durchsetzt.

Beispielsweise verfügen Fernsehsender durch ihre *Marktforschungsabteilungen* über relativ genaue Angaben über das Zuschauerverhalten und -wünsche. Fernsehproduzenten bezeichnen die Datenerhebung und -auswertung der Fernsehsender als „außerordentlich ausgefuchst und perfekt" (Produzent 2). Großproduzenten haben, um *gegen*steuern zu können, solche Abteilungen entweder aufgebaut oder sind im Begriff, dies zu tun: „Wir wollen besser als der Sender wissen, was er braucht" (Produzent 8), so ein Vertreter einer großen Fernsehproduktionsunternehmung mit Blick auf die Möglichkeiten einer besseren (unmittelbaren) Kundenintegration. Er verweist damit zugleich auf das – für diese „Integration" charakteristische – subtile Zusammenspiel von Steuerung und Fremdsteuerung vor dem Hintergrund der dialectic of control, die selbst bei erheblichen Machtasymmetrien die Möglichkeit des Gegensteuerns der Gesteuerten impliziert.

Die Daten aus der Marktforschung wären allerdings wertlos, würden die Sender nicht das entsprechende *Personal*, genauer die Redakteure, vorhalten, die die Daten aus der Marktforschung in konkrete Vorgaben für Fernsehproduzenten bzw. – im Falle einer mittelbaren Kundenintegration – auch für Autoren und andere Dienstleister „übersetzen" können. Die inhaltliche (Steuerungs-) Kompetenz dieser Personengruppe ist deshalb zentral. Deswegen gehen private Sender dazu über, kompetente Redakteure öffentlich-rechtlicher Sender mit besseren finanziellen Konditionen abzuwerben. Umgekehrt lernen die öffentlich-rechtlichen Sender, den Wert ihrer Redaktionen schätzen, und realisieren die (potentiellen) Steuerungsprobleme, die ihnen bei einem weiteren Kompetenzabfluss drohen.

Weil die Fernsehsender den *Distributionsweg* kontrollieren, und weil den Fernsehproduzenten bzw. Autoren bislang keine alternativen Vertriebswege (z.B. das Internet) zur Verfügung stehen, können die Fernsehsender alle Rechte an den Produkten erwerben und damit ihre (Vor-) Herrschaft im organisationalen Feld der Fernsehproduktion absichern. Zudem verharren die Fernsehproduzenten in ihrer eher abhängigen Position, indem sie Möglichkeiten zur Ressourcensteigerung, z.B. durch horizontale Unternehmungsvernetzung, kaum nutzen (vgl. Windeler et al. 2000, S. 203).

Fernsehsender können ferner, wenn sie kompetent agieren, „*Marktkontrolle*" (Friedman 1977) ausüben, also nicht nur zwischen unterschiedlichen Angeboten auswählen, sondern diese Möglichkeit in den Verhandlungen im Netzwerk ständig mitführen. Nicht zuletzt auf diese Weise können sie ihre Vorstellungen, insbesondere was die Rechteverteilung anbetrifft, weitgehend durchsetzen.

Auch die Fernsehproduzenten verfügen über wichtige Ressourcen. Dies betrifft, wenig überraschend, insbesondere die Ressource *Content*, denn „Content ist die Zukunft" (so der Vorstandsvorsitzende der Axel Springer AG August Fischer zit. nach Arthur Andersen 1999, S. 7). Fernsehproduzenten, die attraktive Inhalte generieren und inhaltliche und produktionstechnische Kompetenzen in ihren Unternehmungen oder Netzwerken binden, verfügen über eine wichtige Ressource, die ihnen auch gegenüber konzerngebundenen Fernsehsendern ein gewisses Durchsetzungsvermögen verschafft. Steuerung ist in der Fernsehindustrie – wie überall – immer auch von Gegenbewegungen der Gesteuerten gekennzeichnet. So können erfolgreiche Fernsehproduzenten durchaus Eingriffe der Sender in die von ihnen generierten Inhalte abwehren.

Die Steuerungsaktivitäten spielen sich – entlang der Pfade der unmittelbaren und mittelbaren Kundenintegration – nicht nur im Verhältnis von Sender und Produzent, sondern auch im Verhältnis von Produzent zu den in das Projektnetzwerk einbezogenen Dienstleistern ab, wobei die Autoren, je nach Organisationsmodell, in einigen Fällen durch den Sender, in anderen durch den Produzenten gesteuert werden (s. noch einmal Abbildung 1). Während die Redakteure des Senders die marktlichen Anforderungen dem Produzenten „übersetzen", „verlängern" die Produzenten oder deren Beschäftigte diese Anforderung in die von ihnen geführten Netzwerke. Daran wird deutlich, dass auch im Fall der Produzenten entsprechend professionelles Personal eine wichtige Ressource darstellt. Je nach Position des Produzenten, kommt es hier entweder zu relativ autonomen Einflussnahmen des Produzenten auf die Praktiken der Projektpartner, oder aber der Produzent leitet die Anforderungen der Sender nur durch. Die Projektpartner selbst sind nur im Ausnahmefall in der Lage, unter Bezugnahme auf die drei branchenüblichen Steuerungsgröße genügend Ressourcen zu mobilisieren, um das Geschehen im Netzwerk entscheidend umzulenken.

Bei der Steuerung dieser Dienstleister in finanziellen Fragen greift der Fernsehsender im Fall von *Kopernikus* einmal mehr Standards im organisationalen Feld der Fernsehproduktion auf:

„Wir kennen die Listenpreise der Dienstleister und wissen die Branchenpreise. Ein Kameramann verdient beispielsweise im Schnitt pro Tag. Je nach Auslastung, ob wöchentlich oder täglich, variieren die Preise. Dabei gibt es auch regionale Unterschiede. In Berlin bekommt ein Kameramann DM 400, in München DM 500" (Produktionsleitung 1).

Bei professionellen und damit festen Vorstellungen, wie lange für einen Beitrag gedreht werden kann, reduziert sich die Steuerung dieser Dienstleister in finanziellen Fragen auf eine Multiplikationsaufgabe und erfolgt in einem projektbezogenen Controlling durch die redaktionseigene Produktionsleitung.

Zwar handelt es sich – abgesehen von konzerneigenen Dienstleistern – nicht um hierarchische Unterordnungsverhältnisse, aber die Redakteure bzw. Produzenten können angesichts der Machtasymmetrie zwischen dem Anbieter und dem Nachfrager von Dienstleistungen ihre Vorstellungen, wie die Inhalte auszusehen haben, im Netzwerk weitgehend durchsetzen. Nicht zuletzt wegen der Vorgaben der Redakteure benötigen die Dienstleister, sei es nun Kamera, Ton, Licht, Special Effects oder Schnitt, handwerkliche Fähigkeiten. Zugleich stellt der Fernsehsender hierüber sicher, dass seine inhaltlichen Vorstellungen zum Tragen kommen und die jeweiligen Verhältnisse von Budget, Einschaltquote und Inhalt zueinander auch für die Dienstleister relevant werden. Für die Cutter gilt z.B.: „Die Cutter sind natürlich ganz speziell gebrieft, was *Kopernikus* angeht, was für Effekte verwandt werden, wie *Kopernikus*-Beiträge geschnitten werden" (Redakteur 6). Die Projektnetzwerke in der Fernsehproduktion haben somit in der Regel einen außerordentlich hierarchischen Charakter. Dieser ist ebenso Ergebnis wie Medium der praktischen Steuerung im Netzwerk.

Dies gilt im Fall *Kopernikus* auch für die Netzwerkbeziehungen zu Autoren und Fernsehproduzenten, die im Zuge der Durchsetzung des Modells ‚Inhouse-Redaktion und Content-Produktion im Netzwerk' gebildet werden. Finanzielle und inhaltliche Vorstellungen werden vom Fernsehsender vorgegeben und im Projektnetzwerk verankert. (Zwischen-) Abnahmen der Exposés, Treatments und Beiträge durch den Planungsredakteur stellen sicher, dass sich Autoren Produzenten an den Vorstellungen des Fernsehsenders orientieren.[12]

Die herausragende Bedeutung der Generierung der Inhalte für die Steuerung im Netzwerk wird vor allem dann deutlich, wenn man die Veränderungen nach der Durchsetzung des Organisationsmodells ‚endabnehmende Redaktion und Content-Produktion im Netzwerk' im Fall von *Natur und Technik* analysiert. Hier verändert sich infolge des Wandels der Organisationsform die interorganisationale Machtverteilung. Das zeigt sich beispielsweise an der Verhandlung von Handlungskostenzuschlägen:

„Wir haben versucht, die Produzenten auf 4,5% zu drücken, aber das ging nicht, weil die zu mächtig sind. ... Die erfolgreichen Produzenten lassen sich nicht drücken, denn, wenn die ein Produkt erfolgreich am Markt platziert haben, dann lassen die sich das nicht nehmen, und wir wollen eine erfolgreiche Sendung auch behalten. Das ist überall so. Das gilt für andere Sender genauso" (Herstellungsleitung 1).

Die Ressource ‚erfolgreicher Content' verschafft dem Fernsehproduzenten eine gewisse Macht, mit der er seine wirtschaftlichen Interessen durchsetzen kann. Dies gilt nicht nur in dem hier geschilderten Fall, sondern allgemein, wie auch die Interviews mit Redakteuren fiktionaler Produktionen belegen (vgl. dazu Windeler et al. 2000, S. 198).

Damit ist auf einen zentralen Unterschied zum Modell ‚Inhouse-Redaktion und Content-Produktion im Netzwerk' verwiesen, in dem der Fernsehsender seine finanziellen Vorstellungen im Netzwerk durchsetzen konnte. Als der Fernsehsender eine Redaktion aufgebaut hat, kann er sich viel leichter inhaltlich und finanziell gegenüber Fernsehproduzenten sowie Autoren durchsetzen. Dies zeigt sich zum Beispiel im Zuge der (Re-) Selektionsprozesse: „Wir bieten allen an, für uns zu arbeiten. Und wenn sie die Qualität halten und das auch zu unseren Preisen machen, dann arbeiten wir mit denen zusammen" (Redakteur 5).

Der ursprüngliche Aufbau einer eigenen Redaktion, die mit einer Produktions- und Herstellungsleitung zusammenarbeitet, impliziert geradezu den *Aufbau von Steuerungskompetenz*. Schon in einer früheren Studie (über Versicherungsnetzwerke) wurde deutlich, dass erfolgreiche Netzwerkorganisatoren (dort: Versicherungsmakler) immer über eigene Expertise verfügen, die sie bei der Gestaltung von Geschäftsbeziehungen als Ressource in Anschlag bringen können (vgl. Sydow et al. 1995, S. 135 ff.). Die Quasi-Inhouse-Produktion im Dienstleistungsnetzwerk fungiert hier zudem als Benchmark für andere Netzwerkunternehmungen. Dies gilt insbesondere für die

---

12 Insbesondere die Möglichkeit, immer wieder auszuwählen, zeigt an, dass die Fernsehsender die mächtigsten Akteure im organisationalen Feld der Fernsehindustrie sind. „Auswählen können ist wesentlich" (Ziegler 1999, S. 6), so eine erfahrene Fernsehproduzentin.

Fernsehproduzenten und die Technikdienstleister. Die Quasi-Inhouse-Produktion im Dienstleistungsnetzwerk bindet zwar Ressourcen und restringiert als solches das Management, sie ermöglicht zugleich aber erst eine weitergehende Unternehmungsvernetzung, eröffnet damit der Netzwerkorganisation zusätzliche Optionen.

Indem die Ressource ‚Content-Generierung' im Zuge der Etablierung des Organisationsmodells ‚endabnehmende Redaktion und Content-Produktion im Netzwerk' mit nur einem Produzent fast vollständig aus dem Sender ausgelagert wird, büßt der Sender im Unterschied zu anderen Formen der vernetzten Content-Produktion eine bedeutsame Ressource und damit an Steuerungsfähigkeit ein. Dies gilt auch im Vergleich zum Organisationsmodell ‚endabnehmende Redaktion und Content-Produktion im Netzwerk' mit mehreren Produzenten, in der die Fernsehsender Marktkontrolle ausüben können, wenn ein ausreichendes Angebot vorhanden ist:

„Andererseits bleibt mehr Geld [bei der endabnehmenden Redaktion und Content-Produktion im Netzwerk mit mehreren Produzenten; Anm. d. Verf.] für die Produktion übrig, als wenn es ein einzelner Produzent macht, der noch zig Subunternehmer hat und eine halbe Redaktion, die auch noch mitfinanziert werden muss" (Redakteur 7).

Der Fernsehsender, der seine Kosten durch eine Quasi-Externalisierung senken wollte, sieht sich jetzt mit der unintendierten Handlungsfolge konfrontiert, dass die Kostensenkungspotentiale nicht völlig ausgeschöpft werden können, weil sich die Machtverhältnisse zu seinen Ungunsten verändert haben. Zugleich zeigt dieses Beispiel, dass die Kontrolle über die Ressource ‚Content' in der Fernsehindustrie zentral ist, ein Aspekt, den die Akteure im untersuchten Fernsehsender auch zunehmend realisieren, denn weitere Redaktionen wurden nicht mehr an einen einzelnen Fernsehproduzenten outgesourct. Nicht zuletzt deshalb orientieren führende Medienkonzerne ihre Strategien verstärkt in Richtung Content-Generierung:

„Das Wachstum gerade im Produktionsbereich ist einer unserer strategischen Schwerpunkte. Wenn man sich heute ansieht: Wir machen DM 6 Mrd. Umsatz, 3 Mrd. mit Sendern, 1 Mrd. mit Content, und wir würden diese Waage gerne ein bisschen ausgleichen" (Konzern 1).

Allgemeiner lässt sich aus diesen Überlegungen schließen, dass Netzwerkunternehmungen Steuerungskompetenz über zentrale Größen des organisationalen Feldes erhalten müssen, wenn sie keine Autonomieeinschränkungen erfahren wollen oder sich – umgekehrt – neue Handlungsspielräume erschließen wollen. Dieselbe Funktion, die die Risikoexpertise für Makler in Versicherungsnetzwerken und das Management von Netzwerkbeziehungen für Warenhauslogistiker (vgl. dazu Wirth 1999) erfüllt, kommt im Fall der Fernsehproduktion der Ressource Content bzw. der Fähigkeit zur Content-Generierung zu.

Trotz dieser Akzentverschiebung in der Machtverteilung kann der Produzent seine Interessen nicht beliebig durchsetzen. Beispielsweise besitzt typischerweise der Fernsehsender die Rechte an der Sendung und könnte deshalb die Produktion auch einem anderen Fernsehproduzenten übertragen, wenn ihm die Zusammenarbeit mit diesem Fernsehproduzenten nicht mehr wirtschaftlich erscheint. Zudem würde aufgrund der zentralen Rolle, die die Reputation des Fernsehproduzenten für seine (Re-) Selektion spielt, ein kurzfristiges Ausnutzen dieser Vorteile seine Chancen auf Selektion in anderen Geschäftsbeziehungen vermutlich stark beeinträchtigen. Die Machtverhältnisse in den Projektnetzwerken in der Fernsehproduktion sind zwar dynamisch, aber selbst kompetenten und erfolgreichen Fernsehproduzenten gelingt es bisher nicht, die grundlegende Machtasymmetrie zu überwinden. Dies bleibt vermutlich Großproduzenten vorbehalten, die in der Lage sind, Inhalte zu entwickeln, dem Sender nur Lizenzen für eine bestimmte Zahl von Ausstrahlungen zu verkaufen und die Distribution ihrer Produktionen – zumindest international – selbst in die Hand nehmen können. Angesichts der erwarteten Knappheit an attraktivem Content (vgl. auch Arthur Andersen 1999) erscheint uns eine gewisse Verschiebung der Machtbalance in Richtung Produktionssektor möglich.

6   Schlussfolgerungen

Obwohl die Produktion von Mediendienstleistungen im Allgemeinen und von Beiträgen für Wissenschaftsmagazine, auf die wir uns in diesem Beitrag konzentriert haben, im Besonderen ganz überwiegend in Projektnetzwerken erfolgt, findet sich in der Praxis ein erheblicher Reichtum an unterschiedlichen Formen der Netzwerkorganisation. Die Gründe hierfür sind vielfältig und konnten in diesem Beitrag nur angedeutet werden. Wie in anderen Branchen auch, hängen die Entscheidungen für eine bestimmte Organisationsform ökonomischer Aktivitäten vor allem von Kostenüberlegungen, dem immer auch restringierenden Charakter von Netzwerkbeziehungen und von branchenweit gültigen Sichtweisen darüber, was eine geeignete Organisaionsform ist, ab. Die konkreten Entscheidungen erfolgen unter Bezugnahme auf überwiegend ökonomische Legitimationsregeln in intraorganisationalen Projekten, in denen „Mikropolitik" (Ortmann et al. 1990) eine erhebliche Rolle spielt und in denen das Top-Management sich ein Letztentscheidungsrecht vorbehält.

Genauer untersucht haben wir die Etablierung und den Wandel von Netzwerkorganisationen am Beispiel der Produktion von zwei Wissenschaftsmagazinen zweier privater Fernsehsender. Nicht nur die Beiträge für das wöchentliche, sondern auch jene (manchmal tagesaktuellen) für das tägliche Wissenschaftsmagazin werden im Netzwerk produziert. Zwar wird das zunächst für die Produktion des täglichen Wissenschaftsmagazins von den Akteuren angestrebte Modell der Produktion des gesamten Contents im Netzwerk nicht realisiert, wohl aber das Modell der Quasi-Inhouse-Produktion im Dienstleistungsnetzwerk und später das der Inhouse-Redaktion und Content-Produktion im Netzwerk. Als wichtige Gründe hierfür stellen sich heraus: die Marktmacht erfolgreicher Produzenten, die erheblichen Anforderungen an die Bildqualität und das Bemühen um die Wahrung der Kontrolle über einzigartige Bilder sowie – last but not least – die erheblichen Koordinationsanforderungen einer im Extremfall tagesaktuellen Produktion. Das für die Produktion des wöchentlichen Magazins zunächst gewählte Modell der Quasi-Inhouse-Produktion im Dienstleistungsnetzwerk wird nach kurzer Zeit in das Modell ‚endabnehmende Redaktion und Content-Produktion im Netzwerk' umstrukturiert. Gründe hierfür sind: das Streben nach Kostensenkung durch Outsourcing und – last but not least – die sich aus der Bereitschaft ehemaliger Beschäftigter, sich als Produzenten selbständig zu machen, ergebenden, die Quasi-Externalisierung begünstigenden, vielleicht sogar in diesem Fall erst ermöglichenden Umstände.

Obwohl sich Entscheidungen über eine Organisationsform stark an geltenden Regeln der Signifikation und Legitimation orientieren, ist ein Wandel – wie diese beiden

Fälle zeigen – möglich. Dabei scheint es zumindest bei der Organisation der Produktion von Content für das (analoge und digitale) Fernsehen immer weniger um die Frage Netzwerk vs. Hierarchie bzw. Netzwerk vs. Markt zu gehen als vielmehr um die ökonomische Vorteilhaftigkeit der einen Form der Netzwerkorganisation gegenüber den anderen, zumal die Netzwerkorganisation für eine unmittelbare wie mittelbare „Integration" der Kunden bestens vorbereitet ist (vgl. dazu auch Sydow 2000).

Die Steuerung der Produktion von Wissenschaftsbeiträgen in dieser oder jener Form der Netzwerkorganisation setzt an den im Netzwerk bzw. im Feld herrschenden Regeln und den verfügbaren Ressourcen an. Diese werden im Zuge der Steuerung reproduziert, ggf. modifiziert. Auf jeden Fall wird damit die Netzwerkorganisation praktisch wirksam. Eine entscheidende Voraussetzung einer nachhaltig erfolgreichen Netzwerkorganisation erscheint uns eine interne Kompetenz (hier: zur Content-Generierung), die als Ressource bei der Steuerung von Netzwerkunternehmungen in Anschlag gebracht werden kann und die stetige Überprüfung der Qualität der Ergebnisse und Prozesse (hier: insbes. der Content-Realisierung) möglich macht. Interessant ist dabei, dass zumindest in den von uns untersuchten Fällen die Entwicklung einer entsprechenden Steuerungsressource überwiegend (unintendierte) Konsequenz ansonsten wohl durchdachter Strategieentscheidungen ist. Die Strategiefähigkeit der Akteure könnte allerdings gesteigert werden, indem Sender wie Produzenten stärker auf die strukturellen Voraussetzungen (Regeln und Ressourcen) einer erfolgreichen Steuerung im Netzwerk reflektieren und diese ggf. sogar gemeinsam entwickeln. Dieses schließt das Erkennen und ggf. die Entwicklung der Netzwerkkompetenz bzw. der „relational capabilities" (Dyer/Singh 1998) für eine erfolgreiche Netzwerksteuerung durch das Management ein. Obwohl bislang noch sehr unzulänglich erforscht, scheint diese Kompetenz nicht nur in der Medienindustrie von unverzichtbarem Wert zu sein und gleichzeitig eine übermäßiges Outsourcing, das aktuell auch von öffentlich-rechtlichen Sendern verfolgt wird, zu begrenzen.

Literaturverzeichnis

Arthur Andersen (1999): Deal survey 1998. Unterhaltungsindustrie. Berlin.
Axelrod, B. (1984): The evolution of cooperation. New York.
Buchholz, G. (1995): Ratgeber Freie. 5. Aufl. Stuttgart.
DiMaggio, P.J./Powell, W.W. (1983): The iron cage revisited. Institutional isomorphism and collective rationality in organizational fields. In: American Sociolocial Review 48, S. 147-160.
DiMaggio, P.J./Powell, W.W. (1991): Introduction. In: Powell, W.W./DiMaggio, P.J. (Hrsg.): The new institutionalism in organizational analysis. Chicago und London, S. 1-38.
Duschek, S./Wirth, C. (1999): Mitbestimmte Netzwerkbildung – Der Fall einer außergewöhnlichen Dienstleistungsunternehmung. In: Industrielle Beziehungen 6 (1), S. 73-110. Wieder abgedruckt in: Sydow, J., Wirth, C. (Hrsg.) (1999): Arbeit, Personal und Mitbestimmung in Unternehmungsnetzwerken. München und Mering, S. 297-336.
Dyer, J.H./Singh, H. (1998): The relational view: Cooperative strategy and sources of interorganizational competitive advantage. In: Academy of Management Review 23 (4), S. 660-679.
Engelhardt, W.H./Kleinaltenkamp, M./Reckenfelderbäumer, M. (1993): Leistungsbündel als Absatzobjekte. In: Zeitschrift für betriebswirtschaftliche Forschung 45 (5), S. 395-426.
Friedman, A.L. (1977): Industry and labour. London etc.
Gersterkamp, T. (1996): Kleinteilige Riesen. In: Die Mitbestimmung 42 (4), S. 41-43.

Giddens, A. (1984): The constitution of society. Cambridge.
Hanke, S. (1996): Der Standortwettbewerb in der Medienwirtschaft: Kommunale Handlungsmöglichkeiten am Beispiel der Region Nürnberg. Wiesbaden.
Heinrich, J. (1999): Medienökonomie. Band 2: Hörfunk und Fernsehen. Opladen und Wiesbaden.
Kleinaltenkamp, M. (1997): Kundenintegration. In: Wirtschaftswissenschaftliches Studium 26 (7), S. 350-354.
Mörsdorf, M. (1998): Konzeption und Aufgaben des Projektcontrolling. Wiesbaden
Ortmann, G./Windeler, A./Becker, A./Schulz, H.-J. (1990): Computer und Macht in Organisationen. Mikropolitische Analysen. Opladen.
Ortmann, G./Zimmer, M. (1998) Strategisches Management, Recht und Politik. In: Die Betriebswirtschaft 58 (6), S. 747-769. Wieder abgedruckt in: Ortmann, G./Sydow, J. (Hrsg.) (2000): Strategie und Strukturation. Wiesbaden, S. 301-349.
Pongratz, H.J./Voß, G.G. (1997): Fremdorganisierte Selbstorganisation. Eine soziologische Diskussion aktueller Managementkonzepte. In: Zeitschrift für Personalforschung 11 (1), S. 30-53.
Steinle, C./Lawa, D./Kraege, R. (1995): Projektcontrolling: Konzept, Instrumente und Formen. In: Steinle, C./Bruch, H./Lawa, D. (Hrsg.): Projektmanagement: Instrument moderner Dienstleistung. Frankfurt, S. 131-149.
Sydow, J. (2000): Management von Dienstleistungsbeziehungen - Kundenintegration aus organisations- und netzwerktheoretischer Perspektive. In: Witt, F. (Hrsg.): Unternehmung und Informationsgesellschaft. Wiesbaden, S. 21-23.
Sydow, J./Windeler, A. (1999): Projektnetzwerke: Management von (mehr als) temporären Systemen. In: Engelhard, J./Sinz, E. (Hrsg.): Kooperation im Wettbewerb. Wiesbaden, S. 211-235. Wieder abgedruckt in diesem Band.
Sydow, J./Windeler, A. (2000): Steuerung von und in Netzwerken – Perspektiven, Konzepte, vor allem aber offene Fragen. In: Sydow, J./Windeler, A. (Hrsg.): Steuerung von Netzwerken. Konzepte und Praktiken. Opladen und Wiesbaden, S. 1-24.
Sydow, J./Windeler, A./Krebs, M,/Loose, A./van Well, B. (1995): Organisation von Netzwerken. Opladen.
Windeler, A./Lutz, A./Wirth, C. (2000): Netzwerksteuerung durch Selektion – Die Produktion von Fernsehserien in Projektnetzwerken. In: Sydow, J./Windeler, A. (Hrsg.): Steuerung von Netzwerken. Opladen und Wiesbaden, S. 178-205. Wieder abgedruckt in diesem Band.
Wirth, C. (1999): Unternehmungsvernetzung, Externalisierung von Arbeit und industrielle Beziehungen. München und Mering.
Ziegler, R. (1999): Die deutsche Produktionswirtschaft. Qualität und Innovation: Wer ist verantwortlich? Vortrag gehalten auf der internationalen Konferenz für Film- und Fernsehproduktion „Babelsberg '99". Unveröffentlichtes Manuskript.

Hierarchische Heterarchien – heterarchische Hierarchien: Zur Differenz von Konzern- und Netzwerksteuerung in der Fernsehproduktion

Carsten Wirth und Jörg Sydow

1   Einleitung: „Concentration without Centralization"?

Die Organisation der Content-Produktion für das Fernsehen erfolgt heute weltweit dominant in Projektnetzwerken (vgl. Windeler/Sydow 2001). Projektnetzwerke stellen grundsätzlich eine eher polyzentrische Organisationsform ökonomischer Aktivitäten dar, die den Beziehungszusammenhang für die Koordination nutzt. Trotz netzwerktypischer, zum Beispiel eher kooperativer Steuerungspraktiken, können Projektnetzwerke gleichwohl hierarchische Momente aufweisen. Solche – wenn man so will – *hierarchische Heterarchien* finden sich in der Fernsehproduktion vor allem dann, wenn die Projektnetzwerke von einem Produzenten, in der Regel in enger Abstimmung mit dem Auftrag gebenden Sender, koordiniert und strategisch geführt werden. Selbst in diesen Netzwerken behalten die Unternehmungen allerdings ihre rechtliche Selbständigkeit, büßen in Folge der Kooperation allenfalls Teile ihrer wirtschaftlichen Autonomie ein.

Gleichzeitig – und scheinbar in Widerspruch zur eben konstatierten Dominanz der Content-Produktion in Projektnetzwerken – kommt der Produktion von Fernsehprogrammen in Konzernzusammenhängen eine erhebliche und sogar zunehmende Bedeutung zu. Tatsächlich gehören den Projektnetzwerken oftmals mehrere Unternehmen an, die unter einer einheitlichen Leitung zusammen gefasst sind. Nicht nur, dass Fernsehsender in der Regel in sogenannten „Senderfamilien" integriert sind, im Bereich der Produktion selbst sind erhebliche Konzentrationstendenzen bei den zumeist noch mittelständischen Produzenten zu konstatieren. Beispielsweise sind Fernsehsender und auch Großproduzenten an Produktionsunternehmen beteiligt. Allein RTL besitzt Anteile an 36 solcher Unternehmen. In der Konsequenz dieser Entwicklung wird eine sogenannte „Blockbildung" befürchtet, d.h. eine verstärkt konzern*interne* Vergabe von Auftragsproduktionen durch die Sender. Letztere sind dabei nicht nur an Produktionsfirmen, sondern auch an Mediendienstleistern, insbesondere an technischen Dienstleistern beteiligt (so z.B. die SAT.1 Pro7 Media AG an Plaza Media), so dass ein erheblicher Teil der Wertschöpfung im Konzern konzentriert werden könnte. Dasselbe gilt im Übrigen für Produktionsunternehmungen, die zum Beispiel an Studiobetreibern beteiligt sind (so z.B. Endemol an NOB). Der Trend zur Konzentration erweckt, zumindest auf den ersten Blick, den Eindruck, dass die Content-Produktion in zunehmend vertikal integrierten Produktionssystemen stattfindet (vgl. auch Pätzold/Röper 2003). Diese sind auf Grund der einheitlichen Leitung – im Gegensatz zu den nur lose gekoppelten Projektnetzwerken – prinzipiell eher hierarchisch denn heterarchisch organisiert, allenfalls bei klar erkennbarer dezentraler Konzernführung als *heterarchische Hierarchien* zu qualifizieren.

Wie gestaltet sich vor dem Hintergrund dieser scheinbar konträren Einschätzungen die Praxis in der deutschen Fernsehproduktion? Deutet etwa die Gleichzeitigkeit von Netzwerk- und Konzernorganisation bzw. -steuerung auf eine besondere Form der „concentration without centralization" (Harrison 1994)? Auf diese Formel war vor nunmehr schon einem Jahrzehnt die in der Netzwerkpraxis doch nicht ganz so gleichberechtigte Kooperation gebracht worden. Oder haben wir es doch mit zwei sehr unterschiedlichen Steuerungsformen zu tun, die auch und gerade in Projektnetzwerken zusammenwirken?

Zur Beantwortung dieser Fragen wollen wir an Hand eines intensiv studierten Falls aus dem Bereich des privaten Fernsehens in Deutschland zunächst genauer die Unterschiede von Konzern- und Netzwerksteuerung herausarbeiten und sodann ihr Zusammenspiel in der Praxis von Projektnetzwerken der Fernsehproduktion erkunden. Vereinzelt ergänzen wir unsere Ausführungen zu diesem Fall um Aussagen aus einem anderen Produktionskonzern aus der öffentlich-rechtlichen Welt. Weil das Verhältnis zwischen Konzern und Netzwerk vor allem in der sozialwissenschaftlichen Literatur alles andere als klar zu sein scheint (vgl. dazu z.B. Becker et al. 1999; Funder 1999; Köhler 1999), erläutern wir zunächst konzeptionell-theoretisch die Unterschiede zwischen Konzern- und Netzwerksteuerung, bevor wir uns dem empirischen Material und auch der Frage nach dem Zusammenwirken der beiden Steuerungsformen in der Praxis der Fernsehproduktion widmen. Bei der konzeptionell-theoretischen Herausarbeitung der Differenz von Konzern und Netzwerk beziehen wir uns auf die schon im Titel dieses Beitrags und in dieser Einleitung herausgestellten Begriffe der Hierarchie und der Heterarchie.

Insgesamt zeigen wir in diesem Beitrag, dass Konzern- und Netzwerksteuerung, selbst im empirisch schwer zu fassenden Fall dezentral geführter Konzerne (heterarchischer Hierarchien) einerseits und strategisch geführter Projektnetzwerke (hierarchischer Heterarchien) andererseits, klar zu unterscheiden sind, auch wenn sie in der Praxis der Fernsehproduktion aus nachvollziehbaren Gründen subtil zusammenwirken.

Unsere Ausführungen beruhen auf einer Auswertung der relevanten Literatur und von mehr als 80 Interviews mit Akteuren aus der Fernsehindustrie.[1] Mehrere der befragten Akteure gehören verschiedenen Fernsehproduktions*konzernen* an, so dass in immerhin elf Interviews explizit Fragen zu den Unterschieden und dem Zusammenspiel von Konzern- und Netzwerksteuerung gestellt werden konnten. Da uns (Gesellschafts-)Verträge und Ähnliches nicht vorlagen, basieren unsere Befunde auf den Aussagen der Befragten zu den Praktiken in den involvierten Konzernen und Netzwerken. Konzeptionell-theoretisch, zum Teil aber auch empirisch, schließen wir an frühere Arbeiten an (vgl. dazu z.B. Sydow et al. 1995, 2002, 2003; Sydow/Wirth 2000;

---

1   Die (leitfaden-gestützten) Interviews, vor allem aber nicht ausschließlich mit Vertretern von Fernsehsendern und Produktionsfirmen, wurden von uns im Rahmen eines von der Deutschen Forschungsgemeinschaft (DFG) geförderten Projekts (Sy-32/2-1 und Sy-32/2-2) durchgeführt. Der DFG danken wir für die finanzielle Förderung des Projekts im Rahmen des SPP 197 „Regulierung und Restrukturierung von Arbeit in den Spannungsfeldern von Globalisierung und Dezentralisierung", unseren Gesprächspartnern, vor allem in den zwei hier zur genaueren Analyse herangezogenen Fällen, für ihre Auskunftsbereitschaft und Arnold Windeler für wichtige Hinweise zur Überarbeitung dieses Manuskripts. Einzelne Angaben sind, ohne den Sinngehalt zu verändern, verfälscht worden, um eine Identifikation der untersuchten Fälle zu verhindern.

Windeler 2001; Windeler/Sydow 2001) und versuchen, bei der Analyse des empirischen Materials eine strukturationstheoretische Netzwerkperspektive in Anschlag zu bringen. Diese legt nicht nur ihren Fokus auf die konkrete Praxis – bzw. genauer: die Praktiken der Akteure – sowie auf die Beziehungen der Akteure untereinander, sondern auch auf die Strukturen (d.h. Regeln und Ressourcen), auf die sich diese in ihrem Handeln beziehen und die die Akteure dadurch reproduzieren, was ihren Wandel einschließt (Giddens 1984).

2 Konzern und Netzwerk: Unterschiede in Form und Praxis[2]

Konzerne stellen nach § 18 AktG eine (nur rechtlich zu bestimmende) Organisationsform ökonomischer Aktivitäten dar, in der ein oder mehrere Unternehmen, die sogenannten Konzernunternehmen, unter der einheitlichen Leitung eines herrschenden Unternehmens zusammengefasst sind. Die konzernkonstitutive einheitliche Leitung kann formell durch einen Beherrschungsvertrag (§ 291 AktG) abgesichert oder durch eine vollständige Eingliederung des Unternehmens bzw. der Unternehmen (§ 319 AktG) begründet sein. Während in diesen beiden Fällen eine einheitliche Leitung grundsätzlich zu unterstellen ist, kommt es im Fall des sogenannten faktischen Konzerns auf den Nachweis der tatsächlichen Ausübung der einheitlichen Leitung an (vgl. auch Emmerich/Sonnenschein 1997, S. 54ff.). Diese sind – so die rechtswissenschaftliche wie strukturationstheoretische Sichtweise – an den konkreten *Praktiken* festzumachen, in denen Konzernakteure unter Bezugnahme nicht zuletzt auf die Konzernstrukturen eben den Konzern durch die Wahrnehmung einer einheitlichen Leitung als solchen reproduzieren.

Der für die Konzernbestimmung zentrale Begriff der einheitlichen Leitung ist im Gesetz nicht genauer bestimmt; allerdings wird bereits in der Begründung des Regierungsentwurfs des Aktiengesetzes angegeben, dass schon eine bloße Abstimmung der Geschäftspolitiken, etwa in Form „gemeinsamer Beratungen" oder durch „personelle Verflechtung der Verwaltung" hinreicht, diese einheitliche Leitung zu begründen (zit. nach Wöhe 1990, S. 445). Letztlich setzt die inhaltliche Bestimmung des Rechtsbegriffs der einheitlichen Leitung auf betriebswirtschaftlich-organisatorische Kriterien auf:

> „Nur mit deren Hilfe läßt sich klären, welcher Art die für mehrere Unternehmen gültigen Führungsentscheidungen sein müssen, um die Unternehmen zu einer *Unternehmung* im betriebswirtschaftlichen Sinne zu machen. Dabei tauchen aus juristischer Sicht Schwierigkeiten deswegen auf, weil die einschlägigen betriebswirtschaftlichen Analysen eher als Handlungsanleitungen denn als justitiable Zustandsbeschreibungen angelegt sind und aus ihnen Abgrenzungskriterien mit juristischer Trennschärfe nur schwer zu gewinnen sind" (Milde 1996, S. 78 f.).

Im Regelfall wird davon ausgegangen, dass eine Setzung des „Rahmens" der unternehmenspolitischen Handlungsmöglichkeiten eines Tochterunternehmens durch die Konzernmutter, beispielsweise via entsprechender Strategieplanungen, Budgetvorgaben, Kapital- und Personalausstattungen, ausreicht, eine einheitliche Leitung zu be-

---

[2] Dieses Kapitel basiert in wesentlichen Argumenten und Formulierungen auf einem früheren Beitrag eines der Autoren (Sydow 2001). Vgl. dazu zum Beispiel auch Lange 1998; zu einer Gegenposition z.B. Teubner (2001).

gründen. Selbstverständlich ist dabei eingeschlossen, dass die Konzernmutter diesen Rahmen den Tochtergesellschaften nicht einfach vorgibt, sondern letztere auf der Grundlage mehr oder weniger dezentraler Führungskonzepte an seiner Ausgestaltung mitwirken können. Damit ist der Grenzfall einer einheitlichen Leitung benannt, der einen Unternehmensverband auf jeden Fall noch als Konzern und damit als *eine* Unternehmung qualifiziert; praktisch wird dieser durch die zentrale Planung und Kontrolle mindestens des Finanzbereichs begründet.

2.1 Konzern als prinzipiell hierarchische Form

Die konzernkonstitutive und sich praktisch in diesen Formen konkretisierende einheitliche Leitung ist organisationstheoretisch durch den Begriff der *Hierarchie* zu fassen, die zumindest in der betriebswirtschaftlichen Organisationslehre als ein monozentrisches System über- und untergeordneter Stellen begriffen wird. Die Stellen – genauer: die Instanzen – sind mit Entscheidungs- und Weisungsbefugnissen und entsprechenden Verantwortlichkeiten ausgestattet und bilden das Rückgrat jedweder organisationaler Koordination. Alle verfahrens- und personenorientierten Koordinationsinstrumente (z.B. Programme, Pläne und Richtlinien bzw. Personalführung und sogar die Selbstabstimmung) spiegeln diese Form der Koordination wider, sofern sie tatsächlich *in* der Unternehmung zum Einsatz kommen. Legitimatorische Grundlage der einheitlichen Leitung bzw. hierarchischen Steuerung ist in einer kapitalistisch-marktwirtschaftlichen Ordnung die grundrechtlich abgesicherte Verfügungsgewalt über das Kapitaleigentum.

Der prinzipiell hierarchische Charakter einer Unternehmung – und damit auch eines Konzerns – steht selbst bei einer extremen Delegation von Entscheidungsbefugnissen nicht in Frage, schließlich kann die Delegation – wenn auch oft nur unter Inkaufnahme erheblicher betriebswirtschaftlicher Nachteile – jederzeit wieder zurückgenommen werden (vgl. dazu auch Kasperzak 2000). Die praktische Konzernführung geschieht somit *immer im Schatten dieser Möglichkeit* (zu einem empirischen Beispiel vgl. Hirsch-Kreinsen 1998, wo aber genau dieser zentrale Unterschied zwischen Konzern und Netzwerk nicht angemessen gefasst wird). Hinzu kommt, dass die Delegation von Entscheidungsbefugnissen im Konzern empirisch mit einem ausgeprägten *Konzerncontrolling* einhergeht, das Delegationswirkungen in Hinblick auf die damit verknüpften Autonomieimplikationen weitgehend zu kompensieren versucht (vgl. z.B. Schmidt 1992). Die organisationale Autonomie der Konzernunternehmen wird in Folge auf ein Maß reduziert, dass die Rede von einem Netzwerk von Unternehm*ung*en betriebswirtschaftlich nicht mehr gerechtfertigt erscheinen lässt.

Der Begriff der Hierarchie kann genau genommen sowohl eine formelle Autoritätsstruktur als auch eine faktische Machtstruktur bezeichnen. Die erste Begriffsauffassung setzt in der Terminologie Max Webers auf „Befehlsgewalt und Gehorsamspflicht" (Weber 1921/1972, S. 542) und stellt somit auf ein formelles System der Koordination und Führung durch Andere (zumeist: das mittlere Management) ab. Die zweite Begriffsauffassung, der Hierarchie als Machtstruktur, handelt von einer anderen, über die „Herrschaft kraft Autorität" hinausgehende Möglichkeit legitimer Herrschaftsausübung: der „Herrschaft kraft Interessenkonstellation" (Weber 1921/1972, S. 542). Letztere sieht Weber zwischen Organisationen in reinster Form in der monopolistischen Situation auf Märkten ausgeprägt. Diese Form kommt wohl der Herrschaft in hierarchischen Netzwerken, in denen eine oder mehrere fokale Unternehmungen die anderen Unternehmungen steuern, am nächsten.

2.2 Netzwerk als prinzipiell heterarchische Form

Obwohl der Begriff des Netzwerks auch zur Kennzeichnung unternehmungsinterner Koordinationsmuster (z.B. durch informale Beziehungen oder marktorientierte Profit Center-Konzepte) genutzt wird (vgl. z.B. Hirsch-Kreinsen 1998, S. 37 ff.), soll die Diskussion im Folgenden auf Netzwerke als unternehm*ungs*übergreifende Organisationsform ökonomischer Aktivitäten beschränkt bleiben (vgl. dazu auch Sydow 2001). Unternehmungsnetzwerke sind eine polyzentrische Organisationsform ökonomischer Aktivitäten, „die sich durch komplex-reziproke, eher kooperative denn kompetitive und relativ stabile Beziehungen zwischen rechtlich selbständigen, wirtschaftlich jedoch zumeist abhängigen Unternehmungen auszeichnet" (Sydow 1992, S. 82) und den Beziehungszusammenhang für die Koordination ihrer Aktivitäten nutzt (vgl. dazu Windeler 2001). Dabei darf die wirtschaftliche Abhängigkeit allerdings nicht so weit gehen, dass von Unternehm*ung*en im betriebswirtschaftlichen Sinne nicht mehr gesprochen werden kann, weil dieser Begriff immer ein Mindestmaß an organisationaler Autonomie impliziert. Wegen dieser Autonomie sind Unternehmungsnetzwerke, rechtlich gesehen, typischer Weise eben keine Konzerne. Die organisationale Autonomie erstreckt sich – im klaren Unterschied zum Konzern – dabei ausdrücklich auch auf Fragen der Finanzierung: Die Finanzierung des Netzwerks „mit Eigenkapital ist – wie beim einfachen Marktaustauschverhältnis – Sache der Anteilseigner der einzelnen Kooperationspartner und erfolgt nicht – wie beim Konzernverbund – wesentlich über die Konzernspitze und damit letztlich über die Eigenkapitalgeber der Konzernmutter" (Schmidt 2003, S. 140).

Weil Konzerne letztlich durch den (unbestimmten) Rechtsbegriff der einheitlichen Leitung bestimmt (*sic!*) sind, könnten überhaupt nur jene Unternehmungsnetzwerke Konzerne sein, die dauerhaft von einer Unternehmung bzw. einem Unternehmen geführt werden. Werden regionale Netzwerke, strategische Netzwerke und Projektnetzwerke unterschieden (vgl. z.B. Sydow 2003, S. 298 ff.), fehlt es den *regionalen* Netzwerken an der Leitung durch eine fokale Unternehmung. Ein ernst zu nehmender Konzernverdacht besteht hingegen für *strategische* Unternehmungsnetzwerke, eine Form hierarchischer Netzwerke.[3] Die Führung solcher Netzwerke äußert sich zum Beispiel darin, dass der Markt, auf dem das Netzwerk tätig ist, im wesentlichen von der Fokalunternehmung definiert wird, aber auch die Selektion geeigneter Netzwerkpartner sowie Regeln der Zusammenarbeit und der Evaluation – bei aller Beteiligung anderer Netzwerkunternehmungen – entscheidend von ihr bestimmt werden (vgl. Sydow 1992, S. 81).

Projektnetzwerke, wie sie etwa im Bereich der Fernsehproduktion zu finden sind, können zwar von einer oder mehreren Unternehmungen strategisch geführt werden,

---

3 So z.B. aus juristischer Sicht Nagel et al. (1989) für die Zuliefernetzwerke in der Automobilindustrie; Buschbeck-Bülow (1989), Skaupy (1990), Nölting (1994), Selzner (1994) oder Gittermann (1995) für Franchisesysteme; ablehnend hierzu jedoch o.V. (1994).

jedoch ist die strategische Führung in diesem Fall typischer Weise nicht dauerhafter Natur. Die Geschäftsbeziehung zu den Netzwerkunternehmungen wird zwar über das einzelne Projekt hinaus gepflegt, aber möglicherweise erst Jahre später wieder aktualisiert. Dies trifft im Wesentlichen auch auf Fernsehproduktionsnetzwerke zu. Ganz anders ist dies allerdings bei den Beziehungen zwischen Sendern und Produzenten, denn diese arbeiten, zuweilen über Jahre hinweg, kontinuierlich miteinander; ähnliches gilt zum Beispiel auch für Autoren.[4] Trotz dieser zum Teil sehr dauerhaften und permanent aktualisierten Beziehungen dürften Projektnetzwerke als solche nicht unter Konzernverdacht stehen. Allerdings sind in Projektnetzwerke – wie auch in die anderen Netzwerktypen – Konzernunternehmen immer wieder eingebunden. Im Bereich der Content-Produktion für das Fernsehen ist das sogar – wie wir zeigen werden (s. Abschnitt 3) eher der Regel-, denn der Ausnahmefall.

2.3 Zum Verhältnis von Konzern und Netzwerk

Die hier getroffene konzeptionelle Unterscheidung von Konzern und Netzwerk impliziert, dass eine Grenze angegeben werden kann, die eine Unternehmung (also auch einen Konzern) vom Unternehmungsnetzwerk unterscheidet. Diese Grenze ist, außer im Fall des faktischen Konzerns, *formell* durch das Vorliegen eines Gesellschaftsvertrages (z.B. eines Beherrschungsvertrags) bzw. – im Fall des Netzwerkes nach ganz herrschender Meinung – von schuldrechtlichen Verträgen über Lieferung und Leistung markiert (vgl. Lange 1998). *Materiell* ist sie durch die für den Konzern – auch für den faktischen Konzern – konstitutive einheitliche Leitung bzw. *prinzipiell hierarchische* Ordnung bestimmt.[5]

(Unternehmungs-) Netzwerke zeichnen sich hingegen durch organisationale Autonomie der Netzwerkunternehmungen und eine insoweit *prinzipiell heterarchische* Ordnung aus (vgl. zur Heterarchie als Grundform von Vernetzung auch Windeler 2001, S. 49 ff.). Im Gegensatz zur monozentrisch angelegten Hierarchie ist die Heterarchie polyzentrisch strukturiert, setzt mehr auf Autonomie und damit mehr auf Selbst- denn auf Fremdorganisation. Sowohl die Autorität als auch die Macht ist trotz z.T. erheblicher Machtasymmetrien nicht völlig einseitig verteilt. An die Stelle des hierarchiekonstitutiven Weisungsprinzips tritt das Verhandlungsprinzip (vgl. auch Mayntz 1992; Reihlen 1999). Hinzu kommt, dass die Unternehmungen im Netzwerk – zumindest formell – über eine Exit-Option verfügen.

---

4   „Also ruft man den Drehbuchautoren dafür an, trifft sich mit dem und findet heraus, was der sonst noch alles geleistet hat. Dann fragt man den, was er gerne schreiben will, und man fragt ihn, ob er nicht mal einen Tatort schreiben will. Dann sagt der Klasse und schon ist man im Geschäft. Wenn das klappt, bleibt man dauerhaft im Geschäft und manchmal bis zu 20, 25 Jahre lang" (Produzent 2).

5   Der Konzerncharakter strategisch geführter, stabiler Netzwerke, so genannter „strategischer Netzwerke" (Jarillo 1988; Sydow 1992), wird immerhin in der rechtswissenschaftlichen Literatur vereinzelt nachzuweisen versucht (s. auch Fn. 4). Dabei wird der Begriff der einheitlichen Leitung allerdings so weit und flexibel gefasst, dass er netzwerkartige Organisationsformen akkomodieren kann. Dies nun wiederum geschieht mit dem Preis, dass „der Konzernbegriff stark ausfranst [und] seine Ordnungskraft nach[lässt]" (von Werder 1995, S. 649). Hinzu kommt das (rechtswissenschaftliche) Argument, dass im Falle strategischer Netzwerke der Einfluss der das Netzwerk strategisch führenden Unternehmung nicht *gesellschafts*rechtlich bedingt oder vermittelt ist (vgl. Lange 1998, S. 431 ff.).

Diese Gegenübersetzung von Hierarchie und Heterarchie ist natürlich nur im Ideal wirklich eindeutig. Von Heterarchien – auch und gerade von Netzwerken – wird in der Praxis beispielsweise erwartet, dass sie *zumindest* temporär hierarchische Strukturen ausbilden, um entscheidungs- und handlungsfähig zu bleiben (vgl. auch Reihlen 1999, S. 283). Umgekehrt zeichnen sich die meisten japanischen Keiretsu, die manchen als Prototyp hierarchischer bzw. strategischer Netzwerke gelten (vgl. Sydow 1992, S. 38 ff.), gerade dadurch aus, dass sie von mehreren fokalen Unternehmungen (u.a. einer zentralen Bank und einem Generalhandelshaus) koordiniert werden und insoweit sowohl vom monozentrischen Ideal der Hierarchie – und auch vom Ideal des heterarchischen und auch des hierarchischen Netzwerks – abweichen.

Derartige hierarchischen Heterarchien entsprechen u.E. dem zweiten der beiden Weberschen Hierarchiebegriffe: der „Herrschaft kraft Interessenkonstellation". Tatsächlich kommt sie wohl der Herrschaft in hierarchischen Netzwerken sehr nahe. Allerdings ist auch in ihnen die „Herrschaft kraft Autorität" nicht bedeutungslos, obgleich die Grundlagen der Anerkennung dieser Herrschaft im (interorganisationalen) Netzwerk notwendig andere sind als in der hierarchischen Organisation. An die Stelle einer Über- und Unterordnung von Autoritätspositionen – und eine entsprechende Gehorsamspflicht – tritt hier beispielsweise die Autorität qua Wissensvorsprung, Kapitalzugang und/oder Kontrolle der Kundenbeziehung – Aspekte, die in der Fernsehproduktion von hoher Bedeutung sind. Allerdings gilt auch für die Grundformen von Hierarchie in hierarchischen Netzwerken: „Beide gehen gleitend ineinander über" (Weber 1921/1972, S. 542), können sich auch im Zeitablauf von der einen in die andere verwandeln. Gleichwohl sollten die entsprechenden, die strategischen Unternehmungsnetzwerke bzw. Projektnetzwerke als hierarchische Heterarchie – genauso wie die den dezentral geführten Konzern als heterarchische Hierarchie – reproduzierenden Praktiken als solche erkennbar sein.

In der Praxis können Konzerne und Netzwerke, auch Projektnetzwerke, miteinander vielfach verwoben sein. Zum Beispiel kann ein Netzwerk – wie dies in der Fernsehindustrie häufig zu beobachten ist – Unternehmen umfassen, die einem oder mehreren Konzern(en) angehören. Auch kann – in zeitlicher Perspektive – eine das Netzwerk strategisch führende Unternehmung durch Akquisition einer anderen Netzwerkunternehmung eine Netzwerkbeziehung in eine Konzernbeziehung umwandeln, wobei der für Netzwerkbeziehungen charakteristische Leistungsbezug der Beziehung typischer Weise erhalten bliebe. Umgekehrt kann eine Konzernmutter durch Desinvestition bzw. „Quasi-Externalisierung" (Sydow 1992, S. 82) eines Spin-Offs eine Konzernbeziehung in eine Netzwerkbeziehung umwandeln, sofern auch hier der Netzwerkbeziehungen kennzeichnende Leistungsbezug erhalten bliebe.

3   Empirische Evidenz aus der deutschen Fernsehproduktion

Diese konzeptionell-theoretischen Überlegungen zum Verhältnis von Konzern und Netzwerk bzw. Konzern- und Netzwerksteuerung müssten sich in der sozialen Praxis – auch und gerade in der Fernsehproduktion – belegen lassen. Allerdings ist in diesem Feld, wie schon in der Einleitung angedeutet, mit einem subtilen Zusammenspiel von Konzern- und Netzwerksteuerung in Projektnetzwerken zu rechnen.

Bevor wir diesem Zusammenspiel nachgehen, arbeiten wir durch unsere auf Praxis und Strukturen eingestellte Perspektive empirisch die Unterschiede zwischen Konzern- und Netzwerksteuerung im empirischen Feld heraus. Genauer betrachten wir dazu die für die Content-Produktion und -Distribution relevanten Beziehungen in der Holding des von uns studierten Medienkonzerns (3.1). Diese (Zwischen-) Holding hält eine 100 %-Beteiligung an einem Fernsehproduktionskonzern (3.2) sowie bedeutende Anteile an mehreren Fernsehsendern (3.4), darunter auch mehrere qualifizierte Mehrheitsbeteiligungen. Der Fernsehproduktionskonzern, der einen bedeutenden Teil seiner Aufträge von einem dieser Sender erhält (3.5), gebietet seinerseits über eine größere Zahl von Produktionstochterunternehmen (3.3.).

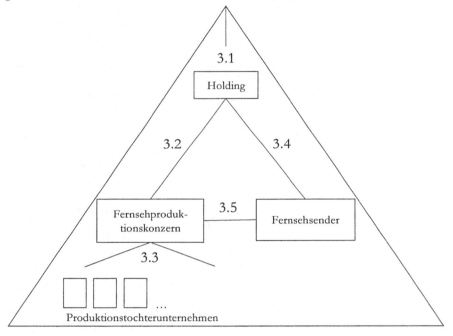

Abb. 1: Untersuchte Konzernbeziehungen – Schematisierte Darstellung der Fernsehholding des Medienkonzerns

Ergänzend greifen wir auf einige empirische Erkenntnisse aus einem anderen Fall zurück. Dabei handelt es sich um einen Fernsehproduktionskonzern, an dem u.a. öffentlich-rechtliche Fernsehanstalten entweder direkt oder vermittelt über Beteiligungsgesellschaften relevante Anteile halten. Wegen der Beteiligung der öffentlich-rechtlichen Fernsehsender kann es sich nicht um einen Konzern im gesellschaftsrechtlichen Sinne handeln, denn öffentlich-rechtliche Institutionen sind keine Unternehmungen in Sinne des Aktiengesetzes; insofern kann allenfalls von einem konzern*ähnlichen* Verhältnis ausgegangen werden.

3.1 Der Medienkonzern: Sicherstellung einheitlicher Leitung trotz dezentraler Führung

Im Medienkonzern, der im Mittelpunkt unserer Ausführungen steht, wird eine ausgesprochen dezentrale Unternehmungsführung praktiziert. Dezentrale Organisation, partizipative Führung, Unternehmertum im Unternehmen gehören seit vielen Jahrzehnten zum Selbstverständnis dieser Unternehmung. Dieses wird nicht nur in und von der Konzernobergesellschaft gelebt, sondern auch – wie wir in unseren Interviews erfahren konnten – erfolgreich auf Tochter- und Beteiligungsunternehmen übertragen. Die genannten Prinzipien dezentraler Konzernführung werden unter anderem, aber wahrlich nicht ausschließlich, mit den Besonderheiten der Medienindustrie in Verbindung gebracht, in der das Geschäft in besonderem Maße „kreative Keimzellen" benötigt. Auf dieser Sichtweise aufbauend gilt konzernweit für die Konzernunternehmen die Regel: „Jeder ist sein eigener Unternehmer" (Konzern 1).

Die hier angesprochene Regel der Signifikation, die im Schatten hierarchischer Anweisung in der Unternehmung bzw. dem Konzern greift und die Hierarchie für die Beteiligten manchmal zum Verschwinden zu bringen scheint, orientiert die Konzernführung und wird durch eben sie in alltäglicher Praxis reproduziert. Diese Regel kennzeichnet auch die Art der Interaktion zwischen den verschiedenen Konzernunternehmen, so zum Beispiel zwischen zentralem Vertrieb und einem zum Konzern gehörigen Fernsehproduzenten:

„Wir sind bei der Wahl unserer Vertriebspartner völlig frei. Bei unserem Konzern ist man wirklich unternehmerorientiert. Wir sind Profit Center, und unsere Produktionsfirma ist mit ihren Tochterfirmen auch ein Profit Center. Wir sind da wirklich frei, uns am Markt zu orientieren" (Produzent 25).

Die Rede vom Profit Center verweist zwar einerseits auf unternehmerische Selbständigkeit, bettet diese aber gleichzeitig in die Unternehmung (hier: den Konzern) ein. Sie setzt, mit anderen Worten, die durch diese Organisationsform gewonnene Autonomie gleichzeitig in ein Spannungsverhältnis mit hierarchischer Abhängigkeit, hier der konzernkonstitutiven einheitlichen Leitung.

Damit einhergehend werden im Konzern – wie auch in vielen anderen Unternehmungen – marktähnliche Steuerungsprinzipien genutzt, die manche Autoren dazu veranlassen, von einem „Netzwerkkonzern" (Becker et al. 1999, jedoch unter Bezugnahme auf einen anderen Fall) zu sprechen. Fakt allerdings ist, dass diese dezentrale Form der Konzernorganisation von der Konzernleitung jederzeit widerrufen werden könnte. Denn es gilt auch in diesem Konzern die signifikatorische Regel: „Der Gesellschafter kann alles" (Produzent 26). Und, so müsste man ebenso pauschal ergänzen, gilt die Regel der Legitimation: „Der Gesellschafter *darf* alles". Diese Regeln unterstreichen den herausragenden Zugriff, der Kapitaleignern in einer kapitalistisch-marktwirtschaftlichen Ordnung auf allokative und autoritative Ressourcen (der Domination) gewährt wird.

Profit Center-Organisation und die damit verbundenen konzerninternen Märkte fördern bekanntermaßen die Entstehung von Bereichsegoismen innerhalb von Unternehmungen (vgl. z.B. Staehle 1999, S. 743 f.). Diesem Trend wird in dem untersuchten Medienkonzern durch die organisatorische Zusammenfassung der Profit Center in mehreren Unternehmensbereichen entgegengewirkt, vor allem aber durch Orientierung auf die grundlegende Sichtweise, dass es zur Realisierung von Synergien verstärkt *konzerninterner Kooperation* bedarf: „Die meisten Profit Centers und deren CEO's werden sich in Zukunft viel stärker an Kooperationen orientieren als früher" (Produzent 25) – eine Sichtweise, die auch vom Vorstandsvorsitzenden des Gesamtkonzerns vertreten wird. Um diese Kooperation zu realisieren, beauftragt die Holding beispielsweise einen Spitzenmanager des Fernsehsenders mit der Suche nach Synergien im Konzern und nach Kooperationsmöglichkeiten zwischen den Konzernunternehmen aus unterschiedlichen Konzernsparten (incl. Print und Musik). Diese Suche nach Opportunitäten erfolgt allerdings immer im Schatten möglicher Eingriffe durch die Holding und ist – anders als im Netzwerk – ohne das explizite Einverständnis der Konzernunternehmen möglich.

Das belegt exemplarisch auch die Auswahl technischer Dienstleister in einem anderen Konzern:

„Ich als 100 %-Tochter bin gezwungen, die Dienstleistungen der Muttergesellschaft in Anspruch zu nehmen. Die Mutter hat aber hohe Preise. Bei einem freien Anbieter könnte ich günstiger kaufen, sagt mir der Sender, der nun – wie soll ich sagen – der Ziehvater unseres Hauses ist. Ich kann aber wegen des Gesellschaftervertrags nicht so wie ich will. Das ist ein bisschen absurd" (Producer 1).

Obiges Zitat verweist zudem auf die im Vergleich zu dem von uns näher untersuchten Fall „hierarchischere" Hierarchie dieses Fernsehproduktionskonzerns.

3.2 Die Beziehung Holding–Fernsehproduktionskonzern: Konzernsteuerung einer gefügigen Konzerntochter

In der Praxis der Konzernsteuerung greifen die Akteure in unterschiedlicher Intensität auf technokratische, strukturelle und personale Konzernsteuerungsinstrumente zurück (vgl. zu dieser Unterscheidung Hoffmann 1980, S. 338 ff.; Mellewigt/Matiaske 2001, S. 128 ff.). In der Beziehung zwischen Holding und Fernsehproduzent, die sich nicht nur zu 100 % im Eigentum der Holding befindet, sondern mit der auch ein Beherrschungs- und Gewinnabführungsvertrag abgeschlossen worden ist, kommen vor allem technokratische und in einem weitaus geringerem Umfang personale und strukturelle Steuerungsinstrumente zum Einsatz. Der Grund hierfür ist – aus Sicht der Holding – die nahezu risikofreie Produktion als Auftragsproduzent und – aus Sicht des Auftragsproduzenten – das immer noch relativ geringe Umsatzvolumen, das der Fernsehproduzent zum Gesamtumsatz des Konzerns beiträgt.

Der Kern der *technokratischen* Konzernsteuerungsinstrumente ist das mit dem (Teil-) Konzerncontrolling verknüpfte Planungssystem und Berichtswesen. Ausgangspunkt sind „Geschäftspläne, die vorgestellt und genehmigt werden müssen" (Produzent 22). Über die Einhaltung dieser Pläne gibt es „Berichtspflichten und hin und wieder Besuch, also eine persönliche Kontrolle" (Produzent 22).

Trotz der eindeutigen formellen Regelung des Controllings in diesem Teilkonzern kann man nicht davon ausgehen, dass die Controllingpraxis zu einer vollständigen Transparenz führt. In der Praxis zeigt sich vielmehr, dass der konzerneigene Produzent bestimmte Einblicke zu verweigern versucht:

„Mehr Einfluss zu nehmen, mehr zu steuern, Einblick in die Gesellschaft zu gewinnen: Alles das wird bei mir geblockt" (Produzent 22).

Die im Medienkonzern praktizierte Zentralisierung der Finanzwirtschaft ist ein weiteres Steuerungsinstrument, das der Holding zur Verfügung steht und die Durchsetzung hierarchischer Herrschaft sichert:

„Wir dürfen zum Beispiel keine Kredite aufnehmen. Das Haus hat Geld. Wenn ich Geld benötige, wird das entweder über die Holding oder deren Gesellschafter finanziert. Da habe ich immer einen Puffer, auch wenn ich mal Schwierigkeiten habe. Ich führe das dann nachher wieder an die Mutter ab. Das ist praktisch die Bankenfunktion. Sie geben uns die Bürgschaften, die auch wir noch immer bei den Sendern brauchen. Sie bürgen für uns" (Produzent 22).

Zudem ist geregelt, dass für Investitionen – wie im Gesamtkonzern üblich – Investitionsanträge gestellt werden müssen, denn

„für den Gesellschafter ist es wichtig, dass, wenn investiert wird, entsprechende Anträge gestellt und dann auch entsprechende Wirtschaftlichkeitsrechnungen angestellt werden. Das entfällt ja bei uns, weil wir selbst für unsere Produktionen keine Investitionen machen müssen. Wir sind eine atypische Gesellschaft in unserem Hause" (Produzent 22).

Zwar betont dieser Produzent die geringe Bedeutung von Investitionsanträgen. Allerdings erlangten diese im Zuge des Aufbaus von kapitalintensiveren Soap-Produktionen in der Vergangenheit doch eine gewisse Relevanz. Des Weiteren spielen zustimmungspflichtige Geschäfte, zum Beispiel beim Kauf von anderen Produktionsunternehmungen, eine Rolle in der Steuerung des Fernsehproduzenten:

„Wir haben mit dem Geschäftsführer eigentlich nie Diskussionen. Das kann höchstens sein, wenn der sagt: Ich möchte noch eine Produktionsfirma kaufen. Dann sagen wir: Macht das Sinn? Wie ist die Gewinnerwartung? Usw. usf." (Konzern 1).

Unter den *personalen* Konzernsteuerungsinstrumenten ist die Besetzung der Geschäftsführerpositionen durch den Gesellschafter zentral. Ergänzt wird dieses Instrument durch ein weniger stark geplantes, aber zum Teil sehr wirkungsvolles: durch den Stellenwechsel im Konzern, mit dem die Transparenz und informationelle Durchlässigkeit zwischen den Konzernunternehmen erhöht wird.

Als *strukturellem* Führungsinstrument, das für die Steuerung des Fernsehproduzenten wichtiger ist, kommt jährlichen Treffen der Führungskräfte im Konzern eine gewisse Bedeutung zu. Darüber hinaus finden funktionsbereichsbezogene Treffen der Führungskräfte statt. Beispielsweise treffen sich die für das Controlling Verantwortlichen jährlich. Des Weiteren greifen die Tochtergesellschaften auf zentrale Abteilungen (z.B. *legal affairs*) zurück, wenn eigene Kompetenzen nicht mehr ausreichen.

Der Konzern verfolgt im Bereich der Fernsehproduktion also vor allem eine technokratische Steuerung. Es ist also nicht so, wie ein befragter konzerninterner Produzent zunächst meint: „Wir stimmen niemals etwas mit dem Gesellschafter ab" (Produzent 25), sondern: „Der Gesellschafter hat die Macht. Ganz klassisch, wie in jedem anderen Unternehmen auch" (Produzent 22). Insoweit steht – zumindest in der Beziehung zwischen Holding und Fernsehproduzent – außer Frage, dass es sich hier um eine Konzernbeziehung handelt. Der bisherige wirtschaftliche Erfolg hat jedoch bislang geholfen, dass Konflikte und Durchgriffe der Konzernleitung vermieden wurden.

Im Vergleichsfall ist die Situation eine andere, denn „die Anteilseignerstruktur ist pluralistisch" (Produzent 8), d.h. mehrere Anteilseigner halten die Gesellschaftsanteile, was „deutlich zur Diversifikation des Gesamtunternehmens beigetragen hat" (Produzent 8). Zudem sind die Logiken von privaten Kapitaleignern und öffentlich-rechtlichen Organisationen vermengt. Somit kann nicht von einem Konzern im üblichen Sinne gesprochen werden, denn keiner der Gesellschafter hat die Möglichkeit sich qua hierarchischem Durchgriff durchzusetzen. Man kann hier allenfalls von einem konzern*ähnlichen* Verhältnis sprechen, das dem Fernsehproduktionskonzern in der Praxis ein wenig mehr an Autonomie verschafft: „Naja, ein Stück Autonomie mehr ist da als bei meinem Kollegen, der mit dem Sender einen 100 %-Gesellschafter hat" (Produzent 8). Dies zeigt sich darüber hinaus auch bei den strategischen Planungen:

„Die großen Impulse bei einer Eigentümerstruktur, wie wir sie haben, gehen eher auf die Initiative der Geschäftsführung zurück, die die Expansion vorantreibt und die das Unternehmen vorantreibende Kraft ist. Bei einer Gesellschafterstruktur und einem Unternehmen wie wir es haben, geht das eher auf der Geschäftsführerebene als auf der Anteilseignerebene. Es werden eher unsere Konzepte abgesegnet" (Produzent 8).

Dieses konzernähnliche Verhältnis drückt sich auch in der Beziehung zwischen Fernsehsendern und Produktionskonzern aus: „Wir würden den Produktionskonzern auffordern: Macht uns mal wieder eine neue Familienserie oder habt ihr nicht eine gute Idee, wie man den Krimi gut besetzen kann" (Redakteur 3). Diese Form des *first call*, mit dem einem Produktionskonzern quasi das Recht auf ein erstes Angebot eingeräumt wird, ist eine Form der konzernähnlichen Regulation, die in der Tat senderübergreifend reproduziert wird: „Das ist nicht nur meine persönliche Meinung, sondern das würde jeder so sagen" (Redakteur 3). Sie ist aber nicht Ausdruck einer einheitlichen Leitung im Konzern, sondern beruht auf der Fortschreibung routinisierter Sicht-, Handlungs- und Legitimationsweisen in der öffentlich-rechtlichen Rundfunkwelt, die auch und gerade jenseits von gesellschaftsrechtlichen Verflechtungen Bedeutung für das Akteurshandeln haben. Dies geht sogar so weit, dass

„andere Produzenten vielleicht hier ein bisschen abgeblockt werden. Aber wir würden niemals eine Idee, die wir nicht gut finden, durchboxen, nur um den Produzenten zu bedienen oder um ihm einen neuen Auftrag zu beschaffen" (Redakteur 3).

3.3 Interne Regulation im Fernsehproduktionskonzern: Konzernverhältnisse trotz dezentraler Organisation und Führung

Der Fernsehproduzent des von uns hauptsächlich untersuchten Medienkonzerns stellt selbst wiederum ein Konzern dar, der zum Zeitpunkt der Erhebung (2001) aus mehr als zwei Dutzend rechtlich selbständigen Unternehmen besteht, die organisatorisch zu einem Profit Center zusammengefasst sind. Auf diese Unternehmen werden die gleichen *technokratischen* Steuerungsinstrumente angewandt wie sie im Verhältnis von Muttergesellschaft und Holdingleitung zum Einsatz kommen; sie werden lediglich mit den besonderen Erfordernissen der Fernsehproduktion verknüpft. Beispielsweise findet eine Anpassung der projektbezogenen Buchhaltung an die konzerninternen Vorschriften des Berichtswesens statt.

Aufgrund der organisatorischen Verankerung der Konzernunternehmen als Profit Center ist hier die Eingriffsintensität bedeutend höher. Beispielsweise kommt es bei einer ungünstigen Geschäftsentwicklung durch die Führung des Profit Centers zu Eingriffen in das operative Geschäft, die notfalls – etwa in einer Krise – per Weisung durch die Gesellschafterversammlung durchgesetzt werden:

„Die rechtliche Selbständigkeit ist egal. Ich rufe hier am Telefon eine Gesellschafterversammlung ein, und die wird dann eine Anweisung erteilen. Aber ich habe noch nie, seitdem ich hier bin, so einen Anlass gehabt. Das läuft hier über Motivation, über Zielfindung, Zielsetzung, Anreize, die wir geben. Anweisung, das ist zu übertrieben. Im Extremfall muss man allerdings dazu greifen" (Produzent 25).[6]

Dieses Beispiel zeigt, wie vergleichsweise unbedeutend die rechtliche Konstruktion und wie wichtig die betriebswirtschaftlich-organisatorische Regelung im Konzern für die Praxis der Unternehmungsteuerung ist. Gleichzeitig wird deutlich, dass die Akteure im Fernsehproduktionskonzern im Schatten möglicher Weisungen kompetent handeln und ein Wissen um die Möglichkeiten eines hierarchischen Durchgriffs vorhanden ist.

Im Unterschied zur Steuerung des Fernsehproduzenten durch die Holding kommt im „peoples business" (Produzent 25) der Fernsehproduktion *personalen* Steuerungsinstrumenten im Produktionskonzern eine etwas höhere Bedeutung zu. So ist die Personalselektion zwar primär auf die Stabilisierung von Kundenbeziehungen ausgerichtet, aber auch für die Führung des Teilkonzerns bedeutsam:

„Aber der eigentlich entscheidende Faktor ist, dass ich auch den entsprechenden Geschäftsführer oder Verantwortlichen einsetze. Ich suche solche Leute aus, die dazu in der Lage sind" (Produzent 25).

Es findet eine Verhaltenssteuerung über die personelle Verflechtung auf der Geschäftsführerebene statt. Die kaufmännische Leitung des Fernsehproduzenten ist in einem Dutzend Tochterunternehmen Mitglied der Geschäftsführung. In vielen Fällen sind auch die kreativen Geschäftsführer Mitglied der Geschäftsführung der Tochterunternehmen.

Darüber hinaus kommt es im Teilkonzern des Fernsehproduzenten in Geschäftsführer- und Produzentensitzungen zu einer Abstimmung der Angebote an die jeweiligen Fernsehsender, eine Form der *strukturellen* Führung, die wir auch in anderen Fernsehproduktionskonzernen finden:

„Autonom entscheiden wir, welche Projekte wir entwickeln wollen, mit welchen Sendern wir arbeiten. Es gibt lediglich eine Abstimmung insoweit, dass man sich informiert, welche Sender, welche Redaktionen man gerade kontaktet, um sich nicht gegenseitig Konkurrenz zu machen" (Producer 1).

Schließlich wird in dem intensiv studierten Produktionskonzern die Unternehmensplanung und das Rechnungswesen zentralisiert und die Zielgruppen und Produktgruppen der jeweiligen Töchter durch die Holding festgelegt, so dass im Produktionskonzern unverkennbar Konzernverhältnisse vorliegen. Zuweilen fällt es gleichwohl in manch anderen Fällen schwer, die konzernkonstitutive einheitliche Leitung in der für diesen Medienkonzern charakteristischen dezentralen Konzernorganisation und -führung zu identifizieren.

3.4 Die Beziehung Holding–Fernsehsender: Input- und outputbezogene Steuerung des „flagship"

Aufgrund der Bedeutung des Fernsehsenders für den unternehmerischen Erfolg der Holding – er ist das „flagship" (Konzern 1) im Konzern – und der im Vergleich zum

---

[6] Gleiches gilt für den anderen Fernsehproduktionskonzern. Auch hier würde sich das Management gegenüber den Geschäftsführungen der regionalen Tochterunternehmen durchsetzen: „Ich könnte mich durchsetzen" (Produzent 8) – so ein führender Mitarbeiter im Stammhaus.

Produktionsgeschäft deutlich höheren Kapitalbindung existiert in der Beziehung zwischen Holding und Fernsehsender eine weitaus intensivere Konzernsteuerung. Sie setzt sowohl am Input – vermittelt über die Genehmigung von Investitionen – als auch am Output an – vermittelt über die ergebnisbezogenen Kontrollen. Dabei basiert sie entscheidend außer auf den bereits geschilderten technokratischen Ergebniskontrollen auf wöchentlich stattfindenden Kontakten auf der Ebene der Geschäftsführung bzw. des zuständigen Vorstandsmitglieds der Holding.

Vier Steuerungsinstrumente verdienen für die Beziehung Holding–Fernsehsender besondere Hervorhebung. Strukturationstheoretisch setzen sie allesamt auf Strukturen der Signifikation und der Legitimation auf, regeln (!) damit aber auch und gerade den Ressourceneinsatz im Konzern im Allgemeinen und in dieser Beziehung im Besonderen. Erstens ist eine Investition ab einem bestimmten, nicht allzu hohen Investitionsvolumen durch die Holding zustimmungsbedürftig. Dieses Verfahren ergänzt die Budgetverabschiedung und hat zur Konsequenz, dass de facto fast alle Programmbeschaffungsmaßnahmen der Zustimmung der Holding bedürfen. Zweitens sind Veränderungen des Senderprofils, auch kleinere, durch die Holding genehmigungspflichtig. Beispielsweise werden Fragen des Trade-offs zwischen Zielgruppenorientierung und Marktanteilsausweitung grundsätzlich nur unter Einbeziehung der Holding diskutiert und entschieden. Drittens wird – anders als im Fall des Fernsehproduzenten – von einer Aufsichtsratsbesetzung durch Vorstandsmitglieder der Konzernmutter Gebrauch gemacht und somit ein (eher ergebnisbezogenes) personales Steuerungsinstrument mit relevanten Auswirkungen eingesetzt:

„Sie erkennen den Sender nicht mehr wieder. Da gehen sie rein, das könnte eine Versicherung, eine Sparkasse sein, das könnte auch eine große Immobilienfirma sein. Das ist ein ganz klares Produktmanagement. Controlling. Die sind jetzt die Nummer 1. Geld sparen und so weiter und so weiter. Das hat sich vollkommen gedreht. ... Alle reden nur noch von der zu erzielenden Mindestkapitalrendite" (Produzent 10).

Viertens kommt der Möglichkeit, die Führungsspitze eines Senders zu besetzen, Bedeutung für die Steuerung zu:

„Das ist wie die Ära Andreas Kummer. Die ist zu Ende gegangen, weil es unterschiedliche Vorstellungen gab: über Geld ausgeben, über die Ausrichtung und Ähnliches. Und dann war der Andreas Kummer eines Tages weg" (Konzern 1).

Auch in anderen Fragen, zum Beispiel der Strategie, gilt:

„Letztendlich würden wir uns von den ganzen Hierarchien her durchsetzen. Gerade so jemand wie der Senderchef, oder auch die Chefs von anderen Sendern, das sind schon starke Leute. Der Nachfolger von Andreas Kummer ist noch neu. Aber bei dem Andreas Kummer, der hatte ein gewisses Gewicht, da musste man auch schon gute Argumente haben. Aber im Zweifel setzt sich dann schon die Holding durch" (Konzern 1).

Als Ergebnis kann auch für diese Beziehung festgehalten werden, dass eine einheitliche Leitung ausgeübt wird und es sich deshalb um eine Konzern- und nicht etwa um eine Netzwerkorganisation handelt. Ferner wird deutlich, dass trotz eines einheitlichen Führungskonzepts, dem Profit Center-Konzept, die Praktiken der Konzernsteuerung unterschiedlich sind. Sie variieren insbesondere hinsichtlich der Intensität, mit der in die Konzernunternehmen eingegriffen wird.

3.5 Die Beziehungen Fernsehsender-Fernsehproduktionskonzern: Konzernsteuerung unter dem Dach der Holding

Fernsehproduzent und -sender sind – wie oben herausgestellt (s. noch einmal Abbildung 1) – unter dem Dach der Holding zusammengefasst. Auch in der Beziehung zwischen diesen beiden Tochtergesellschaften greift das dezentrale Führungskonzept des Konzerns, so dass marktähnliche Mechanismen in der heterarchischen Hierarchie wirksam werden:

„Unser Verhältnis zum Sender ist so, dass wir zu allen anderen Anbietern von Inhalten absolut im Wettbewerb stehen. Wir werden im Konzern nicht bevorzugt. Es gibt keinen *first look*, auch keinen *last call*" (Produzent 25).[7]

Diese marktähnliche Beziehung im Konzern entsteht vor dem Hintergrund der Notwendigkeit von Kreativität. Es gilt die Branchenregel: „Auf die Idee kommt es immer an" (Redakteur 3). Diese Ideen werden in der Medienbranche zuweilen über wettbewerbsähnliche Mechanismen generiert (vgl. dazu auch Lutz 2001 am Beispiel der Produktion von Webseiten für Fernsehsender). Damit verbunden ist ein eigenständiger Auftritt des Fernsehproduzenten „am Markt". Dies führt dazu, dass er zu in etwa gleichen Teilen für die dem Konzern angeschlossenen Fernsehsender, für die einem anderen Medienkonzern angehörenden Fernsehsender und die öffentlich-rechtlichen Fernsehsender produziert. Daraus wird auf der Führungsebene des Fernsehproduzenten geschlossen: „Wir sind unabhängig", so eine Führungskraft des Fernsehproduzenten in einem Zeitungsinterview. Tatsächlich handelt es sich – wie die weiteren Ausführungen zeigen – „nur" um die erfolgreiche Umsetzung eines Marktauftrags eines Konzernunternehmens.

In der sozialen Praxis unterscheidet sich jedoch die Regulation ökonomischer Aktivitäten unter dem Dach des Konzerns von der im Netzwerk, so dass der Begriff der Unabhängigkeit – zumindest im Sinne organisationaler Autonomie – irreführend ist. So sollen erstens bei *vergleichbaren* Angeboten konzerninterne Anbieter bevorzugt werden. Zweitens besteht bei Produkten, bei denen dem konzerninternen Produzenten eine besondere Kompetenz zugeschrieben wird, eine Begründungspflicht für die Ablehnung seines Angebotes an. Hinzu kommt, drittens, ein (allerdings eher informelles) *last call*-Recht:

„Wir machen so etwas manchmal. Aber nicht in einem formalisierten Sinne, sondern eher auf der Ebene: Rede doch noch mal mit dem! Aber im Prinzip läuft das auf so etwas hinaus" (Konzern 1).

Dass dieses Recht nicht mit der Möglichkeit gleichzusetzen ist, den Auftrag zu erlangen, belegt die Gründung eines Joint Ventures des konzerneigenen Fernsehsenders mit einem anderen Produktionskonzern. Konsequenterweise führen Interventionen des konzerneigenen Produzenten bei der gemeinsamen Holding nur im Falle eines besseren Angebots zu einer anderen Entscheidung:

„Also nicht: Fernsehsender, bitte nehmt diesen Inhalt. Das wäre auch aus unserer Sicht falsch, weil es führt dazu, dass die Verantwortung des Senderverantwortlichen ausgehöhlt wird. Das kann nicht funktionieren. Unsere Produzenten würden sich das manchmal wünschen. Nach dem Motto: Könnt ihr da nicht mal? Das

---

7   Unter einem *last call* wird die Praxis verstanden, nach eingeholten Angeboten noch einmal ausgewählte Anbieter (z.B. hier aus dem Konzern) aufzufordern, ihr Angebot ‚nachzubessern'.

ist ja logisch. Das würde deren Geschäft ankurbeln. Aber ich bin tief der Überzeugung, das wäre falsch" (Konzern 1).[8]

Obiges Zitat belegt darüber hinaus, dass die Konzernorganisation eine eigenständige Entscheidung der jeweiligen Profit Center vorsieht. Zugleich wird aber angedeutet, dass diese Entscheidungsfreiheit mittels Hierarchie – also durch die im Unterschied zu den unsichtbaren Händen des Marktes durch die sichtbaren Hände des Top-Managements – zurückgenommen werden könnte und diese Tatsache bei den Beteiligten zumindest im Hinterkopf mitklingt. Es könnte auch passieren, wenn man in der Holding zu einer anderen Überzeugung käme oder – wie im Fall des Fernsehsenders (s.u.) – andere Prioritäten setzte.

Viertens behält sich die Holding bei größeren und gegebenenfalls heiklen Geschäften grundsätzlich die Zustimmung vor. Dies gilt trotz aller Dezentralität der Konzernorganisation und -führung auch für den Fall, dass durch bestimmte Geschäfte (z.B. die Zulieferung an konkurrierende Sender) konzernübergeordnete Interessen berührt werden, denn „dann kommt in der Tat die Konzernzugehörigkeit durch. Dann müsste man sagen: Da geht es nicht darum, wer bietet am meisten" (Produzent 22). So erfolgte beispielsweise die vertragliche Festlegung der Sendezeiten in einer Soap-Produktion in enger Abstimmung mit den Interessen des konzerneigenen Fernsehsenders. In einem ähnlich gelagerten Fall kam es aufgrund vorgegebener Sendezeiten zu einer Ablehnung durch einen anderen Nachfrager aus einem anderen Medienkonzern. Diese Beispiele zeigen, dass der für den ökonomischen Erfolg der Holding wichtige Fernsehsender die Beziehung zur Holding reflexiv nutzt bzw. als Ressource für die Durchsetzung seiner Interessen einsetzen kann und tatsächlich auch einsetzt. Die Abstimmung zwischen den Unternehmen erfolgt dann vor dem Hintergrund der Hierarchie wie in einer Unternehmung und setzt die marktähnlichen Elemente der Konzernregulation außer Kraft: die heterarchische Hierarchie wird zur hierarchischen Hierarchie. Gleichzeitig zeigt sich, dass es in diesem Konzern Praktiken der Abstimmung bei heiklen Geschäften gibt, dass das Wissen über diese Praktiken vorhanden ist und dass es reflexiv genutzt wird. Dementsprechend kommt es im Schatten einer möglichen Weisung zu einer Rückversicherung der Akteure im Konzern bei betroffenen Konzern(ober)gesellschaften. Mit anderen Worten: Die Akteure im Konzern haben ein Wissen um die Interessen des Gesamtkonzerns und nehmen diese in ihrem Handeln proaktiv auf.

Fünftens behandelt der Fernsehsender konzerninterne und -externe Fernsehproduzenten unterschiedlich. Dies ist vor dem Hintergrund der Verwendung der professionellen Standards in der Interaktion zwischen Sender und Produzent nur ein kleiner, aber entscheidender Unterschied.[9] Insbesondere für langlaufende Serien gilt, dass sowohl für die Produktentwicklung als auch für die Nachsteuerung im Zuge der Produktion die Kenntnis der Marktdaten, also die Zuschauerakzeptanz, die Vorlieben der Zuschauer für Inhalte und Charaktere etc., entscheidend ist. Für die konzerninterne Regulation gilt dabei:

---

8   Aus Sicht konzernunabhängiger, mittelständischer Fernsehproduzenten ergibt sich zuweilen eine andere Sicht der Dinge, denn „die Konzerngebundenheit anderer Produzenten erschwert uns die Akquisition von Sendeplätzen erheblich" (Produzent 3).

9   Zu den professionellen Standards in der Fernsehproduktion vgl. z.B. die von Praktikern verfassten Lehrbücher von Iljine/Keil (1997) und Clevé (1999, 2000a, b).

„Wenn der Fernsehsender das in Bezug auf unsere Serien macht, dann zeigen die uns das manchmal. Aber in Bezug auf unsere Serien machen wir auch selbst sehr intensiv Marktforschung" (Produzent 26).

Fernsehproduzenten außerhalb des Konzerns stehen diese strategisch wichtigen Informationen zumeist nicht zur Verfügung. Jene wissen diese Informationen allerdings sehr wohl zu schätzen:

„Fernsehproduzenten haben nicht diese Marktforschung wie dieser Fernsehsender sie hat. Sie ist außerordentlich ausgefuchst und perfekt. Die geben uns diese Daten auch nicht, weil das Herrschafts- und Verkaufswissen ist" (Produzent 2).

Dies hat zur Konsequenz, dass sich Konzern- und Netzwerksteuerung im konkreten Fall mindestens in diesen fünf Punkten unterscheiden, obwohl im Konzern wie im Netzwerk die professionellen Standards der Industrie Verwendung finden.

4 Konzern- und Netzwerksteuerung: Unterschiede und Zusammenspiel in der Praxis

Dass sich, selbst im Fall einer heterachischen Hierarchie, Konzern und Netzwerk in ihrer sozialen Praxis unterscheiden, wird besonders deutlich, wenn man die Steuerungspraktiken im Konzern mit denen im Netzwerk kontrastiert. Im Netzwerk fehlen gegenüber anderen Unternehmungen, mit denen der Fernsehproduzent dauerhaft kooperiert, insbesondere die für den Konzern typischen Durchgriffsmöglichkeiten:

„Da kann ich nur in die Verträge rein schreiben, dass ich *approval*-Rechte geltend machen kann. Oder wenn wir mit 20 % in die Finanzierung reingehen, dann müssen wir auch bei der Besetzung mitreden dürfen. Wir können definieren, dass wir da an Budgetüberschreitungen nicht beteiligt sind. Da sind wir aber nicht die, die das Geschehen beherrschen" (Produzent 25).

Die Absicherungsstrategie gegenüber möglichen Schäden belegt, dass der Fernsehproduzent – anders als im Konzern – keine ausreichende Möglichkeit hat, Schaden durch einen hierarchischen Durchgriff abzuwenden; er kann nur das Ergebnis absichern oder das Produkt – mit dem Risiko einer gerichtlichen Auseinandersetzung – ablehnen, nicht aber in den Prozess eingreifen.

Auch in der Beziehung zwischen konzerneigenem Fernsehsender zu konzern*un*abhängigen Fernsehproduzenten fehlt die Möglichkeit zum hierarchischen Durchgriff. Zwar ist der Fernsehsender auch hier „Chef im Ring" (Produzent 5), aber dem Durchgriff kann sich der konzernunabhängige Fernsehproduzent, wie für eine hierarchische Heterarchie nicht anders zu erwarten, entziehen – im Extremfall durch den Abbruch der Geschäftsbeziehung. Selbst in Krisenzeiten steht dem Sender kein Weisungsrecht gegenüber dem Produzenten zu. Die Einflussnahme kann sich jedoch auf wirtschaftliche Macht gründen, als solche natürlich ähnlich effektiv sein. Tabelle 1 fasst die wichtigsten praktischen Unterschiede zwischen Konzern- und Netzwerksteuerung zusammen:

	Konzern	**Netzwerk**
Organisationsform	Hierarchie, Organisation; äußerstenfalls: heterarchische Hierarchie	Heterarchie, interorganisationales Netzwerk; äußerstenfalls hierarchische Heterarchie
Koordinationsprinzip	Anweisung und Kontrolle	umstritten: Kooperation, Vertrauen, Verhandlung, Selbstverpflichtung, Beziehungszusammenhang o.ä.
Herrschaftsform	„Herrschaft kraft Autorität" (Weber)	„Herrschaft kraft Interessenkonstellation" (Weber) – hier zwischen Organisationen
Erscheinungsformen (u.a.)	Vertrags- und Eingliederungskonzern sowie faktischer Konzern; Stammhaus- und Holdingkonzern; zentral und dezentral geführter Konzern; letzterer entspricht dem Fall „heterarchische Hierarchie"	regionales Netzwerk, Projektnetzwerk, strategisches (Projekt-) Netzwerk; letzteres entspricht dem Fall „hierarchische Heterarchie"
Erwartete Praktiken	<ul><li>Last Call-Option</li><li>direkter Durchgriff in Krisen</li><li>keine eigenständige Exit-Option, ggf. Voice-Option</li><li>Schließung von Tochtergesellschaften</li><li>Bindung Kreativer über Kapitalbeteiligung, Entlassung Kreativer aus dem Konzern bei fehlendem Erfolg</li><li>Zusammenfassung gleichartiger Aktivitäten in einem Tochterunternehmen</li><li>Synergiemanagement im Konzern</li><li>verordneter Marktauftrag</li><li>Rückversicherung bei Gesellschaften bei ungewöhnlichen oder heiklen Geschäften und Entwicklung (impliziten) Wissens um entsprechende Verfahren</li><li>*insgesamt*: Weisung, zumindest Führung im Schatten einer möglichen Weisung, typisch hierarchisch</li></ul>	<ul><li>keine Last Call-Option</li><li>kein direkter Durchgriff in Krisen</li><li>Voice- und Exit-Option, korrespondierend dazu: Autonomie bei der Wahl der Geschäftspartner</li><li>keine Möglichkeit zur Schließung einer Netzwerkunternehmung</li><li>Bindung Kreativer über projektbezogene Karrieren</li><li>keine Möglichkeit zur Zusammenfassung gleichartiger Aktivitäten in einem Unternehmen, allenfalls im Gemeinschaftsunternehmen möglich</li><li>Kooperation bei der Suche nach Synergien und Aufteilung der Synergiegewinne</li><li>autonome oder kooperativ abgestimmte Entscheidung über Aufträge</li><li>Gestaltung der Geschäftsbeziehung zu einer Unternehmung unter Berücksichtigung des gesamten Beziehungszusammenhangs</li><li>*insgesamt*: keine Weisung, allenfalls hierarchie*ähnliche* Führung,</li></ul>

Tab. 1: Unterschiede zwischen Konzern- und Netzwerksteuerung

Konzern- und Netzwerksteuerung unterscheiden sich nicht nur voneinander, sie spielen darüber hinaus in der sozialen Praxis der Fernsehproduktion subtil zusammen. Nur deshalb sind – trotz prinzipieller Unterschiede der Steuerungspraktiken – die Differenzen manchmal schwierig herauszuarbeiten, zumal sich – wie im Fall der Fernsehproduktion – diese Steuerungspraktiken im Extremfall nur graduell unterscheiden. Dennoch können und müssen zwei Fälle auseinander gehalten werden:

Zum einen sind in nahezu jeder deutschen Fernsehproduktion, obwohl sie dominant in Projektnetzwerken stattfindet, heute Konzernunternehmen involviert. Dabei muss es sich nicht nur um *ein* Konzernunternehmen handeln. In dem von uns hier dargestellten Fall sind beispielsweise mehrere Unternehmen ein und desselben Konzerns (Sender, Produktionsfirma, Dienstleister) in ein Projektnetzwerk eingebunden. In diesem Fall wird die *Netzwerksteuerung durch die Konzernsteuerung überlagert.*

Zum anderen gehören in vielen Projektnetzwerken Unternehmungen sogar verschiedenen Konzernen an. Ein klassisches Beispiel hierfür ist die Produktion von Event-TV, einer Form besonders aufwendiger TV-Movies. Diese lassen sich in der Regel nur in konzernübergreifenden Beziehungszusammenhängen erfolgreich verwerten. Beispielsweise wurde der TV-Movie *Der Tunnel* von der UFA-Tochter teamworx produziert, über die Kirch-Media international vertrieben und von SAT.1 ausgestrahlt. In diesem Fall kommt es allerdings zu *keiner Überlagerung der Netzwerkbeziehungen durch Konzernbeziehungen*. Vielmehr macht es für die Interaktion im Netzwerk in dieser Hinsicht keinen Unterschied, ob die Unternehmungen selbständig sind oder einem Konzern angehören. Die Abstimmung der Sendezeiten zwischen dem oben erwähnten Soap-Produzenten und dem Sender eines konkurrierenden Medienkonzerns ist nur ein Beispiel dafür, dass eine Netzwerkunternehmung vielleicht nicht autonom genug handeln kann, um den Flexibilitätsanforderungen des Netzwerkzusammenhangs gerecht zu werden, eben weil es Konzernunternehmen ist und ihm als solchen nicht genügend Entscheidungskompetenzen eingeräumt worden sind.

Wichtiger Orientierungspunkt für das Zusammenspiel von Konzern- und Netzwerksteuerung, in welcher Form auch immer, sind die Kapital- und/oder Umsatzrenditevorstellungen von Konzernen:

„Es gibt eine Umsatzrendite, die im Konzern üblich ist, und eine Mindestkapitalrendite, die erreicht werden soll" (Produktionsleiter 2).

Diese Renditevorstellungen gelten nicht nur für sogenannte Eigenproduktionen (z.B. Sportgroßereignisse), sondern auch für jene Produktionen, die in Projektnetzwerken produziert werden: Sie sind über die Praktiken professioneller Fernsehproduktion und -distribution zu erwirtschaften.

Die konzerngesteuerten Projektnetzwerke sind – wie die von Benson (1975) analysierten interorganisationalen Netzwerke – politische Ökonomien, in denen Kämpfe um Erträge, um die Verteilungen von Kosten und Gagen an der Tagesordnung sind und auch weniger ökonomische begründete Formen der Interessendurchsetzung stattfinden. Konzerngebundene Fernsehsender sind in jedem Fall die mächtigeren Akteure, sie sind „Chef im Ring" (Produzent 5), die das Netzwerk vor allem mit ihren Ressourcen Kapital, Marktwissen, Distributionsweg sowie Zugang zu Akteuren im Konzern und außerhalb des Konzerns dominieren. Fernsehproduzenten sind zwar weniger mächtig, aber – entsprechend der „dialectic of control" (Giddens 1984) –

nicht ohnmächtig. Sie haben mit ihren Beziehungen zu künstlerischen und technischen Dienstleistern, ihrer Kreativität und ihrem Produktions-Know-how ebenfalls wichtige Ressourcen zur Verfügung, um in der Politik im Netzwerk mitzumischen. So praktizieren einige Fernsehproduzenten eine „heimliche Koproduktion" (Produzent 5), indem sie gleichartigen Content in dem Senderprofil entsprechend modifizierter Form mehreren Sendern verkaufen und so die Kosten-Erlös-Relation zu ihren Gunsten verändern (vgl. ausführlicher Sydow/Wirth 2000). Sie können darüber hinaus mittels Lobbyarbeit, Koalitions- und Verbandsbildung die Regulationen im organisationalen Feld zu ihren Gunsten beeinflussen und den Beziehungszusammenhang im Netzwerk reflexiver nutzen (vgl. zu letzterem mit entsprechenden Vorschlägen Windeler et al. 2000).

Machtasymmetrien und ungleiche Ressourcenkontrolle ermöglichen vermutlich konzerngebundenen Fernsehsendern am ehesten, ihre Herrschaft über die Konzerngrenzen und über konzerngesteuerte Projektnetzwerke hinaus in das organisationale Feld auszuweiten – der klassische Fall der „concentration without centralization".

5 Konzerngesteuerte Projektnetzwerke: Zusammenfassung und Schlussfolgerungen

Konzern- und Netzwerksteuerung sind (auch) im Feld der Fernsehproduktion unterschiedlich und lassen sich auch empirisch unterscheiden. Zum einen hat das Management sogar in strategisch geführten (Projekt-) Netzwerken, anders als in dezentral geführten Konzernen, in letzter Konsequenz keinen hierarchischen, allenfalls einen hierarchie*ähnlichen* Durchgriff in die wirtschaftlichen Aktivitäten anderer Unternehm(ung)en. Zudem kann selbst bei sehr dezentraler Konzernführung, anders als in jedweder Form der Unternehmungsvernetzung, die weitgehende Entscheidungsdelegation jederzeit wieder rückgängig gemacht werden; das Wissen um diese Möglichkeit hat konkrete Auswirkungen auf die (Akzeptanz der) Steuerungspraktiken im Konzern.

Konzernunternehm(ung)en sind in viele Fernsehproduktionen involviert, zumeist nehmen sie in strategisch geführten Projektnetzwerken die Rolle der fokalen Unternehmung(en) ein. Solche *konzerngesteuerten Projektnetzwerke* sind zumindest in den lukrativen Produktbereichen der deutschen Fernsehproduktion der Regelfall. Trotz der unzweifelhaften Dominanz der Organisationsform ‚Projektnetzwerk' ist hier die Rede von einem konzerngetriebenen Geschäft berechtigt.

Konzerngesteuerte Projektnetzwerke stellen bestimmte *Anforderungen an das Management*. Akteure in konzerngesteuerten Projektnetzwerken müssen dafür Sorge tragen, dass die Praktiken der Konzern- und der Netzwerksteuerung aneinander anknüpfen. Dazu ist es notwendig, die in diesem Beitrag herausgearbeiteten Unterschiede zu erkennen und anzuerkennen und auch das – zum nicht gerade geringen Teil – subtile Zusammenspiel von Konzern- und Netzwerksteuerung zu verstehen. Darauf aufbauend kann das Zusammenwirken von Konzern- und Netzwerksteuerung reflexiv(er) ausgelegt und entsprechende Instrumente, zum Beispiel das Konzern- bzw. Netzwerkcontrolling (vgl. dazu Hess 2000), für diesen Zweck (weiter-) entwickelt werden. Beim Einsatz solcher Instrumente gilt es allerdings die in konzerngesteuerten Projektnetzwerken typischer Weise durch das Zusammenspiel von Hierarchie und Heterarchie zu findenden Widersprüche, Widerstände und Konflikte geschickt auszutarieren, ohne die langfristige Profitabilität und Innovationsfähigkeit bzw. Kreativität auszuhöhlen. Management von konzerngesteuerten Projektnetzwerken ist also eine eminent politische Aufgabe, für die das Management bzw. der Managementnachwuchs sensibilisiert und qualifiziert werden muss.

Viele Fragen bleiben auch in unserer Studie offen. Beispielsweise gilt es in weiteren Untersuchungen zu (er)klären, weshalb in einer „Senderfamilie" auch ohne Mehrheitsbeteiligungen an einigen Fernsehsendern die sozialen Praktiken reibungslos ineinander greifen können. Basiert dieser Managementerfolg auf einer Konzernsteuerung im Gleichordnungskonzern oder ist er Ausdruck eines reflexiven Netzwerkmanagements? Des Weiteren ist danach zu fragen, welche Bedeutung Minderheitsbeteiligungen in Kombination mit der Auftragsvergabe an Unternehm(ung)en haben. Beispielsweise besitzt der in unsere Studie einbezogene Fernsehsender eine 15 %-ige Beteiligung an einem Fernsehproduzenten, dem er nahezu 100 % seiner Produktion abnimmt. Handelt es sich dann noch um eine wirtschaftlich autonome Unternehmung in einem Netzwerk oder ist die Grenze zum (faktischen) Konzern schon überschritten? Ergebnisse anderer Untersuchungen, zum Beispiel aus der Versicherungswirtschaft (vgl. Sydow et al. 1995, S. 49 ff.), deuten darauf hin, dass Unternehmungen auch mit einem noch geringeren Anteilsbesitz an anderen Unternehm(ung)en diese steuern können. Die Hintergründe dieser Steuerungsmöglichkeiten, aber auch deren Grenzen, wären genauer zu untersuchen, um die Aussagen über die Unterschiede und – insbesondere – das Zusammenspiel von Konzern- und Netzwerksteuerung weiter zu qualifizieren.

Literaturverzeichnis

Becker, S./Menz, W./Sablowski, T. (1999): Ins Netz gegangen – Industrielle Beziehungen im Netzwerk-Konzern am Beispiel der Hoechst AG. In: Industrielle Beziehungen 6 (1), S. 9-35.

Benson, J.K. (1975): The interorganizational network as a political economy. In: Administrative Science Quarterly 20, S. 229-249.

Buschbeck-Bülow, B. (1989): Betriebsverfassungsrechtliche Vertretung in Franchise-Systemen. In: Betriebs-Berater 44 (5), S. 352-354.

Clevé, B. (1999)(Hrsg.): Von der Idee zum Film. Produktionsmanagement für Film und Fernsehen. Gerlingen.

Clevé, B. (2000a)(Hrsg.): Investoren im Visier. Film- und Fernsehproduktionen mit Kapital aus der Privatwirtschaft. Gerlingen.

Clevé, B. (2000b): Wege zum Geld. Film-, Fernseh- und Multimediafinazierung. Gerlingen.

Emmerich, V./Sonnenschein, J. (1997): Konzernrecht. 6. Aufl. München.

Funder, M. (1999): Paradoxien der Reorganisation. München und Mering.

Giddens, A. (1984): The constitution of society. Cambridge.

Gittermann, D. (1995): Arbeitnehmerstatus und Betriebsverfassung in Franchise-Systemen. Frankfurt etc.

Harrison, B. (1994): Lean and mean. The changing landscape of corporate power in the age of flexibility. New York.

Hess, T. (2000): Anwendungsmöglichkeiten des Konzerncontrolling in Unternehmensnetzwerken. In: Sydow, J./Windeler, A. (Hrsg.): Steuerung von Netzwerken. Wiesbaden, S. 156-177.

Hirsch-Kreinsen, H. (1998): Organisation und Koordination eines transnationalen Unternehmensnetzwerks. In: Behr, M. v./Hirsch-Kreinsen, H. (Hrsg.): Globale Produktion und Industriearbeit. Arbeitsorganisation und Kooperation in Produktionsnetzwerken. Frankfurt a.M. und New York, S. 37-62.

Hoffmann, F. (1980): Führungsorganisation. Band 1: Stand der Forschung und Konzeption. Tübingen.

Iljine, D./Keil, K. (1997): Der Produzent. München.

Jarillo, J.C. (1988): On strategic networks. In: Strategic Management Journal 9 (1), S. 31-41.

Kasperzak, R. (2000): Der Konzern – eine Organisationsform zwischen Unternehmung und Markt? In: Wirtschaftswissenschaftliches Studium 29 (3), S. 151-157.

Köhler, H.-D. (1999): Auf dem Weg zum Netzwerkunternehmen? – Anmerkungen zu einem problematischen Konzept am Beispiel der deutschen Automobilkonzerne. In: Industrielle Beziehungen 6 (1), S. 36-51.

Lange, K.W. (1998): Das Recht der Netzwerke. Heidelberg.

Lutz, A. (2001): Content-Produktion für den Internetauftritt von Fernsehsendern: Experimente mit verschiedenen Organisationsformen. In: Zeitschrift Führung + Organisation 70 (5), S. 301-308. Wieder abgedruckt in diesem Band.

Mayntz, R. (1992): Modernisierung und die Logik von interorganisatorischen Netzwerken. In: Journal für Sozialforschung 32 (1), S. 19-32.

Mellewigt, T./Matiaske, W. (2001): Konzernmanagement – Stand der empirischen betriebswirtschaftlichen Forschung. In: Albach, H. (Hrsg.): Konzernmanagement. Wiesbaden, S. 107-143.

Milde, T. (1996): Der Gleichordnungskonzern im Gesellschaftsrecht. Berlin.

Nagel, B./Riess, B./Theis, G. (1989): Der faktische Just-in-Time-Konzern: Unternehmensübergreifende Rationalisierungskonzepte und Konzernrecht am Beispiel der Automobilindustrie. In: Der Betrieb 42 (30), S. 1505-1511.

Nölting, A. (1994): Die individualrechtliche und betriebsverfassungsrechtliche Beurteilung von Franchisesystemen. Frankfurt a.M. etc.

o.V. (1994): Mitbestimmung im Konzern: §§ 291, 292 AktG; §§ 77, 77a BetrVG; GmbH-Konzernrecht; „BSW". In: Die Aktiengesellschaft 38 (4), S. 177-178.

Pätzold, U./Röper, H. (2003): Fernsehproduktionsvolumen 1998 bis 2000. In: Media Perspektiven (1), S. 24-34.

Reihlen, M. (1999): Moderne, postmoderne und heterarchische Organisation. In: Schreyögg, G. (Hrsg.): Organisation und Postmoderne. Wiesbaden, S. 265-304.

Schmidt, B.T. (1992): Integrierte Konzernführung. Aachen.

Schmidt, M. (2003): Ökonomische Überlegungen zur Rechnungslegungsregulierung bei Vorliegen hybrider Kooperationsformen. In: Die Betriebswirtschaft 63 (2), S. 138-155.

Selzner, H. (1994): Betriebsverfassungsrechtliche Mitbestimmung in Franchise-Systemen. Baden-Baden.

Skaupy, W. (1990): Franchise-Systeme und Betriebsräte. In: Betriebs-Berater 45 (2): S. 134-136.

Staehle, W.H. (1999): Management. 8. Aufl. München.

Sydow, J. (1992): Strategische Netzwerke. Wiesbaden.

Sydow, J. (2001): Zum Verhältnis von Netzwerken und Konzernen: Implikationen für das strategische Management. In: Ortmann, G./Sydow, J. (Hrsg.): Strategie und Strukturation. Strategisches Management von Unternehmen, Netzwerken und Konzernen. Wiesbaden, S. 271-298.

Sydow, J. (2003): Management von Netzwerkorganisationen – Zum Stand der Forschung. In: Sydow, J. (Hrsg.): Management von Netzwerkorganisationen. 3. Aufl. Wiesbaden, S. 293-354.

Sydow, J./Wirth, C. (2000): Produktionsformen von Mediendienstleistungen im Wandel – Von einer Variante zur anderen. In: Kaluza, B./Blecker, T. (Hrsg.): Produktions- und Logistikmanagement in Unternehmensnetzwerken und Virtuellen Unternehmen. Heidelberg etc., S. 147-174. Wieder abgedruckt in diesem Band.

Sydow, J./Windeler, A./Wirth, C. (2002): Markteintritt als kollektiver Netzwerkeintritt – Internationalisierung der Fernsehproduktion in unreife Märkte. In: Die Betriebswirtschaft 63 (5), S. 459-475.

Sydow, J./Windeler, A./Wirth, C. (2003): Markteintritt als Netzwerkeintritt? – Internationalisierung von Unternehmungsaktivitäten aus relationaler Perspektive. In: Die Unternehmung 57 (3), S. 237-261.

Sydow, J./Windeler, A./Krebs, M./Loose, A./van Well, B. (1995): Organisation von Netzwerken. Opladen.

Teubner, G. (2001): Das Recht hybrider Netzwerke. In: Zeitschrift für das gesamte Handels- und Wirtschaftsrecht 165, S. 550-575.

Weber, M. (1921/1972): Wirtschaft und Gesellschaft. 5. Aufl. Tübingen. [1. Aufl. 1921].

Werder, A. von (1995): Konzernmanagement. In: Die Betriebswirtschaft 55 (5), S. 641-661.

Windeler, A. (2001): Unternehmungsnetzwerke – Konstitution und Strukturation. Wiesbaden.

Windeler, A./Sydow, J. (2001): Project networks and changing industry practices – Collaborative content production in the German television industry. In: Organization Studies 22 (6), S. 1035-1060.

Windeler, A./Lutz, A./Wirth, C. (2000): Netzwerksteuerung durch Selektion – Die Produktion von Fernsehserien in Projektnetzwerken. In: Sydow, J./Windeler, A. (Hrsg.): Steuerung von Netzwerken. Opladen und Wiesbaden, S. 178-205.

Wöhe, G. (1990): Einführung in die Allgemeine Betriebswirtschaftslehre. 17. Aufl. München.

Content-Produktion für den Internetauftritt von Fernsehsendern: Experimente mit verschiedenen Organisationsformen

Anja Lutz

1 Einleitung

Mitte der 90er Jahre entwickelte sich das Internet zu einem marktreifen interaktiven und multimedialen Kommunikationsmedium. Traditionelle Medienunternehmungen aus dem Print- und Rundfunkbereich, Handelshäuser (z.B. Buchhandel) und Dienstleister jeglicher Art (z.B. für Finanzen und Versicherungen) erkannten in dem Internet einen zusätzlichen Absatzkanal und ein neues Kundenbindungsinstrument. Mangels Erfahrung mit dem neuen Medium, z.B. hinsichtlich der Produktion interaktiver multimedialer Inhalte bei begrenzten Übertragungskapazitäten, den Nutzungsgewohnheiten sowie der Alters- und Interessenstruktur der Internetnutzer, war ein gezielter Einsatz des Mediums zunächst schwierig. Konfrontiert mit einem harten Wettbewerb um Nutzerkontakte (PageImpressions) und eine dauerhafte Kundenbindung haben inzwischen viele Unternehmungen erkannt, dass sie ein umfassendes, exklusives und aktuelles Internetangebot präsentieren müssen. Zur erfolgreichen Vermarktung der eigenen Produkte gehört die Einbindung in attraktiven Internet-Content bestehend aus Information, Unterhaltung (z.B. Spiele, Internet-Soaps), Kommunikation (z.B. Chats, User-Communities) und Service (z.B. e-commerce). Für dessen Produktion kommen sowohl hierarchische, netzwerkförmige als auch marktliche Organisationsformen in Frage. Welche Organisationsformen sich für die Produktion der mehr oder weniger komplexen und interaktiven Inhalte unter dynamischen Marktbedingungen anbieten, wird in einer explorativen Studie am Beispiel ausgewählter bundesdeutscher Fernsehsender untersucht.[1]

2 Die Entwicklung der Internetauftritte: Von der elektronischen Visitenkarte zum umfassenden Informations- und Servicemedium

Bereits 1995/1996 entschlossen sich die großen öffentlich-rechtlichen Fernsehsender und von den privaten zuerst Pro 7, Teile ihres multimedialen TV-Contents auch im Internet zu präsentieren. Aus heutiger Sicht können die ersten Internetauftritte der Sender als Programmübersichten und elektronische Visitenkarten bezeichnet werden, weil nur vereinzelt Hintergrundinformationen zu TV-Sendungen zu finden waren.

---

[1] Die Studie findet im Rahmen des von der Deutschen Forschungsgemeinschaft (DFG) finanzierten Projekts „Vernetzte Content Produktion für das digitale Fernsehen" statt. Die hier vorgestellten Ergebnisse basieren auf sechs leitfadengestützten Interviews mit Vertretern der Online-Redaktionen von zwei öffentlich-rechtlichen und zwei privaten Sendern. Der DFG danke ich für die finanzielle Förderung des Projekts (SY32/2-1), den Interviewpartnern für ihre Auskunftsbereitschaft sowie Jörg Sydow, Arnold Windeler und Carsten Wirth für die konstruktive Unterstützung auch der Behandlung der hier aufgeworfenen Fragen.

SAT.1 war z.B. nur mit einer sendungsbezogenen Seite zur *Harald-Schmidt-Show* und RTL mit einer servicebezogenen Seite mit Filmtipps vertreten. In dieser Startphase galt „dabei sein ist alles" und so wurde das Internet mehr zu Marketingzwecken als für die Distribution von TV-Content genutzt (vgl. Schröter/Ewald 1996; Goldhammer 1999, S. 155).

Grundprobleme lagen anfangs in Unsicherheiten über Erfolgchancen des Internets, mangelnder Erfahrung mit der nutzerfreundlichen Konstruktion von Internetseiten sowie mit dem Verhalten von Internetnutzern, was eine klare Zielgruppenausrichtung erschwerte. Auch fragte man sich, ob das Internet dem Fernsehen Konkurrenz macht. Weiterhin stellt bis heute die Verwertung des in großen digitalen Datenpaketen vorliegenden multimedialen fiktionalen Contents ein Problem dar. Am besten eignet sich das schmalbandige Internet immer noch als Service- und Informationsmedium zur Präsentation und dem individuellen Abruf von kleinen Datenmengen (vgl. van Eimeren et al. 1998, S. 428). So erstaunt es nicht, dass anfangs vor allem Nachrichtensendungen, Wissenschaftsmagazine und Ratgebersendungen einen Mehrwert an Information und Service im Internet bieten konnten. Sehr bald setzte sich das Internet, insbesondere bei den jüngeren Internetnutzern, allerdings auch als Unterhaltungs- und Kommunikationsmedium durch (vgl. Oehmichen/Schröter 2000, S. 364). Zahlreiche Chats und Foren bieten den Fernsehzuschauern vor allem von Daily und Weekly Soaps die Möglichkeit, Informationen miteinander über und teilweise auch mit Stars auszutauschen. Darüber hinaus können sie sich regelmäßig über vergangene und zukünftige Folgen und deren Highlights informieren. Den Fernsehzuschauern von Gameshows wird dagegen angeboten, parallel zur Sendung im Internet mitzuspielen (z.B. bei *Wetten Dass?* vom ZDF).

Inzwischen findet man bei allen großen Fernsehveranstaltern des öffentlich-rechtlichen und privaten Rundfunks ein weit ausdifferenziertes Internetangebot vor (s. Abbildung 1):

Auf der Ebene der Programmübersichten, die sich auf den Senderstartseiten befinden, ist auf Navigationsleisten unter diversen Rubriken wie Unterhaltung, Aktuelles etc. das gesamte Fernsehprogramm mit Links zu anderen Sendern des Konzerns thematisch aufgeführt. Unter den Sendungen mit eigener Internetseite sind fast alle fiktionalen und non fiktionalen langlaufenden TV-Formate (z.B. Daily und Weekly Soaps, Game- und Talkshows, Nachrichtensendungen sowie Wissenschaftsmagazine) vertreten.

Des Weiteren profilieren sich die Sender über die Präsentation von Events, wo ein Extraprogramm zu bestimmten Sport- und Musikereignissen, oft in Form von Lifeübertragungen und begleitet von Aktionen wie Gewinnspielen, veranstaltet wird. Einen großen Anteil nehmen bei den privaten Sendern, die befugt sind, das Internet zu kommerziellen Zwecken zu nutzen und auch programmübergreifenden Content zu verbreiten, TV-unabhängige Themen wie z.B. Lifestyle, Auto, Film und Multimedia ein. Zusätzlich bieten die privaten Sender auf der Service-Ebene verstärkt seit Ende der 90er Jahre Dienstleistungen wie z.B. Geschenkversand und Ticketverkauf an.[2] Vor

---

2 Die Internetdienstleister, an denen die Sender z.T. auch Beteiligungen halten, platzieren auf der Internetseite des Senders ein Banner, über den die entsprechenden Produkte bestellt werden können. Erfolgt ein Kauf, erhält der Sender i.d.R. einen bestimmten Prozentsatz des Kaufpreises als Kommission (s. dazu Zerdick et al. 1999, S. 167).

allem werden die Fan-Communities, die sich um spezifische Sendungen wie z.B. die Daily *Gute Zeiten Schlechte Zeiten* herum gebildet haben, mittlerweile von den Sendern mit zielgruppenspezifischen e-commerce-Diensten bedient.

Content-Ebenen[3]	Merkmale	Beispiele
Programm-übersicht	programmbezogene Informationen in Form von Angebotsübersichten zum Sender bzw. der konzerngebundenen Senderfamilie	www.Das-Erste.de, www.ARD.de, www.RTL.de, www.ProSieben.de
Sendung	einzelne Sendungen mit einer eigenen Internetseite	www.tagesschau.de, www.Harald-Schmidt-show.de, www.Lindenstraße.de
Event	temporär ins Netz gestellte Internetseiten mit Content zu bestimmten Sport-, Musik-, Kultur- und Politik-Events	Olympia 2000-Event des ZDF
Themen	Internetseiten mit Content, der nicht in direktem Zusammenhang mit den TV-Sendungen steht, sondern TV ergänzende Themen aufnimmt	Lifestyle (Pro 7) umfasst Themen, die in Kooperation mit dem Verlag Milchstraße, der die Zeitschrift Fit for fun verlegt, produziert werden.
Service	Internetseiten und -inhalte beziehen sich auf bestimmte Serviceleistungen	Veranstaltungskalender (ZDF), e-commerce (RTL/Primus Power)

Abb. 1: Ausdifferenzierung des Internet-Contents in verschiedene Content-Arten

Bei den öffentlich-rechtlichen Sendern dominieren dagegen Informationsdienstleistungen wie ein deutschlandweiter Kalender mit Veranstaltungsterminen (ZDF) oder ausführliche Wetterberichte (Das Erste), die keine kommerzielle Nutzung implizieren.[4]

Zugenommen hat nicht nur die Ausdifferenzierung der Inhalte, sondern auch deren Interaktivität. Beispiele finden sich neben Talk- und Politikmagazinen, wo die Internetnutzer parallel zur Sendung zu bestimmten Themen in Internet-Foren mitdiskutieren können, auch bei fiktionalen TV-Formaten. Teilweise können hier die Internetnutzer jeweils zwischen unterschiedlichen Handlungsverläufen im Internet auswäh-

---

3 Die Begriffe stammen von Schröter/Ewald (1996); sie wurden jedoch für die hier vorliegende Untersuchung weiter spezifiziert: Die Programmebene bezieht sich nicht wie bei Ewald/Schröter auf das gesamte Internet-Programm eines Senders, sondern nur auf Programminformationen i.S. von Programmübersichten und elektronischen Programmführern. Themen- und zielgruppenspezifische Internetangebote werden im Unterschied zu Ewald/Schröter (1996) als TV-unabhängige Internet-Content Angebote verstanden, ansonsten fallen sie den sendungsbezogenen Angeboten zu.

4 Im ARD- und ZDF-Staatsvertrag (jeweils § 4) ist festgelegt, dass die öffentlich-rechtlichen Rundfunkveranstalter befugt sind, überwiegend programmbezogenen Content im Internet zu verbreiten, jedoch sind ihnen kommerzielle Aktivitäten wie Werbung im Internet untersagt.

len und so z.B. die Inhalte der im Fernsehen ausgestrahlten fiktionalen Serienfolge beeinflussen. Zurzeit experimentiert man mit Erzählformen, die den Internetnutzern unterschiedliche Grade der Einflussnahme zugestehen (z.B. die Internetsoap *Etage Zwo* vom ZDF und *Diner Band* von RTL). Dies weist darauf hin, dass die fernsehspezifische Internet-Content-Produktion in eine neue Entwicklungsphase eingetreten ist, in der man nicht mehr nur Hintergrundinformationen zu bereits etablierten TV-Sendungen im Internet verbreitet, sondern versucht, neue interaktive Fernsehformate spezifisch für das Internet zu entwickeln.[5]

Hinweise dafür, dass schon 1999 die genannten anfänglichen Unsicherheiten zum größten Teil überwunden sind, liegen in den hohen Investitionen, die die Sender mittlerweile bereit sind, in den Ausbau der Internetaktivitäten zu investieren. Das Internet wird als das Zukunftsmedium gefeiert: Sowohl RTL als auch Pro 7 beabsichtigen in den nächsten Jahren, einen dreistelligen Millionenbetrag und der WDR immerhin einen einstelligen (sieben bis acht Mio. DM) zu investieren (O.V. 2000a; O.V. 2000b; O.V. 2000c). Obwohl bisher sogar die privaten Sender (die das Internet kommerziell nutzen dürfen) nicht kostendeckend produzieren, sind die Erwartungen hoch, dass sich die Investitionen rentieren werden. Grund sind die stetig wachsenden Werbeumsätze und Erlöse aus e-commerce sowie die Zahlen der Internetnutzer. Letztere haben sich mit 18,3 Mio. Bundesbürgern seit 1997 mehr als vervierfacht (vgl. van Eimeren/Gerhard 2000, S. 339). Zusätzlich zeigen Messungen der Informationsgemeinschaft zur Feststellung der Verbreitung von Werbeträgern e.V. (IVW), die seit Januar 1998 den Kontakt mit einem gesamten werbefinanzierten Internetangebot (Visits) und die Seitenkontakte (PageImpressions) misst, einen enormen Anstieg der Nutzerkontakte.[6] Erzielte z.B. das Internetangebot von Pro 7 im Januar 1998 nur ca. 700 Visits, erhöhte sich die Zahl im Januar 2000 auf ca. acht Mio. (vgl. www.IVW.de).

3 Produktion der Internetauftritte für Fernsehsender – Produktionsaufgaben und mögliche Organisationsformen

Die Produktion von Internetseiten kann grob in zwei Produktionsaufgaben unterschieden werden: Die erste Aufgabe besteht aus der Entwicklung und Programmierung des *Seitenkonzepts* (Seitenlayout), das Seitendesign und -graphik (z.B. für das Sendungslogo und die Illustration des Sendungsthemas) enthält. Dabei müssen sich die Graphiker, Designer und Programmierer an bestimmten Standardvorgaben orientieren. Bei allen Sendern werden mittlerweile Softwaresysteme, genannt Contentmanagement-Systeme (vgl. Schuhmann/Hess 1999), eingesetzt, um die Erstellung, Bearbeitung und Veröffentlichung von Internetseiten zu erleichtern. Sie enthalten vorprogrammierte Layoutvorlagen, die jedoch mit Einschränkungen von den Graphikern (z.B. das Hintergrunddesign) individuell gestaltet werden können. So ist z.B. die Posi-

---

5 Diskutiert wird im Zusammenhang mit der Konvergenz von TV und Internet, inwieweit es dabei in Zukunft zu einer Konvergenz der Übertragungswege, Endgeräte und gar der Kundenmärkte und Branchen kommen wird (vgl. z.B. Dowling et al. 1998).
6 PageImpressions sind ein Maß für die Nutzung einzelner werbeführender Webseiten im HTML-Format. Die Anzahl der Visits misst dagegen nur, wie häufig ein Internetangebot insgesamt genutzt wurde, ohne wie die PageImpressions, die Aktionen auf den einzelnen Unterseiten zu erfassen (vgl. Zimmer 1998, S. 502).

tion von Navigationsleisten (zur Navigation zwischen den Inhalterubriken) für alle Internetseiten einheitlich festgelegt.

Die zweite Produktionsaufgabe, die in der Praxis zeitlich zu der ersten parallel wahrgenommen wird, umfasst die Entwicklung und Produktion der Seiteninhalte. Zu ihnen gehören zum einen *einfache redaktionelle Inhalte* von geringer Komplexität, die im Wesentlichen aus Texten, Bildern und Videoausschnitten der TV-Sendung bestehen, sowie zum anderen *komplexe Inhalte*. Letztere können ebenfalls aus einfachen redaktionellen Inhalten oder aber auch aus programmierintensiven Comuputeranimationen bestehen. Die Komplexität besteht hier vor allem darin, dass sie in interaktive Nutzeranwendungen eingebunden sind, die teilweise hochspezifisches Programmier-Knowhow erfordern. Dies ist der Fall bei interaktiven Gewinnspielen und Quizzen, aber auch bei TV-Serien, wo die Internetnutzer neuerdings unter verschiedenen Handlungsfolgen einer TV-Serienfolge auswählen können (z.B. *Diner Band* von RTL) oder sich die Handlung im Internet fortsetzt (z.B. *Etage Zwo* vom ZDF). Der Inhalteproduktion können unterschiedliche Produktionsprozesse zugrunde liegen: Teilweise können bereits vorliegende einfache redaktionelle Inhalte wie Bilder und Textinformationen zur TV-Sendung ohne Programmierkenntnisse per Contentmanagement-System direkt in dafür vorgesehenen Positionsrahmen auf der Internetseite publiziert werden; teilweise müssen die Inhalte jedoch neu produziert werden (z.B. Recherche zu Hintergrundinformationen der Sendung sowie zu zielgruppenspezifischen Themen, Verfassen von Texten, Programmierung von interaktiven Spielen und Foren). Der Aufwand für die Inhalteproduktion entscheidet sich danach, wie oft die Seiteninhalte aktualisiert werden müssen und ob dafür spezifisches Programmier-Know-how notwendig ist.

Parallel zur Produktion muss für die Bereitstellung der *technischen Infrastruktur* gesorgt werden, die sowohl der Produktion der Internetseiten (Software wie z.B. die Contentmanagement-Systeme) als auch deren Übertragung (Hardware) dient. Zu letzterem gehört die Beschaffung von Kapazitäten für die Datenspeicherung auf einem Server sowie für die Datenübertragung (Traffic), damit die Internetnutzer auch auf die Internetseiten zugreifen können. Die Organisation der technischen Infrastruktur bleibt bei den folgenden Ausführungen, die sich vor allem auf die programmbegleitende Internet-Content-Produktion, das Kerngeschäft der Sender, beziehen, ausgeschlossen.

Generell kommen für die Organisation der Seitenkonzepte und -inhalte drei Organisationsformen in Frage.

(1) Markt: Bei der Koordination der Produktion über den *Markt* dominiert der Preis in diskreten und eher flüchtigen Beziehungen, in denen wohl spezifizierte Leistungen getauscht werden. Kauf- und Vertragsentscheidungen werden von den Vertragsparteien relativ autonom getroffen.

(2) Netzwerk: Die Koordination über *Unternehmungsnetzwerke* erfolgt dagegen über langfristige komplex-reziproke Beziehungen zu wirtschaftlich (mehr oder weniger) abhängigen, jedoch rechtlich selbständigen Unternehmungen. In projektbasierten Industrien, zu denen neben der Fernseh- auch die Film-, Multimedia- und Bauindustrie gehören, sind so genannte *Projektnetzwerke* (vgl. Sydow/Windeler 1999) von besonderer Bedeutung. Die netzwerkförmigen Beziehungen entwickeln sich hier durch die wiederholte Zusammenarbeit mit bewährten Dienstleistern sowie durch eine wechsel-

seitige reflexive Wahrnehmung und Orientierung aneinander während und zwischen der Abwicklung von Projekten.

(3) Hierarchie: Als dritte Form kommt die Produktionsorganisation durch *Hierarchie* in Betracht, mit der das legitimierte Recht verbunden wird, über Anweisung direkt in den Produktionsprozess eingreifen zu können und eine einheitliche Leitung (auch im Konzern) herzustellen. Gelingt es einer Unternehmung, bei einer anderen Unternehmung die einheitliche Leitung durchzusetzen, wird damit in erster Linie die wirtschaftliche, jedoch nicht notwendigerweise auch die rechtliche Autonomie aufgehoben.

4 Dominanz der Organisationsformen Hierarchie und Projektnetzwerk bei der Produktion von Internetseiten

In der Produktion der Seitenkonzepte und -inhalte haben sich, rekonstruiert man die Aussagen der hier interviewten Online-Redakteure im Sinne dieser drei Organisationsformen, Hierarchie und Projektnetzwerk durchgesetzt (s. Abbildung 2).[7] Dabei scheint der Anteil der Eigenproduktion zu dominieren. Ein Vertreter eines privaten Senders schätzt ihn für sein Unternehmen auf ca. 80%. Tatsächlich haben die großen öffentlich-rechtlichen (ARD, ZDF) und privaten Sender des Kirch- und Bertelsmann-Konzerns für die Eigenproduktion der Internetseiten zusätzlich zu den TV-Redaktionen umfassende Produktionskapazitäten in Form von Online-Redaktionen aufgebaut. Bei den öffentlich-rechtlichen Sendern sind sie als Senderabteilungen und bei den privaten als Tochterunternehmen organisiert. Die Produktionskapazitäten umfassen (zum Zeitpunkt der Erhebung Frühjahr 2000) bei Pro 7 etwa 60 festangestellte Online-Redakteure und ebenso viele Multimediaspezialisten (Graphiker und Programmierer) und bei RTL etwa die Hälfte (insgesamt 30 Festangestellte).[8] Die öffentlich-rechtlichen Sender, denen durch das Werbeverbot im Internet vergleichsweise wenig finanzielle Ressourcen zur Verfügung stehen, beschäftigen im Fall des ZDF ca. 16 Online-Redakteure und vier Multimediaspezialisten und beim Ersten Programm der ARD sogar nur zwei Online-Redakteure, einen externen Programmierer sowie vier Graphiker aus der hausinternen Graphikabteilung, die gleichzeitig für den TV-Bereich zuständig sind. Wie hoch letztendlich der Eigen- oder Fremdproduktionsanteil ausfällt, hängt insbesondere von der Höhe des Beschaffungsbudgets sowie der Verfügbarkeit der sendereigenen Produktionskapazitäten in qualitativer, quantitativer und zeitlicher Hinsicht ab. So greift RTL mit weniger Produktionskapazitäten als Pro 7 häufiger auf externe Produktionskapazitäten zu, um ein anspruchsvolles Internetangebot produzieren zu können.

---

[7] Von den vier ausgewählten Sendern gehören drei (bis auf Das Erste der ARD) zu den fünf bundesdeutschen Vollprogrammanbietern (ARD, ZDF, SAT.1, RTL, Pro 7), die neben einigen Spartensendern (z.B. Viva, MTV und n-tv) vergleichsweise hohe Investitionen (z.B. in Technik, Human Ressources) für ihre Internetauftritte aufbringen. So kann erwartet werden, dass die Untersuchungsergebnisse zumindest für die Gruppe dieser Fernsehsender repräsentativ sind.

[8] Wie sich die aktuell stattfindenden Umstrukturierungen innerhalb der Sender, die Fusion von SAT. 1 und Pro 7 sowie die Integration der Vermarktungsaktivitäten von RTL in die Internettochter RTL New Media, auf die Organisation der Internetseitenproduktion auswirken wird, ließ sich zum Zeitpunkt der Untersuchung noch nicht abschätzen.

		Organisationsformen		
Produktions-aufgabe	*Komplexitätsgrad*	*Markt*	*Projekt-netzwerk*	*Hierarchie*
Entwicklung/ Programmie-rung von Sei-tenkonzepten	– geringe Modifikationen von Standardlayouts			Pro 7 RTL ZDF Das Erste
	– aufwendigere Modifikation von Standardlayouts	Pro 7 (nur Entwicklung insb. bei sendungsbezogenen Internetseiten)	RTL ZDF Das Erste	Pro 7
Entwicklung/ Programmie-rung von Seiten-inhalten	– einfacher redaktioneller Content für Standardinternetseiten von Sendungen mit hohem Informationswert oder mittlerer bis geringer strategischer Bedeutung (vorwiegend Texte, Bilder)			Pro 7 RTL ZDF Das Erste
	– einfacher und komplexer redaktioneller Content für Internetseiten von Sendungen mit hoher strategischer Bedeutung		Pro 7 RTL ZDF	Das Erste
	– mehr oder weniger TV-abhängige interaktive Gewinnspiele und Quizzen		Pro 7 RTL ZDF Das Erste	Pro 7 ZDF
	– redaktioneller Content für TV-unabhängige Themen (vorwiegend Texte, Bilder)		Pro 7 (nur einzelne Seitenrubriken) RTL (auch ganze Seiten)	Pro 7 RTL

Abb. 2: Produktionsorganisation der Seitenkonzeption und Seiteninhalte

Hemmnis für einen weiteren Ausbau der Eigenkapazitäten stellt, wie weiter unten ausgeführt wird, die Situation auf dem Markt für Multimedia-Dienstleistungen dar. Zudem wird hochspezifisches Programmier-Know-how auch nur projektweise benötigt, so dass eine dauerhafte Vorhaltung dieser vergleichsweise teuren Dienstleistungen derzeit keinen Sinn macht.

In Eigenproduktion können vor allem die Standardinternetseiten, bei denen weniger spezifisches Programmier-Know-how benötigt wird, hergestellt werden (s. Abbildung 2). Hingegen wird projektbezogen bei programmierintensiven interaktiven Internetauftritten (z.B. von Gewinnspielen wie *Wetten Dass?* vom ZDF) auf spezifisches Programmier-Know-how von Multimedia-Agenturen zurückgegriffen. Die in Eigenproduktion erstellten Standardseiten enthalten einfachen redaktionellen Content (vorwiegend Texte und Bilder[9]) sowie Seitenkonzepte, die nur geringe Modifikationen der in den Contentmanagement-Systemen vorprogrammierten Layoutvorlagen erfordern. Unter den Standardinternetseiten finden sich einerseits Internetauftritte von strategisch geringerer Bedeutung, z.B. von zugekauften amerikanischen Fernsehserien und einigen Talkshows, aber auch solche von hoher strategischer Bedeutung. Zu letzteren zählen Internetseiten mit hohem Informationswert (z.B. von Wissenschafts- und Gesundheitsmagazinen sowie bei den privaten Sendern auch von Themen wie Lifestyle und Film) und mehr oder weniger hohem Unterhaltungswert (z.B. von fiktionalen Fernsehserien wie *Unter Uns* von RTL, *Küstenwache* vom ZDF und *Praxis Bülowbogen* vom Ersten der ARD).

5 Gründe für die Dominanz der Organisationsform Hierarchie über Projektnetzwerk

Im Gegensatz zur TV-Content-Produktion, wo die TV-Produzenten im Auftrag der Sender die Produktion in Projektnetzwerken organisieren (vgl. Windeler et al. 2000), übernehmen bei der Internet-Content-Produktion die Sender die Funktion des Produktionsorganisators selbst und organisieren die Produktion vorwiegend hierarchisch. So liegt die Erfahrung, welche TV-Formate wie im Internet erfolgreich (im Hinblick auf PageImpressions) verwertet und wie fernsehorientierte Internetnutzer über Communities langfristig gebunden werden können, bei den Sendern und weniger bei den TV-Auftragsproduzenten. Für die Wahl einer hierarchischen Organisation der Produktion spricht zunächst das *Fehlen geeigneter Dienstleister* auf dem Fernseh- und Multimediamarkt:

– Die TV-Auftragsproduzenten, an die bis auf wenige non-fiktionale TV-Formate (wie Nachrichtensendungen und einige Wissenschaftsmagazine) vor allem die Produktion fiktionalen TV-Contents ausgelagert wurde, können allenfalls die Content-Produktion für die Internetauftritte der von ihnen produzierten TV-Sendungen übernehmen. Sie sind jedoch nur in Einzelfällen bereit, in den Aufbau des internetspezifischen Produktion-Know-hows zu investieren, da eine hohe Ungewissheit über Refinanzierungschancen (z.B. durch Werbeeinnahmen) besteht.

– Multimedia-Agenturen kommen zwar weniger für die Entwicklung der redaktionellen Inhalte, dafür jedoch umso mehr für deren Programmierung sowie sowohl für die Entwicklung als auch Programmierung von interaktiven Spielen und Seitenkonzepten in Frage. Aber auch hier stehen Produktionskapazitäten nur begrenzt zur Verfügung. Durch die hohe Nachfrage an qualifizierten Spezialisten in der noch jungen Multimediaindustrie sind die Preise so angestiegen, dass der Zugriff auf externe Produktionskapazitäten zumindest bei der Programmierung

---

9 Bilder und Videoausschnitte werden dagegen meistens von den TV-Auftragsproduzenten zugeliefert.

von Standardseiten kaum in Frage kommt. Zudem ist die zeitliche Verfügbarkeit der Multimedia-Agenturen unter diesen Marktbedingungen stark eingeschränkt.

Die Hauptursache für die Dominanz hierarchischer Organisationsformen in der Produktion der Seitenkonzepte und -inhalte liegt jedoch in den *strategischen Überlegungen* der Sender selbst. Die hier interviewten Vertreter von Online-Redaktionen sehen – ganz im Einklang mit der Sichtweise des ressourcenbasierten Ansatzes (vgl. Barney 1991) – den Aufbau von Produktions-Know-how zur Fortführung der TV-Marke im Internet als zu strategisch wichtig an, als dass dieser an wechselnde Agenturen oder TV-Auftragsproduzenten ausgelagert werden könnte. Die Herausforderung besteht darin, über ein bestimmtes Seitendesign (Farbwahl, Senderlogo, Seitenaufbau) sowie spezifische Seiteninhalte eine enge Beziehung zum Kerngeschäft des Senders, das TV-Programm, herzustellen. Darüber hinaus muss ein internetspezifisches Fernsehprofil geschaffen werden, das klar unterscheidbar und wettbewerbsfähig ist in Bezug auf die Internetauftritte anderer Contentprovider (u.a. auch Zeitungsverlage und Onlinedienste). Zudem macht die neu hinzugewonnene Möglichkeit, den Kunden (Fernsehzuschauer/Internetnutzer) per Internet individuell zu bedienen sowie auch Daten über ihn zu generieren, erstmalig eine direkte Kontrolle der Kundenbeziehung möglich. Diese wollen die Sender nur ungern durch die Auslagerung der Produktion, etwa an Contentprovider wie Zeitungsverlage im Bereich der themenbezogenen Content-Produktion oder an TV-Auftragsproduzenten im Bereich der sendungsbezogenen Content-Produktion, verlieren. So verschafft die hierarchische Kontrolle über die Planung und Produktion von Seitenkonzepten und -inhalten den Sendern die nötige Sicherheit, unabhängig von den dynamischen Marktbedingungen strategisch wichtiges Produktions-Know-how aufzubauen und die Beziehung zum Internetnutzer,[10] direkt zu kontrollieren.

6 Zunahme der Bedeutung von Projektnetzwerken – Die Produktion von Seitenkonzepten und interaktiven Spielen

Mit der Zunahme des inter- und intramedialen Wettbewerbs um attraktiven und nutzerspezifischen Content, bedienen sich der Sender jedoch zunehmend Multimedia-Agenturen, um hochwertige Seitendesigns und attraktive Unterhaltung in Form von interaktiven Spielen zu präsentieren. Sowohl die Erstellung der Seitenkonzepte als auch der interaktiven Spiele setzt eine intensive Zusammenarbeit zwischen Sendern und Multimedia-Agenturen voraus, die kaum über eine marktliche Koordination abgewickelt werden kann. So gilt es zum Beispiel, die von den Sendern geforderte Qualität entsprechend der senderspezifischen Designregeln, Zielgruppenvorstellungen, technischen Standards und Preisvorstellungen anzufertigen und termingerecht abzuliefern. In der Regel bedarf es mehr als eines Projekts bis eine Multimedia-Agentur in der Lage ist, die Leistung entsprechend den Vorgaben der Sender zu erstellen.

Mittlerweile hat sich deshalb die Abwicklung der Produktion von Seitenkonzepten, interaktiven Spielen und Quizzen in Projektnetzwerken etabliert (s. noch einmal Ab-

---

10 Dadurch können insbesondere die privaten Sender für die Werbezeitvermarktung interessante Nutzerdaten generieren.

bildung 2). Die Sender verteilen ihre Projektaufträge auf drei bis sechs Agenturen, die unterschiedliche Spezifikationen (z.B. im Seitendesign, Seitenaufbau oder in der Spieleproduktion) aufweisen und mit denen sie erwiesenermaßen gut zusammenarbeiten.

Soweit sich eine marktliche Koordination der ausgelagerten Produktion überhaupt vorfinden lässt, ist dies nur bei einem Sender im Bereich der Produktion innovativer Seitendesigns der Fall. Der Sender Pro 7, der aufgrund umfangreicher Produktionskapazitäten einen vergleichsweise hohen Eigenproduktionsanteil im Bereich der Entwicklung und Programmierung von Seitenkonzepten aufweist, sieht die Notwendigkeit, der hausinternen Graphikabteilung innovative Impulse vermittelt über den Markt zu geben. Die von wechselnden Marktpartnern eingekauften Seitendesigns werden jedoch entsprechend der Designregeln und technischen Standards des Senders von den sendereigenen Graphikern überarbeitet und programmiert.

7 Etablierte und experimentelle Formen der Zusammenarbeit in Projektnetzwerken – Die Produktion von redaktionellem Content für Internetseiten

Die Produktion von redaktionellem Content ist für die Positionierung der Sender als Informations- und Unterhaltungsdienstleister auf dem Internetmarkt von höchster strategischer Bedeutung. So ist eine Auslagerung der Produktion von redaktionellem Content insbesondere für Internetseiten von programmübergreifenden Themen an Zeitungsverlage (spezialisiert z.B. auf Computer- oder Lifestylethemen) nur eingeschränkt möglich. Hier versagen selbst Projektnetzwerke, denn es muss gewährleistet sein, dass der von Contentprovidern zugelieferte Content exklusiv genug ist, um langfristig Internetnutzer zu binden. Deshalb wird allenfalls die Produktion einzelner Themenrubriken und Seitenelemente (wie Horoskope oder ein Filmlexikon) und nur in Einzelfällen die Produktion ganzer Themenseiten ausgelagert. Ähnlich wie bei der Organisation der Produktion von Seitenkonzepten, Spielen und Quizzen haben sich auch hier Projektnetzwerke bereits etabliert: In einem individuell festzulegenden Zeitrhythmus liefern Contentprovider (Zeitungsverlage, Agenturen) per Contentmanagement-System fertig programmierten redaktionellen Content zu, den sie häufig auch schon in die entsprechenden Internetseiten eingefügt haben.[11]

Relativ neu ist dagegen die Organisation der Produktion von redaktionellem Internet-Content für TV-Sendungen in Projektnetzwerken. Mit der Weiterentwicklung des Internets zum interaktiven Unterhaltungsmedium, sind die Sender allerdings immer öfter auf die Zusammenarbeit mit den TV-Auftragsproduzenten angewiesen: einerseits um fiktionale interaktive TV-Formate speziell für das Internet zu entwickeln und andererseits um produktionsnahen TV-Content von bereits erfolgreich etablierten Fernsehserien, Talk- und Gameshows für das Internet zu generieren. Experimentiert

---

11 Die Organisation der Produktion von internetspezifischen Services bleibt hier ausgespart, da es sich dabei weniger um redaktionellen Content, sondern um programmierintensive Nutzerplattformen für e-commerce handelt. Sender wie RTL beteiligen sich häufig an den e-commerce-Anbietern wie z.B. Primus Power. Hierbei kommt es vor allem darauf an, einen Service zu integrieren, der sich mit dem eigenen Internetangebot inhaltlich gut verknüpfen lässt. Soweit es sich bei den Services dennoch um redaktionellen Content handelt wie z.B. Veranstaltungstipps oder Wetterberichte, wird deren Produktion ähnlich wie redaktioneller Content für Themen-Internetseiten in Projektnetzwerken organisiert.

wird, je nach Ausprägung der Machtverhältnisse zwischen Auftragsproduzent und Sender sowie deren Interesse am Erfolg des Internetauftritts, mit unterschiedlichen Formen der Arbeitsteilung: Teilweise werden von den sendereigenen Online-Redaktionen von ihnen bezahlte Online-Redakteure beim TV-Auftragsproduzenten platziert. Es kommt jedoch auch vor, dass die Initiative vom Auftragsproduzenten ausgeht und dieser sich bereit erklärt, mit dem Sender entstehende Kosten (z.B. für Online-Redakteure) und Gewinne zu teilen. In anderen Fällen tritt der TV-Produzent in Konkurrenz zum Sender und beansprucht selbst, soweit er im Besitz der Internetrechte ist, die Kontrolle über die Produktion des Internetauftritts (z.B. die Firma Brainpool bei den Sendungen *TV-total* und *Liebe Sünde*). In diesem Fall ist es die TV-Produktionsfirma, die das Projektnetzwerk, bestehend ggf. aus mehreren Agenturen, organisiert. Die TV-Auftragsproduzenten haben jedoch erkannt, dass sie ihre Internetseiten erfolgreicher vermarkten können, wenn diese im Internetangebot der Sender eingebunden bleiben. So arrangieren sich Produzent und Sender immer häufiger, wie z.B. im Fall der Internetseitenproduktion der Daily Soap *Gute Zeiten Schlechte Zeiten*, mit der Gründung eines Joint Ventures, bei dem der Produzent z.B. die Vermarktung und der TV-Produzent die Produktion der Internetseite übernimmt.

Bei der Entwicklung spezieller interaktiver TV-Formate für das Internet wie z.B. der Soap *Etage Zwo* (ZDF), lässt sich derzeit noch nicht absehen, welche Position die TV-Auftragsproduzenten hier in Zukunft einnehmen werden. Bisher geht die Initiative für die Entwicklung solcher neuartiger TV-Formate mehr von den Sendern als von den TV-Auftragsproduzenten aus. Die Online-Redaktionen des Senders sind dabei für die Konzeption des Internetauftritts verantwortlich, während die TV-Redaktionen zusammen mit dem TV-Auftragsproduzenten und dessen Drehbuchautoren die redaktionellen Inhalte für den TV- und Internetauftritt entwickeln. Die von der Online-Redaktion beauftragte Multimedia-Agentur ist dagegen für die Programmierung der Inhalte sowie für die Entwicklung und Programmierung der Seitenkonzepte und interaktiven Spiele zuständig.

8   Zusammenfassung und Ausblick

Bundesdeutsche Fernsehsender organisieren die Produktion von Internetseiten hierarchisch. Gründe dafür liegen weniger im Mangel leistungsfähiger Dienstleister auf dem Multimedia- und Fernsehmarkt, sondern vielmehr in der von den Sendern erachteten Notwendigkeit, den strategisch wichtigen Aufbau eines internetspezifischen Senderprofils hierarchisch zu kontrollieren. Wo Sender jedoch auf hochspezifisches Design- oder Programmier-Know-how von Multimedia-Agenturen oder die inhaltliche Kompetenz von TV-Auftragsproduzenten oder anderen Inhalte-Anbietern angewiesen sind, organisieren sie die Produktion zunehmend in Projektnetzwerken. Haben sich diese bei der Produktion von programmierintensiven Seitenkonzepten und interaktiven Unterhaltungselementen wie Spiele und Quizzen weitestgehend etabliert, experimentieren die Sender insbesondere bei der Produktion von redaktionellen Inhalten für Internetseiten von TV-Sendungen mit unterschiedlichen Formen von Projektnetzwerken. Im Wettbewerb um die Kontrolle der Produktion senderprofilbildender und ökonomisch erfolgreicher Inhalte, treten wechselweise die TV-Produzenten und Sender als Organisatoren der Projektnetzwerke auf.

Inwieweit jedoch in Zukunft hierarchische Organisationsformen zunehmend durch projektnetzwerkförmige abgelöst werden (wie dies auch bei der Produktion von TV-Content zu beobachten war), lässt sich derzeit noch nicht absehen. Nicht zuletzt hängt dies von der Erfüllung der senderseitigen Umsatzerwartungen im Internet, von den Entwicklungen auf dem Markt für Multimedia-Dienstleistungen sowie von der Fähigkeit der Sender, die Projektnetzwerke in ihrem Interesse steuern zu können, ab.

Wie die Produktion komplexer und interaktiver Internet-Inhalte in Projektnetzwerken im Hinblick auf den Aufbau und die Fortführung von Unternehmungsprofilen gesteuert werden kann, ist jedoch nicht nur für Fernsehsender interessant. Auch Internet-Dienstleister wie der Internetprovider T-Online sind gezwungen, originäre Inhalte zu präsentieren, um die Internetnutzer zu einem längeren Verbleib auf ihren Internetseiten anzuregen. Attraktive Unterhaltungsformate wie z.B. eine Internet-Soap werden auch hier inzwischen bei externen Produzenten in Auftrag gegeben.

Verfolgt man die Frage nach der Steuerung von Projektnetzwerken am Beispiel der Fernsehsender weiter, müsste man untersuchen, mit welchen Steuerungspraktiken einerseits die Sender und andererseits die Multimedia-Agenturen und TV-Produzenten versuchen, auf das Senderprofil Einfluss zu nehmen. Dabei interessiert auch, inwieweit sich in der Praxis der Content-Produktion für das Internet überhaupt schon ein Verständnis vom Management von Projektnetzwerken entwickelt hat. Findet beispielsweise die Beziehungspflege eher sporadisch und nur auf einzelne Projekte bezogen statt oder ist sie (wie für Projektnetzwerke typisch) eher langfristig strategisch und projektübergreifend angelegt?

Literaturverzeichnis

Barney, J. (1991): Firm resources and sustained competitive advantage. In: Journal of Management Studies 17 (1), S. 99-120.

Dowling, M./Lechner, C./Thielmann, B. (1998): Convergence – Innovation and change of market structures between television and online services. In: Electronic Markets 8 (4), S. 31-35.

Eimeren, B. van/Gerhard, H. (2000): ARD/ZDF-Online-Studie 2000: Gebrauchswert entscheidet über Internetnutzung. In: Media Perspektiven 8, S. 338-349.

Eimeren, B. van/Gerhard, H./Oehmichen, E./Schröter, E. (1998): ARD/ZDF-Online-Studie 1998: Onlinemedien gewinnen an Bedeutung. In: Media Perspektiven 8, S. 423-435.

Goldhammer, K. (1999): Rundfunk online: Entwicklung und Perspektiven des Internets für Hörfunk- und Fernsehanbieter. Berlin.

o.V. (2000a): Öffentlich-rechtliche Rundfunkanstalten und Multimedia. In: www.fr-aktuell.de, Download 11.7.2000.

o.V. (2000b): RTL will im Internet nicht nur mit „Big Brother" überzeugen. In: www.Handelsblatt.com, Download 11.8.2000.

o.V. (2000c): Kompetenzen im Netz ergänzen. In: www.sueddeutsche.de, Download 29.2.2000.

Oehmichen, E./Schröter, C. (2000): Fernsehen, Hörfunk, Internet: Konkurrenz, Konvergenz oder Komplement? In: Media Perspektiven 8, S. 359-368.

Schröter, C./Ewald, K. (1996): Onlineangebote von Rundfunkveranstaltern in Deutschland. In: Media Perspektiven 9, S. 478-486.

Schuhmann, M./Hess, T. (1999): Content-Management für Online-Informationsangebote. In: Schuhmann, M./Hess, T. (Hrsg.): Medienunternehmen im digitalen Zeitalter. Wiesbaden, S. 69-87.

Sydow, J./Windeler, A. (1999): Projektnetzwerke: Management von (mehr als) temporären Systemen. In: Engelhardt, J./Sinz, E. (Hrsg): Kooperation im Wettbewerb. Wiesbaden, S. 213-235. Wiederabgedruckt in diesem Band.

Windeler, A./Lutz, A./Wirth, C. (2000): Netzwerksteuerung durch Selektion – Die Produktion von Fernsehserien in Projektnetzwerken. In: Sydow, J./Windeler, A. (Hrsg.): Steuerung von Netzwerken: Konzepte und Praktiken. Wiesbaden, S. 178-205. Wiederabgedruckt in diesem Band.

Zerdick, A./Picot, A./Schrape, K./Artope, A./Goldhammer, K./Heger, D.K./Lange, U.T./Vierkant, E./Lopez-Escobar, E./Silverstone, R. (1999): Die Internet-Ökonomie: Strategien für die digitale Wirtschaft. Berlin und Heidelberg.

Zimmer, J. (1998): Werbemedium World Wide Web: Entwicklungsstand und Perspektiven von Onlinewerbung in Deutschland. In: Media Perspektiven 10, S. 498-507.

Integriertes Content Management in der digitalen Nachrichtenproduktion

Sven Pagel

1 Einleitung – Digitalisierung der Nachrichtenproduktion

In der Medienindustrie hat in den letzten Jahren ein umfassender Digitalisierungsprozess stattgefunden. Dies betrifft einerseits die Digitalisierung der Übertragungstechnologien, wie sie beispielsweise im Rahmen der Einführung des digitalen terrestrischen Fernsehens (DVB-T[1]) in Berlin/Brandenburg im Jahr 2003 zu verfolgen ist. Andererseits ist aber auch eine weit reichende Digitalisierung der Produktionstechnologien in den Medienunternehmen erfolgt, die in Zukunft noch weiter fortgesetzt wird. In diesem Sinne verändert die *Außenwirkung* der Digitalisierung vornehmlich die journalistischen Produkte, welche die Inhalteanbieter den Konsumenten mittels des digitalen Fernsehens und anderer Technologien zur Verfügung stellen. Die *Innenwirkung* der Digitalisierung verändert hingegen die Redaktions- und Produktionsprozesse in den Medienunternehmen selbst. Auch durch zunehmende Netzwerkstrukturen in der digitalen Content-Produktion unterliegen derartige Wertschöpfungsprozesse gewandelten Anforderungen. Hier müssen deshalb neue Organisationsmodelle entwickelt werden, um bisherige Strukturen und Prozesse effizienter zu gestalten.

Die Nachrichtenproduktion, d.h. die journalistische Erstellung von Informationen zu aktuellen Themen von öffentlichem Interesse,[2] ist von beiden Entwicklungssträngen zugleich tangiert. Zum einen sind durch die technologischen Entwicklungen der Telekommunikations- und Elektronikindustrie und die Konvergenz von Fernsehen, Internet sowie digitalen Diensten vielfältige neue Ausspielkanäle (beispielsweise Handys, PDAs[3], portable DVB-T-Empfänger) entstanden, über die das Produkt Nachrichten den Rezipienten angeboten werden kann (und auch muss, um im Wettbewerb der Inhalteanbieter bestehen zu können). Zum anderen wurden und werden in den Redaktionsprozessen der Medienhäuser IT-Systeme eingeführt, welche die Arbeit der Redakteure, Techniker, Grafiker etc. entschieden verändern. Hier sind digitale Archivsysteme zur Nutzung der journalistisch und ökonomisch wertvollen Archivressourcen ebenso wie digitale Newsroomsysteme zur Effizienzsteigerung in den Nachrichtenredaktionen zu nennen.

Redaktion und Produktion von Nachrichten in Medienunternehmen sind durch spezifische Charakteristika geprägt. So ist die Erstellung von Nachrichten durch eine serielle Produktion gekennzeichnet, die im Gegensatz zu Formaten mit stärkerem

---

1 DVB-T: Digital Video Broadcasting – Terrestrial.
2 Eine Nachricht ist dabei sowohl ein publizistischer Rohstoff wie auch eine journalistische Darstellungsform (Weischenberg 2001, S. 17). Nachrichtenproduktion ist neben der Untersuchung von Nachrichteninhalten und der Nachrichtenrezeption eines der drei Teilgebiete der journalistischen Nachrichtenforschung (Meckel/Kamps 1998, S. 22-27).
3 PDA: Portable Digital Assistant.

Organisation der Content-Produktion hrsg. von
J. Sydow und A. Windeler – Wiesbaden 2004, S. 161-186.

Unikatcharakter wie der Spielfilmproduktion üblicherweise nicht in Projektform vonstatten geht. Nachrichtenproduktion erfolgt in erster Linie in Eigenproduktion in den Medienunternehmen und nicht als Auftragsproduktion (Windeler et al. 2000, S. 183; Schusser 1999, S. 148), da es sich um journalistische Kernprodukte handelt bzw. deren etwaiges Outsourcing sich ökonomisch als nicht sinnvoll erweist (Kresse 1994, S. 298). Als Untersuchungsobjekt bei der Analyse der Digitalisierung ist die Nachrichtenproduktion von besonderem Interesse, da Angebote an Nachrichten bereits für sämtliche digitale Medien produziert und dort veröffentlicht werden, somit folglich ausreichend Praxisbeispiele existieren. Auch Wertschöpfungspartnerschaften sind im Bereich der Nachrichtenproduktion seit längerem üblich. Zu nennen sind hier beispielsweise Internetdienstleister, die als Content-Broker Inhalte für Webauftritte anderer Firmen anbieten. Die Nachrichtenagentur Reuters fungiert beispielsweise seit 2000 als Nachrichtenlieferant des britischen Digitalangebotes Open TV. Nicht zuletzt ist die Notwendigkeit der Untersuchung der digitalen Nachrichtenproduktion auch im ausgeprägten Interesse der Rezipienten an der Programmsparte Nachrichten begründet, welche in Umfragen bezüglich des subjektiven Interesses an einzelnen Sparten mit 93% auf dem ersten Platz liegen (Blödorn et al. 2000). Aussagen zu den Wertschöpfungsprozessen des Nachrichtenjournalismus sind somit als Grundlage zur Entwicklung neuer digitaler Organisationsformen in Medienunternehmen im Rahmen eines Content Managements geeignet.

Da Inhalteanbieter – private wie öffentlich-rechtliche – ökonomischen Zwängen unterliegen, die in der derzeit angespannten Wirtschaftslage noch verstärkt werden, ist eine möglichst effiziente Produktion der Inhalte eine grundlegende Zielsetzung der Unternehmensleitungen. Publizistischer und damit indirekt auch ökonomischer Wert von Nachrichten werden von Merkmalen wie Qualität, Aktualität und Zielgruppenspezifität beeinflusst. In Medienunternehmen wird deshalb angestrebt, sämtliche Ausspielkanäle möglichst zeitnah mit journalistisch gepflegten Inhalten zu versorgen. Hieraus ergibt sich freilich nicht, dass im Fernsehen, Internet und den digitalen Zusatzdiensten jeweils identisch aufbereitete Informationen dem Konsumenten angeboten werden. Vielmehr muss die journalistische Nachrichtenproduktion die jeweiligen Medienspezifika berücksichtigen, Inhalte müssen entsprechend der jeweiligen Charakteristika eines Mediums durch die Redakteure erstellt werden. Derzeit erfolgt aus diesem Grund die Nachrichtenproduktion vielfach vollständig getrennt für die unterschiedlichen Ausspielkanäle Fernsehen, Internet und digitale Zusatzdienste. Derartige ineffiziente Dopplungen personeller und sachlicher Ressourcen können jedoch zukünftig, nicht zuletzt aufgrund sinkender Werbeeinnahmen, nicht weiter aufrechterhalten werden. Fernsehsender wie das ZDF und N24 realisieren unter dem Stichwort des Multichanneling bereits Projekte zur verstärkten Integration der digitalen Nachrichtenproduktion.

Hier sind zukünftig neue ökonomische und journalistische Organisationsmodelle erforderlich, die eine integrierte Inhalteproduktion für mehrere Ausspielmedien erlauben, ohne den Anspruch der journalistischen Qualität zu konterkarieren. An dieser Stelle rückt das Konzept des ‚integrierten Content Managements' in den Mittelpunkt der Betrachtung, welches im Folgenden als medienökonomischer Lösungsansatz einer effizienten digitalen Content-Produktion detailliert entwickelt werden soll. Nach der grundlegenden Darstellung des interdisziplinären Verständnisses von Content Management im zweiten Abschnitt, erfolgt in den anschließenden Abschnitten die Entwicklung integrierter Wertschöpfungsprozesse für die digitale Nachrichtenproduktion. Dies geschieht gemäß der Theorie der Prozessorganisation in einem argumentativen Dreischritt aus Prozessidentifikation, -analyse und -gestaltung in den Abschnitten drei bis fünf. Analog zur Differenzierung von Innenwirkung und Außenwirkung der Digitalisierung wird die Prozessgestaltung im fünften Abschnitt aus interner resp. externer Sicht dargestellt. So ist intern zunächst die Konzeption eines idealtypischen digitalen Workflows erforderlich, der die Inhalteproduktion verstärkt medienneutral abbildet. In vorwiegend externer Betrachtung müssen in Netzwerken divergente Wertschöpfungspartner (und zunehmend auch die Rezipienten) in die digitalen Redaktionsprozesse eingebunden werden.

2 Forschungsstand zum Content Management – Terminologie und Perspektive

Die journalistische Produktion von Nachrichten bewegt sich an der Schnittstelle verschiedener Systeme, von deren Charakteristika sie geprägt wird. Es handelt sich hierbei um das System des Journalismus, welches die publizistische Verarbeitung von aktuellen Ereignissen zur öffentlichen Kommunikation beinhaltet (Blöbaum 1994), das System Wirtschaft, in dem sich die Medienunternehmen als Marktpartner mit ökonomischen Zielsetzungen bewegen (Heinrich 2001), sowie – da der Journalismus funktional auch zur Selbstbeobachtung der Gesellschaft dient – das Umweltsystem, welches neben technologischen Entwicklungen auch die Rezipienten als Öffentlichkeit umfasst.

Entsprechend ist das Content Management als Lösungsansatz für die Herausforderungen digitaler Nachrichtenproduktion interdisziplinär mit Methoden der Betriebswirtschaft, Journalistik und Medieninformatik zu analysieren. Zunächst wurde Content Management vor allem als technologischer Fachbegriff in die Diskussionen in der Medienbranche eingeführt. Dabei lassen sich mehrere Strömungen identifizieren, die unterschiedliche Anwendungen des Konzepts geprägt haben. *Web* Content Management entstammt dem Onlinesektor und fokussiert jene IT-Systeme, die zur Erstellung und Verwaltung von Internetauftritten genutzt werden. Im Mittelpunkt steht hier die Trennung von Inhalt und Layout, um Webangebote dynamisch generieren zu können (Büchner et al. 2000; Rothfuss/Ried 2001). Zahlreiche derartige Content Management Systeme (CMS) werden von kleinen und mittleren Softwareanbietern offeriert. *Broadcast* Content Management hingegen wird im Zuge der Entwicklung von digitalen Archivsystemen in Fernsehsendern aus Sicht der Rundfunktechnik genutzt. Zentraler Ansatzpunkt ist dort die logische Unterscheidung zwischen Inhalt und Metadaten, um umfangreiche audiovisuelle Inhalte effizient verwalten und dem journalistischen Produktionsprozess zeitnah zur Verfügung stellen zu können. Content wird deshalb begrifflich durch die European Broadcasting Union (EBU) von Essence differenziert. Die zugrunde liegende *Essence* enthält das eigentliche Bild- und Tonmaterial sowie textliche Inhalte als Ergebnis des kreativen Prozesses. Unter *Content* versteht man die um die Metadaten, also die beschreibenden Informationen, ergänzte Essence. Ist des Weiteren auch die Rechtesituation geklärt, wird aus dem jeweiligen Content ein *Asset*, somit ein Gegenstand des Programmvermögens (Thomas 2000, S. 23; Heinemann 2000, S. 327).

Grundlage für diese beiden inhaltlichen Anwendungsbereiche des Content Managements ist das generelle Verständnis der Informatik von Content Management als technologische Verwaltung von Inhalten, in Form von Technologien insbesondere zur Betreuung von Datenbanken (Rawolle/Hess 2001b, S. 2). Verschiedentlich wird der Begriff Content Management fälschlicherweise auch mit dem Digital Rights Management, der technischen Kontrolle von Kopien digitaler Inhalte etwa durch digitale Wasserzeichen, oder mit dem Knowledge Management, der automatisierten Nutzung von Wissen in Institutionen, vermischt.

In ökonomischer Betrachtungsweise wird Content Management insbesondere als Grundlage der Mehrfachverwertung von digitalen Inhalten verstanden (Heinrich 1999, S. 123). Über zeitliche Verwertungsketten können im Rahmen des Windowing (bzw. von sog. Kaskadenstrategien) durch die Medienunternehmen Renten aufgrund von unterschiedlichen Aktualitätspräferenzen der Konsumenten abgeschöpft werden. Die Digitalisierung erleichtert des Weiteren das Versioning, da eine Produktdifferenzierung digitaler Inhalte nach den von einzelnen Konsumenten präferierten Nutzungseigenschaften relativ kostengünstig zu realisieren ist (Zerdick et al. 2001, S. 188 ff.). Eine derartige Mehrfachverwertung ist möglich, da sich die Inhalte in der Rezeption nicht verbrauchen, bei den Zuschauern also Nichttrivialität im Konsum vorliegt. In jüngster Zeit wendet sich auch die Journalistik verstärkt dem Content Management zu, das bis dato von Kommunikationswissenschaftlern als reine Automatisierung der journalistischen Inhalteproduktion kritisch beurteilt wurde. Hier werden mittlerweile neue journalistische Strategien im Umgang mit digitalen Inhalten gefordert (Weber 2001, S. 9 ff.; Loosen/Weischenberg 2002, S. 100).

Grundlage eines integrierten Content Managements als Organisationsmodell, das die journalistische Nachrichtenproduktion für Fernsehen, Internet und digitale Zusatzdienste in den Medienunternehmen zusammenführt, muss demnach die Verbindung von ökonomischer, journalistischer und technologischer Betrachtungsweise sein. Im Rahmen der Medienökonomie kann diese Vernetzung von Betriebswirtschaftslehre, Journalistik und Medieninformatik bei der Analyse der digitalen Nachrichtenproduktion geleistet werden. Im weiteren Verlauf wird *integriertes Content Management* somit als medienökonomisches Konzept zur effizienten Gestaltung und Umsetzung integrierter Prozesse zur Inhalteproduktion für vielfältige digitale Medien verstanden. Als ein Synonym zum Begriff integriertes Content Management wird in Literatur und Praxis zunehmend auch der Terminus „Enterprise Content Management" verwendet (Thomas 2001), der ebenfalls auf die durch die Digitalisierung ermöglichte integrierte Nutzung von Content im gesamten Medienunternehmen abzielt.

Ein Ziel dieser Synopse ist es, die bisher getrennten Aspekte der redaktionellen Tätigkeiten in digital ausgerichteten Medienhäusern zu einer einheitlichen Argumentation und somit zu einer integrierten, prozessorientierten Verfahrensweise zu verbinden. Dieser organisatorische Ansatz geht somit weit über das ursprünglich technisch determinierte Verständnis von Content Management hinaus. Nicht die informationstechnologischen Belange stehen im Mittelpunkt, sondern die effiziente, vernetzte Produktion von Nachrichten für unterschiedliche digitale Medien. Dabei muss ein zielorientiertes Content Management im Sinne einer Steuerung von Wertschöpfungsnetzwerken auch die Koordination der an der Inhalteproduktion beteiligten Netzwerkunternehmen leisten, denn insbesondere die Digitalisierung erleichtert einerseits die vernetzte Bearbeitung von Inhalten zwischen Medienunternehmen und deren Wertschöpfungspartnern wie Nachrichtenagenturen, führt andererseits aber auch zu Friktionen an den Unternehmensschnittstellen der digitalen Datenübermittlung. Genannt seien grundlegende Problemkomplexe wie die Frage nach dem unternehmensübergreifend zu verwendenden Speicherformat.

3 Prozessidentifikation – Beschreibung der Wertschöpfungsprozesse

Die digitale Content-Produktion wird im Gegensatz zur analogen Inhalteerstellung durch gestiegene Anforderungen der Prozessorientierung, der Netzwerkorganisation und teilweise der Projektstrukturierung gekennzeichnet. Die Digitalisierung auch der Nachrichtenproduktion macht deshalb die Entwicklung eines Organisationsmodells erforderlich, das in erster Linie nicht eine aufbauorientierte, sondern eine ablauforientierte Organisationsgestaltung anstrebt. Denn aus ökonomischer Sicht macht digitales Fernsehen nur dann Sinn, wenn es den gesamten Workflow eines Fernsehsenders umfasst, Medienbrüche an den zahlreichen Schnittstellen im journalistischen Produktionsprozess also vermieden werden. Dabei muss auch die logische und technologische Einbindung von Wertschöpfungspartnern in Netzwerkstrukturen berücksichtigt werden. Die ökonomische Theorie der *Prozessorganisation* beinhaltet eine derartige prozessorientierte Organisationsgestaltung, im Sinne einer ablauforientierten Gestaltung der Aufbauorganisation (Gaitanides 1983; Gaitanides 1996; Nippa/Picot 1995). Ziel der Prozessorganisation ist die Ausrichtung der Organisation auf wertschöpfungsschaffende Aktivitäten und die Transparenz im Unternehmen.

In leicht modifizierter Anlehnung an Gaitanides (1983, 1996) gliedert sich eine solche Vorgehensweise in drei Schritte.[4] Zunächst ist im Rahmen der Prozess*identifikation* die Ausgrenzung der betrachteten Prozesse und deren Zerlegung in Teilprozesse zu leisten, damit eine hohe Prozessstrukturtransparenz gesichert werden kann. Der zweite Schritt, die Prozess*analyse*, dient in Erweiterung einer rein beschreibenden Zielsetzung der Ermittlung von Interdependenzen und Reengineering-Potenzialen mit dem Zweck, die Anforderungen der Ausgestaltung eines integrierten Content Managements zu ermitteln. Diese Analyse wird hier anhand von Effizienzkriterien durchgeführt, um die ökonomische Beurteilung der Effekte der Digitalisierung leisten zu können. In der Prozess*gestaltung* wird abschließend die Ausgestaltung der zukünftigen Organisation vorgenommen. Es werden im Rahmen dessen idealtypische Prozesse und redaktionelle Stellen konzeptionell entwickelt, die auch Netzwerkstrukturen berücksichtigen.

Da sich der vorliegende Beitrag auf die audiovisuelle Inhalteproduktion in Medienunternehmen konzentriert, wird im Folgenden die Prozessidentifikation für die drei Prozesse Fernsehen, Internet und digitale Zusatzdienste durchgeführt. Jeweils

---

[4] Die von Gaitanides vorgeschlagene Strukturierung der Prozessorganisation in Prozessanalyse, -gestaltung und -koordination wird hier dergestalt modifiziert, dass die vorgelagerte Prozessidentifikation als eigener Schritt aus der Prozessanalyse herausgelöst wird. Zudem wird hierbei die Koordination der einzelnen Prozessglieder in die Stufe der Prozessgestaltung aufgenommen (Pagel 2003).

werden die spezifischen Tätigkeiten im Wertschöpfungsprozess identifiziert. Dabei folgen alle journalistischen Prozesse dem Grundmuster aus Informationsselektion, -aufbereitung und -präsentation. Zur Verdeutlichung divergenter Anforderungen und Medienspezifika werden bei der Erläuterung der drei untersuchten Medien bewusst (teilweise) unterschiedliche Termini verwendet. An dieser Stelle sei bereits vorweg genommen, dass die medienspezifischen Unterschiede im Produktionsverlauf der einzelnen Prozessschritte zunehmen. Die Abbildung weiterer journalistischer Prozesse wie Hörfunk und Print ist im Rahmen eines integrierten Content Managements je nach Ausrichtung des betrachteten Medienunternehmens grundsätzlich ebenfalls denkbar.

3.1 Nachrichtenproduktion im Prozess ‚Fernsehen'

Das Medium Fernsehen ist durch eine starke Zeitgebundenheit sowohl bezüglich der Sendetermine als auch der linearen Nutzung im Zeitablauf charakterisiert. Erst mit der Entwicklung des digitalen Fernsehens und der zugehörigen Kanalvielfalt können hier neue Produktionsformen vorangetrieben werden. Die Content-Produktion kann anhand der Kriterien Zeitbezug, Aufgabenstellung und Aufgabenträger in Pre-Production, Production und Post-Production differenziert werden.

Zur *Pre-Production*, die zeitlich vor dem Drehbeginn liegt, zählen Planung und Recherche als maßgebliche Aktivitäten. Selbst im durch hohen (Tages-)Aktualitätsbezug geprägten Nachrichtengeschäft ist eine kurz-, mittel- und langfristige Planung von Themen erforderlich. Der konkrete Ablauf einer Sendung wird in der Sendeablaufplanung fixiert, die sich bis in die Sendung hinein allerdings durch aktuelle Entwicklungen der Nachrichtenlage verändern kann. Dieser Prozessschritt der Planung darf jedoch nicht mit der klassischen Programmplanung von Fernsehsendern verwechselt werden. Die Recherche umfasst die Stoffsammlung, die für Nachrichtensendungen zunächst auf den Agenturfeeds der Nachrichtenagenturen und den Archivbeständen des Senders beruht. Innerhalb der Recherchetätigkeit erfolgt die Informationsbeschaffung und die anschließende Selektion der relevanten Informationen, begleitend sind logistische und finanzielle Aspekte etwaiger Drehs zu klären. Die Recherche mündet in die Konzepterstellung für einen konkreten Nachrichtenbeitrag.

In der Phase der *Production* ist bei der Beitragserstellung zwischen internem und externem Newsgathering zu differenzieren. Das interne Newsgathering umfasst die standardisierte Nachrichtenproduktion im zentralen Newsroom. Externes Newsgathering bezeichnet die dezentrale Berichterstattung vor Ort. Vor der Ausstrahlung sollten sämtliche Beiträge redaktionell und technisch abgenommen werden. In der *Post-Production* erfolgen Schnitt und grafische Nachbearbeitung, sowie im Anschluss an die Sendung die Archivierung der Beiträge bzw. der gesamten Sendung. Insbesondere bei Nachrichtensendungen macht der hohe Aktualitätsdruck eine ausgeprägte Arbeitsteilung und parallele Produktionsformen erforderlich, so dass es sich bei dieser Darstellung der Aktivitäten Planung, Recherche, externes und internes Newsgathering, Schnitt, grafische Nachbearbeitung, Sendung und Archivierung nur um einen idealtypischen und chronologisierten Ablauf handeln kann.

3.2 Nachrichtenproduktion im Prozess ‚Internet'

Gemäß der ARD/ZDF-Onlinestudie 2002 sind in Deutschland mittlerweile 28,3 Millionen Personen ab 14 Jahren online; dies sind 44,1% der Bevölkerung (van Eimeren et al. 2002). Dieser Markt wird u.a. durch reine Online-Inhalteanbieter wie netzeitung.de und tv1.de bedient. Aber auch die klassischen Medienunternehmen sind bereits seit Mitte der neunziger Jahre mit Onlineangeboten im Markt präsent, die von zugehörigen Internetredaktionen erstellt werden. Klassische Medienhäuser verfügen durch ihr inhaltsspezifisches Know-how über einen entscheidenden Wettbewerbsvorteil, sofern es ihnen gelingt, ihre Inhalte in neuen digitalen Organisationsmodellen zu nutzen.

Oben erläuterte Erkenntnisse über den Prozess der Fernsehproduktion sind nur bedingt auf die Belange des Internets zu übertragen. So hat sich die Differenzierung in Pre-Production, Production und Post-Production in der täglichen Realität der Internetredaktionen nicht durchgesetzt. Dies ist auch darin begründet, dass Journalismus im Internet derzeit immer noch auf geschriebenen Text fokussiert ist und audiovisuelle Elemente nur ergänzend verwendet. Nachrichten im Internet unterliegen zudem Medienspezifika wie der Nicht-Linearität, Multimedialität, Interaktivität, Orts- und Zeitungebundenheit sowie Vernetzung (z.B. Wilke 1998, S. 183 ff.). Die Produktion von Internetinhalten gliedert sich deshalb nach Maßgabe des internetspezifischen *Content Life Cycles* in Planung (und Recherche), Erstellung, Kontrolle/Freigabe, Publikation und Archivierung (Büchner et al. 2000, S. 83 ff.). Analogien zum fernsehspezifischen Wertschöpfungsprozess sind bei Planung, Recherche und Archivierung offensichtlich, an denen im weiteren Verlauf Integrationsgrade herausgearbeitet werden können. Ähnlich der Kooperation zwischen Fernsehjournalist und Kameramann arbeitet der Internet-Redakteur bei der Erstellung von multimedialen Beiträgen mit Grafikern und Webtechnikern zusammen. Charakteristisch für die Prozesse in Internetredaktionen ist die „enge Verzahnung der redaktionellen mit den produktionstechnischen Arbeitsabläufen" (Schmitt 1998, S. 324). Die ehemals strikte Trennung zwischen themensetzendem Journalisten und passivem Rezipienten verschwimmt.

Neben der Eigenerstellung von Inhalten ist in der Onlineproduktion auch die Nutzung zugekaufter Inhalte gängig. Im Rahmen der Content Syndication wird diesbezüglich vielfach mit Content Brokern zusammengearbeitet. Im Nachrichtensektor bieten üblicherweise insbesondere Nachrichtenagenturen entsprechende Inhaltepakete an. Aufgrund der ausgeprägten Interaktivität im Internet nimmt auch die Verbreitung von zuschauergenerierten Inhalten weiter zu. Vom Internet-Journalismus sind demnach der Para-Journalismus durch User als journalistischen Laien sowie der Pseudo-Journalismus durch auf Public Relations fokussierte Unternehmen und andere Institutionen abzugrenzen (Neuberger 2000b). Für den Bereich der aktualitätsgetriebenen Nachrichtenproduktion ist dieser Aspekt allerdings noch nachrangig.

3.3 Nachrichtenproduktion im Prozess ‚digitale Dienste'

Ein Vorgängermedium digitaler Dienste ist der Teletext mit in der vertikalen Austastlücke des analogen Fernsehsignals übertragenen Zusatzinformationen, der als rundfunkähnlicher Kommunikationsdienst zu bewerten ist und bereits seit den achtziger Jahren eine eingeschränkte Form der lokalen Interaktivität der Rezipienten am Fernsehgerät ermöglicht. In Fernsehunternehmen dienen nicht zuletzt deshalb die Teletextredaktionen vielfach als Keimzellen für die Entwicklung digitaler Zusatzdienste, wie dem Digitext, der auch grafische html-Informationen (z.B. von Sport- und Wetternachrichten) darstellen kann, oder das mittlerweile eingestellte Intercast, ein Fernsehangebot mit zusätzlichen Inhalten im html-Format, das als Pilotprojekt von ZDF und DSF über PCs mit TV-Karte empfangen werden konnte.

Die Wertschöpfungskette der Redaktion und Produktion von derartigen Angeboten lässt sich in die Tätigkeiten Konzeption, Planung/inhaltliche Entwicklung, inhaltliche Umsetzung, grafische Umsetzung und Vermarktung differenzieren (Schusser 1999, S. 194). Eine begriffliche Abgrenzung gegenüber den genannten Tätigkeiten im Internetjournalismus ist erforderlich, da zum jetzigen Zeitpunkt noch keine endgültige Etablierung von Produktionsabläufen in digitalen Zusatzdiensten stattgefunden hat. So verdeutlichen die Stufen Konzeption und inhaltliche Entwicklung den Neuigkeitsgehalt derartiger Applikationen für Produzenten und Konsumenten, der eine entsprechende Personalintensität beim Aufbau digitaler Zusatzdienste erforderlich macht.[5] Dies wird beispielsweise deutlich, wenn neue Formen von Endgeräten am Markt eingeführt werden. Mit Interesse sind hier beispielsweise die UMTS-Handys der dritten Generation und DVB-T zu erwarten. Zukünftig werden die Inhalteanbieter besonders in diesem Segment der mobilen Dienste ihre Position gegen Telekommunikationsunternehmen verteidigen müssen. Als strategischer Vorteil ist dabei die vorhandene Inhaltekompetenz der Medienunternehmen zu bewerten, die allerdings aus vorhandenen Redaktionen und Marken in neue Produkte übertragen werden muss. Die Prozessaktivität der Vermarktung ist keine journalistische Aufgabe, verdeutlicht allerdings die hohe Serviceorientierung des Teletextes und die Bedeutung des ökonomischen Erfolgs für derartige Zusatzdienste. In Fernsehsendern wie CNN und N24 wurden bereits interaktive Redaktionen aufgebaut, die Applikationen wie N24broadband.de, ein über Internet empfangbares interaktives Fernsehangebot, journalistisch betreuen. Dort erfolgt auch die Archivierung digitaler Inhalte. Durch die branchenübergreifende Einigung auf die Multimedia Home Platform (MHP) als technologischen Standard für derartige digitale Dienste ist zukünftig größere Planungssicherheit sowohl für die Medien-, Endgeräte- und Softwareindustrie als auch für die Konsumenten gegeben. Erste MHP-Anwendungen wie interaktive Nachrichtenrubriken laufen beispielsweise bei ARD-digital. MHP wird auch im Zusammenhang der Content Syndication zu beleuchten sein.

---

5 Sobald derartige Dienste erfolgreich am Markt eingeführt werden konnten, erfolgt die redaktionelle Belieferung vielfach automatisiert aus den Redaktionssystemen. Dies wird am Beispiel von PDAs und Diensten wie AvantGo deutlich, die Informationen aus den Internetangeboten der Anbieter verwenden.

4 Prozessanalyse – Effizienzeffekte der Digitalisierung

Um zu ermitteln, welchen Veränderungen die Organisation der digitalen Content-Produktion zukünftig gerecht werden muss, sind die journalistischen, technologischen und ökonomischen Auswirkungen der Digitalisierung in den Wertschöpfungsprozessen der Nachrichtenproduktion zu identifizieren. Im Zuge der Prozessanalyse sind digitale Veränderungspotenziale und die Erfordernisse einer verstärkten Integration zwischen den Prozessen herauszuarbeiten. Aufgrund der medienökonomischen Ausrichtung dieses Beitrags wird dabei auf das wirtschaftswissenschaftliche Kriterium der *Effizienz* als Beurteilungsinstrumentarium zurückgegriffen. Auch nach Einschätzung der Kommunikationswissenschaft müssen sich der Informationsjournalismus und seine spezifischen Organisationsformen zunehmend diesen ökonomischen Anforderungen stellen (Weischenberg 1995, S. 112).

4.1 Darstellung der Effizienzkriterien

Effizienz ist eine Maßgröße der Wirtschaftlichkeit in Form eines relationalen Verhältnisses aus Output und Input wie Ertrag zu Aufwand oder Leistung zu Kosten. In volkswirtschaftlicher Betrachtungsweise kann zwischen allokativer und produktiver Effizienz von Märkten differenziert werden (Heinrich 2001, S. 191 ff.). Eine Ökonomie ist allokativ effizient, wenn die Verteilung der Ressourcen und Güter den volkswirtschaftlich höchsten Nutzen stiftet, sich somit an den Konsumentenpräferenzen ausrichtet, woraus Qualitätswettbewerb mit angestrebten *Produktinnovationen* entsteht. Produktive Effizienz liegt vor, wenn sämtliche Produktionsfaktoren wirtschaftlich eingesetzt werden und von einem Gut nicht noch mehr produziert werden könnte, ohne von einem anderen Gut weniger zu produzieren. Für Medienunternehmen äußert sich diese Form der Effizienz in einem gesteigerten Kostenwettbewerb, in dem in erster Linie *Prozessinnovationen* angestrebt werden. Bei der Betrachtung der Organisation der Content-Produktion steht folglich die produktive Effizienz im Fokus.

Bei der Untersuchung wird auf die Differenzierung in Beschaffungs-, Ressourcen-, Prozess-, Programm- und Motivationseffizienz zurückgegriffen (von Werder 1999). Die auf den externen Input gerichtete *Beschaffungseffizienz* bewertet die Auswirkungen der Digitalisierung auf Qualität, Zeit und Kosten der Aktivitäten auf dem Beschaffungsmarkt. Hierzu zählt neben der Recherche in der Pre-Production, also der Beschaffung von Informationen, beispielsweise auch die Anwerbung freier externer Journalisten auf dem Arbeitsmarkt während der Production. Demgegenüber zielt die *Ressourceneffizienz* auf die Bewertung des internen Inputs, also der personellen und sachlichen Ressourcen der Medienunternehmen. Die Effekte der Digitalisierung auf die eigentlichen Produktionsprozesse werden in Form des internen Outputs durch die *Prozesseffizienz* mit den Kriterien Prozesszeit, -qualität und -kosten erfasst. Auswirkungen der Digitalisierung auf den externen Output, also das Leistungsprogramm, lassen sich durch die Betrachtung der *Programmeffizienz* konkretisieren. Die handlungsreale *Motivationseffizienz* berücksichtigt ergänzend die Intentionen der Handlungsträger. Positive wie negative Effekte der Digitalisierung auf die Arbeitsumgebungen und Qualifikationsprofile der Mitarbeiter können mit ihrer Hilfe bestimmt werden.

4.2   Reengineering der Prozesse

Beispielhaft wird im Folgenden der Prozess der Fernsehproduktion herausgegriffen, um die dortigen Veränderungspotenziale der Digitalisierung zu identifizieren. Ausgehend von analogen Produktionsweisen erfolgt die Digitalisierung der Fernsehproduktion seit Beginn der neunziger Jahre in mehreren Ausbaustufen. Zunächst wurden (bandgestützte) digitale Inseln in einzelnen Redaktionen, Studios oder technischen Umgebungen aufgebaut. Derzeit laufende Projekte vieler Fernsehsender streben nun in einem weiteren Schritt eine (servergestützte) vernetzte digitale Produktionsweise zwischen den Redaktionen und beteiligten Abteilungen wie Archiv und Schnitt auf Basis von IT-Datenfiles an Stelle der bisherigen Videoclips an. Zukünftig werden darüber hinaus medienübergreifende integrierte Produktionsmechanismen zwischen Fernsehen, Internet und digitalen Diensten verstärkt angestrebt werden und in den Organisationsmodellen der Content-Produktion entsprechend zu berücksichtigen sein.

In der Phase der Pre-Production bestehen erhebliche Auswirkungen der Digitalisierung insbesondere auf die Aktivität der Recherche. Denn in analogen Produktionsumgebungen oder digitalen Inseln erfolgt die Archivierung mit einer gewissen zeitlichen Verzögerung erst nach dem Redaktions- und Produktionsprozess. Sie erfasst somit nur fertig produzierte Nachrichtenbeiträge und üblicherweise nicht das beim Dreh entstandene Rohmaterial. Derartig wertvolle Ressourcen können durch die Dokumentare und Journalisten während der Recherche somit im Regelfall nicht aufgefunden werden, was zu einer deutlichen Minderung der (sachlichen) *Ressourceneffizienz* führt und der hohen Sachkapitalspezifität in Medienunternehmen nicht gerecht wird. Die (personelle) Ressourceneffizienz kann zudem gesteigert werden, wenn Dokumentare räumlich direkt in den Nachrichtengroßraum eingebunden sind und als ‚News-Scouts' fungieren, wie es beispielsweise bei N24 üblich ist.

Bei der Einführung von digitalen Archivsystemen in den Medienunternehmen, die den Redakteuren die Sichtung des Materials (zumindest in niedrigauflösender Preview-Qualität) am eigenen Arbeitsplatz erlaubt, empfiehlt sich deshalb die Umsetzung einer *parallelen* Archivierung auch von Zwischenschritten der Inhalteproduktion (Heinemann 2000, S. 328). Eine rückwirkende Digitalisierung des analogen Ausgangsmaterials wird sich im Rahmen eines Reengineerings aus Kostengründen allerdings nur in Ausnahmefällen realisieren lassen. Werden über derartige Videoarchivsysteme zudem externe Zulieferungen von Agenturmaterial abgebildet, ist eine Steigerung der *Beschaffungseffizienz* zu erreichen, weil bei der Sichtung von Agenturfeeds an der eigenen Workstation anstatt eines Sichtungsplatzes im Archiv Medienbrüche konsequent vermieden werden. Durch die Verfügbarkeit von Bildmaterial zur Ansicht am eigenen PC wird der sich anschließende Produktionsprozess deutlich beschleunigt. Diese Zeitersparnisse müssen sich allerdings nicht zwingend in Kostenminderungen umsetzen lassen, sondern führen vornehmlich zu Beschleunigungspotenzialen und Qualitäts- sowie Aktualitätssteigerungen.

Auch in der Phase der Production, namentlich des Newsgatherings, sind durch die Digitalisierung der Wertschöpfungsprozesse Effizienzpotenziale zu heben. In Zeiten analoger Produktion oder digitaler Inseln sind in den Nachrichtenredaktionen üblicherweise aus technischen Gründen in hohem Maße Abteilungsgrenzen zwischen Redaktion, Produktion und Grafik entstanden. Die Erstellung des gemeinsamen Produkts der Nachrichtensendung ist in derartigen Organisationen erheblichen Reibungsverlusten und hohen Transaktionskosten ausgesetzt, beispielsweise bei der internen Buchung von Schnittplätzen über Telefon. Hieraus ergibt sich eine Minderung der *Prozesseffizienz*, die nur durch eine produkt- an Stelle der abteilungsorientierten Organisation auszugleichen ist. Bereits durch die räumliche Nähe, unterstützt durch abteilungsübergreifende IT-Systeme wie etwa Newsroomsysteme, können erhebliche positive Effekte erzielt werden, da kosten- und zeitintensive Koordinationsaufgaben entfallen. Organisatorisch formuliert, wird hier die Entwicklung von einer Verrichtungsorientierung zu einer Objektorientierung gefordert. Verschiedentlich wird dies zu einer Vision eines „virtual newsroom" (Pavlik 2001, S. 106) erweitert, der jegliche physikalische Grenzen der Nachrichtenproduktion aufhebt und die Overheadkosten eines festen Newsrooms minimiert. Nachrichtenbeitrag und Nachrichtensendung gelangen im Zuge eines Reengineerings durch die Digitalisierung wieder in den Mittelpunkt des redaktionellen Arbeitsablaufes und können anschließend in verschiedenen Kanälen vermarktet werden.

Der Produktionsschritt Schnitt in der Post-Production wurde in der Vergangenheit in der Regel durch Cutter wahrgenommen. Mit dem Generationswechsel in den Nachrichtenredaktionen wachsen vielfach junge Redakteure nach, die bereits während ihrer Ausbildungen und Volontariate mit digitalen Schnittsystemen vertraut gemacht wurden. In digitalen Produktionsumgebungen können sie mit Hilfe von nonlinearen Editingsystemen die Schnittliste direkt am eigenen PC erstellen oder dort sogar den gesamten Schnitt auf hochauflösendem HiRes-Material[6] vornehmen. Dies gilt insbesondere für den Bereich des externen Newsgatherings, der informationstechnologisch durch mobile Produktionssysteme abgedeckt wird. Mittels einer derartigen Aufgabenverlagerung können Steigerungen der *Prozesseffizienz* erzielt werden, da Transaktionskosten entfallen. Die Aufgabensubstitution von Editor zu Redakteur besitzt hinsichtlich der Ressourceneffizienz jedoch aufgrund des üblicherweise im Vergleich höheren Gehalts eines Redakteurs ein ökonomisches Optimum. Sobald der optimale Grad des Einsatzes der Ressource Redakteur für den Schnitt in Abhängigkeit von Einkommen und Qualität überschritten wird, ist die Effizienzwirkung der Aufgabensubstitution suboptimal oder gar kontraproduktiv. Um negativen Wirkungen auf die Motivationseffizienz in den Medienhäusern vorzubeugen, sollten den Cuttern zudem neue Tätigkeitsfelder aufgezeigt werden.

Somit ist zu konstatieren, dass die Digitalisierung innerhalb des betrachteten Prozesses der Fernsehproduktion Effizienzsteigerungen bewirken kann. Bei der Umsetzung des Business Process Reengineerings können allerdings durchaus kurzfristig auch Effizienzeinbußen auftreten. Es wird offensichtlich, dass IT-Systeme wie Newsroomsysteme nicht einfach die bisherigen analogen bzw. nicht-vernetzten Vorgehensweisen der Nachrichtenproduktion abbilden dürfen, sondern dass stattdessen neue digitale Workflows zu gestalten sind. Hier können Erkenntnisse aus dem Aufbau digitaler Hörfunksysteme genutzt werden. Bei der Umsetzung eines Content Managements als Organisationsmodells in den Medienunternehmen müssen derartige Reengineeringaspekte berücksichtigt werden.

---

6   HiRes: High Resolution.

4.3 Interdependenzen zwischen den Prozessen

Die Prozessanalyse des journalistischen Wertschöpfungsprozesses der Fernsehproduktion hat beispielhaft gezeigt, dass die Digitalisierung in den separaten Prozessen zu Effizienzsteigerungen führt. Dies gilt in ähnlichem Maße für Internet und digitale Dienste (Pagel 2003). In den letzten Jahren wurde in den Medienunternehmen dementsprechend die Erzeugung, Aufbereitung und Verbreitung der Inhalte getrennt für jedes Medium vorgenommen. Dies ist ökonomisch zukünftig nicht aufrecht zu erhalten, denn es bestehen deutliche Interdependenzen zwischen den Prozessen. Die derzeitige Ausgestaltung der Wertschöpfungsprozesse mindert somit die Effizienz der Nachrichtenproduktion aus der übergreifenden Makrosicht des gesamten Medienhauses, wie im Folgenden zu zeigen ist. Entsprechend der obigen Logik sind Beschaffungs-, Ressourcen-, Prozess-, Programm- und Motivationsinterdependenzen zu betrachten.

Beschaffungsinterdependenzen bezeichnen Abhängigkeiten von Prozesselementen und Stellen bei Tätigkeiten auf dem Beschaffungsmarkt. Da die externe Beschaffung von Informationen vom ersten Prozessschritt in den jeweiligen Wertschöpfungsketten, namentlich der Planung, abhängig ist, führen derzeit getrennt stattfindende Planungs- und Redaktionskonferenzen von Fernseh-, Internet- und digitalen Redaktionen zu ungenutzten Synergiepotenzialen beispielsweise bei der Themenabsprache (Friedrichsen et al. 1999, S. 138).

Wenn einzelne Stellen identische Potenzialfaktoren nutzen, bestehen *Ressourceninterdependenzen*, die sich negativ auf die optimale Ressourcenallokation auswirken können. Zudem werden in vielen Fällen, insbesondere der aktuellen Berichterstattung, durch die Redakteure als teure Personalressourcen parallel Recherchen zu einem Thema für mehrere Distributionsmedien und Vermarktungskanäle durchgeführt. Insbesondere diese Doppelarbeiten bei der Recherche sind weder aus journalistischer noch aus ökonomischer Sicht wünschenswert, denn insbesondere die Recherchetätigkeit erweist sich als zeitlich aufwändige und somit kostenintensive Prozessaktivität. Derartige gepoolte Interdependenzen mindern die Effizienz von medienspezifischen Wertschöpfungsprozessen. In diesem Sinn hat die ARD im Jahr 2002 die redaktionelle Zuständigkeit für die Nachrichtenseiten im Teletext von ARD-text in Berlin zu tagesschau.de in Hamburg verlagert. Die Disposition von Human- und Sachressourcen erfolgt in getrennten Prozessen ebenfalls suboptimal. Nur aufbauend auf einer einheitlichen Themenplanung in den gemeinsamen Planungs- oder Redaktionskonferenzen ist eine optimale Ressourcensteuerung zu gewährleisten. Ziel sind hierbei Verbundvorteile durch die Mehrfachnutzung von Produktionsmitteln wie die koordinierte Entsendung von Ü-Wagen und Produktionsteams (Neuberger 2000c, S. 23).

Theoretisch können auch die ökonomischen Überlegungen zur Medienkonzentration auf diese unternehmensinternen Belange übertragen werden. Geht man davon aus, dass bisher die Produktion von Fernsehen und Internet in den Fernsehsendern wie beschrieben relativ separiert durchgeführt wird, so wären die jeweiligen Redaktionen hypothetisch als unabhängige Organisationseinheiten zu bewerten, die jeweils nur ein Produkt (Fernsehnachrichten, Internetnachrichten bzw. digitale Nachrichten) produzieren. Da hierfür vielfach identische Produktionsfaktoren genutzt werden, böte nun eine gemeinsame Produktion entsprechende economies of scope durch die Herstellung der Produkte in einer integrierten Organisationseinheit, also einer gemeinsamen Redaktion (Heinrich 2001, S. 132 f.). Ziel muss die crossmediale Mehrfachverwendung der identischen journalistischen Inputs wie Rechercheergebnisse oder Archivmaterialien sein.

Leistungsverflechtungen zwischen den Prozesselementen treten in vielseitiger Form auf, beispielsweise kann das Internet als Experimentierfeld für Sendungen im Fernsehen genutzt werden.[7] Vielfach sind in Fernsehsendern Onlineredaktionen allerdings noch ein Anhängsel der Fernsehproduktion, deren Aufgabe vornehmlich oder zumindest teilweise in der Zweitverwertung von Fernsehinhalten besteht. Erforderlich ist hingegen die integrale Einbindung der Internetredaktionen in die Produktionsprozesse von Beginn an, auch um entsprechende Budgeteinsparungen und wechselseitige Lernprozesse realisieren zu können, etwa bei der Aufbereitung von Content und der Kundenansprache. Medienbrüche in den Produktionsprozessen wie die erneute Digitalisierung von Fernsehbeiträgen bei Erstellung von Videostreams in der Internetredaktion, obwohl diese eigentlich bereits auf Servern im Fernsehbereich vorliegen, verdeutlichen derartige sequentielle *Prozessinterdependenzen* und deren negative Auswirkungen auf die Effizienz. Ein weiterer Problemkreis besteht mit Blick auf die Journalisten. Bei getrennten Redaktionsprozessen, wie sie derzeit existieren, besteht kaum eine Möglichkeit für Redakteure, die journalistisch geforderte Mehrmedienkompetenz aufzubauen. Solche Prozessinterdependenzen sind organisationstheoretisch ein Indiz dafür, dass logisch zusammenhängende Elemente und Stellen organisatorisch getrennt sind (Theuvsen 1996, S. 68). Erforderlich ist deshalb die Modifizierung bzw. Ergänzung verrichtungsorientierter Stellen in der Nachrichtenproduktion durch produktorientierte Einheiten. Dies muss nicht zwingend zu mehrdimensionalen Organisationsformen führen, wie im Schritt der Prozessgestaltung nachzuweisen sein wird (s. Abschnitt 5).

Nachrichtenredaktionen müssen sich an ihrem externen Output, dem Leistungsprogramm, messen lassen. Für die Medienhäuser ist es dabei zentrales Anliegen, von den Rezipienten in allen Medien stets mit der gleichen Reputation eingeschätzt zu werden, um die Marke in allen bedienten Kanälen zu stützen. Die fachliche Kompetenz der Journalisten muss deshalb in allen Diensten des Medienunternehmens zum Ausdruck kommen, die bestehenden *Programminterdependenzen* zwischen den einzelnen Ausspielkanälen erfordern eine Cross Media Production, die über das reine, vielzitierte Cross Media Publishing weit hinausgeht.

Die durch diese Interdependenzen zwischen den dargestellten Prozessen auftretenden Ineffizienzen in der übergreifenden Makroebene der Medienunternehmen machen ein integriertes Content Management ökonomisch und journalistisch erforderlich. Es kann diesbezüglich von einer „Konvergenz des medienspezifischen Journalismus" (Mast et al. 1997, S. 161) gesprochen werden. Auch techniksoziologisch bestätigt sich diese Aussage, denn neue Technologien beeinflussen regelmäßig die Produktionsapparate in den Medien und machen Reorganisationen erforderlich (Schmid/ Kubicek 1994, S. 404). Nicht nur die Straffung der jeweiligen Wertschöpfungsprozesse in den einzelnen Diensten, sondern ein plattformunabhängiges Informationsangebot, basierend auf einem weitgehend integrierten Produktionsprozess für Fernsehen, In-

---

7 Ein solches Beispiel ist der iDay (Internet-Day), den das ZDF im November 2002 veranstaltet hat. Diese 26stündige Live-Web-Show wurde auch im digitalen Fernsehen ausgestrahlt.

ternet und digitale Dienste, wird durch die umfassende Digitalisierung möglich gemacht. Für die Integration der Produktionsprozesse ist deshalb ein Content Management erforderlich, um die medienneutrale automatisierte Verwaltung, Produktion, Verteilung und schließlich den Verkauf von Inhalten zu gewährleisten. Darüber hinaus ist eine Umstrukturierung der Wertschöpfungsprozesse zur Anpassung an digitale Produktionslogiken erforderlich. Schlussendlich muss darauf aufbauend die Bildung integrierter Organisationseinheiten in den Medienunternehmen vorangetrieben werden, um fachliche Themenkompetenz mit Medienkompetenz zu verbinden.

5 Prozessgestaltung – Integriertes Content Management als Organisationsmodell

Als dritter Schritt der Prozessorganisation ist ein Organisationsmodell zu entwickeln, das ermöglicht, bisherige Ineffizienzen von separierten Produktionsprozessen mittels einer integrierten digitalen Produktionsumgebung zu vermeiden. Hierbei ist es angebracht, zunächst eine ‚interne' und eine ‚externe' Ebene zu unterscheiden und diese in Überlegungen zu einem integrierten Content Management zusammenzuführen.

5.1 Interne Ebene des Unternehmens – Digitaler Workflow

Als Lösungsansatz zur Nutzung der identifizierten Effizienzpotenziale soll nun im Rahmen des digitalen Content Managements ein integrierter Wertschöpfungsprozess für Fernsehen, Internet und journalistische Zusatzdienste herausgearbeitet werden. Durch die Integration der digitalen Redaktionsprozesse ist ein effizienter Ressourceneinsatz zu erzielen und auf diese Weise die Erreichung von Wettbewerbsvorteilen realisierbar.

5.1.1 Ablauforganisatorische Gestaltung

Ein erfolgreiches Content Management als Basis digitaler Produktionsprozesse macht ein entscheidendes Umdenken in den Medienunternehmen erforderlich. Hierzu müssen die bisher getrennten Wertschöpfungsprozesse mit oben nachgewiesenen Suboptimalitäten genau dort zu einem digitalen Workflow verbunden werden, wo keine medienspezifischen Erfordernisse bestehen. In Konsequenz müssen die Organisationsstrukturen im Sinne der Prozessorganisation an diesen Ablauf angepasst werden.

Der anzustrebende digitale Workflow als normativer Entwurf des Wertschöpfungsprozesses in Medienunternehmen besteht somit grundsätzlich aus zwei Prozesssegmenten: der medienneutralen Nachrichtenherstellung und der medienspezifischen Nachrichtenverarbeitung. Diese Differenzierung greift die grundsätzliche Zweiteilung von Redaktionsprozessen in Nachrichtenauswahl und -bearbeitung auf (Weischenberg 1998, S. 333 ff.).[8] Gedanklicher Ansatzpunkt für diese Prozessgestaltung ist die Über-

---

[8] Am Beispiel von CNN lässt sich eine derartige zweigeteilte Struktur, unabhängig von der aktuellen Diskussion digitaler Produktionsprozesse, schon länger nachweisen. Funktionsspezialisierte Akteure zur Nachrichtenproduktion bilden dort als Nachrichtenressourcen an unterschiedlichsten Standorten

legung, dass sich eine effiziente Mehrfachverwertung nur umsetzen lässt, wenn die Inhalte möglichst unabhängig von konkreten Zielmedien produziert werden (Rawolle/Hess 2001a, S. 16). Hierzu ist zunächst der Integrationsgrad einzelner Tätigkeiten im journalistischen Wertschöpfungsprozess zu überprüfen. Es lassen sich nur jene Prozessaktivitäten integrieren, die in mehreren der untersuchten journalistischen Prozesse auftreten.

Diese systematische Trennung des Redaktions- und Produktionsprozesses in Nachrichtenherstellung und Nachrichtenverarbeitung beruht auf dem ökonomischen Kalkül, dass vorgelagerte Tätigkeiten in der Prozesskette wie Planung und Recherche übergreifend die Grundlage aller journalistischen Verwertungskanäle sein sollten. Um die Beschaffungsinterdependenzen zwischen den einzelnen Ausspielkanälen abzubilden, sollte die Recherche im Rahmen einer *medienneutralen Nachrichtenherstellung* für alle Medien erfolgen oder zumindest deren Ergebnisse in einer Datenbank gebündelt und mit entsprechenden Metadaten aufbereitet allen Journalisten zur Verfügung stellen. Ähnliches gilt für den Schritt des Newsgatherings. Bei diesen medienübergreifenden Aufgabenkomplexen ist der Integrationsgrad zwischen den journalistischen Teilprozessen Fernsehen, Internet und digitale Zusatzdienste somit höher als bei medienspezifischen Tätigkeiten. Unter ökonomischen Gesichtspunkten haben diese journalistischen Aufgaben einen spürbaren Einfluss auf die Kostensituation, u.a. weil die Recherchezeit einen Großteil der Personalkosten verursacht; aus journalistischer Sicht sind sie Grundlagen gehaltvoller Informationsaufbereitung.

Im Anschluss an diese medienübergreifenden Prozessaufgaben erfolgt die *medienspezifische Nachrichtenverarbeitung*. Erst an dieser Stelle des journalistischen Wertschöpfungsprozesses rücken die dargestellten Medienspezifika für Fernsehen, Internet und digitale Dienste in den Fokus und die Inhalte werden für die einzelnen Medien bearbeitet und dort veröffentlicht. Unterschiedliche Textversionen, die aber in einem einheitlichen Redaktionssystem verarbeitet werden, sind notwendig, denn der Scripttext für einen Dreh oder der Promptertext zu einer Meldung für den Moderator im Studio divergieren deutlich von den textlichen Bestandteilen eines Internetartikels wie Überschrift, Sub-Überschrift und Inhaltskörper. Auch die grafischen Darstellungsweisen und Spielformen unterscheiden sich deutlich. Technische und grafische Erstellung erfolgen somit gezielt für das jeweilige Medium. Die Archivierung geschieht nicht am Ende des Produktionsprozesses, sondern in Form von Zwischenergebnissen parallel zum gesamten Produktionsverlauf.

5.1.2 Aufbauorganisatorische Gestaltung

Wenn in Medienunternehmen ein derartiger digitaler Workflow etabliert ist, hat zukünftig eine vollständige *medienorientierte* Trennung der Redaktionen in Fernseh-, Internet- und digitalen Organisationsbereich keine journalistische und ökonomische Berechtigung, da in diesen Kanälen jeweils die selben Inhalte aufbereitet und verbreitet

---

den virtuellen Kern des Fernsehsenders, auf den differenzierte Vertriebskanäle wie CNN international, CNN interactive und n-tv zugreifen. Diese Zweiteilung zwischen Nachrichtenproduktion und -vertrieb wird durch eine komplexe IT-Architektur unterstützt und geht mit einer Vermarktlichung der Unternehmensstrukturen einher, indem die Leistungsprozesse in internen Kunden-Lieferanten-Beziehungen abgebildet werden (Picot 1997, S. 190 f.).

werden. Stattdessen empfiehlt sich im Rahmen einer Umorganisation eine *thematische* Differenzierung der journalistischen (Personal-)Ressourcen, um eine möglichst qualitativ hochwertige Aufbereitung der Inhalte garantieren zu können. Ziel muss sein, „die Organisation nicht mehr an einzelnen Medienbereichen auszurichten, sondern medienübergreifend an Themen und Inhalten" (Spachmann 2001, S. 35). Auch die bisherige Ausgestaltung der Arbeitsrollen ist für derartig integrierte Wertschöpfungsprozesse nur bedingt geeignet, die Tätigkeitsprofile der Redakteure müssen deshalb modifiziert werden. In Erweiterung der bisherigen Differenzierung in Fernseh- und Internetredakteur muss in der Aufbauorganisation eine inhaltliche Klassifizierung erfolgen, damit eine medienübergreifende Bearbeitung eines Themas zu Beginn des Produktionsprozesses durch die Journalisten möglich ist und so effizienzmindernde Interdependenzen zwischen den Ausspielkanälen reduziert werden. Medienspezifische Aufbereitung ist erst nach gemeinsamer Planung und Recherche erforderlich.

Hierzu empfiehlt sich auch mit Blick auf die vorgeschlagene Differenzierung in Nachrichtenherstellung und -verarbeitung eine aufbauorganisatorische Weiterentwicklung der Redakteursprofile in Inhalte- und Medienspezialisten. *Inhaltespezialisten* sind in diesem Konzept Redakteure mit einer themenspezifischen Fokussierung, die relevante Inhalte in der Nachrichtenherstellung medienübergreifend recherchieren und gegebenenfalls in der Phase der Nachrichtenverarbeitung für die jeweiligen Medien auch selbst weiter bearbeiten. Digitale Produktionsumgebungen forcieren im Zuge des Paradigmenwechsels vom Primat des Mediums zum Primat des Inhalts (Neuberger 2000a) somit als Nebeneffekt eine Entwicklung von der bisherigen Ausrichtung der Nachrichtenredakteure als Generalisten zu einer verstärkten inhaltlichen Spezialisierung. Zur Unterstützung hinsichtlich der dienstespezifischen Publikations- und Designkompetenzen sind *Medienspezialisten* erforderlich, die über detaillierte Produkt- und Technikkenntnisse des jeweiligen Ausspielkanals verfügen, um Ineffizienzen durch fehlende Medienkompetenzen zu vermeiden. Sie agieren als medienspezifische CvDs (Chef vom Dienst) für den entsprechenden Kanal und garantieren die Berücksichtigung der jeweiligen Spezifika. An einem digitalen Newsdesk im zentralen Nachrichtengroßraum laufen diese Fäden zusammen.

Im Verständnis des Prozessmanagements sind die Inhaltespezialisten als process owner in der inhaltlichen Wertschöpfungskette zu verstehen. Sie tragen die journalistische Verantwortung für die Wahrnehmung der anfallenden Aufgaben wie der Recherche in der Nachrichtenherstellung. Vorgelagert zu diesen Redakteursfunktionen ist eine Planungsstelle erforderlich, die für sämtliche Ausspielkanäle aufbauend auf den aktuellen Ereignissen die thematische Schwerpunktsetzung plant. Die Übergabeschnittstellen zwischen Inhalte- und Medienspezialisten müssen in einem solchen Prozess klar definiert werden, denn durch erhöhte Kommunikationserfordernisse führen diese Schnittstellen zu Transaktionskosten. Vergleichbar ist dies durchaus mit der üblichen Zusammenarbeit zwischen Redakteur und Kameramann oder Redakteur und Cutter. Da Medienunternehmen seit langem stark arbeitsteilig produzieren, sollte diese Schnittstelle keine erheblichen Nachteile bedingen, vor allem weil auf diese Weise eine Integration von Fernsehen, Internet und digitalen Diensten sowie beispielsweise die Nutzung eines einheitlichen Archivs erreicht werden. Erforderlich ist jedoch die saubere Dokumentation der Rechercheergebnisse im integrierten Content Management System.

Auf diese Weise sind Beschaffungs- und Ressourceneffizienz sichergestellt, da Doppelrecherchen und Mehrfacharbeiten in den Redaktionen entfallen. Um allerdings einen angemessenen Einsatz der Ressource ‚Redakteur' zu gewährleisten und seine zeitlichen und physischen Kapazitäten nicht zu überfordern, empfiehlt sich zum einen die Beschränkung auf einen gewissen Themenkreis, beispielsweise Innenpolitik oder Außenpolitik. Zum anderen können die Aufgaben der Inhaltespezialisten auch unter Gesichtspunkten der Prozessstruktur weiter unterteilt werden. Der umfangreiche Kreis der redaktionellen Inhaltespezialisten ist nach Maßgabe des digitalen Workflows mit Nachrichtenherstellung und -verarbeitung deshalb in Recherche- und Bearbeitungsjournalisten differenzierbar. Die Stelle des *Recherchejournalisten* kommt den seit längerem geforderten Recherchestäben nahe. Hintergrund dieser Forderung ist der geringe Zeitanteil, den Journalisten tatsächlich täglich für die journalistisch grundlegenden Rechercheaufgaben verwenden können (Schütte 1996). In digitalen Produktionsumgebungen soll zukünftig hingegen, wie oben dargestellt, eine stärkere Verlagerung der Recherche vom Archiv hin zu den Redaktionen erfolgen. *Bearbeitungsjournalisten* aus dem Kreis der Inhaltespezialisten wären für die journalistische Aufbereitung der Rechercheergebnisse in konkreten Beiträgen verantwortlich. Durch Rotationsverfahren bei der wöchentlichen Schichtplanung zur Besetzung dieser Stellen ist die Kenntnis der jeweiligen Tätigkeitsmerkmale sowohl von Recherche- als auch von Bearbeitungsjournalisten innerhalb der Gruppe der Inhaltespezialisten zu gewährleisten. Funktionsarbeitsplätze für die Redakteure ermöglichen diese Aufgabenteilung auch in ergonomischer Hinsicht.

Die bisherige strikte Trennung in Fernsehredaktion, Internetredaktion und Redaktionen für journalistische Zusatzdienste im Nachrichtenbereich über den gesamten Produktionsverlauf ist bei der angestrebten Konzeption von integrierten Wertschöpfungsprozessen in Fernsehunternehmen nicht weiter aufrecht zu halten. Im Sinne der Differenzierung in Inhalte- und Medienspezialisten wird es auf Ebene der Redaktionen stattdessen inhaltespezialisierte Anbieterredaktionen und medienfokussierte Sende- bzw. Verwertungsredaktionen geben. Kulminationspunkt des hier entwickelten Konzepts sind *inhalteorientierte Redaktionen*, die themenspezifisch für unterschiedliche Ausspielkanäle arbeiten. Die *Kanalredaktionen* würden mit ihren Medienspezialisten als Kompetenz-Center für die Belange und Spezifika des jeweiligen Kanals fungieren. Diese aus dem obigen Business Process Reengineering resultierende Aufbauorganisation zielt dabei auch auf die Vermeidung von Parallelstrukturen ab. Um Nachteile von verrichtungsorientierten Organisationsformen beispielsweise im amerikanischen Journalismus, wie Übergabeschnittstellen zwischen writer und editor mit entsprechenden Informationsverlusten (Donsbach 1993), und den oben aufgezeigten Ineffizienzen der heutigen separierten Organisation von Fernsehen, Internet und digitalen Diensten in deutschen Fernsehsendern zu vermeiden, wird für den digitalen Workflow eine Kombination von Verrichtungsorientierung mit Objektgliederung entwickelt. Dort wo medienübergreifend gearbeitet werden kann, sollten die Prozesstätigkeiten verrichtungsorientiert differenziert werden, medienspezifische Aufgaben werden hingegen objektorientiert abgebildet. Es handelt sich beim hier entwickelten Organisationsmodell demnach um keine klassische Matrixorganisation mit den Problemen der Mehrfachunterstellung, sondern um eine *entlang der Wertschöpfungskette differenzierte Organisationsform*. Personelle Übergabeschnittstellen zwischen Nachrichtenherstellung und -verarbeitung mit daraus resultierenden Informations- und Kooperationserfordernissen werden in diesem Modell zu gewissen Transaktionskosten führen, die gestützt auf ein integriertes Content Management System, also einen Datenpool, der allen Mitarbeitern zur Verfügung steht, allerdings begrenzt gehalten werden können.

Dieses Konzept wird mittelfristig nach Maßgabe der Methodik des Business Process Reengineering zu einer erheblichen Umgestaltung der Medienunternehmen führen. In manchen Rundfunkhäusern gibt es bereits entsprechende Überlegungen, die heutige medial differenzierte Organisationsstruktur bestehend aus Fernseh-, Hörfunk- und Multimediadirektion in eine solche thematisch gegliederte Struktur zu überführen (Ehlers 2000). Die Dominanz der Inhalte vor dem Medium ist der journalistische Kern dieser neuen Organisationsstrategie, die auch die ökonomischen Geschäftsmodelle beeinflussen wird. Eine aufbauorganisatorische Zementierung von Fernseh-, Hörfunk- und Multimediaeinheiten macht ökonomisch keinen Sinn, weil sie den durch die Digitalisierung veränderten Produktionsbedingungen nicht mehr flexibel begegnen kann. Nur eine thematisch differenzierte Redaktionsstruktur ergänzt durch medienspezifische Schlussredaktionen ist zur Umsetzung eines digitalen Workflows geeignet.

Einzelne Redaktionen dürfen sich dabei nicht vom Rest des Senders abschotten, sondern müssen Anreize vorfinden, selbstrecherchierte Inhalte, die möglicherweise in ihrem eigenen Sendegefäß keine Verwendung finden, anderen Einheiten im Fernsehunternehmen kooperativ zur Verfügung zu stellen. Dafür sollte im Rahmen des strategischen Content Managements durch die Geschäftsführung ein entsprechendes Anreizsystem entwickelt werden. Bereits heute sind viele Medienunternehmen in einer Profit- oder zumindest Cost-Center-Organisation strukturiert. Die zuliefernde Redaktion könnte von der empfangenden Redaktion eine Zahlung für ihre thematischen Vorleistungen erhalten, die sie im weiteren Verlauf in eigene Projekte investieren könnte. Im Gegenzug würde die empfangende Redaktion eigene Ressourcen, in Form eines erheblichen Rechercheaufwandes, einsparen. Die ökonomisch wünschenswerte unmittelbare Zurechenbarkeit von Handlungsfolgen wäre auf diese Weise garantiert.

5.2 Externe Ebene des Netzwerkes – Digitale Wertschöpfungsnetzwerke

Unternehmensübergreifende Prozesse sind in der journalistischen Wertschöpfungskette in Medienunternehmen bereits seit langem zu konstatieren. Ein Beispiel hierfür sind die Meldungen der Nachrichtenagenturen, die automatisch in die entsprechenden Agentursysteme der Fernsehsender eingespeist werden. Die Digitalisierung verstärkt die journalistische und ökonomische Möglichkeit, derartige Formen der Zusammenarbeit zu Wertschöpfungsnetzwerken auszubauen, denn digitale Inhalte sind über weltweite Netze wesentlich leichter transferierbar.

Sowohl in der Phase der Nachrichtenherstellung als auch der Nachrichtenverarbeitung können unternehmensübergreifende Kooperationen realisiert werden. Kooperationen mit den Agenturen sind als Grundlage der Recherche in der Phase der *Nachrichtenherstellung* einzuordnen. Mittelfristig sind beispielsweise direkte Zugriffe der abnehmenden Fernsehsender auf Video Server der Fernsehnachrichtenagenturen technisch realisierbar, um benötigtes Bildmaterial unverzüglich abzurufen. Technologische

Grundlage sind Protokolle wie NewsML[9]. Ebenfalls relevant ist die Zusammenarbeit insbesondere einiger privater Sender mit Fernsehagenturen und lokalen Zulieferern, um auf den kostenintensiven Aufbau eines umfangreichen eigenen Korrespondentennetzwerks verzichten zu können. Arbeitsteilung ist im Netzwerk der Nachrichtenproduktion auch durch lokale Kamerateams erreichbar, die gegebenenfalls über Internet oder Satelliten direkt auf die digitalen Ressourcen und Systeme in den Zentralen zugreifen können. Ein Beispiel im Bereich der *Nachrichtenverarbeitung* ist die Zusammenarbeit zwischen dem ZDF und der Telekom in Form des Nachrichtenportals heute.t-online.de. Während das ZDF seine Nachrichtenkompetenz in dieses Wertschöpfungsnetzwerk einbringt, stellt T-Online die technische Infrastruktur zur Verfügung. Es handelt sich also um ein konvergentes Mediennetzwerk.

Die durch die Digitalisierung ermöglichte tapeless news production dehnt sich somit über die Unternehmensgrenzen der Fernsehsender hinweg aus, derartige Kooperationsformen müssen entsprechend organisatorisch abgebildet werden. Sydow spricht diesbezüglich von erforderlichen „Interorganisationsstrukturen" (Sydow 1992, S. 315). Es gibt verschiedene Belege dafür, dass Wertschöpfungsprozessstrukturen von den Medienunternehmen zunehmend zu Netzwerkstrukturen weiterentwickelt werden. So sind in den letzten Jahren vielfach „integrierte Medien- und Internet-Verbundunternehmen" (Wirtz 2000, S. 223) entstanden. In der ökonomischen Netzwerkforschung werden je nach Netzwerktyp einige Strukturelemente und Argumentationen auch auf derartige Konzerne übertragen (vgl. zur Unterscheidung von Konzernen und Netzwerken aber Sydow 2001). Ein weiteres Indiz für die wachsende Bedeutung von Netzwerken liegt in der technischen, ökonomischen, inhaltlichen und institutionellen Konvergenz zwischen Telekommunikationssektor, Elektronikindustrie und Medienbranche bzw. deren Produkten begründet. Insbesondere die ökonomische Konvergenz verdeutlicht eine zunehmende Integration von Unternehmen (Konert 1998), die oftmals mit der Bildung von Netzwerken einhergeht. Derartige Interorganisationsstrukturen in der digitalen Nachrichtenproduktion sollen hier zunächst anhand der Content Syndication betrachtet werden. Neben den klassischen Akteuren der beteiligten Netzwerkorganisationen gewinnen in der digitalen Informationsgesellschaft auch die Rezipienten aufgrund der Interaktivität Gestaltungsmöglichkeiten und müssen Berücksichtigung finden.

5.2.1 Content Syndication

Potenzielle Netzwerkpartner von Medienunternehmen in der Nachrichtenherstellung sind also beispielsweise Nachrichten- und Bildagenturen, die als Content Broker fungieren. Inhalte der Nachrichtenagenturen werden als journalistischer Input unverzüglich in die Redaktions- und Produktionsprozesse eingebunden. Die enge redaktionelle und technische Integration von Agenturen in die Produktionsprozesse von Medienunternehmen wird bereits verschiedentlich innerhalb von (teilweise durch vertikale Konzentrationsprozesse entstandenen) Konzernen umgesetzt. So gehören zur ProSieben-Sat.1 Media AG sowohl die Nachrichtenagentur ddp als auch der Nachrichtensender

---

9 Bei NewsML (News Markup Language) handelt es sich um eine nachrichtenspezifische Weiterentwicklung von XML, der eXtensible Markup Language, die maßgeblich von Reuters mitentwickelt wurde.

N24. N24 wiederum produziert innerhalb des Netzwerks Nachrichten für mehrere Sender der Gruppe. Im Rahmen ihrer Volontariate hatten Jungredakteure Ausbildungsstationen in mehreren der beteiligten Unternehmen. Ähnliches gilt für die großen Verlagsunternehmen Deutschlands.

Zu möglichen outputorientierten Kooperationen im Bereich der Nachrichtenverarbeitung zählt eine weitere Form der Content Syndication, wenn Nachrichtenanbieter ihre Inhalte u.a. an pseudo-journalistisch tätige Institutionen, beispielsweise Unternehmen mit informativen Bestandteilen in ihren Internetauftritten, nicht nur verkaufen, sondern direkt in deren Wertschöpfungsprozesse einbinden. Neben Medienunternehmen, die ihre eigenen Inhalte als Content Syndicatoren anbieten, – verschiedentlich wird die dort vorherrschende Kombination von Inhalteproduktion und Inhaltehandel auch als Self-Syndication bezeichnet (Hess/Anding 2001) – sind reine Content Syndicatoren zu nennen, die nur die Funktion eines Zwischenhändlers innehaben. Die Inhalte können thematisch oder kundenspezifisch zusammengestellt werden. Im Sinne der Self-Syndication lieferte n-tv Inhalte u.a. für das Firmenfinanzportal der Dresdner Bank. Neben statischen Internetinhalten ist zukünftig auch der Handel von breitbandigen Inhalten realisierbar. Bei der Prozessoptimierung ist somit auf die Einbindung externer Partner zu achten.

Die Qualität der interorganisationalen Zusammenarbeit ist mit Blick auf die technologischen Ansprüche der audiovisuellen Produktion insbesondere von technischen Problemlösungen wie der Strukturierung des Datenaustauschs abhängig. Es ist deshalb zur technologischen Unterstützung der Kooperation von Medienunternehmen beispielsweise mit Dienstleistern gegebenenfalls sinnvoll, dass Content Management Systeme zu „interorganisationalen Informationssystemen" ausgebaut werden. Dies bezeichnet jene IT-Systeme, die im Dienste einer Netzwerkstruktur den Datenaustausch zwischen Computern unabhängiger Organisationseinheiten bieten (Ebers 1994).[10] In den Begrifflichkeiten des Internet-Zeitalters bieten Extranets, als unternehmensübergreifende Formen von Intranets, derartige technologische Netzwerklösungen. In diese Richtung zielen auch unternehmensübergreifende Standardisierungsversuche für Metadaten, die eine zwingende Grundlage von unternehmensübergreifenden, netzbasierten Content Management Systemen sind.[11]

Die Einigung auf den Standard der Multimedia Home Platform (MHP) für das digitale Fernsehen forciert die Entwicklung vom bisherigen vertikalen Marktmodell, wo alle Ebenen der Wertschöpfungskette in einer unternehmerischen Hand liegen, zu einem horizontalen Modell, in welchem auch Konkurrenz beispielsweise zwischen Produkten unterschiedlicher Softwareanbieter auf einer technologischen Plattform möglich ist. Hierdurch entsteht in Zukunft weiteres ökonomisches Potenzial für Netzwerkstrukturen im Rahmen des digitalen Nachrichtenjournalismus. Netzwerke sind hier in Form loser Kooperationen zwischen Softwareentwicklern, Geräteherstellern und Medienunternehmen denkbar.

---

10 Die Orientierung der interorganisationalen Informationssysteme auf die Abwicklung von ökonomischen Transaktionen in elektronischen Märkten oder Hierarchien steht in denkbaren unternehmensübergreifenden Content Management Systemen nicht im Mittelpunkt. Dort ist vielmehr der Transfer von audiovisuellen Inhalten und Metadaten zur zwischenbetrieblichen Arbeitsteilung erforderlich.

11 Derartige Referenzen sind u.a. das Metadaten-Dictionary der SMPTE (Society of Motion Picture and Television Engineers), die Verzeichnisse der Arbeitsgruppe P/Meta der EBU oder MPEG-7 der Motion Picture Experts Group.

5.2.2 Kundenbeziehungsmanagement

Im digitalen Zeitalter der Entwicklung vom Anbieter- zum Abrufjournalismus hat der Rezipient vielfältige Kommunikations- und Interaktionsmöglichkeiten mit den Medienhäusern und deren Redakteuren (Mast et al. 1997, S. 159). Rezipienten müssen somit zunehmend auch als Akteure der Inhalteproduktion verstanden werden. Dies gilt insbesondere für den Internetjournalismus, derartige zuschauergenerierte Inhalte zeigen aber auch Auswirkungen auf andere Medien (vgl. zur ‚Integration' von Kunden in Netzwerke den Beitrag von *Jörg Sydow* und *Arnold Windeler* in diesem Band). Die Analyse der Rolle des Rezipienten im Wertschöpfungsprozess hat netzwerktheoretisch einen interessanten Nebenaspekt, da so neben der interorganisationalen und der unternehmensbezogenen Ebene ergänzend die Ebene der Individuen, also der Redakteure im Nachrichtenprozess, aber auch der Rezipienten, in den Fokus gerückt wird.[12] Nicht nur Organisationsmitglieder der Netzwerkunternehmen, sondern auch die Endkonsumenten müssen in den Prozess der digitalen Inhalteerstellung eingebunden werden.

Die Kundenbeziehung wird jedoch nicht nur durch diese redaktionellen Aspekte evident, sondern darüber hinaus durch Marketingaspekte. Mit dem Aufkommen journalistischer Angebote im Internet hat sich die Wettbewerbssituation für Medienunternehmen deutlich verändert. Der Wettbewerb um den einzelnen Kunden ist wesentlich intensiver geworden, neben Zeitungen, Hörfunk und Fernsehen konkurrieren nun auch Internetangebote um die beschränkten Zeit- und Geldbudgets der Rezipienten. Onlineanbieter versuchen u.a. über die Personalisierung ihrer Angebote Wettbewerbsvorteile zu erzielen (Goldhammer/Zerdick 2000). Durch den Aufbau digitaler Plattformen als mittelfristige Strategie planen Fernsehsender ebenfalls engere Bindungen zu den Kunden. Zur Vermarktung der Inhalte sind Daten erforderlich, die erst im Rahmen eines Kundenbeziehungsmanagements durch die Medienunternehmen generiert werden können. Das Abonnementmanagement der digitalen Pay-TV-Angebote ist zum jetzigen Zeitpunkt eine Grundlage für intensives Kundenbeziehungsmanagement. Neben Auswahl und Paketierung der Inhalte ist gerade in dieser Aufgabe der Kundenbetreuung eine der geldwerten Leistungen von Digitalfernsehanbietern zu sehen. Zudem bietet das digitale Fernsehen mit seiner Kanalvielfalt die Möglichkeit der gezielten Ansprache fragmentierter Zielgruppen und Teilpublika.

Integriertes digitales Content Management muss somit um eine Funktionalität erweitert werden, welche die Einbindung der Kunden in den Redaktionsprozess abbildet. Im Vergleich zu Unterhaltungsangeboten sind hier die Potenziale in der Nachrichtenredaktion selbstredend geringer, dürfen aber dennoch bei Informationsangeboten nicht vernachlässigt werden. Chats im Internet mit hochrangigen Gesprächspartnern im Anschluss an Fernsehsendungen werden bereits heute vielfach angeboten und müssen in den entsprechenden Content Management Systemen abgebildet werden.

---

12 Schusser (1999) entwickelt deshalb die Wertschöpfungskette zum Wertschöpfungssystem weiter, bestehend aus Wertschöpfungsnetz und -matrix, um auf diese Weise auch Geschäftsumfeld und Endverbraucher der Unternehmen berücksichtigen zu können.

5.3 Schrittweise Implementierung

Abschließend soll aufgezeigt werden, wie die Einführung eines integrierten Content Managements erfolgen kann. Konsequenz des in der Prozessanalyse dargestellten Business Process Reengineerings ist das Erfordernis einer umfassenden Reorganisation der Medienunternehmen. Eine solche Reorganisation sollte durch die Geschäftsleitung als Organisationsplanung durchgeführt werden, denn eine evolutorische Organisationsentwicklung wird den ‚radikalen' Erfordernissen des Reengineerings nicht gerecht. Aus Kostengründen, und um die Unternehmensstrukturen keinen exogenen Erschütterungen auszusetzen, hat die Reorganisation zur Einführung digitaler Wertschöpfungsprozesse stufenweise zu erfolgen. Ein solcher Entwicklungspfad kann aus folgenden Stufen bestehen.

Um in einem ersten Schritt der Wettbewerbssituation im digitalen Nachrichtenmarkt begegnen zu können, müssen kurzfristige Maßnahmen von der Unternehmensleitung gewählt werden, um die operative Umsetzung eines integrierten Content Managements einzuleiten. Ohne die Differenzierung in Nachrichtenherstellung und -verarbeitung schon vollständig umzusetzen, sind deshalb bereits geringfügige *räumliche Veränderungen* in den Redaktionen wünschenswert. Die Ansiedlung der Internetredakteure und jener der digitalen Zusatzdienste im Nachrichtengroßraum vermag die Ressourcen- und Prozesseffizienz in der integrierten Nachrichtenproduktion bereits entscheidend zu steigern. Rotationsverfahren können diesem Ziel ebenfalls dienen; ein Beispiel sind die derzeit bei einigen Sendern wie ZDF und N24 anlaufenden Traineeprogramme zum Multimedia-Nachrichtenjournalisten.

Neben der simplen räumlichen Integration kann in einem zweiten Schritt eine *Teamstrukturierung* gewählt werden, um eine verstärkte Kooperation der thematisch zugehörigen Redakteure zu erreichen. In einem solchen Szenario gäbe es weiterhin funktional getrennte Fernseh-, Internet- und digitale Redakteure, sie würden jedoch im Team zu einzelnen Themen zusammenarbeiten. Ein solches Team könnte auch als virtuelles Projektteam eingerichtet sein. ARD Online arbeitet mit derartigen dezentralen Redaktionspools bei Themen mit besonderer Nachrichtenrelevanz. Die zeitbezogenen Nachteile der journalistischen Teamproduktion sind hinlänglich bekannt, dennoch dient das organisatorische Mittel der Teamarbeit hier verschiedenen Zwecken. Zum einen können durch die Zusammenarbeit mehrmediale Kompetenzen quasi on the job an die Kollegen vermittelt werden, zum anderen wird dergestalt der Aufbau thematischer Kompetenz-Center vorbereitet. Solche Teams können zudem die längerfristige Einführung eines integrierten Content Management Systems im Rahmen crossfunktionaler Arbeitsgruppen begleiten. Es soll an dieser Stelle jedoch nicht verschwiegen werden, dass ein derartiger Zwischenschritt mit Teamstrukturen vorübergehend auch zu einer höheren Arbeitslast der Redakteure und somit zu zeitweiligen Minderungen der Ressourceneffizienz führen kann. Dies liegt zu einem Großteil aber in der direkt einsichtigen Tatsache begründet, dass Reorganisationen regelmäßig mit einem erheblichen Mehraufwand für das Unternehmen verbunden sind, bis sich die angestrebten Effizienzsteigerungen im Anschluss an die Implementierung zeitverzögert auswirken.

Maßgeblicher Bestandteil des integrierten Content Managements ist im dritten Schritt die tatsächliche *Umsetzung des digitalen Workflows* aus medienübergreifender

Nachrichtenherstellung und medienspezifischer Nachrichtenverarbeitung. Ein entsprechender „multiple purpose production flow" (Amlung 2001) wirkt sich hinsichtlich der Redaktionsstrukturen in inhaltespezialisierten Anbieterredaktionen und medienspezialisierten Verwertungsredaktionen aus. Vorübergehend ist bei der entsprechenden prozessorientierten Umgestaltung der Aufbauorganisation eine Teilung in Inhalte- und Medienspezialisten zunächst leichter bei Hintergrundberichten als in tagesaktuellen Nachrichtenbeiträgen zu realisieren.

Während die Reorganisation in Form der dargestellten Zwischenschritte eingeleitet wird, kann aus technischer Sicht parallel die Entwicklung eines *integrierten Content Managements Systems* vorangetrieben werden. Mit der Fertigstellung eines solchen unterstützenden Systems sind dann auch die integrierten Redaktionsstrukturen und deren Arbeitsabläufe informationstechnologisch abzubilden. Bei der erfolgreichen Einführung neuer technologischer Systeme sind die Einbindung der Mitarbeiter, intensive Trainingsmaßnahmen und ausreichender technischer Support maßgeblich. Ein weiterer Schritt ist die systematischere Ausgestaltung der Zuliefer- und der Abnehmerbeziehungen anhand der Definition von einheitlichen Metadaten oder durch die Verwendung von Formaten wie der eXtensible Markup Language (XML).

6 Zusammenfassung

Dieser Beitrag entwirft ein Organisationsmodell der digitalen Nachrichtenproduktion. Inhalt ist die Konzeption des integrierten Content Managements, das die Integration von Wertschöpfungsprozessen für Fernsehen, Internet und digitale Dienste zum Ziel hat. Methodisch hat hierbei die Theorie der Prozessorganisation Anwendung gefunden, mittels derer suboptimale Interdependenzen und Reengineering-Bedarfe in bestehenden Produktionsformen aufgezeigt wurden. Als Lösungsansatz zur Steigerung der produktiven Effizienz in digitalen Redaktions- und Produktionsumgebungen wurde auf interner Ebene ein digitaler Workflow – bestehend aus medienübergreifender Nachrichtenherstellung und medienspezifischer Nachrichtenverarbeitung – entwickelt. Elemente von Netzwerkstrukturen, die in der Nachrichtenproduktion aufgrund der Einbindung von Wertschöpfungspartnern und auch Rezipienten zusehends an Bedeutung gewinnen, wurden auf externer Ebene im Rahmen dessen ebenfalls berücksichtigt. Neben der Content Syndication liegt für die Zukunft eine hohe Herausforderung für die Medienunternehmen in der Integration der Rezipienten resp. Konsumenten in ihre redaktionellen Wertschöpfungsprozesse.

Die zukünftige Organisation der digitalen Content-Produktion sollte somit zunehmend durch integrierte und medienübergreifende Arbeitsweisen gekennzeichnet sein. Integriertes Content Management ermöglicht in diesem Sinne in gleichem Maße die journalistisch wünschenswerte Inhaltevielfalt in digitalen Medien mit divergenten Spezifika sowie die Sicherung ökonomischer Effizienz bei der Nachrichtenproduktion durch Nutzung von Integrationspotenzialen.

Literatur

Amlung, R. (2001): Strategies to survive the internet challenge – Mobile, digital, multichannel newsgathering for TV and the net. Unveröffentlichter Foliensatz, International Broadcast Symposium 2001 „Broadcast goes Internet – Internet goes broadcast", Überlingen.

Blöbaum, B. (1994): Journalismus als soziales System: Geschichte, Ausdifferenzierung und Verselbständigung. Opladen.

Blödorn, S./Gerhards, M./Klingler, W. (2000): Fernsehen im neuen Jahrtausend – Ein Informationsmedium, Bestandsaufnahme auf der Basis aktueller Studien. In: Media Perspektiven 31 (4), S. 171-180.

Büchner, H./Zschau, O./Traub, D./Zahradka, R. (2000): Web Content Management: Websites professionell betreiben. Bonn.

Donsbach, W. (1993): Redaktionelle Kontrolle im Journalismus: Ein internationaler Vergleich. In: Mahle, W.A. (Hrsg.): Journalisten in Deutschland: Nationale und internationale Vergleiche und Perspektiven. München, S. 143-160.

Ebers, M. (1994): Die Gestaltung interorganisationaler Informationssysteme – Möglichkeiten und Grenzen einer tranksaktionskostentheoretischen Erklärung. In: Sydow, J./Windeler, A. (Hrsg.): Management interorganisationaler Beziehungen: Vertrauen, Kontrolle und Informationstechnik. Opladen, S. 22-48.

Ehlers, R. (2000): Öffentlich-rechtlicher Rundfunk und Multimedia, Strategie und Organisation am Beispiel des Hessischen Rundfunks. In: Media Perspektiven 31 (8), S. 369-373.

Eimeren, B. van/Gerhard, H./Frees, B. (2002): ARD/ZDF-Online-Studie 2002: Entwicklung der Onlinenutzung in Deutschland. In: Media Perspektiven 33 (8), S. 346-362.

Frese, E. (2000): Grundlagen der Organisation: Konzept – Prinzipien – Strukturen. 8. Aufl. Wiesbaden.

Friedrichsen, M./Ehe, R./Janneck, T./Wysterski, M. (1999): Journalismus im Netz. Zur Veränderung der Arbeits- bzw. Selektionsprozesse von Journalisten durch das Internet. In: Wirth, W./Schweiger, W. (Hrsg.): Selektion im Internet. Opladen und Wiesbaden, S. 125-145.

Gaitanides, M. (1983): Prozessorganisation: Entwicklung, Ansätze und Programme prozessorientierter Organisationsgestaltung. München.

Gaitanides, M. (1996): Prozessorganisation. In: Kern, W./Schröder, H.-H./Weber, J. (Hrsg.): Handwörterbuch der Produktionswirtschaft. 2. Aufl. Stuttgart, Sp. 1682-1696.

Goldhammer, K./ Zerdick, A. (2000): Rundfunk online: Entwicklung und Perspektiven des Internets für Hörfunk- und Fernsehanbieter. 2. Aufl. Berlin.

Heinemann, S. (2000): N24: Content Management für einen 24-Stunden-Nachrichtensender. In: Fernseh- und Kinotechnik 54 (6), S. 327-331.

Heinrich, J. (1999): Medienökonomie. Band 2: Hörfunk und Fernsehen. Opladen und Wiesbaden.

Heinrich, J. (2001): Medienökonomie. Band 1: Mediensystem, Zeitung, Zeitschrift, Anzeigenblatt. 2. Aufl. Opladen.

Hess, Th./Anding, M. (2001): Content Syndication – Konzept und erste praktische Erfahrungen. In: Schmidt, R. (Hrsg.): Information Research & Content Management: Orientierung, Ordnung und Organisation im Wissensmarkt. Proceedings der 23. Online-Tagung der DGI, Frankfurt a.M., S. 41-53.

Konert, B. (1998): Konvergenz und Marktzugang im Bereich des digitalen Fernsehens und des World Wide Web. Arbeitspapiere Europäisches Medieninstitut. Düsseldorf.

Kresse, H. (1994): Outsourcing im Privatfernsehen. In: Markenartikel 94 (6), S. 298-308.

Loosen, W./Weischenberg, S. (2002): Das Drehkreuz der Redaktion, Kompetenz-Dimensionen des „Datenbank-Journalismus". In: Medien und Kommunikationswissenschaft 50 (1), S. 93-101.

Mast, C./Popp, M./Theilmann, R. (1997): Journalisten auf der Datenautobahn: Qualifikationsprofile im Multimedia-Zeitalter. Konstanz.

Meckel, M./Kamps, K. (1998): Fernsehnachrichten – Entwicklungen in Forschung und Praxis. In: Kamps, K./Meckel, M. (Hrsg.): Fernsehnachrichten: Prozesse, Strukturen, Funktionen. Opladen und Wiesbaden, S. 11-29.

Neuberger, C. (2000a): Massenmedien im Internet 1999. In: Media Perspektiven 31 (3), S. 102-109.

Neuberger, C. (2000b): Journalismus im Internet: Auf dem Weg zur Eigenständigkeit? Ergebnisse einer Redaktionsbefragung bei Presse, Rundfunk und Nur-Onlineanbietern. In: Media Perspektiven 31 (7), S. 310-318.

Neuberger, C. (2000c): Renaissance oder Niedergang des Journalismus? Ein Forschungsüberblick zum Online-Journalismus. In: Altmeppen, K.-D./Bucher, H.-J./Löffelholz, M. (Hrsg.): Online-Journalismus: Perspektiven für Wissenschaft und Praxis. Wiesbaden, S. 15-48.

Nippa, M./Picot, A. (Hrsg.) (1995): Prozessmanagement und Reengineering: Die Praxis im deutschsprachigen Raum. Frankfurt a.M. und New York.

Pagel, S. (2003): Integriertes Content Management in Fernsehunternehmen. Wiesbaden. Zugl.: Diss. an der Universität Dortmund, 2003, unter dem Titel Digitales Content Management in Fernsehunternehmen – Zur Digitalisierung der Wertschöpfungsprozesse der Nachrichtenproduktion.

Pavlik, J.V. (2001): Journalism and New Media. New York und Chichester.

Picot, A. (1997)(Hrsg.): Information als Wettbewerbsfaktor. Stuttgart.

Rawolle, J./Hess, Th. (2001a): Integrierte Medienprodukte – Grundlagen, Ausprägungen und Beispiele. Arbeitsbericht Nr. 5/2001 des Instituts für Wirtschaftsinformatik der Universität Göttingen.

Rawolle, J./Hess, Th. (2001b): Content Management in der Medienindustrie – Grundlagen, Organisation und DV-Unterstützung. Arbeitsbericht Nr. 6/2001 des Instituts für Wirtschaftsinformatik der Universität Göttingen.

Rothfuss, G./Ried, C. (Hrsg.) (2001): Content Management mit XML: Grundlagen und Anwendungen. Berlin etc.

Schmid, U./Kubicek, H. (1994): Organisatorischer und institutioneller Gestaltungsbedarf interaktiver Medien – Von den „alten" Medien lernen. In: Media Perspektiven 25 (8), S. 401-408.

Schmitt, C. (1998): Produktion von Nachrichten im Internet. Eine Untersuchung am Beispiel von MSNBC Interactive. In: Wilke, J. (Hrsg.): Nachrichtenproduktion im Mediensystem: von den Sport- und Bilderdiensten bis zum Internet. Köln etc., S. 293-330.

Schusser, O.W. (1999): Wertschöpfungskette und Wertschöpfungssystem des deutschen Fernsehmarktes, Hamburg. Zugl.: Diss. an der Universität zu Köln, 1999.

Schütte, G. (1996): Entwicklung und Perspektiven des Informationsjournalismus im Fernsehen – ein internationaler Vergleich. In: Ludes, P. (Hrsg.): Informationskontexte für Massenmedien: Theorien und Trends. Opladen, S. 351-365.

Spachmann, K. (2001): Crossmedial und zielgruppenspezifisch? Anforderungen an den Journalismus im digitalen Zeitalter. In: Forum Medienethik 8 (2), S. 31-43.

Sydow, J. (1992): Strategische Netzwerke. Evolution und Organisation. Wiesbaden.

Sydow, J. (2001): Zum Verhältnis von Netzwerken und Konzernen. In: Ortmann, G./Sydow, J. (Hrsg.): Strategie und Strukturation. Wiesbaden, S. 269-296.

Theuvsen, L. (1996): Business Reengineering – Möglichkeiten und Grenzen einer prozessorientierten Organisationsgestaltung. In: Zeitschrift für betriebswirtschaftliche Forschung 48 (1), S. 65-82.

Thomas, P. (2000): Arbeitsabläufe unter integriertem Content Management. In: Rundfunktechnische Mitteilungen 44 (1), S. 23-29.

Thomas, P. (2001): ,Enterprise Content Management'-Systeme in Broadcast und Postproduction, Anforderungen, Konzepte, Benutzer, Arbeitsabläufe, Architekturen. In: Fernseh- und Kinotechnik 55 (11), S. 659-669.
Weber, S. (2001): Journalismus als Content-Management?. In: Forum Medienethik 8 (2), S. 7-15.
Weischenberg, S. (1995): Journalistik. Band 2: Medientechnik, Medienfunktionen, Medienakteure. Opladen.
Weischenberg, S. (1998): Journalistik. Band 1: Mediensysteme, Medienethik, Medieninstitutionen. 2. Aufl. Opladen und Wiesbaden.
Weischenberg, S. (2001): Nachrichtenjournalismus. Anleitungen und Qualitäts-Standards für die Medienpraxis. Wiesbaden.
Werder, A. von (1999): Effizienzbewertung organisatorischer Strukturen. In: Wirtschaftswissenschaftliches Studium 28 (8), S. 412-417.
Wilke J. (1998): Internet und Journalismus. In: Gellner, W./Korff, F. von (Hrsg.): Demokratie und Internet. Baden-Baden, S. 179-191.
Windeler, A./Lutz, A./Wirth, C. (2000): Netzwerksteuerung durch Selektion – Die Produktion von Fernsehserien in Projektnetzwerken. In: Sydow, J./Windeler, A. (Hrsg.): Steuerung von Netzwerken: Konzepte und Praktiken. Opladen und Wiesbaden, S. 178-205. Wiederabgedruckt in diesem Band.
Wirtz, B.W. (2000): Medien- und Internetmanagement. Wiesbaden.
Zerdick, A./Picot, A./Schrape, K./Artopé, A./Goldhammer, K./Heger, D.K./Lange, U.T./Vierkant, E./López-Escobar, E./Silverstone, R. (2001): Die Internet-Ökonomie: Strategien für die digitale Wirtschaft. 3. Aufl. Berlin etc.

Substitution von Intermediären im Syndikationsprozess durch Peer-to-Peer-Systeme

Markus Anding, Peggy Lynn Steichler und Thomas Hess

1 Einleitung und Problemstellung

Die Mehrfachverwertung von Medieninhalten stellt ein in der Medienindustrie ebenso lukratives wie weit verbreitetes Konzept dar, in dessen Rahmen die zu hohen Fixkosten erstellten Inhalte mehrfach über unterschiedliche Kanäle, durch unterschiedliche Verwerter und/oder zu unterschiedlichen Zeitpunkten an Rezipienten abgesetzt werden. Der in diesem Zusammenhang etablierte Begriff „Content Syndication" lässt sich als Vertrieb derselben Medieninhalte an mehrere Abnehmer verstehen (Werbach 2000, S. 86). Die Übertragung dieses Konzeptes auf Online-Umgebungen und die Mehrfachverwertung von Inhalten im Internet wird entsprechend als Online Content Syndication bezeichnet. Der mehrfache Vertrieb von Inhalten an verschiedene Abnehmer wird dabei häufig durch Intermediäre (sog. Content Syndicatoren) organisiert. Diese decken einzelne Funktionen der Suche, Auswahl und Distribution mehrfach zu verwertender Inhalte ab und reduzieren damit die zwischen Hersteller und Verwerter entstehenden Transaktionskosten. Dies kann einerseits auf Ebene einzelner bzw. einmaliger Inhalte (z.B. eines einzelnen Artikels oder Kinofilms) geschehen, andererseits können durch Syndicatoren langfristige Verwertungsbeziehungen vermittelt werden, denen eine wiederholte Lieferung serienartiger Inhalte (z.B. Comicserien in Zeitungen oder auch Fernsehserien) zugrunde liegt. Letztere serienartige Verwertungsbeziehungen werden als Schwerpunkt im vorliegenden Beitrag aufgegriffen. Eine derartige Verwertungsbeziehung kann bspw. entstehen, wenn ein Comic-Hobbyautor seine wöchentlich erstellten Comics verschiedenen Tageszeitungen anbieten möchte und einen Content Syndicator mit der Vermittlung beauftragt. Dieser kann anhand seiner Marktkenntnis potentielle Tageszeitungen auswählen, diese kontaktieren und entsprechende Verträge anbahnen. Spiegelbildlich kann er auch im Auftrag der Tageszeitungen agieren.

Der Auswahl und Bündelung von Inhalten durch Intermediäre kommt hierbei eine besondere Bedeutung zu. Als Gatekeeper zwischen Inhalteerstellern und Verwertungskanälen hat der Content Syndicator die Gewalt über die Zusammenführung von Angebot und Nachfrage und kann einzelne Akteure auf beiden Seiten vom Zugriff auf die jeweils andere ausschließen. Zudem sind Fehler bei der Auswahl von Inhalten für die Mehrfachverwertung insbesondere bei langfristigen Verwertungsbeziehungen einerseits aufgrund hoher Fixkosten der Erstellung (bspw. bei Fernsehserien) und andererseits durch die möglicherweise langfristige Bindung an den Inhaltelieferanten sehr teuer. Speziell für eine Vielzahl von Autoren privater Inhalte (Kurzgeschichten, Kolumnen, ...) kommt einzig diese Absatzstruktur unter Nutzung eines Syndicators in Frage, um Kontakte zu Inhalteverwertern aufbauen zu können. Gerade für diese Zielgruppe werden z.B. von Sedge (2000) praxisnahe Hinweise zum Herangehen an Syndicatoren gegeben. Zudem entwickelt sich insbesondere im Internet ein derzeit schnell wachsender Markt für Content Syndicatoren, die privaten Autoren Zugang zum kommerziellen Absatzmarkt verschaffen (z.B. www.writers-viral-syndicator.com).

Auf einem anderen Schauplatz der Medienbranche hat sich in jüngster Zeit das internetbasierte Peer-to-Peer-Konzept als Substitut für Teile der bisher starr definierten Medien-Wertschöpfungskette etabliert und diese zunächst in der Musikindustrie aufgebrochen. Peer-to-Peer-Systeme haben hier bereits z.T. die Rolle der Intermediäre (bspw. auf der Stufe der Musikdistribution) übernommen, wie Clement et al. (2002) aus empirischer Sicht, ausgehend von Wertschöpfungselementen, vorstellen.

Die Reorganisation der Wertschöpfungskette aufgrund der Substitution institutionalisierter Intermediäre durch solche Systeme kann hierbei aus einer transaktionskostenorientierten Perspektive mit Effizienzvorteilen verbunden sein, bspw. bei der Inhalteübertragung unter optimaler Ausnutzung von Bandbreiten oder der Reduktion beschränkter Rationalität bei der Auswahl von Medieninhalten.

Der vorliegende Beitrag untersucht die Möglichkeit einer Substitution von Intermediären bei der Mehrfachverwertung serienartiger Medieninhalte durch Peer-to-Peer-Systeme und versucht, denkbare Szenarien einer derartigen Reorganisation sowie mögliche Effizienzsteigerungen aufzuzeigen. Voraussetzung für eine Untersuchung der Substituierbarkeit ist dabei die analytische Trennung in eine funktionale und eine organisatorische Ebene der Inhaltesyndizierung, wodurch einzelne intermediäre Funktionen unabhängig von ihrer organisatorischen Zuordnung systematisiert werden können und eine Neu-Zuordnung in alternativer Konfiguration möglich wird (z.B. Dümpe et al. 1998). Nach Aufarbeitung der Grundlagen von Content Syndication und Peer-to-Peer-Systemen in Abschnitt 2 werden dazu in Abschnitt 3 zunächst die empirisch feststellbaren Funktionen von Inhalte-Intermediären organisationsunabhängig untersucht und systematisch auf eine mögliche Verlagerung auf Peer-to-Peer-Systeme überprüft. Als Basis der funktionalen Aufgliederung wird hierzu die Transaktion zwischen Inhalteersteller und -konsument herangezogen. Im Anschluss daran werden im Abschnitt 4 unter Berücksichtigung des aktuellen technischen Entwicklungsstands und der dementsprechenden Restriktionen beim Einsatz von Peer-to-Peer-Systemen zwei Substitutionszenarien für die Verlagerung dieser Funktionen entwickelt. Schließlich wird die Transaktionskostentheorie herangezogen, um die beiden Szenarien anhand der jeweils möglichen Effizienzsteigerung der Transaktion zwischen Inhalteersteller und Konsument zu bewerten.

2 Grundlagen

2.1 Content Syndication und Analysefokus

Content Syndication als Mehrfachverwertung (Syndication) von Medieninhalten (Content) bezeichnet im Besonderen den Handel mit Inhalten durch den vertraglich vereinbarten Austausch von Verfügungsrechten (Property Rights), durch die der erworbene Inhalt in vereinbarter Form verwertet werden darf. Unter dem Begriff Content werden demnach nicht nur Informationsgüter, sondern auch die damit zwangsläufig verbundenen Verfügungsrechte gefasst (zum Folgenden Anding/Hess 2001, S. 3).

Erste Anwendung fand Content Syndication schon zu Beginn des 20. Jahrhunderts, als Kinofilme mehrmals und zeitlich versetzt vorgeführt wurden. Bis heute stellt die Filmverwertungskette ein typisches Beispiel für die zeitversetzte Mehrfachverwertung dar. Daneben hat sich vor allem im Online-Bereich auch die gleichzeitige Mehrfachverwertung etabliert. So kann ein identischer Inhalt zeitgleich an verschiedene Verwerter vertrieben und von diesen auf verschiedenen Kanälen (stationär oder mobil) an Rezipienten distribuiert werden. Konstitutiv für Content Syndication ist eine zugrunde liegende Business-to-Business-Transaktion. Somit wird nur dann von Content Syndication gesprochen, wenn es sich bei Anbieter und Nachfrager um Unternehmen bzw. mit Gewinnerzielungsabsicht agierende Akteure handelt. Ein Vertrieb von Inhalten an Rezipienten kann damit nicht als Content Syndication verstanden werden und ist dieser Transaktion i.d.R. nachgelagert.

Für die organisationale Ausgestaltung von Content Syndication sind zwei grundlegende Versionen zu unterscheiden. Ein Austausch von Inhalten kann einerseits direkt zwischen Erzeuger und Verwerter stattfinden oder andererseits durch einen auf dem Markt agierenden Intermediär, den Content Syndicator, unterstützt werden. Ist ein Content Syndicator in den Prozess der Mehrfachverwertung eingebunden, so kann dieser als Großhändler verstanden werden, während der nachgelagerte Inhalteverwerter die Position eines Einzelhändlers einnimmt (s.a. Gerpott/Schlegel 2002, S. 140 f.). Der Fokus der in diesem Beitrag dargestellten Analyse liegt auf der in dieser Form in der Realität vielfältig anzutreffenden Mehrfachverwertung *wiederkehrend erstellter Inhalte* wie Kolumnen oder Comicserien.[1] Hier tritt i.d.R. ein Content Syndicator als Mittler zwischen Autoren und Inhalteverwertern auf, der die Auswahl der an ihn herangetragenen Inhalte übernimmt und ihr Verwertungspotenzial im Vorfeld einer Syndizierung an verschiedene Zeitungen/Zeitschriften (meist auf Basis von Erfahrungen) abschätzt. Eine direkte Interaktion zwischen Autor und Verwerter findet i.d.R. aufgrund der Vielzahl der Anbieter und Nachfrager nicht statt. Der Content Syndicator nimmt damit eine Position als „Gatekeeper" ein, der über die letztlich an Rezipienten vertriebenen Inhalte entscheidet. Somit wird im Folgenden auf den zweistufigen Verwertungsprozess Bezug genommen.

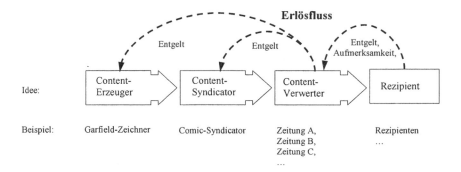

Abb. 1: Content Syndication und Erlösfluss unter Nutzung von Intermediären

---

1 Auch Fernsehserien lassen sich dieser Kategorie zuordnen.

Der Prozess der Content Syndication lässt sich durch die in Abbildung 1 dargestellten Stufen charakterisieren. Im Fokus der Betrachtung steht dabei der Content Syndicator, der die marktliche Abwicklung der Transaktionen zwischen Content-Erzeuger und Content-Verwerter unterstützt. Als Variante dieses Prozesses tritt im Allgemeinen auch die Möglichkeit der Positionierung des Content Syndicators als Broker auf, bei der die Entgelte im Unterschied zur hier dargestellten Version direkt vom Verwerter zum Erzeuger fließen, der Content Syndicator mithin nur für die Kontaktherstellung entlohnt wird.

Die Betrachtung von Content Syndication in Form einer aus verschiedenen Stufen bestehenden Transaktion (Picot et al. 2001, S. 50) kann demnach als systematische Basis für die folgende Analyse und die Beurteilung verschiedener organisationaler Arrangements vor dem Hintergrund jeweils entstehender Transaktionskosten dienen.

Die Höhe dieser Kosten hängt von der zu erbringenden Leistung und von der gewählten Organisationsform ab. Im vorliegenden Fall sollen Content Syndicator und Content-Verwerter durch ihre jeweils spezifischen Funktionen (s. Abschnitt 3.1) zur Reduktion von Transaktionskosten beitragen.

Entsprechend der Abbildung 1 sind in den Prozess verschiedene Akteure eingebunden. Content-Erzeuger, bspw. Autoren, Fotografen, Komponisten, Nachrichtenagenturen oder Redaktionsbüros, produzieren Inhalte und vertreiben Nutzungs- und Verwertungsrechte an Inhalteverwerter. Im vorliegenden Beitrag wird hierbei speziell auf jene Inhalte-Erzeuger Bezug genommen, die wiederkehrende Inhalte in Form von Serien erstellen und diese über Content Syndicatoren an verschiedene Verwerter lizenzieren, welche diese über einen bestimmten Zeitraum wiederkehrend an Rezipienten vertreiben. Hierbei ist der Content Syndicator neben der Kontaktherstellung i.d.R. auch in die Vertragsgestaltung und Preisbildung involviert. Es ist zudem zunächst unerheblich, ob die Erzeuger im Ausgangspunkt privat oder professionell agieren. Wesentliche Eigenschaft der erstellten Inhalte sind ihre marktliche Verwertbarkeit und ihr Seriencharakter. Für die weitere Betrachtung wird außerdem angenommen, dass die Inhalte digital vorliegen. Entsprechende Inhalte können zum Beispiel aufeinander aufbauende Teile einer Geschichte oder auch unterschiedliche Folgen gleichartiger Inhalte wie beispielsweise Comic-Strips mit einer bestimmten Comicfigur sein. Als Ziel von Inhalteproduzenten wird die Generierung von Erlösen durch die wiederkehrende Lizenzierung von Inhalten an Content-Verwerter unter Zuhilfenahme von Intermediären zugrunde gelegt.

Content Syndicatoren vermitteln Kontakte zwischen Content-Erzeuger und Content-Verwerter (im Sinne eines Brokers) oder verkaufen die Inhalte der Erzeuger an letztere weiter (im Sinne eines Händlers). Die Geschäftsmodelle sowie die angebotenen Leistungen sind vergleichsweise differenziert und erstrecken sich vom reinen Zwischenhandel bis zum umfangreichen Angebot zusätzlicher Dienstleistungen wie z.B. inhaltlicher Beratung oder der technischen Integration der gehandelten Inhalte. Somit lassen sich verschiedene Typen von Syndicatoren identifizieren, wie z.B. Inhalteproduzenten mit eigenem Syndication-Geschäft (z.B. Reuters, Telekurs, Tomorrow AG), verlagsnahe Syndicatoren mit dem Ziel der Verwertung verlagseigener Produkte (z.B. Cocomore vom Bertelsmann/Falken-Verlag) oder vollständig unabhängige Mittler (z.B. Pinnacor, zuvor Streaming Media). Die primäre Dienstleistung der Syndicatoren ist hierbei in der Aggregation, der Aufbereitung (hierzu gehört z.B. die Klassifizierung und medienneutrale Speicherung) und der zielgruppenspezifischen Bündelung von Inhalten zu sehen. Während die zielgruppenspezifische Bündelung aus Verwertersicht einerseits als eines der Hauptargumente für die Nutzung von Content Syndicatoren für die Inhaltebeschaffung gelten kann, so ist diese andererseits insofern problematisch, als dass Content Syndicatoren i.d.R. keinen direkten Zugang zum Rezipientenmarkt haben und daher die Bedürfnisse der Zielgruppen lediglich approximieren können. Spiegelbildlich tritt für Rezipienten der Content Syndicator nicht in Erscheinung, ihnen ist lediglich der Verwerter sowie evtl. der Urheber der von ihnen konsumierten Inhalte bekannt. Der Weg dieser Inhalte vom Ersteller über den Content Syndicator zum Verwerter ist für Rezipienten jedoch intransparent.

Vom Content Syndicator ausgewählte Inhalte werden schließlich von Content-Verwertern wie Zeitungen, Zeitschriften, Radio- und Fernsehsendern, Internetportalen oder (Online-)Journalen entsprechend ihrer Konfiguration publiziert. Dabei unterstellt die getroffene Annahme, dass die Inhalte nach Erstellung in digitaler Form vorliegen und gehandelt werden, keine bloße Online-Publikation. Die Inhalte können sowohl für digitale Medien als auch für traditionelle Medien konzipiert sein und dementsprechend Verwendung finden.

2.2 Peer-to-Peer-Systeme

„Peer-to-Peer" beschreibt im Kontrast zum „Client/Server"-Konzept die Interaktion gleichartiger Akteure, die a priori keine dedizierte Rolle als Client bzw. Server (oder: Nachfrager bzw. Anbieter) einnehmen (zum Folgenden Schoder/Fischbach 2002). Der Grundgedanke dieses Konzepts besteht somit in der Gleichberechtigung aller in einem Peer-to-Peer-Netz verbundenen Rechner bzw. Teilnehmer. Diese haben dadurch die Möglichkeit, ohne Nutzung eines Mittlers (Servers) direkt mit einem gleichberechtigten Partner zu interagieren. Dabei kann die Herstellung einer Verbindung zwischen diesen Partnern, im Gegensatz zur über diese Verbindung ablaufenden Interaktion, weiterhin durch einen Mittler unterstützt werden. Die a priori fehlende Rollenverteilung impliziert für wirtschaftliche Transaktionen, dass die partizipierenden Akteure sowohl in der Rolle des Anbieters als auch des Nachfragers auftreten und direkt miteinander in Kontakt treten können. Im Bezug auf die Bereitstellung von Daten bzw. Inhalten sind die Knoten eines Peer-to-Peer-Systems (Peers) als gleichberechtigte Partner anzusehen. Sie können sowohl als Client zur Abfrage von Daten/Inhalten als auch als Server zum Bereitstellen von Daten auftreten. Somit grenzen sich Peer-to-Peer-Systeme zu klassischen, hierarchischen Client/Server-Architekturen insofern ab, als dass nicht ausschließlich eine zentrale Komponente (Server) Daten/Inhalte zum Abruf durch Abfragestationen (Clients) bereithält. Das Problem eines möglichen Ausfalls der zentralen Komponente (Server) und der dadurch fehlende Zugriff auf Daten/Inhalte sind somit von geringerer Bedeutung, da selbst beim Ausfall einzelner Peers (nicht jedoch bei Ausfall eines möglicherweise zur Herstellung von Verbindungen notwendigen Indexservers) das Peer-to-Peer-System funktionstüchtig bleibt.

Peer-to-Peer-Systeme lassen sich aus technischer Sicht nach drei verschiedenen Architekturen differenzieren (Jatelite 2002): dem serverbasierten Peer-to-Peer-System (auch zentralisiertes Peer-to-Peer-System genannt), dem serverlosen Peer-to-Peer-

System und der hybriden Form (Lindemann/Waldhorst 2002, S. 170). Diese unterscheiden sich durch die Bedeutung des Servers sowie in der Art und Weise, in der neue Peers aufgenommen und Suchanfragen bearbeitet werden. Während beim serverbasierten P2P eine zentrale Verwaltung der Teilnehmer und den von diesen angebotenen Diensten in Form eines Indexservers existiert und ein gegenseitiges Finden unterstützt, existiert diese beim serverlosen P2P nicht. In letzterem Fall werden Teilnehmer durch im Netz distribuierte Suchanfragen gesucht, wodurch aufgrund eines beschränkten Suchhorizonts meist keine vollständigen Ergebnisse generiert werden. Allerdings ist das System aufgrund des fehlenden zentralen Servers weniger fehleranfällig. Hybride Formen stellen eine Mischung aus serverbasiertem und serverlosem Peer-to-Peer-System dar, bei der einzelne Peers temporär Indexierungsaufgaben übernehmen.

Die aktuellen Peer-to-Peer-Anwendungsgebiete umfassen in erster Linie das „Filesharing" – den Austausch von Dateien zwischen Teilnehmern (z.B. in Form des früheren Napsters oder Gnutella, KaZaA, Morpheus), das verteilte Rechnen (z.B. Seti@home) zum schnellen Bearbeiten von aufwendigen Rechenoperationen sowie das Collaborative Computing (z.B. Groove Networks) zur Kommunikation und Zusammenarbeit zwischen Gruppen.

Die Anwendung des Filesharing ist für den vorliegenden Beitrag ausschlaggebend und hat durch ihren massiven Eingriff in die Verwertungskette für Musikinhalte durch den überwiegend illegalen Austausch von Musikdateien im MP3 Format in jüngster Zeit große Bedeutung erlangt. Nach der Schließung von Napster, dem Vorreiter derartiger Dienste, hat sich das Filesharing auf eine Vielzahl illegaler Nachfolgemodelle verlagert und beweist konstant seine Resistenz gegen juristische und technische Angriffe. Mittlerweile ist das Filesharing nicht mehr ausschließlich auf Musikdateien beschränkt. Moderne Peer-to-Peer Filesharing-Applikationen, wie beispielweise KaZaA oder Gnutella, unterstützen den Austausch jeglicher digitalisierter Inhalte wie Musik, Video, Bild und Text. Hauptaufgabe ist es hierbei, jedem Peer (Rechner) den Zugriff auf Ressourcen (hier: Dateien) zu ermöglichen. In der Regel müssen sich die Peers hierfür eine eigene Software installieren. Diese unterstützt vor allem das Suchen nach Dateien, aber auch das eigentliche Abrufen von Dateien im System sowie die Organisation der Freigabe von Dateien. Erfolgsfaktoren sind neben sicheren Downloads insbesondere präzise und zuverlässige Suchergebnisse.

Im Folgenden werden die dargestellten Peer-to-Peer-Systeme auf ihre Fähigkeit untersucht, die von Intermediären im Syndikationsprozess bereitgestellten Funktionen zu übernehmen und dadurch existierende Intermediäre zu ersetzen.

3 Substituierbarkeit von Intermediären im Syndikationsprozess durch Peer-to-Peer-Systeme

Institutionalisierte Intermediäre führen im Prozess der Inhaltesyndizierung Funktionen aus, die tendenziell auch von Peer-to-Peer-Systemen übernommen werden können. Allgegenwärtiges Beispiel für eine derartige Substitution im Rahmen der Musikdistribution an Konsumenten ist die Übernahme von Distributionsfunktionen durch illegale Filesharing-Dienste à la Napster. Im Folgenden wird zu untersuchen sein, inwiefern die von Intermediären ausgeführten Funktionen auch im Rahmen der

Mehrfachverwertung auf Peer-to-Peer-Systeme verlagert werden können. Hierzu werden die entsprechenden Funktionen zunächst systematisiert und auf ihre Substituierbarkeit geprüft. Daraus lassen sich schließlich Substitutionsszenarien ableiten.

3.1 Vorbetrachtung: Funktionen von Intermediären im Syndikationsprozess

Intermediäre unterstützen die zwischen Anbietern und Nachfragern stattfindende Transaktion in den Phasen Information, Vereinbarung und Abwicklung. Sie können in ihrer Position zwischen Anbieter und Nachfrager als Händler verstanden und anhand der klassischen Handelsfunktionen beschrieben werden. Als solche werden im Allgemeinen genannt: Such- und Informationsfunktion, Aggregationsfunktion, Selektions- und Sortimentsfunktion, Vertrauensfunktion, Distributionsfunktion, Lagerfunktion, Marktausgleichsfunktion, Preisbildungsfunktion und Abrechnungsfunktion (Bailey/Bakos 1997; Riehm et al. 2001, S. 149; Lucking-Reiley/Spulber 2001). Als besonders bedeutsam im Rahmen der Distribution und Mehrfachverwertung der Inhalte sind die Such- und Informationsfunktion, die Selektions- und Sortimentsfunktion, die Vertrauensfunktion sowie die Preisbildungs- und Abrechnungsfunktion zu nennen. Bei digital vorliegenden Inhalten verlieren die Distributions- und die Lagerfunktion an Bedeutung. Die Distribution findet direkt über eine Informationsinfrastruktur statt und kann so nur noch eingeschränkt als Aufgabe eines Intermediärs angesehen werden, während eine physische Lagerung nicht notwendig ist und lediglich eine (kostengünstige) Speicherung auf Datenträgern stattfindet. Zusätzlich von Bedeutung, meist jedoch nicht im Rahmen der Handelsfunktionen systematisiert, ist die Funktion der Vertragsgestaltung, welche beim Handel mit Inhalten aufgrund der komplexen rechtlichen Situation besondere Relevanz hat und von spezialisierten Intermediären übernommen werden kann. Betrachten wir die Funktionen ein wenig genauer:

Such- und Informationsfunktion

Intermediäre informieren (und beraten) vor- und nachgelagerte Wertschöpfungsstufen hinsichtlich des Absatzes bzw. der Akquisition von Medieninhalten und nutzen hierzu ihre im Vergleich zu beiden Kontrahenten umfangreichere Erfahrung und Kenntnis von Produkten und Akteuren. Insbesondere unterstützen sie die Suche nach möglichen Transaktionspartnern und reduzieren dadurch die bei beiden Kontrahenten auftretenden Suchkosten. Intermediäre übernehmen in der Medienwertschöpfungskette i.d.R. diese Informationsfunktion im Sinne klassischen Marketings durch direkt an Konsumenten gerichtete Produktwerbung. Im vorliegenden Fall ist diese Funktion allerdings anders gelagert, da es sich um ein vom Verwerter zu bündelndes Produkt handelt, welches nicht direkt beim Rezipienten beworben wird. Es findet also eher Werbung für die Zeitung, nicht für den darin enthaltenen Comic statt.

Selektions- und Sortimentsfunktion

Die Selektion bzw. Vorauswahl von zu vertreibenden Inhalten und die Bildung von Sortimenten aus Inhalten unterschiedlicher Hersteller sind nur durch Intermediäre und deren Kontakte zu verschiedenen Herstellern möglich. Aus Sicht der Inhalteverwerter wird hierdurch eine Vorauswahl bzw. Bündelung im Hinblick auf den eigenen Bedarf vorgenommen, die einen Mehrwert darstellt.

Vertrauensfunktion

Intermediäre generieren durch ihre unabhängige Position zwischen Anbieter und Nachfrager sowie durch die Bereitstellung von Informationen über Marktteilnehmer und den Markt im Allgemeinen Vertrauen zwischen beiden Marktteilnehmern. Da Informationsprodukte zudem dem Informationsparadoxon (Arrow 1971) unterliegen, ist diese Vertrauensgenerierung bei der Syndizierung von Medieninhalten von hoher Bedeutung und kann die Kosten der Markttransaktion signifikant senken.

Vertragsgestaltungsfunktion

Aufgrund der komplexen rechtlichen Situation bei der Übertragung von Verfügungsrechten bei der Content Syndication ist auf die Gestaltung von Verträgen besonderes Augenmerk zu legen. Content Syndicatoren übernehmen hier die Ausarbeitung von Verträgen zwischen Inhalteerstellern und -verwertern und können als unabhängige Dritte Vertragsstandards setzen und zur Vertrauensgenerierung beitragen.

Preisbildungs- und Abrechnungsfunktion

Preissetzung und Abrechnung können von Intermediären effizient ausgeführt werden, denn ihre Position erlaubt eine Kenntnis des Marktes und damit eine marktorientierte Preisbildung. Ebenso können aufgrund der Reduktion der Kontraktzahl (zum Baligh-Richartz-Effekt z.B. Gümbel 1985, S. 110) Abrechnungsfälle zwischen Anbietern und Nachfragern gebündelt und die Zahl der Abrechnungen reduziert werden.

Entsprechend des Umfangs der von ihnen übernommenen vorgenannten Funktionen ist eine Unterscheidung von Intermediären in Broker und Händler (i.e.S.) möglich (z.B. Rose 1999, S. 67). Diese Unterscheidung hat primär Auswirkungen auf das vom Intermediär getragene Risiko, da dieser als Broker lediglich für die Informationsbereitstellung und Teile der Transaktionsabwicklung entlohnt wird, als Händler jedoch auf eigene Rechnung handelt und Rechte am gehandelten Gut erwirbt sowie die Transaktion in zwei vollständige Teiltransaktionen (Einkauf, Verkauf) aufspaltet. Im hier vorliegenden Fall wird eine Unterscheidung in Broker und Händler zunächst nicht vorgenommen, sondern die Diskussion auf der Ebene einzelner Funktionen geführt.

Die Handelsfunktionen werden im Hinblick auf die nachfolgende Diskussion von Substitutionsszenarien anhand der zugrunde liegenden Handelstransaktion (zwischen Inhalteersteller und Rezipient) und ihrer Unterteilung in Phasen, wie in Abbildung 2 dargestellt, systematisiert (Picot et al. 2001, S. 50; Schmid 2000, S. 184 ff.). Kontroll- und Anpassungsphase wurden zur Vereinfachung an dieser Stelle vernachlässigt und können der Abwicklungsphase zugerechnet werden. Im Anschluss kann eine Zuordnung der Funktionen zu den in die Transaktion eingebundenen Intermediären stattfinden. Die entsprechende Handelstransaktion beschreibt damit den Vertrieb von Inhalten vom Erzeuger an den Rezipienten, also sämtliche Transaktionen zwischen Erstellung und Konsum, und ihre Abwicklung über Content Syndicatoren und -verwerter als zwischengeschaltete Intermediäre.

Die als Teil davon aufzufassende „Verwertungstransaktion" zwischen Verwerter und Rezipienten wird in diesem Zusammenhang nicht eigenständig betrachtet.[2]

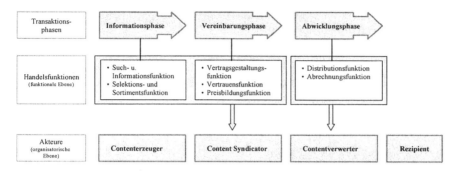

Abb. 2: Phasen eines Transaktionsprozesses; zugeordnete Handelsfunktionen sowie Akteure

An dieser Stelle wird eine Zuordnung der genannten Handelsfunktionen zu Content Syndicatoren und -verwertern vorgenommen. Zwar ist diese eindeutige Zuordnung für die beim Vertrieb eines Inhalts zwischen Erzeuger und Rezipient stattfindenden Transaktionen nicht möglich, da bei genauer Betrachtung zwei aufeinander folgende Transaktionen gleicher Art stattfinden, allerdings ist für Serieninhalte eine derartige Zuordnung realistisch. Hier findet in zwei Schritten zunächst eine Vermittlung der Inhalte an Inhalteverwerter (die als einmalige Informations- und Vereinbarungsphase gelten kann) und schließlich eine wiederholte Distribution und Abrechnung (als mehrmalige Abwicklung zwischen Contenterzeuger und -verwerter ohne Zuhilfenahme des Content Syndicators) statt. Dadurch sind die intermediären Funktionen in der diesem Beitrag zugrunde liegenden Situation relativ klar den Content Syndicatoren und -verwertern zuzuordnen.

3.2 Möglichkeit der Übernahme von Funktionen durch Peer-to-Peer-Systeme

Im Folgenden werden die systematisierten Funktionen daraufhin überprüft, inwiefern sie durch ein Peer-to-Peer-System ebenso gut bzw. effizienter, d.h. zu geringeren Transaktionskosten als in der aktuellen Situation durch institutionalisierte Intermediäre, übernommen werden können und damit eine Re-Allokation der Funktionen vorteilhaft sein kann. Am Ende der Betrachtung jeder Teilfunktion wird dazu eine durch die Argumentation gestützte Hypothese formuliert. Hierbei wird zunächst ausschließlich auf die betrachtete Funktion abgestellt und diese isoliert vom möglichen, aus verschiedenen Funktionen gebündelten Gesamtangebot des Content Syndicators behandelt. Da in der Realität die Einbettung von Syndicatoren in die Wertschöpfungskette i.d.R. nicht ausschließlich auf Basis der alleinigen Betrachtung ihrer hier systematisierten Funktionen zu beurteilen ist, sondern auch unternehmensspezifische Eigen-

---

2 Es kann im vorliegenden Fall z.B. angenommen werden, dass es sich bei Rezipienten um Abonnenten von Inhalteverwertern handelt, die (kurzfristig) keine inhaltespezifische Kaufentscheidung tätigen.

schaften und Handlungsspielräume relevant sind, wird neben der rein funktional motivierten Hypothese eine mögliche Alternativhypothese formuliert. Diese stellt auf die Bedeutung der jeweiligen Funktion im Gesamtkontext der untersuchten Transaktionsbeziehung ab und berücksichtigt insbesondere mögliche Spezifika in der Bereitstellung der jeweiligen Funktion durch einen Content Syndicator.

Such- und Informationsfunktion

Das Ergebnis der Such- und Informationsfunktion ist eine Aufstellung der in Frage kommenden Transaktionspartner und ihrer entsprechenden Transaktionsangebote sowohl für Inhalteerzeuger als auch -verwerter.[3] Diese Funktion wird demnach dann optimal erfüllt, wenn sämtliche Transaktionsangebote auf beiden Seiten gefunden werden und entsprechende Informationen bereitgestellt werden. Wird ein Content Syndicator als Institution aufgefasst und weist er als solche entsprechende Transaktionskosten verursachende Eigenschaften auf (Anding/Hess 2002, S. 560), dann wird das Suchergebnis durch beschränkte Rationalität eingeschränkt sowie die Weitergabe von Informationen an beide Marktkontrahenten durch opportunistisches Verhalten beeinträchtigt sein. Ein Peer-to-Peer-System stellt hingegen eine technische Verbindung zwischen allen Teilnehmern her und repräsentiert keinen eigenständigen Akteur im Sinne der Transaktionskostentheorie (Picot et al. 1997, S. 68). Es weist somit eine weniger begrenzte Rationalität (diese bezieht sich hier insbesondere auf die bei Akteuren i.d.R. vorhandene begrenzte Informationsverarbeitungskapazität) und keinen Opportunismus auf. Damit ermöglicht ein Peer-to-Peer-System ein vollständiges Suchergebnis auf Basis der Daten aller am Netz beteiligter Akteure und stellt dieses ebenso allen Akteuren zur Verfügung. Voraussetzung ist hier allerdings die Unterstützung durch einen zentralen Indexserver, da ein serverloses Peer-to-Peer-Netz ein vollständiges Suchergebnis nicht garantieren kann.

Hypothese: Die Such- und Informationsfunktion kann durch ein Peer-to-Peer-Netz effizienter wahrgenommen werden als durch einen Content Syndicator.

Alternativhypothese: Aus Sicht einzelner Inhalteersteller und -verwerter kann eine durch begrenzte Rationalität und Opportunismus gekennzeichnete Such- und Informationsfunktion des Content Syndicators durchaus wünschenswert sein, wenn diese sich davon einen Wettbewerbsvorteil versprechen. Diese werden tendenziell eher einen Content Syndicator bevorzugen, können aber, da die entstehende Situation letztlich einem Gefangenendilemma gleicht, nur im Vorteil sein, wenn Wettbewerber nicht gleichzeitig ein Peer-to-Peer-System nutzen.

Selektions- und Sortimentsfunktion

Eine Selektion und Sortimentsbildung wird vom Content Syndicator auf Basis des Suchergebnisses sowie des erwarteten Erlöspotenzials der von Autoren angebotenen Inhalte vorgenommen. Der Syndicator wählt als Gatekeeper nur jene Inhalte für eine Publikation durch verschiedene Verwerter aus, die ein vergleichsweise hohes Interesse seitens der Rezipienten und damit hohe Erlöse erwarten lassen. Oft agiert der Syndi-

---

3   Inhalteverwerter erfüllen im Rahmen dieser Analyse keine Such- und Informationsfunktion, sie aggregieren lediglich die Nachfrage von Seiten der Rezipienten und distribuieren die von Syndicatoren vermittelten Inhalte.

cator in dieser Situation als Agent für Verwerter, in deren Auftrag er potentiell interessante Inhalte selektieren soll. Die Abschätzung des Erlöspotenzials von Medieninhalten ist hierbei mit großen Unsicherheiten behaftet, die im vorliegenden Falle z.T. daraus resultieren, dass der Content Syndicator stellvertretend für Rezipienten die ihnen letztlich von Verwertern anzubietenden Inhalte auswählt und sortimentiert bzw. zumindest sortierend aufbereitet. Der Content Syndicator schätzt somit bereits zwei Stufen vor der tatsächlichen Konsumption den bei Konsumenten entstehenden Nutzen ab. Aus theoretischer wie empirischer Sicht ist das Ergebnis dieser Selektion suboptimal und führt zu falsch ausgewählten Inhalten („Flops"). Während für Konsumenten tatsächlich interessante Inhalte nicht in das Sortiment des Syndicators aufgenommen werden, stoßen tatsächlich distribuierte Inhalte u.U. nicht auf das erwartete Interesse. An dieser Stelle wird erneut die dem Akteur Content Syndicator anhaftende begrenzte Rationalität deutlich.

Ein Peer-to-Peer-System ermöglicht an dieser Stelle eine optimierte Inhalteselektion. Die beschränkte Rationalität kann überwunden werden, indem Rezipienten als am Netz teilnehmende Peers die angebotenen Inhalte im Vorfeld einer Distribution durch Verwerter konsumieren und entsprechend ihres Interesses bewerten. Diese Bewertung kann entweder durch eine direkte Beurteilung auf Basis einer Bewertungsskala stattfinden oder indirekt durch das Peer-to-Peer-System durch Beobachtung des Tauschverhaltens vorgenommen werden. Eine Selektion bzw. Sortimentsbildung kann auf Basis dieser Bewertungen stattfinden. Die durch Konsumenten direkt vorgenommene Bewertung der Inhalte spiegelt das entsprechende Erlöspotenzial wider und ermöglicht eine bessere Selektion von Inhalten für eine später durch Verwerter stattfindende Distribution. Dies kann im ersten Schritt nur für serienmäßig produzierte Inhalte in Frage kommen, wenn das Peer-to-Peer-System nicht gleichzeitig die Abrechnungsfunktion bieten kann. In diesem Falle kann jeweils der erste Serienteil im Netz angeboten und durch Teilnehmer bewertet, die folgenden Teile dann über Verwerter an Rezipienten vertrieben werden. Dies kommt dem im Medienbereich weit verbreiteten Ansatz der Akzeptanzabschätzung durch kostenlose Produktproben gleich, wobei im vorliegenden Fall durch ein Peer-to-Peer-Netz ein direktes und objektives Feedback sowie ein besserer Vergleich verschiedener Produktangebote ermöglicht werden.

Hypothese: Die Selektions- und Sortimentsfunktion kann durch Peer-to-Peer-Systeme effizienter wahrgenommen werden als durch einen Content Syndicator.

Alternativhypothese: Content Syndicatoren haben i.d.R. eine besondere Kompetenz in der Selektion von Inhalten und der Sortimentsgestaltung, die von Inhalteverwertern, evtl. auch aufgrund einer bereits langfristig bestehenden Geschäftsbeziehung gegenüber einem Peer-to-Peer-System, bevorzugt wird. Zudem könnte auch die Auswahl von Inhalten durch Content Syndicatoren für das Interesse von Rezipienten an bestimmten Inhalten verantwortlich sein. Eventuell mögen also Zeitungsleser Garfield-Comics nur deshalb, weil diese fortwährend von Syndicatoren für jene Zeitungen selektiert werden und damit dem Leser bereits langfristig präsent sind. In diesem Falle muss von der Annahme, dass das Rezipienteninteresse unabhängig vom angebotenen Inhalt ist, abgewichen werden.

Vertrauensfunktion

Ein Peer-to-Peer-System als unabhängiger Mittler zwischen Inhalteersteller und -verwerter ist unter Nutzung eines softwaregestützten Reputationsmechanismus, in der Lage, Vertrauen zwischen Marktteilnehmern zu generieren. Im Detail kann hier zwischen zentralen und dezentralen Mechanismen zur Vertrauensgenerierung unterschieden werden (Eggs et al. 2002, S. 246). So kann auf Basis einer Bewertung eingestellter Inhalte durch Rezipienten (z.B. anhand der Anzahl der Tauschvorgänge oder der Menge der auf den Festplatten der Nutzer vorhandenen Kopien der Inhalte) die Qualität bzw. das Verwertungspotenzial von Inhalten abgeschätzt werden. Die Bildung von Vertrauen ist umso besser möglich, je stärker das Netz in den gesamten Distributionsprozess eingebunden ist und beispielsweise auch ex post die Einhaltung vertraglicher Vereinbarungen prüfen und bewerten kann. Allerdings kann ein in den Prozess eingebundener Content Syndicator als unabhängiger Dritter Akteur Vertrauen mindestens ebenso gut generieren.

Hypothese: Die Vertrauensfunktion kann durch Peer-to-Peer-Systeme zwar wahrgenommen, aber nicht effizienter wahrgenommen werden als durch einen Content Syndicator. Eine über die bereits in der Hypothese getroffene Relativierung hinausgehende Alternativhypothese ist im Falle der Vertrauensfunktion nicht gegeben.

Vertragsgestaltungsfunktion

Zwar könnte durch ein Peer-to-Peer-System die Bereitstellung von Vertragsvorlagen stattfinden, die Ausgestaltung konkreter Syndication-Verträge zwischen Inhalteersteller und -verwerter ist allerdings ein Prozess von hoher Individualität, der viel personengebundenes Wissen und Verhandlungsgeschick erfordert. Somit kann eine Verlagerung der Vertragsgestaltungsfunktion in ein Peer-to-Peer-System nicht anzustreben sein.

Hypothese: Die Vertragsgestaltungsfunktion kann durch Peer-to-Peer-Systeme nicht oder nur unzureichend, z.B. in Form von als Dokument hinterlegter Musterverträge wahrgenommen werden. Eine Alternativhypothese ist auch an dieser Stelle nicht sinnvoll.

Preissetzungsfunktion

Die Preissetzung zwischen Inhalteerstellern und -verwertern stellt eine der Hauptfunktionen von Content Syndicatoren dar. Da eine Bewertung von Informationsprodukten vor ihrem Konsum generell problematisch ist (Arrow 1971), stützen sich auch Content Syndicatoren auf Erfahrungswerte und den bei Rezipienten zu erwartenden Nutzen. Eine Verlagerung dieser Funktion auf Peer-to-Peer-Systeme ist demnach durch deren Möglichkeit zur Bestimmung einer Zahlungsbereitschaft abzuschätzen. Zunächst ist es im Rahmen der Bewertung von Inhalten durch die Teilnehmer an Peer-to-Peer-Systemen auch möglich, deren Zahlungsbereitschaft zu erheben, was allerdings mit verschiedenen Problemen behaftet ist. Einerseits ist es für Rezipienten problematisch, eine Zahlungsbereitschaft für ein Produkt anzugeben, welches überwiegend durch Verwerter gebündelt und damit nicht zu einem eindeutig zugeordneten Preis vertrieben wird (es existiert somit kein Marktpreis für das Produkt), andererseits ist von Konsumenten regelmäßig eine zu gering angegebene Zahlungsbereitschaft zu erwarten,[4] da auch sie als Institutionen opportunistisches Handeln anstreben. Insgesamt kann allerdings aufgrund der größeren Nähe zum Rezipienten und bspw. der Möglichkeit, Rezipienteninteresse und damit auch eine Zahlungsbereitschaft anhand der Verbreitung bestimmter Inhalte im Peer-to-Peer-System abzuschätzen, angenommen werden, dass Peer-to-Peer-Systeme einen am Rezipientenmarkt erzielbaren Preis und damit einen Preis zwischen Inhalteersteller und -verwerter mindestens ebenso gut bestimmen können wie ein Content Syndicator.

Hypothese: Die Preissetzungsfunktion kann durch Peer-to-Peer-Systeme effizienter wahrgenommen werden als durch einen Content Syndicator.

Alternativhypothese: Content Syndicatoren sind im Unterschied zu Peer-to-Peer-Systemen in der Lage, Inhalteverwertern Inhalte aus verschiedenen Quellen als Bündel anzubieten und damit die Preissetzung für Einzelinhalte zu umgehen. Die durch Preisbündelung mögliche umfassendere Abschöpfung der Konsumentenrente kann aus Sicht einzelner Inhalteersteller vorteilhaft sein, insbesondere wenn für deren Inhalte eine geringere Zahlungsbereitschaft bei Konsumenten vorliegt. In diesem Falle können Content Syndicatoren die Preisbildungsfunktion zumindest aus Erstellersicht effizienter wahrnehmen als Peer-to-Peer-Systeme.

Abrechnungsfunktion

Die Abrechnung distribuierter Inhalte, sofern sie kostenpflichtig an Konsumenten vertrieben werden, wird derzeit durch Inhalteverwerter (im ersten Schritt) und ggf. Content Syndicatoren (im zweiten Schritt durch Weiterleitung von Erlösen an Inhalteerzeuger) effizient sichergestellt. Eine Übernahme dieser Funktion durch Peer-to-Peer-Systeme ist aufgrund ihres dezentralen Charakters vergleichsweise problematisch, da eine kontrollierte Weitergabe der Inhalte zwischen Peers bisher nicht sicherzustellen ist. Einerseits widerspricht eine Abrechnung über Peer-to-Peer-Systeme der derzeit noch dominierenden Auffassung bzgl. kostenpflichtiger Online-Inhalte, andererseits haben sich sichere Online-Abrechnungsverfahren noch nicht etablieren können. Die Übernahme der Abrechnung durch Peer-to-Peer-Netze weist demnach gegenüber dem Status Quo keinen Vorteil auf und ist überdies derzeit technisch kaum realisierbar.

Hypothese: Die Abrechnungsfunktion kann durch Peer-to-Peer-Systeme derzeit nicht wahrgenommen werden.

Alternativhypothese: Eine Abrechnung der Inhaltedistribution zwischen Teilnehmern eines Peer-to-Peer-Systems, verbunden mit einer nicht korrumpierbaren Inhalteübertragung, liegt derzeit im Fokus der Peer-to-Peer-bezogenen Forschung (Gehrke/ Anding 2002). Erste Ergebnisse weisen darauf hin, dass eine Abrechnung in Peer-to-Peer-Systemen technisch zukünftig möglich sein wird.

Distributionsfunktion

Im vorliegenden Fall werden Inhalte an Verwerter syndiziert, welche diese nicht ausschließlich online, sondern meist sogar (noch) überwiegend offline in Zeitungen und Zeitschriften vertreiben. Zwar ermöglichen Peer-to-Peer-Systeme einen effizienten Vertrieb online bereitgestellter Inhalte, jedoch kann eine offline-Distribution nicht

---

4 Dies könnte gemildert werden, indem die Bewertung und damit die Wahrscheinlichkeit einer späteren Publikation eines Inhalts z.T. von der angegebenen Zahlungsbereitschaft abhängig gemacht wird.

unterstützt werden. Als problematisch für den Online-Vetrieb gelten auch hier die Schwächen von Peer-to-Peer-Systemen: Redundanz der Datenhaltung, Probleme bei der Identifizierung von Nutzern und Inhalten und damit fehlende Verantwortung und Kontrolle, Abhängigkeit der Dienstleistungsqualität vom Verhalten einzelner Nutzer. Insgesamt zeigt sich allerdings am Beispiel online vertriebener Musik, dass eine effiziente Distribution von Inhalten durch Peer-to-Peer-Systeme durchaus möglich ist und bei (technischer) Milderung der genannten Probleme auch hohe Qualität bieten kann. Letztlich kann die Vorteilhaftigkeit einer Distribution über Peer-to-Peer-Systeme speziell von der Art der Inhalte abhängig sein, wobei deren ökonomische (Aktualität, Zielgruppengröße, etc.) und technische Eigenschaften (Bandbreitenanforderung, Zeitabhängigkeit, etc.) zu betrachten sind.

Hypothese: Die Distributionsfunktion kann durch Peer-to-Peer-Systeme für offline distribuierte Inhalte nicht, für online distribuierte Inhalte besser wahrgenommen werden als durch Content Syndicatoren oder Inhalteverwerter.

Alternativhypothese: Aus rein technischer Sicht kann eine Alternativhypothese aus den z.T. noch vorhandenen Problemen der qualitativ verlässlichen Inhalteübertragung in Peer-to-Peer-Systemen abgeleitet werden, die eine Distribution durch Syndicatoren bzw. Verwerter effizienter erscheinen lässt. Langfristig wird diese allerdings schwer haltbar sein.

Funktion	Hypothese zur Übernahme durch Peer-to-Peer-Systeme	Alternativhypothese
Such- und Informationsfunktion	möglich und vorteilhaft	Syndicator von einzelnen Erstellern und Verwertern aufgrund antizipierter Wettbewerbsvorteile evtl. bevorzugt
Selektions- und Sortimentsfunktion	möglich und vorteilhaft	Rezipienteninteresse evtl. erst durch Selektion des Syndicators geschaffen
Vertrauensfunktion	möglich	-
Vertragsgestaltungsfunktion	nicht möglich	-
Preisbildungsfunktion	möglich, vorteilhaft	Durch Content Syndicatoren auf Basis von Preisbündelung evtl. effizienter möglich
Abrechnungsfunktion	(derzeit) nicht möglich, nicht vorteilhaft	Weiterentwickelte Peer-to-Peer-Systeme können eine Abrechnung unterstützen
Distributionsfunktion	online möglich, Vorteilhaftigkeit abhängig vom Inhalt; offline nicht möglich	Aufgrund qualitativer Probleme in Peer-to-Peer-Systemen ist eine online Distribution durch Syndicatoren und Verwerter derzeit noch vorteilhafter

Tab. 1: Vorteilhaftigkeit der Übernahme von Funktionen durch Peer-to-Peer-Systeme

Tabelle 1 stellt die Hypothesen zur Übernahme einzelner Funktionen durch Peer-to-Peer-Netze noch einmal im Überblick dar und stellt ihnen die jeweils skizzierten Alternativhypothesen gegenüber. Für die weitere Diskussion und Ableitung von Szenarien sollen diese Einschränkungen zunächst ausgeblendet und lediglich auf die Hypothesen zurückgegriffen werden. Im Rahmen der Beurteilung der Szenarien werden die Alternativhypothesen wieder aufgegriffen.

Zusammenfassend zeigt sich, dass eine Verlagerung intermediärer Funktionen auf Peer-to-Peer-Systeme jeweils von unterschiedlicher Vorteilhaftigkeit gekennzeichnet ist, die sich in Abhängigkeit von der aktuellen technologischen Entwicklung z.T. im Zeitablauf ändern kann. Ergänzend ist an dieser Stelle zu bemerken, dass die systematisierten Intermediärsfunktionen noch überwiegend empirischen Charakter aufweisen und hierfür bisher noch keine umfassende theoretische Basis existiert. Die Aussagen zur Übernahme dieser Funktionen durch Peer-to-Peer-Systeme sind somit ebenfalls unter dieser Einschränkung zu betrachten.

4   Szenarien für die Substitution von Intermediären

Auf Basis der in Abschnitt 3.2 dargestellten Hypothesen zur Übernahme intermediärer Funktionen durch Peer-to-Peer-Systeme können im Folgenden Szenarien für den Einsatz von Peer-to-Peer-Systemen abgeleitet werden. Diese werden im folgenden Abschnitt zunächst dargestellt und aus ökonomischer Sicht anschließend anhand der Transaktionskostentheorie bewertet. Da die in Abschnitt 3.2 getroffenen Einschränkungen der Hypothesen für die Herleitung der Szenarien nicht berücksichtigt werden, weisen die Szenarien ebenfalls hypothetischen Charakter auf. Eine Relativierung findet im Rahmen der nachfolgenden Beurteilung unter Berücksichtigung der getroffenen Einschränkungen statt.

4.1   Darstellung der Szenarien

Entsprechend der unterschiedlichen Vorteilhaftigkeit der Übernahme einzelner Funktionen können zum aktuellen Zeitpunkt zwei Szenarien für eine kurzfristige und eine mittelfristige Betrachtung sowie gleichzeitig für ein unterschiedliches Ausmaß der Funktionsübernahme der Aufgaben von Intermediären durch Peer-to-Peer-Systeme unterschieden werden. Besonders markant ist, dass die Übernahme der von Content Syndikatoren übernommenen Funktionen durch Peer-to-Peer-Systeme bereits kurzfristig möglich und z.T. vorteilhaft erscheint. Die Übernahme der Funktionen von Contentverwertern (Distribution und Abrechnung) ist hingegen kurzfristig nicht vorteilhaft bzw. nicht realisierbar. Zwar ist eine Distribution auf Basis von Peer-to-Peer-Systemen für Konsumenten vorteilhaft, jedoch kann dies aufgrund fehlender Abrechnungsmöglichkeiten und der Nicht-Entlohnung von Inhalteerstellern zu Marktversagen führen.

Somit stellt Szenario 1 eine Situation dar, in der die überwiegend von Content Syndikatoren abgedeckten Funktionen durch ein Peer-to-Peer-Netz übernommen werden, während in Szenario 2 auch die Funktionen des Verwerters in dieses Netz integriert sind.

Szenario 1: Übernahme der Funktionen von Content Syndikatoren

Ein Peer-to-Peer-System als Substitut für Content Syndikatoren kann zwischen Erzeugern, Verwertern und Rezipienten etabliert sein, wobei Inhalte von Erzeugern eingestellt, von Rezipienten bewertet und von Verwertern auf Basis der Bewertungen in eigene Angebote integriert werden können. Such- und Informationsfunktion werden durch Suchfunktionen des Peer-to-Peer-Systems übernommen, während die Selektions- und Sortimentsfunktion durch ein automatisiertes Ranking der Inhalte sichergestellt werden können, welches auch Anhaltspunkte für die Preisbildung gegenüber Inhalteverwertern liefern kann. Dieses Ranking kann einerseits durch Überwachung von Breite und Geschwindigkeit der Verteilung einzelner Inhalte geschehen, wonach bspw. die am weitesten im Netz verbreiteten Inhalte als jene mit größter Zielgruppe gelten können (und zudem Eigenschaften der Zielgruppe zudem relativ genau bestimmbar sind). Andererseits können Rezipienten Inhalte hinsichtlich verschiedener Eigenschaften direkt bewerten und dadurch ein Qualitätsranking nach unterschiedlichen Kriterien erzeugen, welche wiederum als Auswahlkriterien für Inhalteverwerter gelten können. Größtes Novum gegenüber der durch Content Syndicatoren unterstützten Transaktion ist demnach die Einbindung von Rezipienten in die Selektion und Sortimentsbildung, die hierbei nicht mehr stellvertretend durch Content Syndicatoren, sondern direkt durch die Zielgruppe vorgenommen wird.

Aufgrund des Informationsparadoxons, wonach einmal konsumierte und durch Rezipienten im Peer-to-Peer-System bewertete Inhalte durch diese nicht mehr kostenpflichtig von Verwertern erworben werden und durch die scharfe Trennung zwischen Anbahnung/Vereinbarung und Abwicklung der Inhaltetransaktion ist dieses Szenario nur für Inhalte denkbar, bei denen die mit der Bewertung verbundene Konsumtion von einer späteren kostenpflichtigen Konsumtion des bewerteten Inhalts getrennt werden kann. Dies ist nur bei Inhalten mit *Seriencharakter* möglich, bei denen die Bewertung einer Ausgabe der Serie (zumindest bezogen auf eine hinreichend große Menge an Ausgaben) auch Gültigkeit für weitere Ausgaben hat. Weiterhin denkbar ist dies bspw. bei Trailern für Kino- oder Videofilme, welche eine Bewertung der Filme vor dem Konsum zulassen. Allerdings ergibt sich genau aus diesem Grund für den Trailer oft eine vom Film abweichende Bewertung. Das Szenario 1 wird im Überblick in der Abbildung 3 dargestellt.

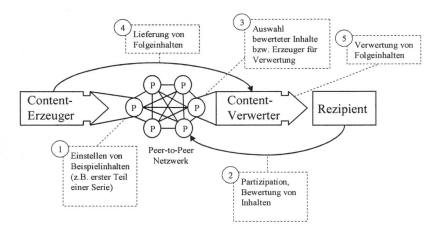

Abb. 3: Peer-to-Peer-System als Substitut für Content Syndicatoren (Szenario 1)

In Szenario 1 wird die Trennung zwischen den Transaktionsphasen Anbahnung/ Vereinbarung und Abwicklung noch einmal verdeutlicht. Lediglich die Abwicklung (Inhaltedistribution und -abrechnung) wird vom Contentverwerter und nicht vom Peer-to-Peer-System übernommen.[5] Die weiterhin wichtige und nicht auf das Peer-to-Peer-Netz übertragbare Vertragsgestaltungsfunktion muss darüber hinaus von einer weiteren Institution, bspw. einer spezialisierten Ausprägung des Content Syndicators, übernommen oder von Ersteller und Verwerter direkt abgedeckt werden.

Szenario 2: Übernahme der Funktionen von Content Syndicatoren und -verwertern

Die Positionierung eines Peer-to-Peer-Netzes auf beiden intermediären Stufen erfordert die Übernahme der Funktionen sowohl des Content Syndicators als auch des Verwerters. Einschränkend wirken hier die von Peer-to-Peer-Systemen (derzeit) nicht bzw. nur eingeschränkt bereitzustellenden Funktionen der Abrechnung und Distribution[6] von Inhalten, weshalb dieses Szenario nur in Frage kommen kann, sobald eine Abrechnung der Inhaltenutzung in Peer-to-Peer-Systemen möglich ist. Selbst dann ist es auch nur für durchgängig elektronisch distribuierte Inhalte nutzbar, nicht z.B. für in Zeitungen abgedruckte Comics.

Aufgrund der aufgehobenen organisatorischen Trennung zwischen Anbahnung/ Vereinbarung und Abwicklung in Kombination mit der Möglichkeit der Abrechnung konsumierter Inhalte wird bei diesem Szenario die Verwertung einmaliger (also nicht an eine Serie gekoppelter) Inhalte möglich. Szenario 2 wird im Überblick in der Abbildung 4 dargestellt.

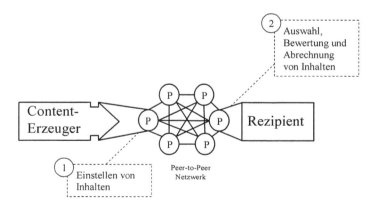

Abb. 4: Peer-to-Peer-System als Substitut für Content Syndicatoren und Verwerter (Szenario 2)

---

5   Hierbei erfolgt eine Vernachlässigung der Vertragskonfiguration zwischen Verwerter und Rezipient. Es wird von einem kurzfristig nicht kündbaren Abonnement ausgegangen. Die den beschriebenen Transaktionskostenursachen unterliegende Transaktion zwischen Verwerter und Rezipient (Eingehen eines Abonnements) ist zum Betrachtungszeitpunkt damit bereits abgeschlossen.

6   So beschränkt sich letztere auf Online-Medien und kann bspw. die Verwertung von Inhalten in gedruckter Form nicht leisten.

4.2 Transaktionskostentheoretische Beurteilung der Szenarien

Die dargestellten Szenarien werden im Folgenden unter Zuhilfenahme der Transaktionskostentheorie (z.B. Picot et al. 2001, S. 50) einer ökonomischen Bewertung unterzogen. Im Allgemeinen eignet sich die Transaktionskostentheorie aufgrund einer nur schwach möglichen Operationalisierung einzelner Kostenbestandteile (Schreyögg 1998, S. 75) nicht zur Ermittlung der Transaktionskosten einer einzelnen Transaktionsbeziehung. Allerdings kann sie – wie auch im vorliegenden Fall – als komparativer Ansatz zum Vergleich zweier organisationaler Arrangements herangezogen werden.[7] Hierbei kann an dieser Stelle nur eine schlaglichtartige Beurteilung erfolgen, da eine umfassende transaktionskostentheoretische Analyse beider Szenarien den Rahmen dieses Beitrags sprengen würde.

Zunächst soll der zugrunde liegende Prozess der Syndizierung serienmäßiger Inhalte noch einmal zusammengefasst werden:
1. Kontaktaufnahme zwischen Inhalteersteller und Content Syndicator
2. Auswahl von Inhalten durch Content Syndicator und Vermittlung an Inhalteverwerter
3. Serienmäßige Lieferung von Inhalten durch Inhalteersteller an Inhalteverwerter

Im Zuge einer transaktionskostentheoretischen Beurteilung der für die Organisation dieses Prozesses dargestellten Szenarien sind die jeweiligen Ursachen der bei Information, Vereinbarung und Abwicklung entstehenden Transaktionskosten zu untersuchen. Diese werden im Allgemeinen durch die akteurbezogenen Ursachen *beschränkte Rationalität* und *Opportunismus* sowie die transaktionsspezifischen Ursachen *Investitionsspezifität*, *Unsicherheit* und *Häufigkeit* repräsentiert (Williamson 1975).

Bei der Substitution von Intermediären im Syndikationsprozess durch Peer-to-Peer-Systeme erfolgt insbesondere eine Veränderung der akteursbezogenen Transaktionskostenursachen, während Investitionsspezifität, Unsicherheit und Häufigkeit (jeweils bezogen auf die Transaktion zwischen Ersteller und Verwerter) konstant bleiben.

Szenario 1: Übernahme der Funktionen von Content Syndicatoren

Durch die Verlagerung der überwiegend auf den Content Syndicator entfallenden Informations- und Anbahnungsphasen auf Peer-to-Peer-Systeme werden sowohl dessen beschränkte Rationalität als auch das durch ihn repräsentierte Opportunismuspotenzial reduziert. Da Rezipienten direkt an der Auswahl der später an sie distribuierten Serieninhalte teilnehmen, ist in jedem Falle eine im Vergleich zur Selektion durch Content Syndicatoren zielgruppenadäquatere Auswahl sichergestellt (sofern diese Aktivitäten in einem einzigen Peer-to-Peer-System gebündelt sind) und damit die beschränkte Rationalität von Content Syndicatoren unter Senkung entsprechender Transaktionskosten umgangen. Zudem wird die Möglichkeit des opportunistischen Ausnutzens von Informationsvorsprüngen durch Content Syndicatoren unterbunden, die im – wiederum opportunistischen – Interesse von Inhalteerstellern unter Umständen bewusst inadäquate Inhalte an Verwerter weiterleiten können.

---

7 Vgl. z.B. Anding/Hess 2002 für einen transaktionskostentheoretischen Vergleich der zwei Organisationsformen von Online Content Syndication ohne bzw. mit Intermediär.

Einzuschränken ist diese Schlussfolgerung, wenn die in Abschnitt 3.2 aufgestellten Alternativhypothesen berücksichtigt werden. Wird einerseits angenommen, dass einzelne Ersteller oder Verwerter aufgrund besonderer Geschäftsbeziehungen zu Content Syndicatoren Wettbewerbsvorteile erlangen und beibehalten können, so bietet sich für diese eine Umgehung der Syndicators nicht an (Mit diesem Argument wird allerdings die transaktionskostentheoretische Sicht verlassen). Wird andererseits die Möglichkeit berücksichtigt, dass das Rezipienteninteresse an bestimmten Inhalten erst aufgrund der Tatsache geschaffen wurde, dass Verwerter diese Inhalte vorselektiert von Syndicatoren erhalten haben, so würde aus der Nutzung von Peer-to-Peer-Systemen gar ein Transaktionskostenzuwachs resultieren. Dies wäre der Fall, wenn Rezipienten aus einer undifferenzierten Menge angebotener Inhalte zunächst eine dem eigenen Geschmack adäquate Selektion treffen müssten, ohne sich auf eine redaktionell getroffene Vorauswahl berufen zu können.

Szenario 2: Übernahme der Funktionen von Content Syndicatoren und -verwertern

In diesem Szenario findet zusätzlich die Übernahme der auf Inhalteverwerter entfallenden Abwicklungsphase statt, es sind demzufolge die dieser Phase innewohnenden Transaktionskostenursachen zu betrachten. Im Vergleich zu den vorgelagerten Phasen ist die Abwicklung überwiegend mit dem physischen Vertrieb von Inhalten an Rezipienten verbunden, der in Szenario 2 mit Information/Vereinbarung zu einer Transaktion zusammenfällt. Eine mögliche, über das Szenario 1 hinausgehende Veränderung der Transaktionskosten kann demnach nur aus einer Reduktion der Vertriebskosten entstehen. Eine diesbezügliche Aussage ist allerdings aus verschiedenen Gründen nur spekulativ möglich. So ist einerseits der Vorteil von Peer-to-Peer-Systemen bei der Distributionsgeschwindigkeit digitaler Inhalte gegenüber dedizierten Anbietern noch nicht abschließend untersucht und zudem stark von der Art der Inhalte abhängig (z.B. Video vs. Text; vgl. Hess et al. 2002). Andererseits ist die im Szenario 1 weiterhin crossmedial mögliche Inhalteverwertung hier auf die Online-Distribution (als derzeit einzigem Zugang zu Peer-to-Peer-Systemen) beschränkt und damit ein Transaktionskostenvergleich aufgrund gleichzeitig veränderter Produkteigenschaften schwierig.

Letztlich kann zwar davon ausgegangen werden, dass die Kosten der Inhaltedistribution bei vollständig Peer-to-Peer-basiertem Vertrieb sinken, allerdings sind beschränkte Rationalität und Opportunismus als Transaktionskostenursachen hiervon kaum betroffen. Da beim Szenario 2 aufgrund der Fusion von Information/Vereinbarung und Abwicklung zu einer einzigen Transaktion auch die Distribution nicht-serienmäßiger Inhalte möglich wird, kann zudem eine nach Inhaltearten getrennte Betrachtung stattfinden. Für nicht-serienmäßige Inhalte kann demnach ausgesagt werden, dass durch eine fehlende ex ante Beurteilungsmöglichkeit der Inhaltequalität (die im Gegensatz dazu auch bei nicht-serienmäßigen Inhalten durch einen institutionalisierten Verwerter z.B. auf Basis seiner Reputation durchaus gegeben ist) eine stärker beschränkte Rationalität beim Rezipienten zu erwarten ist. Insgesamt ist das Szenario 2 aus transaktionskostentheoretischer Sicht weniger begründbar als das Szenario 1.

5 Zusammenfassung

Die verschiedenen Phasen der bei der Lieferung von Inhalten durch Inhalteersteller an Rezipienten stattfindenden Transaktion werden z.T. durch Intermediäre (Syndicatoren und Verwerter) unterstützt. Die von diesen institutionalisierten Unternehmen ausgeübten Funktionen können unterschiedlich gut auch durch Peer-to-Peer-Systeme übernommen werden, wodurch aus transaktionskostentheoretischer Sicht sogar teilweise (bspw. bei der Auswahl der an Verwerter weitergeleiteten Inhalte) Effizienzvorteile entstehen können. Im Ergebnis lassen sich zwei unterschiedlich weit gehende hypothetische Szenarien betrachten, bei denen einem Peer-to-Peer-System überwiegend die Anbahnungs- und Vereinbarungsphase (und damit prinzipiell die Vermarktungsaktivitäten) oder aber zusätzlich auch die Abwicklungsphase der Transaktion zwischen Ersteller und Rezipient übertragen wird. Aufgrund unterschiedlicher Anforderungen bei Inhalten mit stärkerem *Einmaligkeits-* bzw. *Seriencharakter* und unterschiedlicher Anwendbarkeit von Peer-to-Peer-Architekturen in den Transaktionsphasen kann eine unterschiedliche Relevanz der beiden Szenarien (vgl. Tabelle 2) sowie eine unterschiedliche Reduktion von Transaktionskosten unterstellt werden. Während die Übernahme der Syndicatorfunktionen beim Vertrieb von Serieninhalten, nicht jedoch bei einmaligen Inhalten mit Vorteilen verbunden sein kann, kann eine Übernahme sämtlicher intermediärer Funktionen bei einmaligen und durchgängig elektronisch verwerteten Inhalten stattfinden, wobei eine Reduktion von Transaktionskosten eher beim Szenario 1 gegeben zu sein scheint.

	Durchgängig elektronische Verwertung	Elektronische oder physische Verwertung
Einmalige Inhalte	Szenario 2	-
Serieninhalte	Szenario 1	Szenario 1

Tab. 2: Anwendbarkeit der Szenarien

Als technisch durchführbare und transaktionskostenökonomisch effiziente Variante der Substitution von Intermediären im Syndikationsprozess stellt sich – bei Annahme der Gültigkeit der Hypothesen zur Übernahme entsprechender Funktionen – zusammenfassend das Szenario 1 dar. Hier kann die Institution des Content Syndicators durch ein Peer-to-Peer-Netz ersetzt werden, welches durch die Teilnahme der am Ende der Verwertungskette stehenden Rezipienten eine potentiell eher zielgruppenadäquate Auswahl von Inhalten durch Verwerter (und damit eine Reduktion beschränkter Rationalität) ermöglicht. Da die anschließende Verwertung von der durch das Peer-to-Peer-System stattfindenden Vermarktung getrennt ist, kann dieses Konzept sowohl für elektronisch als auch für physisch an Rezipienten distribuierte Serieninhalte Anwendung finden.[8] Hierdurch kann in letzter Konsequenz die traditionell in verschiedenen Bereichen der Medienbranche hohe „Floprate", d.h. der Anteil der distribuierten Medieninhalte, welche nicht das Interesse der Rezipienten getroffen haben, reduziert werden. In Bezug auf Content Syndicatoren kann schließlich ange-

---

[8] Es kann dazu vorausgesetzt werden, dass für jegliche Medieninhalte zumindest eine Vorschau-Version elektronisch übertragen werden kann.

nommen werden, dass ihre Bedeutung als Informationslieferant bzw. Sortimentsgestalter in dieser hypothetischen Organisationsstruktur tendenziell sinken wird, sie aber weiterhin – bspw. in spezialisierter Form – einzelne Funktionen übernehmen können (bspw. Vertragsgestaltung und Abrechnung), die von Peer-to-Peer-Systemen derzeit nicht sicherzustellen sind.

Zwar sind die in diesem Beitrag getroffenen Aussagen weitgehend hypothetischer Natur und insbesondere unter Berücksichtigung der parallel angeführten Alternativhypothesen zur Übernahme einzelner Funktionen durch Peer-to-Peer-Systeme zu relativieren, allerdings lassen sich aus der Diskussion auch Handlungsempfehlungen für die durch eine tendenzielle Substitution bedrohten Content Syndicatoren ableiten. So können diese sich verstärkt auf die durch Peer-to-Peer-Systeme nicht oder nur sehr eingeschränkt zu leistenden Aktivitäten, z.B. die Preisbündelung sowie die Vertrauensbildungs- und Vertragsgestaltungsfunktion, spezialisieren und damit eine nicht substituierbare Leistung anbieten. Zudem kann eine zweckmäßige Strategie in der zielgerichteten Etablierung von Peer-to-Peer-Systemen durch Content Syndicatoren zur Unterstützung der eigenen Syndikationsleistung im Rahmen der Informationsbereitstellung und Sortimentsbildung liegen. Diese „Vermarktungssysteme" könnten, unter der Kontrolle und dem Markennamen eines Content Syndicators, Informationen über angebotene und nachgefragte Inhalte generieren, woraufhin konkrete Syndikationsbeziehungen durch den Content Syndicator etabliert und konfiguriert (z.B. im Sinne der Vertrags- und Preisgestaltung) werden können.

Literatur

Anding, M./Hess, T. (2001): Content Syndication – Basic Concept and Case Studies. In: Arbeitspapiere der Abt. Wirtschaftsinformatik II. Universität Göttingen. Nr. 11. Göttingen.

Anding, M./Hess, T. (2002): Online Content Syndication – A critical Analysis from the Perspective of Transaction Cost Theory. In: Proceedings of the Xth European Conference on Information Systems. Danzig, S. 551-563.

Arrow, K.J. (1971): Essays in the Theory of Risk Bearing. Chicago.

Bailey, J.P./Bakos, Y. (1997): An Exploratory Study of the Emerging Role of Electronic Intermediaries. In: International Journal of Electronic Commerce 1 (3), S. 7-20.

Clement, M./Nerjes, G./Runte, M. (2002): Bedeutung von Peer-to-Peer Technologien für die Distribution von Medienprodukten im Internet. In: Schoder, D./Fischbach. K./Teichmann, R. (Hrsg.): Peer-To-Peer (P2P). Ökonomische, technologische und juristische Perspektiven. Berlin und Heidelberg, S. 71-80.

Dümpe, O./Satzger, G./Will, A. (1998): Re-Intermediation und elektronische Koordination in Wertschöpfungsnetzen. In: Tagungsband des Workshops „Kooperationsnetze und elektronische Koordination". (1998). Frankfurt a.M.

Eggs, H./Sackmann, S./Eymann, T./Müller, G. (2002): Vertrauen und Reputation in P2P-Netzwerken. In: Schoder, D./Fischbach, K./Teichmann, R. (Hrsg.): Peer-to-Peer (P2P). Ökonomische, technologische und juristische Perspektiven. Berlin und Heidelberg.

Gehrke, N./Anding, M. (2002): A Peer-To-Peer Business Model for the Music Industry. In: Monteiro, J.L./Swatman, P.M./Tavares, L.V. (Hrsg.): Towards the Knowledge Society. Proceedings of the 2nd IFIP Conference on eCommerce, eBusiness and eGovernment. Lissabon (Kluwer Academic Publishers), S. 243-257.

Gerpott, T.J./Schlegel, M. (2002): Online-Distributionsoptionen für Markenanbieter journalistischer Inhalte. In: Die Betriebswirtschaft 62 (2), S. 133-145.

Gümbel, R. (1985): Handel, Markt und Ökonomik. Wiesbaden.

Hess, T./Anding, M./Schreiber, M. (2002): Napster in der Videobranche? Erste Überlegungen zu Peer-to-Peer-Anwendungen für Videoinhalte. In: Schoder, D./Fischbach. K./Teichmann, R. (Hrsg.): Peer-To-Peer (P2P). Ökonomische, technologische und juristische Perspektiven. Berlin und Heidelberg, S. 25-40.

Jatelite (2002): peer-to-peer. Whitepaper. http://www.jatelite.de/pdf/jatelite_de_peer_to_peer.pdf Abruf 30-11-2002.

Lindemann, C./Waldhorst, O. (2002): Eine Protokollumgebung für Peer-to-Peer Dokumentenaustausch in infrastrukturlosen mobilen Umgebungen. In: Proc. 1. Deutscher Workshop über Mobile Ad-Hoc Netzwerke (WMAN 2002). Ulm, S. 167-178.

Lucking-Reiley, D./Spulber, D.F. (2001): Business-to-Business Electronic Commerce. In: Journal of Economic Perspectives 15 (1), S. 55-68.

Picot, A./Dietl, H./Franck, E. (1997): Organisation. Eine ökonomische Perspektive. Stuttgart.

Picot, A./Reichwald, R./Wigand, R.T. (2001): Die grenzenlose Unternehmung. 4. Aufl. Wiesbaden.

Riehm, U./Orwat, C./Wingert, B. (2001): Online-Buchhandel in Deutschland – Die Buchhandelsbranche vor der Herausforderung des Internet. Arbeitsbericht Nr. 192. Institut für Technikfolgeabschätzung und Systemanalyse. Forschungszentrum Karlsruhe.

Rose, F. (1999): The Economics, Concept and Design of Information Intermediaries. Heidelberg und New York.

Schmid, B.F. (2000): Elektronische Märkte. In: Weiber, R. (Hrsg.): Handbuch Electronic Business. Wiesbaden, S. 179-208.

Schoder, D./Fischbach, K. (2002): Peer-to-Peer Anwendungsbereiche und Herausforderungen. In: Schoder, D./Fischbach, K./Teichmann, R. (Hrsg.): Peer-to-Peer. Berlin, S. 3-21.

Schreyögg, G. (1998): Organisation. 2. Aufl. Wiesbaden.

Sedge, M. (2000): Successful Syndication. A Guide for Writers and Cartoonists. New York.

Werbach, K. (2000): Syndication – The Emerging Model for Business in the Internet Era. In: Harvard Business Review May-June 2000, S. 85-93.

Williamson, O.E. (1975): Markets and Hierarchies. New York.

Connectivity is King – Organisation der Entwicklung von Regionalportalen

Stephan Manning

1 Einleitung

„A website is more than public relations and advertising: [...] it is about connectivity" (Lash/Wittel 2002, S. 1992). Denn nicht (mehr) der modische Auftritt allein, sondern die intelligente Vernetzung von Content zeichnet Internet-Präsenzen von heute aus. Insbesondere der dynamischen Verknüpfung von Frontend und Backend, d.h. von Content-*Darstellung* in Bild, Text und Ton und Content-*Bereitstellung* von Daten über die technischen Schnittstellen des Website-Betreibers wird zunehmende Aufmerksamkeit zuteil (vgl. Lash/Wittel 2002). Mit dieser (technischen) Vernetzung werden nutzerspezifische Zugänge und eine regelmäßige Aktualisierung von Content ermöglicht und damit Wechselbarrieren geschaffen, die Nutzer langfristig binden (vgl. Stelzer 2000). „Konnektivität" impliziert jedoch mehr als „nur" die Notwendigkeit, nutzerspezifische digitale Datenzugänge bereitzustellen (vgl. Frankston 2002; Norman 2003); viel mehr geht es (langfristig) um die *inhaltliche* und *technische* „Anschlussfähigkeit von Internet-Angeboten". So sind Website-Betreiber angehalten, angesichts sich rasch wandelnder Nutzerbedürfnisse und Technologien, ihre Angebote regelmäßig sowohl technisch als auch inhaltlich weiterzuentwickeln, um damit intern wie extern „anschlussfähig" zu bleiben. In diesem Bemühen sind eine Vielzahl von Akteuren eingebunden, wie z.B. Redakteure, Broker und Nutzer, Softwarehersteller, Internetdienste und Berater. Diese bilden das „[soziale] Netz hinter dem [digitalen] Netz" (Sydow 2003), wobei sich je nach Entwicklungsstand der Internet-Angebote unterschiedliche *soziale* „Anschlüsse", i.S.v. (potenziellen) Austauschbeziehungen, zwischen diesen Akteuren ergeben. Diese werden meist im Kontext von Wertschöpfungsketten behandelt (Zerdick et al. 1999; Wirtz 2001; Christ 2003). Die Art und Weise, *wie* diese Anschlüsse entstehen und *wie* damit die (Weiter-)Entwicklung von Internet-Angeboten ermöglicht und beschränkt wird, bleibt dagegen meist unterbelichtet. Auch die Frage der *Organisation* der Akteursbeziehungen und Anschlussmöglichkeiten bleibt häufig offen.

Besonders erfolgskritisch sind Akteursbeziehungen in der Entwicklung und im Betrieb von Portalen, die als Plattform und Schnittstelle von Informationen im Internet zunehmende Bedeutung erlangen (Christ 2003; Wirtz/Lihotzki 2001). Regionalportale sind ein besonderer Typus von Portalen, da sie eine räumlich-soziale Infrastruktur abbilden und – idealiter – Zugang zu Verwaltungen und Verwaltungsprozessen (E-Government) sowie Akteuren und Märkten in der Region (E-Commerce) verschaffen (vgl. von Lucke 2000; Gladwyn et al. 2000; Reinermann 2000). Ein Regionalportal zu entwickeln bedeutet zum einen, Content-Angebote aus der Region aufzugreifen, aufzubereiten und zu integrieren; zum anderen Akteure zu aktivieren, die notwendig sind, um ein Portal langfristig funktionsfähig zu halten. Zunehmend greifen daher Städte und Länder, die Regionalportale einrichten oder erweitern wollen, auf externe Berater zurück, die helfen, regionale Akteure und technische Dienstleister zusammenzubringen. „Portal.org" ist eine solche Beratungsgesellschaft, deren Strategien und Praktiken in der Entwicklung von Portalen anhand der Fallstudie „portalstadt.de" diskutiert werden sollen.[1] Dazu werden zunächst Merkmale der Portalentwicklung erläutert, wobei insbesondere auf das Zusammenspiel von Inhalte- und Infrastrukturentwicklung eingegangen wird. Im Anschluss werden der Portalberater Portal.org vorgestellt und Akteursbeziehungen im Vorfeld eines (Weiter-)Entwicklungsprojektes von portalstadt.de auf Basis von Projektunterlagen, Teilnahmen an Strategiesitzungen, Leitfadeninterviews mit Beteiligten und einer strukturellen Netzwerkanalyse untersucht. Dabei wird diskutiert, wie Regionalportale und deren Anschlussfähigkeit langfristig organisiert werden können. Abschließend wird bestimmt, welche strukturellen bzw. inhaltlichen Parallelen und Unterschiede zwischen der Produktion von Fernsehfilmen und der Entwicklung von Portalen bestehen und ob sinnvoller Weise von Projektnetzwerken der Portalentwicklung gesprochen werden kann.

2 Content Life Cycle und Relaunches: Vorüberlegungen zur Entwicklung von Portalen

Die Entwicklung von Websites allgemein und von Portalen insbesondere vollzieht sich im Wechselspiel von Content Life Cycle und Relaunches. Der *Content Life Cycle* bezeichnet den regelmäßigen Zyklus der Erstellung, Pflege und Archivierung, d.h. der ständigen Aktualisierung und Regenerierung von Content in einer bestehenden Content-Infrastruktur (vgl. Christ 2003; Zschau 2000). Diese Aufgabe wird typischer Weise von einer fest installierten Content-Redaktion übernommen, die ähnlich einer Zeitungsredaktion neue Inhalte prüft, redigiert und autorisiert und dabei alte Inhalte ersetzt bzw. in den Hintergrund stellt. Die Redaktion wird insbesondere in öffentlichen und kommerziellen Portalen heutzutage meist durch ein Content Management System (CMS) unterstützt, das Schnittstellen für eine dezentrale Pflege des Content bereitstellt und die Autorisierung und Integration von Content in bestehende Content-Module (Templates) teil-automatisiert ermöglicht. Der Vorteil eines CMS wird in der getrennten Pflege von Layout, Datenstruktur und Inhalt gesehen, indem die Erneuerung von Inhalten die Art der Präsentation nicht berührt (vgl. Fasching 2000). Häufig werden daher inhaltliche und gestalterische Redaktion sowie technische Administration eines Portals auch personell getrennt.

Der Aufwand der Content-Regenerierung variiert je nach Komplexität, Dynamik und dem Grad der Vernetzung der Inhalte. Beispielsweise unterscheidet sich die Organisation der Content-Produktion von kleinteiligen textlichen und audiovisuellen Inhalten, die entweder von der Content-Redaktion selbst erstellt oder über Content-Broker bzw. Peer-to-Peer-Systeme bezogen werden (vgl. Anding et al. in diesem Band), von der Produktion komplexer, häufig interaktiver Inhalte (Rich Media Content), die von spezialisierten Multimedia-Dienstleistern projektbasiert erzeugt werden. Dabei kommen unterschiedliche Austauschbeziehungen mit Website-Betreibern zur Geltung (vgl. Lutz 2001). Des Weiteren kann Content statischen Charakter tragen und einmalig hereingestellt werden oder dynamischer Art sein und, wie z.B. im Fall von Newsletters,

---

1 Die Namen sämtlicher Akteure wurden geändert.

täglich, meist durch die Content-Redaktion, erneuert werden. Schließlich kann es sich entweder um Content handeln, der in bestehende Strukturen passt und dezentral von der Redaktion, teils durch das CMS unterstützt, eingepflegt wird; oder es kann inhaltlich und technisch neuartiger, zudem häufig komplex vernetzter Content sein, dessen Integration – je nach Anschlussfähigkeit der Content-Infrastruktur – mit einem sog. Relaunch des Portals verbunden ist.

Ein *Relaunch* wird häufig in mehr oder weniger regelmäßigen Abständen in Portalen bzw. in Teilen von Portalen durchgeführt. Er umfasst grundlegende Änderungen der Content-Infrastruktur und der Content-Strukturierung (Christ 2003), die insbesondere Datenstrukturen, Templates und Navigationsinstrumente, aber auch den gesamten Aufbau und das Design des Portals betreffen können. Gründe für einen Relaunch werden in (radikal) veränderten Nutzerbedürfnissen sowie neuen technischen Möglichkeiten der Aufbereitung und Pflege von Inhalten, aber auch – in diesem Zusammenhang – in der mangelnden Anschlussfähigkeit der bestehenden Infrastruktur gesehen. In sofern kommen Relaunches ähnlich dem Content Life Cycle einem Regenerationsprozess gleich, wobei es sich eher um einen transformativen denn inkrementalen Wandel des gesamten Internet-Angebots handelt (vgl. zum Wandelbegriff Schreyögg 1999). Relaunches gehen häufig mit der Rekonfiguration, der Einführung oder dem Wechsel eines CMS einher, wonach Inhalte neu definiert, positioniert und strukturiert werden (müssen). In sofern wird mit einem Relaunch auch das Postulat der getrennten Pflege von Inhalt, Layout und Struktur kurzzeitig aufgehoben, um nach dem Relaunch wieder eingeführt zu werden. Dabei kommt es häufig zu organisatorischen Änderungen der Redaktion und Administration eines Portals.

Ein Relaunch ermöglicht und restringiert den jeweils zukünftigen Portalbetrieb, aus inhaltlicher, technischer und organisatorischer Sicht. Inhaltlich setzt ein Relaunch Bedingungen für den Content Life Cycle, d.h. für die Art und Weise, wie bestimmte Inhalte aufgegriffen und verarbeitet werden können. So ermöglichen beispielsweise erst Suchmaschinen die sinnvolle Datenbankanbindung von Content-Angeboten. Andererseits beschränkt jede Infrastruktur auch die Content-Produktion, in dem Vorgaben bestehen, z.B. Datenstrukturen, die bestimmte technische und inhaltliche Formate nahe legen. Technisch gesehen ermöglichen Relaunches bestimmte Anschlüsse zu Infrastrukturen des Providers, wie z.B. zu Intranet-Anwendungen, beschränken aber gleichzeitig den Zugang zu (inkompatiblen) technischen Systemen. Schließlich wird mit einem Relaunch eine organisatorische Infrastruktur, d.h. ein Portalbetrieb, mittelfristig festgelegt, der bestimmte Akteure, z.B. Softwarehersteller, beteiligt, andere, z.B. inkompatible Softwaremodulanbieter, jedoch ausschließt.

Aufgrund der Tragweite von Relaunches für die Entwicklung der inhaltlichen, technischen und organisatorischen Infrastruktur – und damit der Anschlussfähigkeit – eines Portals, rücken diese fortan in den Mittelpunkt der Betrachtung. Dabei stellen sich folgende Fragen: Welche Akteure sind an Relaunches beteiligt und welche treten als zentrale Koordinatoren auf? Welche Interessen bestehen für einzelne Akteure und auf welche Weise werden diese artikuliert? Auf welche Regeln und Ressourcen beziehen sie sich dabei? Welche Rolle spielen soziale Faktoren, wie Vertrauen, Macht und Konflikte, während eines Relaunches? Diesen Fragen soll anhand der Fallstudie portalstadt.de aus dem Blickwinkel des Portalberaters Portal.org nachgegangen werden.

3 Organisation der Entwicklung von Regionalportalen: Erfahrungen und Praktiken des Beratungsunternehmens Portal.org

Die Art und Weise, wie sich die Entwicklung von Portalen in und jenseits von Relaunches vollzieht, hängt wesentlich von dem Typ des Portals ab. Im Folgenden werden *Regionalportale* betrachtet, die – im Gegensatz beispielsweise zu Themenportalen – durch regional orientierte und zugleich breit gefächerte Inhalte für eine heterogene Nutzergemeinschaft gekennzeichnet sind (vgl. Zerdick et al. 1999, S. 204); ihre Entwicklung erfolgt unter Mitwirkung einer Vielzahl regionaler Akteure. Die *Organisation der Akteursbeziehungen* im Umfeld und Betrieb von Regionalportalen stellt damit eine zentrale Herausforderung für Stadt und Verwaltung dar. Im Zuge der aufkommenden Diskussion um New Public Management, E-Government und die virtuelle Stadt (vgl. auch Harms/Reichard 2003; von Lucke 2000; Grün/Brunner 2002) haben gleichzeitig Anforderungen an die *technische Umsetzung von Regionalportalen* zugenommen. So wird in modernen Regionalportalen eine dezentrale Pflege von Inhalten angestrebt, wobei die Einführung eines entsprechenden Redaktionssystems (CMS) vorgesehen ist. Die wachsenden personellen und finanziellen Aufgaben der Administration werden oft einem (privaten) Portalbetreiber übertragen, der die Kosten des Portals trägt und für die Pflege und Weiterentwicklung des Portals verantwortlich ist, der aber auch im Gegenzug Umsätze über kostenpflichtige Angebote sowie Werbeeinnahmen generieren kann. Der *Umstellungsprozess* von „einfachen Stadtseiten" zu einem „modernen Portal" passiert jedoch nicht automatisch; er ist viel mehr eingebettet in (regionale) Sozialstrukturen, die eine solche Umstellung gleichzeitig ermöglichen und beschränken. Das Beratungsunternehmen Portal.org hat sich auf die Moderation solcher Umstellungsprozesse spezialisiert. Am Fallbeispiel des zweiten Relaunches von portalstadt.de, mit dessen Koordination Portal.org beauftragt wurde, sollen Praktiken des Beratungsunternehmens deutlich gemacht werden. Zunächst werden jedoch die Akteure und der Hintergrund des Relaunches näher betrachtet.

3.1 Die Entwicklung von portalstadt.de

Portalstadt ist eine typische mittelgroße Stadt, die seit einigen Jahren über eine eigene Domain (portalstadt.de) verfügt und über diese vielfältige Informationen zur Stadt bereitstellt. Die Entwicklung der Stadtseiten lässt sich gut entlang von drei Relaunches – genauer: der Einführung (Launch) und zwei Überholungen (Relaunches) – nachvollziehen. Es fing 1997 an:

„Da bestand eine Forderung unseres damaligen Oberbürgermeisters, er hätte gern einen Internetauftritt. Das war auch die Zeit, als Stadtseiten in Mode kamen." (IT-Beauftragter Verwaltung)

Den Anstoß für den Erwerb der Domain portalstadt.de und die Einrichtung der ersten Stadtseiten gab, im Zusammenspiel von Technology Push und Demand Pull, der Legitimationsdruck, mit Internet-Präsenzen anderer Städte (Peers) gleichzuziehen. Viele Stadtverwaltungen hatten zu dieser Zeit Websites eingerichtet, vornehmlich um die Stadt grafisch ansprechend nach außen darzustellen. Der IT-Beauftragte der Verwaltung übernahm die Koordination des ersten Internet-Auftritts, wobei er auf externe Unterstützung angewiesen war:

„Die ersten Schritte haben wir zusammen mit einem Verlag gemacht, der das Frontend übernahm; die Verwaltung hat den Datenlieferanten gespielt mit allen Schwierigkeiten, die es in dem Zeitfenster gab. Denn die Technologie war noch nicht so weit entwickelt, wie sie heute ist." (IT-Beauftragter Verwaltung)

Das Vorgehen von Portalstadt ist Ende der 90er Jahre typisch für kleinere und mittlere Städte. Die Verantwortung der Content-*Darstellung* wird einem Verlag oder einer Multimedia-Agentur vor Ort übertragen, die Content-*Bereitstellung* erfolgt dagegen weitgehend ad hoc verwaltungsintern.

Der erste Relaunch kam 1999:

„1999 ist ein Relaunch gemacht worden. Da haben wir den Dienstleister gewechselt. Das machte dann Bitnet (regionaler IT-Dienstleister). Die haben speziell einen Mitarbeiter dafür eingesetzt, der beim Verlag [der den ersten Auftritt übernahm] ursprünglich mal angestellt war." (IT-Beauftragter Verwaltung)

Interessant ist hier die Verflechtung zwischen technischer Weiterentwicklung und sozialen Beziehungen: Der Bitnet- und ehemalige Verlagsmitarbeiter wurde sowohl vor als auch nach dem ersten Relaunch mit der Administration von portalstadt.de beauftragt. Gerade in der Anfangszeit des Internet spielten (personelles) Vertrauen und (kooperative) Erfahrung in Beziehungen zwischen Content-Anbietern und IT-Dienstleistern eine wichtige Rolle. Inhaltlich-technische Änderungen durch den Relaunch von portalstadt.de bestanden in der Navigation und Menüstruktur, wobei weiterhin die Verwaltung als alleiniger Anbieter Informationen – gruppiert nach Verwaltungs- und Bürgerinformationen (Ämteradressen, Verordnungen, ...), Kulturinformationen (Veranstaltungen, Stadtgeschichte, Museen, ...) und Wirtschaftsinformationen (Branchen-, Wirtschaftsstatistik, ...) – zur Verfügung stellte. Eine wichtige Neuerung bestand in der Einführung von Newsletters und Veranstaltungstipps, die bis heute von einer Mitarbeiterin der Pressestelle regelmäßig eingepflegt werden.

Drei Jahre nach dem ersten Relaunch wurde die *Anpassungsfähigkeit* und *Tragfähigkeit* der Stadtseiten von Portalstadt im Lichte der bereits angesprochenen Modernisierungsdebatte (erneut) in Frage gestellt. Einfacher „Me-Too"-Content war zunehmend nicht mehr gefragt (Tomson 2001). Insbesondere die Navigation, aber auch die Auswahl der Inhalte selbst stand zur Disposition:

„Es ist klar, dass man in der heutigen Zeit eine Suchfunktion braucht. Aber diese in der bestehenden Struktur zu implementieren, war schwierig, da die Navigation durcheinander gerät. Auch gab es Schwierigkeiten mit der Aktualisierung, mit der Fortentwicklung des Produktes. Der ursprüngliche Ansatz war ja Selbstdarstellung der Verwaltung, schöne bunte Bilder, um zu zeigen wie gut wir sind [...]. Im Laufe der Jahre hat sich ein Paradigmenwechsel ergeben: [...] Eine Stadt ist mehr als Verwaltung. Da haben wir den Portalgedanken aufgegriffen." (IT-Beauftragter Verwaltung)

Die Umstellung allein vorzunehmen, überstieg jedoch Kompetenzen und Kapazitäten der Verwaltung. Erfolglos versuchte der IT-Beauftragte zusammen mit dem Finanzverantwortlichen der Verwaltung regionale Akteure zu animieren, sich an der Erneuerung des Portals zu beteiligen. In dieser Zeit kam der IT-Beauftragte bei einem Messebesuch mit dem Beratungsunternehmen Portal.org in Kontakt. Ein mit Portal.org befreundeter Hersteller von Intranet-Software war gerade dabei, ein verwaltungsinternes Intranet in Portalstadt einzuführen. Portal.org übernahm diese Aufgabe selbst und empfahl sich damit als Technologieberater. Im Juli 2002 beauftragte der IT-Beauftragte der Stadt die Berater mit der Moderation des Relaunches.

3.2 Das Beratungsunternehmen Portal.org

Portal.org versteht sich als Beratungsunternehmen für den öffentlichen Sektor, insbesondere für Gebietskörperschaften und Verwaltungen. Zu seinen Leistungen zählen die Konzeption und Umsetzungsbegleitung kommunaler Intranet-Lösungen und regionaler Internet-Portale im konzeptionellen Rahmen von E-Government sowie die Durchführung von Workshops mit Verwaltungen vor Ort. Zum Unternehmen gehören zehn fest angestellte Mitarbeiter sowie Praktikanten in wechselnder Zahl. Entstanden ist Portal.org als Ausgründung eines Forschungsprojektes eines regionalökonomischen Institutes. Bis heute unterhält das Unternehmen zahlreiche Kontakte zu Universitäten und Forschungseinrichtungen auf der Suche nach Möglichkeiten der Vermittlung von Forschung und Praxis, insbesondere im Bereich E-Government. Zu ihren Hauptkunden zählen Städte von 20.000 bis 500.000 Einwohnern. Hauptkonkurrenten sind, nach Aussage des Geschäftsführers, Unternehmensberatungen, aber auch Webdesign-Firmen, die Komplettlösungen für Internet-Auftritte anbieten. Ihre Tätigkeiten beschreiben sie selbst so:

„Wir zählen nicht zur New Economy, sondern wir sind ein klassischer Dienstleister. [...] Wir sind [auch] keine Content-Beratung [wie viele Webdesigner], sondern Berater für die Produktion von Content." (Geschäftsführer Portal.org)

Damit nimmt Portal.org eine bis heute eher untypische Nische unter Beratern und „klassischen Dienstleistern" im IT- und Public Sector-Bereich ein, was die strategischen Spielräume des Unternehmens gleichzeitig erweitert und beschränkt:

„Unser größter Konkurrent ist die Unaufgeklärtheit der Kunden. Bei einem Portalprojekt stehen wir mit Webdesignern in direkter Konkurrenz, weil sie viel plastischer ihre Dienstleistung verkaufen können als wir. Wir müssen immer ein wenig aufklären [z.B. zu E-Government], eine missionarische Rolle übernehmen. Wir müssen uns den Markt ein Stück weit selbst schaffen." (Geschäftsführer Portal.org)

Dazu gehört laufende Überzeugungsarbeit über Messen, Veröffentlichungen und Gespräche vor Ort. Über eine dieser Messen haben sie auch mit Portalstadt Kontakt aufgenommen (s.o.), die sie schließlich mit dem Relaunch ihres Portals beauftragte.

3.3 Organisation des Relaunches von portalstadt.de

Um Relaunches zu organisieren, wählt Portal.org einen partizipativen Ansatz, der der Organisations- bzw. Regionalentwicklung ähnlich ist: Regionale Akteure, die inhaltlich und technisch etwas zu einem – jeweils regionalspezifisch ausgestalteten – Portal beitragen können, werden angesprochen und zu ihren Bedarfen und Vorstellungen befragt. Ausgangspunkt sind die beteiligten Akteure des bestehenden Portalbetriebs, im Fall von Portalstadt der IT-Beauftragte aus der Stadtverwaltung [in Grafik: v1] und die Online-Redakteurin der Stadt [v2]. Bei einem ersten informellen Treffen zwischen Portal.org und der Stadtverwaltung wurden zwei weitere regionale Akteure ins Spiel gebracht, die als Mediatoren im Kommunikationsprozess mit Akteuren vor Ort eingesetzt werden sollten: Der Geschäftsführer einer regional ansässigen Agentur für Weiterbildung im IT-Bereich [m1] und ein Freund und freier Berater in der lokalen Kulturszene [m2]. Auf Seiten von Portal.org wurde von den Geschäftsführern [p1, p3] der Bereichsleiter Portale [p2] als Projektleiter verpflichtet. Ihm zur Seite standen zwei

Mitarbeiter [p4, p5], die vornehmlich Zuarbeit leisten, aber auch mit Akteuren vor Ort in Kontakt treten sollten.

Um die Kommunikation während des Relaunches und dessen Organisation durch die genannten Akteure zu veranschaulichen, bietet sich eine strukturelle Netzwerkanalyse der Akteursbeziehungen auf Grundlage des Email-Verkehrs im Laufe des Projektes an. Denn nach Auffassung des Projektleiters [p2] nutzten die Beteiligten vor allem Emails, um während des Projektes zu kommunizieren. Die Email-Kontakte bilden zwar nur einen Ausschnitt der Akteursbeziehungen ab, sind jedoch wichtige Indizien für die Beziehungsstruktur im Projekt. Abbildung 1 veranschaulicht die Email-Beziehungen der Teilnehmer am Relaunch aus fokaler Sicht des Projektleiters [p2]. Dabei sind die bereits vorgestellten, zentral eingebundenen Akteure dunkel dargestellt (näheres s.u.). Der fokale Akteur selbst [p2] ist mit einem Umkreis gekennzeichnet.[2]

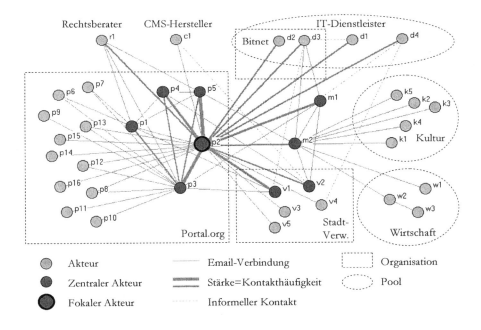

Abb. 1: Akteursbeziehungen während des Relaunch-Projektes (aggregiert)

---

2   Die erfassten Emails sind beschränkt auf all jene, die zumindest als Attachment, Carbon Copy oder Forward (auch) an den Projektleiter [p2] von Portal.org gegangen sind. Telefongespräche sowie Begegnungen vor Ort und andere informelle Kontakte konnten nur selektiv aufgenommen werden (gestrichelt), soweit auf sie in den Interviews oder den Emails verwiesen wird. Sender und Empfänger werden als Akteure (Knoten) und Emails als Verbindungen (Kanten) zwischen Akteuren interpretiert. Die Stärke der Verbindungen richtet sich nach der Zahl der verschickten Emails, wobei diese je Akteurspaar zwischen 1 (minimal) und 25 (maximal) variiert; die Rollenverteilung Sender-Empfänger in der Email-Kommunikation wurde zur Vereinfachung ignoriert. Insgesamt wurden 146 Emails ausgewertet, die über die gesamte Projektlaufzeit bis März 2003 verschickt wurden. Die Analyse wurde mit Hilfe von UCINET/NetDraw durchgeführt (Borgatti et al. 2002; Hanneman 2000).

Im Verlauf des Relaunches wurden vornehmlich inhaltliche, technische und rechtliche Fragen des neuen Portalbetriebs besprochen. *Inhaltlich* konnte Portal.org auf eigene Expertise und Erfahrungen in anderen Portalen zurückgreifen; gleichzeitig war das Unternehmen darauf angewiesen, im Sinne seines partizipativen Ansatzes, Akteure vor Ort nach ihren Interessen und Bedarfen am städtischen Portal zu befragen und sie zur Mitwirkung an der Portalentwicklung zu bewegen. Als besonders hilfreich stellte sich dabei der freie Kulturberater vor Ort heraus [m2], der die Koordination der Interviewtermine übernahm, wie es aus einer Email hervorgeht:

„Die Agentur Portal.org ist beauftragt, mit relevanten Entscheidungsträgern der Stadt strukturierte Interviews zu führen, um deren mögliche Anforderungen oder Erwartungen an ein solches Portal in den Neuauftritt einfließen zu lassen. Um [...] Portal.org den Einstieg zu erleichtern, habe ich angeboten, die Koordinierung der Termine in die Hand zu nehmen." (aus Email des Akteurs [m2] an lokale Akteure)

Später wurden Diskussionsgruppen zu den Themenblöcken Tourismus/Kultur, Standort/Wirtschaft, Leben/Bürgerschaft und Stadt/Verwaltung eingerichtet, um den Abstimmungsprozess in Selbstorganisation vor Ort anzuregen. Die Gruppen wurden von zentralen Akteuren vor Ort, u.a. den beiden Mediatoren, moderiert. Sofern die beteiligten Akteure in diesen Gruppen am Email-Verkehr teilnahmen, sind sie in den jeweiligen „Pools" auf der Grafik abgebildet. In einem Zwischenworkshop im November 2002 wurden die Ergebnisse der Gruppen unter dem Vorsitz zentraler Akteure, u.a. der Mediatoren [m2, m1] und des Projektleiters [p2], vorgestellt.

Parallel diskutierten die Beteiligten Fragen der *technischen* Umstellung: Besprochen wurde etwa, welches CMS für das neue Portal installiert werden und welcher IT-Dienstleister den Portalbetrieb übernehmen sollte. In Frage kam die Firma Bitnet mit ihren Mitarbeitern [d2, d3], die für die bisherigen Stadtseiten verantwortlich waren. Sie hatten Erfahrungen mit CMS und konnten auf bestehende Beziehungen mit der Verwaltung verweisen (in Abbildung 1 Stichellinie zwischen [d3] und [v1]). Die Firma war ebenso involviert in den Internet-Auftritt des freien Kulturberaters, der als Mediator im Relaunch zum Einsatz kam [m2]. Konkurrenz bekam Bitnet von einem anderen regionalen IT-Dienstleister [d4]. Dieser war bereits in den Internet-Auftritt des anderen Mediators und Geschäftsführers der regionalen IT-Weiterbildung [m1] eingebunden (Strichellinie [d4]-[m1]). Der entscheidende Unterschied zu seinem Konkurrenten bestand jedoch nicht in seiner technischen Kompetenz, sondern seiner bestehenden Beziehung zum Finanzverantwortlichen der Verwaltung [v4] (Strichellinie [d4]-[m1]), der neben dem IT-Beauftragten den Relaunch mit in die Wege geleitet hatte. Im Zuge der Debatte um die technische Umsetzung traten zwei weitere Akteure in Erscheinung, die vom Relaunch-Projekt in Portalstadt erfuhren und mit Portal.org bereits über Messekontakte bekannt waren: Ein CMS-Hersteller [c1] und ein IT-Dienstleister, der CMS-fähige Kalendermodule anbot [d1]. Ersterer suchte über die Content-Redakteurin der Verwaltung [v2], letzterer über den IT-Dienstleister Bitnet [d3] Kontakt mit Akteuren der Region aufzunehmen und sich so in den Relaunch einzubringen.

Schließlich wurden – strukturell unabhängig vom regionalen Geschehen – *rechtliche* Fragen der Umsetzung einer neuen Portalstrategie diskutiert. Dafür stand Portal.org ein Rechtsberater [r1] zur Verfügung, der bereits für andere Portale seine Leistungen gegen Honorar anbot. Die meisten Fragen waren datenschutzrechtlicher, aber auch organisatorischer Natur. So wurde beispielsweise die Einrichtung einer Public Private Partnership für den Portalbetrieb diskutiert. Welche Organisationform schließlich umgesetzt und welche Akteure daran beteiligt werden, ist jedoch noch offen, indem das Konzessionsverfahren zur Ermittlung des neuen Portalbetreibers zur Zeit anläuft. Die folgenden Analysen und Interpretationen, insbesondere zur Organisation der Akteursbeziehungen, sind daher (zum Teil) vorläufiger Natur.

Mit Blick auf die Struktur der hier erfassten Akteursbeziehungen lassen sich erste Aussagen in Bezug auf die *Organisation des Relaunches* treffen: So fällt die starke Segmentierung des Akteursnetzwerkes in eine Kerngruppe und eine Peripherie auf. Die Kerngruppe besteht aus fünf Mitarbeitern von Portal.org [p1-p5], allen voran dem Projektleiter [p2], sowie vier Akteuren vor Ort – den zwei Verwaltungsvertretern [v1, v2] und den zwei Mediatoren [m1, m2]. Der Peripherie gehören sämtliche anderen Mitarbeiter von Portal.org, der Rechtsberater, der CMS-Hersteller, die IT-Dienstleister und sonstige Akteure aus Stadt und Verwaltung an. Die Kerngruppe bildet aus Sicht von Portal.org das Projektteam, das den Relaunch koordiniert. Die Koordinationsleistung des Projektteams wird sowohl anhand der *individuellen* Zentralität der beteiligten Akteure deutlich – gemessen an der Zahl ihrer Kontakte sowie ihrer Nähe (Pfaddistanz) zu anderen Akteuren – als auch anhand der *gemeinsamen* Kontaktdichte, d.h. des Verhältnisses realisierter zu potenziellen Kontakten innerhalb der Gruppe (Dichte: 0,64)[3], die auf einen hohen Abstimmungsgrad im Team schließen lässt.

Dabei tritt der Projektleiter [p2] als zentraler Akteur und Schaltstelle zwischen Portal.org und Portalstadt auf, indem er zum einen die meisten Beziehungen insgesamt unterhält, zum anderen eine Brücke zwischen den Akteursbeziehungen in Portalstadt und in Portal.org bildet. Ihm zur Seite stehen – gemessen an der Struktur ihrer Email-Beziehungen – insbesondere der Geschäftsführer von Portal.org [p3] sowie – auf der anderen Seite – der freie Kulturberater [m2]. Beide Akteure sind ähnlich zentral in das Netzwerk eingebunden, wie Tabelle 1 zeigt, wobei [p3] mehr direkte Kontakte unterhält (Freeman's Degree), [m2] dagegen Akteuren im Netzwerk insgesamt – auch indirekt – etwas näher steht (Closeness Centrality) bzw. stärker als Kontaktschnittstelle *zwischen* verschiedenen Akteur(sbeziehung)en agiert (Flow Betweenness).

Rang	Freeman's Degree		Flow Betweenness		Closeness Centrality	
1.	p2	23	p2	675	p2	72
2.	p3	15	m2	514	m2	55
3.	m2	12	p3	278	p3	54

Tab. 1: Zentralität individueller Akteure im Vergleich[4]

Aufschlussreich ist – neben der Zentralität – ein Vergleich der Beziehungsmuster beider Akteure: *Netzwerkanalytisch* nehmen der Geschäftsführer von Portal.org [p3] und der regionale Kulturberater [m2] äquivalente, jedoch nicht redundante Positionen im Netzwerk ein, indem sie ähnliche Beziehungen mit ihrerseits ähnlich eingebundenen Akteuren unterhalten. So steht der Geschäftsführer [p3] mit peripher eingebundenen Mitarbeitern von Portal.org, der regionale Mediator [m2] mit ähnlich peripher einge-

---

3 Die Dichte des gesamten Netzwerks beträgt dagegen nur 0,09, wobei die Akteurszentrierung der Netzwerkdaten das Bild verzerrt.
4 Die Berechnungen wurden mit UCINET 6.0 vorgenommen, wobei die Akteursbeziehungen dichotom (1-vorhanden, 0-nicht vorhanden) und symmetrisch (a-b = b-a) behandelt wurden.

bundenen regionalen Akteuren in Kontakt. *Organisatorisch* weisen die Akteure damit äquivalente soziale Rollen in der Umsetzung des Relaunches auf, indem sie jeweils als Ansprechpartner des Projektleiters und als Multiplikator im Beratungsunternehmen bzw. vor Ort agieren. Gleichzeitig nehmen sie Aufgaben eines „boundary spanner" (Aldrich/Herker 1977) zwischen Kerngruppe und Peripherie wahr, indem sie Informationen filtern und damit den Kommunikationsprozess nach außen katalysieren. Der regionale Mediator [m2] ermöglicht ferner in seiner Rolle eine für IT- und Dienstleistungsprojekte typische „Kundenintegration" (Kleinaltenkamp et al. 1996), wobei – anders als bei „normalen" Dienstleistungsprojekten – hinter dem „Kunden" ein regionales Netzwerk von Akteuren steht, das keineswegs kollektiv agiert.

Viel mehr treten in Portalstadt verschiedene, zum Teil kompetitive Koalitionen und Cliquen zu Tage (s.o.), die gleichsam auf die *Grenzen der Organisation* von Relaunches verweisen. Ähnlich den (mikro-)politischen Prozessen, die im Umfeld von Organisationsentwicklungsprojekten beobachtet wurden (Crozier/Friedberg 1979), kommt es auch in Portalstadt während des Relaunches zum Gerangel um knappe Ressourcen. Insbesondere die Technologie-Anbieter, die ein besonderes Interesse an der technischen Weiterentwicklung des Portals hegen, sind auf vielfältige Weise in (regionale) Akteursnetzwerke – auch bereits im Vorfeld des Relaunches – eingebunden. So stehen die Beziehungen des Bitnet-Mitarbeiters [d3] mit dem IT-Verantwortlichen [v1] und dem Kulturberater [m2] der Clique um den konkurrierenden IT-Dienstleister [d4], dem Finanzverantwortlichen der Verwaltung [v3] und dem Geschäftsführer der regionalen IT-Weiterbildung [m1] gegenüber. Die Regionalität dieser Beziehungen – und der damit begrenzte Marktdruck durch außenstehende Akteure – verleiht mikropolitischen Prozessen während des Relaunches besonderes Gewicht.

Vor diesem Hintergrund ist allerdings die Frage nach der Ziel- und Umsetzung des Relaunches neu zu stellen: Welche Bedeutung hatten Nutzerbedürfnisse und technische Entwicklungen *tatsächlich* für die Initiierung des Relaunches? Welches Gewicht tragen inhaltliche, technische und rechtliche Fragen der Umsetzung? Welche Rolle spielt das Projektteam in der Organisation des Umstellungsprozesses? Der Schlüssel liegt im Verständnis *sozialer Prozesse*. So wird bereits in der Vorgeschichte des Portals deutlich, dass Nutzerbedürfnisse und technische Möglichkeiten nur mittelbar in die Initiierung des Relaunches einfließen. Sie werden eher kompetent und machtvoll von beteiligten Akteuren, insbesondere dem Finanzverantwortlichen, aber auch dem IT-Beauftragten, als Legitimationsgrundlage herangezogen. Dabei bedurfte der Relaunch – im Gegensatz zu früheren Relaunches – der legitimatorischen Unterstützung eines externen Beraters, der sein Expertenwissen als Ressource in den Relaunch kompetent mit einbringt (vgl. Ernst/Kieser 2002). Hinter der Legitimationsfassade kommen wiederum Interessen von Stakeholdern zum Vorschein: So stellt aus Sicht des IT-Dienstleisters [d4] beispielsweise der Relaunch eine Gelegenheit dar, in Zusammenarbeit mit dem IT-Weiterbilder [m1] und dem Finanzverantwortlichen der Verwaltung [v4] sich stärker in die Portalentwicklung einzubringen und bestehende Portalbeziehungen – zwischen dem IT-Verantwortlichen [v1] und Bitnet [d3] – aufzubrechen, d.h. neue Anschlussmöglichkeiten im Portal für sich zu schaffen. Denn die Struktur des Portals erlaubt verschiedene inhaltliche wie technische Anschlüsse, deren Aushandlung gleichsam einen machtvollen und konfliktträchtigen Prozess darstellt.

Dieser Aushandlungsprozess wird wiederum durch *soziale Beziehungen des Portalbetriebs* restringiert. Diese knüpfen an bestehende Akteursbeziehungen im Umfeld des Portals an und lassen sich nicht von Grund auf neu entwickeln. So ist es unwahrscheinlich, dass mit der Befragung regionaler Akteure aus Kultur und Wirtschaft (direkt) neue Inhalte-Anbieter sich beteiligen werden; eher wird es den regionalen Mediatoren [m1, m2], die bereits selbst über eigene Internet-Angebote verfügen, gelingen, mit dem Relaunch auf ihre eigenen Websites aufmerksam zu machen und diese (und damit *sich*) stärker mit dem neuen Portal zu vernetzen. Dabei kommt ihnen ihre Einbettung in (bereits bestehende) (Austausch-)Beziehungen mit Akteuren der Verwaltung einerseits, IT-Dienstleistern andererseits zugute. Jedoch stellen ihre bestehenden Verbindungen zu Technologieanbietern auch eine Restriktion dar, indem (kostengünstig) nur bestimmte Anschlussmöglichkeiten (in Anbindung zum neuen Portal) bestehen und (daher) machtvoll umgesetzt werden müssen. Mit der technischen Umstellung kommen dagegen auch externe Akteure ins Spiel, die – anders als die IT-Dienstleister vor Ort – über CMS-Technologie verfügen und ihre legitime Rolle in einem modernen Portal geltend machen. Dabei greifen sie auf Beziehungen zu Portal.org zurück, deren Unterstützung sie für ihren Markteintritt benötigen. Offen bleibt jedoch, wie sich die externen Technologieanbieter in regionale soziale Praktiken des Portalbetriebs bzw. bestehende regionale Akteursnetzwerke einfügen werden. Eine wichtige Rolle könnten dabei rechtliche Festsetzungen spielen, die zusammen mit der Einführung des IT-Systems soziale Praktiken des Portalbetriebs stabilisieren und Akteure (mittelfristig) an (und in) Portalbeziehungen binden.

Diese hier skizzierten Anschlussmöglichkeiten und -restriktionen haben Implikationen für die „Organisation des Relaunches" aus Sicht von Portal.org. Der Berater versteht sich – auch vor dem Hintergrund bestehender Akteursbeziehungen – nicht als Portalentwickler, sondern – bescheidener – als *koordinierender Portalbegleiter,* wobei er bestehende Praktiken des Portalbetriebs aufbricht (unfreeze), Optionen der inhaltlichen und technischen Neugestaltung (v)ermittelt und die Umsetzung des neuen Portals begleitet (refreeze) (vgl. Lewin 1958, Schein 1969). Dabei steht er – anders als Unternehmensberater – einem regionalen Akteursnetzwerk gegenüber, das keiner einheitlichen Leitung unterliegt; vielmehr besteht ein Geflecht interdependenter Ressourcenbeziehungen, deren Ausmaß keiner der Beteiligten vollständig überblickt. Diese Beziehungen sind zum Teil eingebettet in „project ecologies" (Grabher 2002) im Entwicklungskontext verschiedener, größtenteils unverbundener Internet-Angebote der Region, z.B. auch denen der beiden Mediatoren. Das heißt, es bestehen prinzipiell anschlussfähige Internet-Angebote im Umfeld des Portalbetriebs, die zusammen mit dem Portal selbst Anschlüsse für einen Relaunch ermöglichen und restringieren. Insofern geht die Aufgabe des Beraters weit über die Organisation eines einzelnen Relaunches hinaus. Vielmehr handelt es sich – im doppelten Sinne – um eine (interorganisationale) *Netzwerkentwicklung*, indem sowohl die inhaltlich-technische als auch die soziale Vernetzung der (kollektiven) Akteure im Umfeld des Portals zur Disposition steht. Diese Entwicklung passiert im Zusammenspiel von Fremd- und Selbstorganisation, wobei regionale Mediatoren als Boundary Spanners den Entwicklungsprozess machtvoll kanalisieren. Welche Implikationen dies für die langfristige Entwicklung von Portalen aus Sicht des Beraters hat, wird im Folgenden untersucht.

3.4 Organisation der langfristigen Entwicklung von Regionalportalen

Wie im Abschnitt 2 beschrieben, vollzieht sich die Entwicklung von Portalen im rekursiven Zusammenspiel von Content Life Cycle und Relaunches. Dabei restringiert jeder Relaunch die sozialen Praktiken der Inhalte-Produktion, wobei gleichzeitig Anschlussmöglichkeiten für Folge-Relaunches geschaffen werden. Im Fall von portalstadt.de beispielsweise entstehen mit der technischen Umstellung Integrationsmöglichkeiten für Intranet-Anwendungen der Verwaltung; diese können jedoch zunächst nicht in Anspruch genommen werden:

„Keines unserer Verwaltungsverfahren [...] ist auf einen Datenaustausch nach draußen vorbereitet. Sie müssen ja den Datensatz von außen nach innen in die Fachanwendung bringen, wobei es die Schnittstellen ganz einfach nicht gibt. Selbst wenn Sie ein Portal hätten, was in der Lage wäre, [...] interne Fachanwendungen anzusteuern, können es diese im Moment gar nicht verarbeiten." (IT-Verantwortlicher [v1])

Damit entsteht ein Folgebedarf für Relaunches bzw. für Weiterentwicklungen anschlussfähiger Infrastrukturen. Der Bedarf wird machtvoll artikuliert, indem Optionen inhaltlicher und technischer Neuerung von Portal.org strategisch stimuliert und von Akteuren vor Ort als Legitimationsgrundlage für Relaunches aufgegriffen werden – eine für Berater typische Geschäftspraxis (vgl. Ernst/Kieser 2002):

„Ja, ganz klar. Das ist auch unsere Geschäftsidee. Nach dem Relaunch ist vor dem Relaunch. Ein Portal ist nie zu Ende." (Projektleiter des Relaunches [p2])

Dabei beschränkt sich der Beratungsbedarf keineswegs auf technische Weiterentwicklungen. Vielmehr dominieren organisatorische Fragen der Einbindung von Inhalte-Angeboten und IT-Dienstleistungen (und damit sozialen Akteuren) die Umsetzung von Relaunches. Denn diese stellen Akteursbeziehungen im bestehenden Portalbetrieb zur Disposition und öffnen Gelegenheitsfenster für Restrukturierungsprozesse, die von Akteuren mehr oder weniger kompetent erkannt und genutzt werden (vgl. auch Tyre/Orlikowski 1994).

Die Organisation der Weiterentwicklung erfolgt wiederum in einem arbeitsteiligen Prozess, der über die Organisationsgrenzen des Portalbetriebs hinausgeht und externe Akteure einbezieht. Nicht jede technisch-inhaltliche Umstellung erfordert die Mitwirkung eines Beraters. Insbesondere CMS-Hersteller, die über eigene Zuliefer- und Systempartnernetze verfügen, koordinieren in der Regel technische Umstellungen selbst. Anders sieht es jedoch aus, wenn grundlegende Fragen der (Re-)Organisation bzw. der Einbindung regionaler Akteure und Inhalte-Angebote aufgeworfen werden:

„Es gibt die Trias: den Systemhersteller (CMS), die Webdesign-Agentur, die vor Ort ist und ein Layout entwickelt, und diejenigen, die die Konzeption herstellen und den Prozess begleiten. Im Idealfall gehen wir (Portal.org) in die Region, entwickeln mit den Redakteuren eine Feinkonzeption, das geht dann an die Webdesign-Agentur, die mit dem CMS das Portal umsetzt und die Redakteure befähigt, Content-Erstellung selber vorzunehmen und den zentralen Redakteur zu schulen. [...] Wenn man neue Ideen braucht, was man mit einem Portal machen kann, dann würde man wieder über uns gehen." (Geschäftsführer Portal.org)

Aus Sicht des Portalberaters ist der jeweilige Portalbetreiber in der Region *Ansprechpartner*, wobei – in Zukunft mehr denn je – nicht allein die Verwaltung für den Betrieb verantwortlich ist. Vielmehr wird der Betrieb des Portals in einem Gemeinschaftsunternehmen organisiert, dem Vertreter aus Stadt und Verwaltung sowie ein (meist privater) IT-Dienstleister vorstehen. Damit ähnelt der Betrieb einer „Project-

Based Enterprise" (DeFillippi/Arthur 1998). Häufig, wie auch in Portalstadt, gibt es zudem eine Reihe von *Stakeholders*, die mehr oder weniger kooperativ bzw. kompetitiv mit dem Portalbetrieb in Verbindung stehen. Wie am Fallbeispiel gesehen, besteht für sie ein Anreiz, individuell oder in Koalition mit anderen Akteuren, Relaunches zu nutzen, um sich und ihre Leistungen in den zukünftigen Portalbetrieb gezielt (stärker) einzubringen.

Insofern hat es der Portalberater nicht mit *einem* Kunden, sondern vielmehr mit einem *Kundennetzwerk* zu tun, das sich mit jedem Relaunch restrukturiert. Kundenbindung stellt somit eine organisatorische Herausforderung für den Portalberater dar. Eine Bindungsstrategie besteht darin, einzelnen Akteuren komplementäre, d.h. anschlussfähige, Beratungsleistungen anzubieten und so einen (individuellen) Folgeberatungsbedarf zu generieren. So ist Portal.org dabei, in Portalstadt Verwaltungsangestellte im Bereich Informationsmanagement zu schulen. Um jedoch an der (kollektiven) Weiterentwicklung des Portals mitzuwirken, sind Berater auf multiple Kontakte, insbesondere zu zentralen regionalen Akteuren (wie den beiden Mediatoren in Portalstadt), aber auch zu IT-Dienstleistern und CMS-Herstellern angewiesen. Insbesondere CMS-Hersteller handeln dabei als strategische Partner, auch in der Akquisition neuer Kunden. Auf der anderen Seite greifen sie auf langfristige Beziehungen zu Forschungseinrichtungen sowie Rechtsberatern *außerhalb* einer Region zurück, deren Expertise sie an Akteure *innerhalb* einer Region bei Bedarf vermitteln. Die Akteursbeziehungen sind in Abbildung 2 schematisch dargestellt.

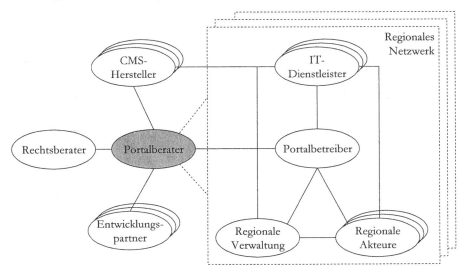

Abb. 2: Akteursnetzwerk aus Sicht des Portalberaters

Über die Zeit hinweg erzielt der Portalberater „economies of recombination" (Grabher 2002), indem er mit mehreren Portalen bzw. regionalen Akteursnetzwerken (in Abbildung 2 als gestrichelte Kästen angedeutet) in Verbindung steht, deren Erfahrungen er mit Expertisen externer Entwicklungspartner und CMS-Hersteller kombiniert und unter Mitwirkung regionaler Akteure in Beratungsleistungen vor Ort umsetzt.

Sofern Folgeprojekte entstehen, können sich kooperative Regeln und Ressourcen zwischen Portalberater und (wechselnden) Portalbetreibern derart herausbilden, dass die Anbahnung und Begleitung von Relaunches sowie angelagerter Projekte durch den Berater als legitime Option der Weiterentwicklung eines Portals wahrgenommen wird. Die Weiterentwicklung passiert jedoch nicht „automatisch", sondern setzt stets den „going concern" zentraler Akteure voraus, die Interessen an der Weiterentwicklung des Portals artikulieren und entsprechend Ressourcen für den Entwicklungsprozess bereitstellen (vgl. zum „going concern" Lundin/Söderholm 1995; Bär 2000).

4 Projektnetzwerke der Portalentwicklung? Parallelen und Unterschiede zur Produktion von Fernsehfilmen

Die vorgestellte beratergestützte Entwicklung von Regionalportalen scheint aus Sicht des Beraters Ähnlichkeiten mit der Organisationsform des *Projektnetzwerks* aufzuweisen. Projektnetzwerke wurden im Kontext der Fernsehfilmproduktion analysiert (Sydow/Windeler 1999). Sie beschreiben einen rekursiven Zusammenhang von projektbezogenen und projektübergreifenden Beziehungen zwischen Akteuren, die (zumindest in der Fernsehproduktion) von einem zentralen Koordinator (dem Produzenten) reflexiv reguliert werden. Dabei greifen Produzenten in der Selektion von Projektpartnern auf Pools von Akteuren zurück, die sich dadurch gleichsam reproduzieren. Auch in der Content-Produktion für das Internet wurden Projektnetzwerke als mögliche Organisationsform, insbesondere zur Produktion von Rich Media Content erkannt (vgl. Lutz 2001). In wiefern aber sind Projektnetzwerke eine Organisationsform der Portalentwicklung und welche Rolle nehmen Portalberater darin ein?

Im Vergleich der beiden Medienproduktionen ist die Produktion von Fernsehfilmen projektbasiert organisiert, während sich die Portalentwicklung im rekursiven Zusammenspiel von (routinebasiertem) Content Life Cycle und (projektbasierten) Relaunches vollzieht. Im Vergleich zu Filmprojekten, in denen Content produziert wird, hat ein Relaunch die Entwicklung der Content-Infrastruktur zum Gegenstand. Aus Sicht des Senders bzw. Portalbetreibers weisen – strategisch gesehen – die Inhalte- bzw. Infrastrukturentwicklung interessante Parallelen auf: So ist der Sender auf innovative Inhalte angewiesen, die seinem Profil entsprechen und die Zuschauer an den Sender langfristig binden (vgl. Windeler et al. 2000). Auch ein Portalbetreiber setzt zunächst auf innovative Angebote, kann jedoch erst mit deren intelligenter und portalspezifischer Aufbereitung und Vernetzung eine Nutzerbindung erzielen. Insofern sind beide Akteure auf kreative Ideengeber angewiesen und bedienen sich daher Spezialisten am Markt – Produzenten bzw. Beratern.

Diese treten in beiden Branchen als *Koordinatoren von Akteursnetzwerken* und Projektteams auf, die sie zum Zwecke der Erstellung des Content bzw. der Weiterentwicklung des Portals zusammenstellen. Dabei greifen sie jeweils auf Pools von Akteuren zurück, zu denen sie langfristige Beziehungen unterhalten. Dies sind in Fernsehproduktionen kreative und technische Dienstleister, in Portalentwicklungen CMS-Hersteller und Entwicklungspartner. Jedoch unterscheiden sich die Pools in Hinblick auf ihre Größe und Fluktuation: Während sich Fernsehproduzenten eines meist regional konzentrierten, umfangreichen Marktes kreativer und technischer Dienstleister bedienen, die sie in Produktionen flexibel einbinden, greifen Portalberater eher auf überregionale, häufig exklusive und stark spezialisierte Experten-Communities sowie auf sehr stabile Beziehungen zu Softwareherstellern zurück, mit denen sie strategische Allianzen in der Akquisition und Pflege von Kunden eingehen.

Unterschiede bestehen aber vor allem in den *Kundenbeziehungen*. In Fernsehfilmprojekten wird der Kunde (Sender) durch den Redakteur repräsentiert, der in feste Weisungsbeziehungen im Sender eingebunden ist. In Portalprojekten dagegen ist der „Kunde" (Portalbetreiber) häufig nur eine temporäre Erscheinung, indem dieser in „Kundennetzwerke" eingebunden ist, die sich mit jedem Relaunch (re-)konstituieren. Eine Kundenbindung im klassischen Sinne ist daher für den Berater schwierig. Viel eher ist er auf multiple Kontakte zu (potenziellen) Kundenvertretern angewiesen. Des Weiteren wird ein Teil der am Entwicklungsprojekt beteiligten Akteure vom Portalbetreiber selbst rekrutiert, wobei der Berater nur mittelbar – über die Mediatoren auf Kundenseite – auf den Pool dieser Akteure – namentlich Inhalte- und Technologieanbieter – zugreifen kann. Diese sind schließlich in Akteursnetzwerke eingebettet, auf die selbst der Portalbetreiber nur begrenzt Einfluss nehmen kann, die sein Handeln aber sehr wohl restringieren.

Dies hat wichtige Implikationen für die langfristige *Organisation* der Entwicklung von Portalen und Akteursbeziehungen im Umfeld der Portalentwicklung. Während in Projektnetzwerken der Content-Produktion der Produzent als strategischer Koordinator von Akteursbeziehungen über einzelne Projekte hinaus auftritt, kann der Portalberater, der mit der Moderation von Entwicklungsprojekten betraut ist, lediglich *kundenunspezifische* Kontakte – zu Rechtsberatern, Entwicklungspartnern, teils auch CMS-Herstellern – (über die Zeit) strategisch koordinieren; *kundenspezifische* Akteure – IT-Dienstleister und Inhalte-Anbieter – bilden dagegen eigene (im Falle von Regionalportalen: regionale) Netzwerke, zu denen der Berater nur über Mediatoren Zugang hat, die ihrerseits in diese Netzwerke eingebunden sind. Es treffen demnach (Spezialisten-)Netzwerke auf (Kunden-)Netzwerke, wobei – paradoxerweise – erst durch die Moderationsleistung des Beraters letztere „aktiviert" und (projektbezogen) mit ersteren in Verbindung gebracht werden (vgl. auch Loose 2001). Dabei ist der Berater auf die Koordinationsfähigkeit des Kunden selbst (bzw. regionaler Akteure) angewiesen. Nur so kann eine Weiterentwicklung des Portals und der Portalbeziehungen in „fremdorganisierter Selbstorganisation" gelingen. Andererseits ist der Berater bemüht, Beziehungen zwischen regionalen Akteuren und externen Partnern abzuschirmen, um seine Expertenmacht zu schützen. Denn diese ist dadurch gefährdet, dass er mit (teils kooperierenden) CMS-Herstellern und IT-Dienstleistern konkurriert – also Akteuren, die aus Kundensicht substitutive Leistungen anbieten; schließlich hat er auf den Erfolg seiner Leistungen nur begrenzt Einfluss, so dass er auf Expertenkontakte angewiesen ist, deren (exklusiver) Zugang seine Beratungsleistung legitimiert.

Vor diesem Hintergrund kann nur mit starker Einschränkung von (strategisch geführten) Projektnetzwerken der Portalentwicklung gesprochen werden. Viel mehr handelt es sich – aus Sicht des Beraters – um eine Kombination aus projektübergreifenden Poolbeziehungen zu strategischen Partnern mit Beziehungen zu Portalvertretern, die in (heterarchische, teils lose gekoppelte) Kundennetzwerke eingebunden sind. Durch projektbezogene Aktivierung und Kopplung (von Ressourcen) des Kundennetzwerks und (Ressourcen) des Spezialistennetzwerks durch den Berater wird eine Weiterentwicklung des Portals und der Portalbeziehungen stimuliert.

5 Zusammenfassung und Ausblick

Die Entwicklung von Regionalportalen vollzieht sich im rekursiven Zusammenspiel von Content Life Cycle und Relaunches, wobei ersterer durch den kontinuierlichen Portalbetrieb, letztere durch (beratergestützte) Entwicklungsprojekte organisiert werden. Wie dies geschieht, illustriert das Fallbeispiel portalstadt.de: (1) In Relaunches werden technische und inhaltliche Infrastrukturen eines Portals restrukturiert, wobei soziale Praktiken des Portalbetriebs (re-)produziert werden. (2) Relaunches werden gleichzeitig reflexiv als Gelegenheitsfenster für Aushandlungsprozesse vor Ort wahrgenommen, in deren Ergebnis sich Akteursbeziehungen im Portalbetrieb ändern (können). (3) Diese Änderungen sind nicht beliebig, sondern setzen auf bestehenden Pfaden der Portalentwicklung auf und schließen an regionale „project ecologies" im Umfeld des Portals an. (4) Möglichkeiten der (Fremd-)Organisation der Portalentwicklung sind beschränkt, wobei nur unter Mitwirkung externer Berater und regionaler Koordinatoren eine (Selbst-)Organisation zu gelingen scheint. (5) Dabei treten Berater als Legitimatoren für inhaltlich-technische Anschlüsse der Weiterentwicklung sowie als Moderatoren der Netzwerkentwicklung im Umfeld und Betrieb des Portals auf. (6) Langfristig können sich Regeln und Ressourcen kooperativer Portalentwicklung zwischen Betreiber und Berater herausbilden, die interessengeleitet, machtvoll und kompetent von Akteuren temporär aktiviert werden. (7) Dabei greifen Berater auf Beziehungen mit externen strategischen Partnern zurück, deren Leistungen sie zusammen mit ihrer eigenen Expertise an Repräsentanten des Portalbetriebs vermitteln.

Die Organisation der Portalentwicklung weist etliche Parallelen mit der Organisation der Content-Produktion für das Fernsehen auf, indem sowohl Produzenten als auch Berater projektübergreifende Poolbeziehungen unterhalten. Dabei stehen jedoch den stabilen Kundenbeziehungen in der Fernsehbranche recht fluide und schwer zu kontrollierende Beziehungen mit Kunden(-netzwerken) in der Portalentwicklung gegenüber, die projektbezogen durch den Berater mit Spezialisten(-netzwerken) in Verbindung gebracht werden. Es treffen also (temporär) Netzwerke auf Netzwerke, womit gleichsam (langfristig) die Anschlussfähigkeit von Portal(beziehung)en ermöglicht wird. Aktuelle Entwicklungen der Medientechnologien lassen in Zukunft eine Konvergenz bzw. Verflechtung dieser Organisationsformen vermuten: So könnte mit zunehmender Digitalisierung des Fernsehens und damit erweiterten Möglichkeiten der Verwertung von Content ein Bedarf für „Profil- und Verknüpfungsberater" entstehen, wobei die Entwicklung von mehr oder weniger kooperativen Kundennetzwerken – innerhalb und zwischen Senderfamilien – ein mögliches Szenario darstellt. Im Gegenzug könnte mit Durchsetzung von Breitbandtechnologien auch die Bereitstellung von Rich Media Content für Internet-Firmen (wieder) lukrativer werden, wobei diese womöglich auf (strategische) Partnerschaften mit Ideengebern und Softwareherstellern angewiesen sein werden, um die Anschlussfähigkeit ihrer Angebote sicherzustellen. Insgesamt wird die Verflechtung von Produktions-, Vermittlungs- und Beratungsleistungen – und damit „Konnektivität" auch in diesem Sinne – in der Medienbranche zunehmen (vgl. auch Lash/Wittel 2002). Welche Organisationsformen der Content-Produktion sich vor diesem Hintergrund durchsetzen, werden Folgestudien zeigen.

Literaturverzeichnis

Aldrich, H./Herker, D. (1977): Boundary Spanning Roles and Organization Structure. In: Academy of Management Review 2, S. 217-230.
Anding, M./Steichler, P.L./Hess, T. (2004): Substitution von Intermediären im Syndikationsprozess durch Peer-to-Peer-Systeme. (in diesem Band).
Bär, G. (2000): Mit Andern eine Grube graben. Projektorganisation und Fakten-Schaffen auf der Großbaustelle ‚Regionalbahnhof Potsdamer Platz'. In: Forum Qualitative Sozialforschung 1/1. Download unter: http://qualitative-research.net/fqs (15. Juli 2003).
Borgatti, S.P./Everett, M.G./Freeman, L.C. (2002): Ucinet for Windows: Software for Social Network Analysis. Harvard Analytic Technologies.
Christ, O. (2003): Content-Management in der Praxis. Berlin etc.
Crozier, M./Friedberg, E. (1979): Macht und Organisation. Die Zwänge kollektiven Handelns. Königstein/Ts.
DeFillippi, R.J./Arthur, M.B. (1998): Paradox in Project-Based Enterprise: The Case of Film-Making. In: California Management Review 40 (2), S. 1-15.
Ernst, B./Kieser, A. (2002): Versuch, das unglaubliche Wachstum des Beratungsmarktes zu erklären. In: Schmidt, R./Gergs, H.-J./Pohlmann, M. (Hrsg.): Managementsoziologie. Themen, Desiderate, Perspektiven. München and Mering, S. 56-85.
Fasching, T. (2000): Entscheidungshilfe für den Erwerb von Content Management Systemen. In: http://www.contentmanager.de/magazin/artikel_15_entscheidungshilfe_fuer_den_erwerb_von_content.html (15. Juli 2003).
Frankston, B. (2002): Connectivity: What it is and why it is so important. In: http://www.satn.org/about/separateconnectivity.htm (15. Juli 2003).
Gladwyn, M./Copping, P./Lewis, P. (2000): 2002-Portal – Ergebnis einer Machbarkeitsstudie. In: Reinermann, H./von Lucke, J. (Hrsg.): Portale in der öffentlichen Verwaltung. Speyer, S. 76-100.
Grabher, G. (2002): Fragile Sector, Robust Practice: Project Ecologies in New Media. In: Environment and Planning 34 (11), S. 1911-1926.
Grün, O./Brunner, J.-C. (2002): Der Kunde als Dienstleister. Von der Selbstbedienung zur Co-Produktion. Wiesbaden.
Hanneman, R. (2000): Introduction to Social Network Methods. Tutorial. Publication on Demand. http://www.analytictech.com/networks.pdf (15. Juli 2003).
Harms, J./Reichard, C. (2003): Ökonomisierung des öffentlichen Sektors – eine Einführung. In: Harms, J./Reichard, C. (Hrsg.): Die Ökonomisierung des öffentlichen Sektors: Instrumente und Trends. Baden-Baden.
Kleinaltenkamp, M./Fließ, S./Frank, J. (Hrsg.)(1996): Customer Integration – Von der Kundenorientierung zur Kundenintegration. Wiesbaden.
Lash, S./Wittel, A. (2002): Shifting New Media: From Content to Consultancy, From Heterarchy to Hierarchy. In: Environment and Planning 34 (11), S. 1985-2002.
Lewin, K. (1958): Group Decision and Social Change. In: Maccoby, E.E./Newcomb, T.N./Hartley, E.L. (Hrsg.): Readings in Social Psychology. 3. Aufl. New York, S. 197-211.
Loose, A. (2001): Netzwerkberatung durch Beratungsnetzwerke – Strategischer Wandel durch externe Reflexion reflexiver Strukturation. In: Ortmann, G./Sydow, J. (Hrsg.): Strategie und Strukturation. Strategisches Management von Unternehmen, Netzwerken und Konzernen. Wiesbaden, S. 235-270.
Lucke, J. von (2000): Portale für die öffentliche Verwaltung. Government Portal, Departmental Portal und Life-Event Portal. In: Reinermann, H./Lucke, J. von (Hrsg.): Portale in der öffentlichen Verwaltung. Speyer, S. 7-23.

Lundin, R./Söderholm, A. (1995): A Theory of the Temporary Organization. In: Scandinavian Journal of Management 11 (4), S. 437-455.

Lutz, A. (2001): Content-Produktion für den Internetauftritt von Fernsehsendern: Experimente mit verschiedenen Organisationsformen. In: Zeitschrift Führung+Organisation 70 (5), S. 301-308. Wieder abgedruckt in diesem Band.

Norman, S. (2003): An Informal Introduction to Internet Connectivity. In: Embedded Connectivity May, S. 24-26. In: http://www.embedded-control-europe.com/pdf/ecemay03p24.pdf (15. Juli 2003).

Reinermann, H. (2000): Portale – Tore zur Welt des Wissens. In: Reinermann, H./von Lucke, J. (Hrsg.): Portale in der öffentlichen Verwaltung. Speyer, S. 1-6.

Schein, E.H. (1969): Process Consultation: Its Role in Organization Development. Reading, Mass.

Schreyögg, G. (1999): Organisation. Grundlagen moderner Organisationsgestaltung. 3. Aufl. Wiesbaden.

Stelzer, D. (2000): Digitale Güter und ihre Bedeutung in der Internet-Ökonomie. In: WISU – Das Wirtschaftsstudium 6, S. 835-842.

Sydow, J. (2003): Hinter dem Netz: Organisationsformen ökonomischer Aktivitäten in Feldern der Content-Produktion. In: Ladeur, K.-H. (Hrsg.): Innovationsoffene Regulierung im Internet. Baden-Baden, S. 11-24.

Sydow, J./Windeler, A. (1999): Projektnetzwerke: Management von (mehr als) temporären Systemen. In: Engelhardt, J./Sinz, E. (Hrsg): Kooperation im Wettbewerb. Wiesbaden, S. 213-235. Wieder abgedruckt in diesem Band.

Tomson, M-L. (2001): Killer Content. Strategien für das erfolgreiche Content Management im eCommerce. München.

Tyre, M./Orlikowski, W. (1994): Windows of Opportunity: Temporal Patterns of Technological Adoption in Organizations. In: Organization Science 5, S. 98-119.

Windeler, A./Lutz, A./Wirth, C. (2000): Netzwerksteuerung durch Selektion – Die Produktion von Fernsehserien in Projektnetzwerken. In: Sydow, J./Windeler, A. (Hrsg.): Steuerung von Netzwerken: Konzepte und Praktiken. Wiesbaden, S. 178-205. Wieder abgedruckt in diesem Band.

Wirtz, B.W. (2001): Medien- und Internetmanagement. 2. Aufl. Wiesbaden.

Wirtz, B.W./Lihotzki, N. (2001): Internetökonomie, Kundenbindung und Portalstrategien. In: Die Betriebswirtschaft 61 (3), S. 285-305.

Zerdick, A./Picot, A./Schrape, K./Artope, A./Goldhammer, K./Heger, D.K./Lange, U.T./Vierkant, E./Lopez-Escobar, E./Silverstone, R. (1999): Die Internet-Ökonomie: Strategien für die digitale Wirtschaft. Berlin etc.

Zschau, O. (2000): Der Content Life Cycle. In: http://www.contentmanager.de/magazin/artikel_5_der_content_life_cycle.html (15. Juli 2003).

Verzeichnis der Autorinnen und Autoren

Markus Anding, wissenschaftlicher Mitarbeiter am Institut für Wirtschaftsinformatik und Neue Medien der Ludwig-Maximilian-Universität München

Dr. Thomas Hess, Professor für Wirtschaftsinformatik und Neue Medien an der Ludwig-Maximilian-Universität München

Anja Lutz, Doktorandin am Institut für Allgemeine Betriebswirtschaftslehre der Freien Universität Berlin

Stephan Manning, wissenschaftlicher Projektmitarbeiter am Institut für Allgemeine Betriebswirtschaftslehre der Freien Universität Berlin

Dr. Sven Pagel, ARD Onlinekoordination, Mainz

Dr. Insa Sjurts, Professorin und wissenschaftliche Leitung der Hamburg Media School

Peggy Lynn Steichler, Diplomandin an der Ludwig-Maximilian-Universität München

Dr. Jörg Sydow, Professor für Betriebswirtschaftslehre an der Freien Universität Berlin

Dr. Arnold Windeler, Professor für Organisationssoziologie an der Technischen Universität Berlin

Dr. Carsten Wirth, Dozent an der Fachhochschule des Bundes für öffentliche Verwaltung, Mannheim

Günter Bentele, Hans-Bernd Brosius, Otfried Jarren (Hrsg.)
Öffentliche Kommunikation

Handbuch Kommunikations- und Medienwissenschaft
2003. 609 S. Br. EUR 38,90 ISBN 3-531-13532-5

Günter Bentele, Hans-Bernd Brosius, Otfried Jarren (Hrsg.)
Lexikon Kommunikations- und Medienwissenschaft

2003. ca. 300 S. Br. ca. EUR 24,00 ISBN 3-531-13535-X

Hans-Bernd Brosius, Friederike Koschel
Methoden der empirischen Kommunikationsforschung

Eine Einführung
2., überarb. Aufl. 2003. 256 S. Br. EUR 19,90 ISBN 3-531-33365-8

Michael Jäckel
Medienwirkungen

Ein Studienbuch zur Einführung
2., vollst. überarb. und erw. Aufl. 2002. 351 S. Br. EUR 24,90
ISBN 3-531-33073-X

Otfried Jarren, Patrick Donges
**Politische Kommunikation in der Mediengesellschaft.
Eine Einführung**

Band 1: Verständnis, Rahmen und Strukturen
2002. 234 S. Br. EUR 18,90 ISBN 3-531-13373-X

Band 2: Akteure, Prozesse und Inhalte
2002. 250 S. Br. EUR 19,90 ISBN 3-531-13818-9

Wiebke Möhring, Daniela Schlütz
Die Befragung in der Medien- und Kommunikationswissenschaft

Eine praxisorientierte Einführung
2003. 219 S. Br. EUR 18,90 ISBN 3-531-13780-8

Rudolf Stöber
**Mediengeschichte. Eine Evolution „neuer" Medien
von Gutenberg bis Gates**

Band 1: Presse - Telekommunikation
2003. ca. 220 S. Br. ca. EUR 19,90 ISBN 3-531-14038-8

Band 2: Film - Rundfunk - Multimedia
2003. ca. 220 S. Br. ca. EUR 19,90 ISBN 3-531-14047-7

www.westdeutscher-verlag.de

Abraham-Lincoln-Str. 46
65189 Wiesbaden
Tel. 06 11. 78 78 - 285
Fax. 06 11. 78 78 - 400

Erhältlich im Buchhandel oder beim Verlag.
Änderungen vorbehalten. Stand: Juli 2003.

Westdeutscher Verlag